Vocabulary

IELTS VOCABULARY

MAZELTOV
Vocabulary

초판 1쇄 발행	2019년 11월 25일
지은이	Reid Shin
펴낸이	Reid Shin
펴낸곳	새프링출판사
출판신고	2018년 9월 5일 제2019-000135호
주소	서울특별시 영등포구 국회대로36길 17, 430
연락처	mazeltovhelp@gmail.com
ISBN	979-11-964866-2-4
값	21,900원
교재관련문의	mazeltovhelp@gmail.com
동영상강의	www.youtube.com/reidkshin

이 책은 저작권법에 따라 보호받는 저작물이므로 무단전재와 무단복제를 금합니다.
파본이나 잘못 만들어진 책은 구입하신 곳에서 바꾸어 드립니다.

IELTS VOCABULARY

Preface

IELTS 시험을 준비하는 수험생분들에게 가장 필요한 학습 중 Vocabulary 암기는 단연 그 중요성을 아무리 강조해도 지나치지 않을 것입니다. 시중에는 많은 단어 책들이 있지만, 저자가 강사 시절 간혹 서점에 들러 IELTS 단어 책들을 살펴볼 때면 Writing 작성과 Reading 시험 대비를 위한 기초 단어부터 고급단어까지 총망라된 실전 기출문제 단어 책이 전무하다는 사실에 늘 아쉽다는 생각을 하였었습니다. MAZELTOV Vocabulary는 철저하게 IELTS 기출 문제에서 3번 이상 출제된 단어들만을 모아서 만든 최고의 IELTS 실전시험대비 단어 책입니다. IELTS를 준비하는 학생들이라면, MAZELTOV Vocabulary를 통해 더는 Cambridge 문제집을 풀며 따로 단어를 정리하는 수고를 하지 않아도 될 것입니다. 또한, SAT, TOEFL, GMAT, GRE 시험을 준비하는 수험생분들을 위해 저자가 직접 정리한 모든 필수 단어를 이 단어 책 한 권에 집약시켰습니다. 저자는 한때 대학원 진학 준비를 위해 많은 영어 시험을 직접 치렀고, 시험 준비를 위해 많은 단어를 따로 선별하여 정리해 두었습니다. 그 단어들을 모아, MAZELTOV Vocabulary가 탄생하게 되었습니다. 과감하게 예문을 생략하고, 철저하게 단어만을 나열하여 저자가 생각하는 최고의 단어집을 만들고 싶었습니다. 그 결과물이 MAZELTOV Vocabulary입니다. 모두 부디 MAZELTOV Vocabulary 단어 책을 통해, 단어를 따로 정리하는 데 시간을 낭비하시지 마시고 오롯이 학습에만 모든 시간을 투자하시기 바랍니다.

2019. 10.09 • 신촌 시간공방에서 • Reid Shin

Table

DAY 01	_ 8
02	_ 11
03	_ 14
04	_ 17
05	_ 20
06	_ 23
07	_ 26
08	_ 29
09	_ 32
10	_ 35
DAY 11	_ 38
12	_ 41
13	_ 44
14	_ 47
15	_ 50
16	_ 53
17	_ 56
18	_ 59
19	_ 62
20	_ 65
DAY 21	_ 68
22	_ 71
23	_ 74
24	_ 77
25	_ 80
26	_ 83
27	_ 86
28	_ 89
29	_ 92
30	_ 95

DAY 31	_ 100
32	_ 103
33	_ 106
34	_ 109
35	_ 112
36	_ 115
37	_ 118
38	_ 121
39	_ 124
40	_ 127
DAY 41	_ 130
42	_ 133
43	_ 136
44	_ 139
45	_ 142
46	_ 145
47	_ 148
48	_ 151
49	_ 154
50	_ 157
DAY 51	_ 160
52	_ 163
53	_ 166
54	_ 169
55	_ 172
56	_ 175
57	_ 178
58	_ 181
59	_ 184
60	_ 187

DAY 61	_ 192
62	_ 195
63	_ 198
64	_ 201
65	_ 204
66	_ 207
67	_ 210
68	_ 213
69	_ 216
70	_ 219
DAY 71	_ 222
72	_ 225
73	_ 228
74	_ 231
75	_ 234
76	_ 237
77	_ 240
78	_ 243
79	_ 246
80	_ 249
DAY 81	_ 252
82	_ 255
83	_ 258
84	_ 261
85	_ 264
86	_ 267
87	_ 270
88	_ 273
89	_ 276
90	_ 279

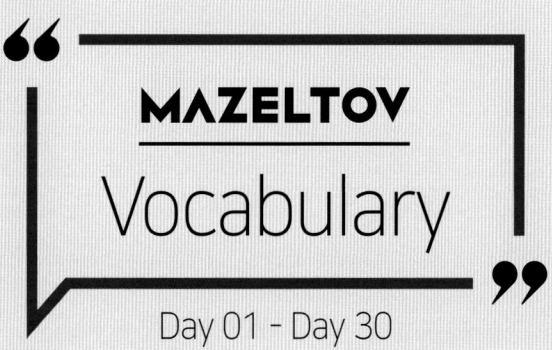

01 DAY

MAZELTOV Vocabulary

오늘의 단어 → 1-70

likeness [laɪknəs]	n. 화상, 닮은 얼굴, 초상, 비슷함, 유사	1
stout [staʊt]	adj. 뚱뚱한, 비만한, (몸이) 튼튼한, 강건한, (비·바람이) 강한, 억센	2
inscription [ɪnskrɪpʃn]	n. (책·금석에) 적힌(새겨진) 글, 명문	3
sickly [sɪkli]	adj. 진저리나게 하는, 병약한, (안색 따위가) 창백한	4
lozenge [lɑːzɪndʒ]	n. [기하] 마름모꼴, (보석의) 마름모꼴 면	5
indebted [ɪndetɪd]	adj. 빚이 있는, 도움을 많이 받고 있는, 은혜를 입은	6
nettle [netl]	n. 쐐기풀속의 식물, 신경을 건드리는 것, vt. ~을 신경질나게 하다	7
aforesaid [əfɔːrsed]	adj. 앞서 언급한, 전술한	8
dike [daɪk]	n. 둑, 제방, 둑길, 개천, 수로	9
leaden [ledn]	adj. 납의, 납을 함유한, (분위기 따위가) 답답한, 음침한, 활기 없는	10
would-be [wʊd biː]	adj. ~이 되려고 하는, ~을 지망하는	11
sliver [slɪvə(r)]	n. (깨지거나 잘라 낸) 조각	12
still [stɪl]	adj. 움직이지 않는, 정지해 있는, 고요한, 조용한	13
lame [leɪm]	adj. 다리를 저는, 불구의, (등 따위가) 뻐근한, 결리는	14
flint [flɪnt]	n. 부싯돌, 매우 딱딱한 것(사람), 완고한(냉혹한) 것(사람)	15
briar [braɪə(r)]	n. 들장미(의 일종)	16
chatter [tʃætə(r)]	vi. (새 등이) 짹짹 울어 대다, 재잘재잘 지껄이다, n. 잡담	17
steeple [stiːpl]	n. (교회의) 첨탑	18

gauche [ɡoʊʃ]	adj.	(사람들을 대하는 데) 서투른	19
darn [dɑːrn]	vt. n.	~을 깁다, 꿰매다, 꿰매기, 감치기	20
giddy [ɡɪdi]	adj.	경박한, 경솔한, 충동적인, 변덕스러운	21
dip [dɪp]	vt. vi.	~을 (액체 따위에) 살짝 담그다(적시다), 잠깐 잠기다, 적셔지다	22
weathercock [weðərkɑːk]	n.	(수탉 모양의) 풍향계	23
wain [weɪn]	n.	[천문] 북두칠성, (농작물 운반용) 대형 짐차, 대형 짐마차	24
falter [fɔːltə(r)]	vi. vt.	움찔하다, 뒷걸음 치다, 망설이다, ~을 더듬거리며 말하다	25
bramble [bræmbl]	n.	나무딸기속의 식물, 검은 딸기	26
steer [stɪr]	vt.	~을 조종하다, (일정 방향 으로) ~을 향하게 하다, 나아가게 하다	27
cask [kæsk]	n.	(특히 술을 담아 두는 나무로 된) 통	28
gibbet [dʒɪbɪt]	n.	교수대	29
flaxen [flæksn]	adj.	(머리카락이) 아마 빛의, 금발의	30
undecided [ʌndɪsaɪdɪd]	adj.	미결정의, 결단력이 없는, 우유부단한	31
bony [boʊni]	adj.	뼈의, 뼈가 굵은, 뼈만 앙상한, 여윈	32
impregnable [ɪmpregnəbl]	adj.	난공 불락의, 견고한, (신념·생각 따위가) 흔들리지 않는, 확고한	33
bib [bɪb]	n.	(젖먹이의) 턱받이, (앞치마의) 가슴받이	34
forge [fɔːrdʒ]	n. vt.	용광로, 대장간, (노력하여) 만들어내다, ~을 위조하다, 모조하다	35
adjoin [ədʒɔɪn]	vt.	인접하다, 붙어 있다	36
impart [ɪmpɑːrt]	vt. vi.	(정보·비밀 따위)를 알리다, 말하다, 나누어 주다, 수여하다	37
tickler [tɪklər]	n.	간질이는 사람, 추켜올리는사람, 수첩, 비망록	38
dismal [dɪzməl]	adj.	음울한, 음침한, (경치 등이) 쓸쓸한, 황량한, 무서운	39
cane [keɪn]	n.	지팡이, (마디가 있는) 줄기	40
poker [poʊkər]	n.	찌르는 사람(물건), 부지깽이	41
rampage [ræmpeɪdʒ]	n. vi.	미친 듯이 날뛰기, 광폭한 행위, 흥분 상태, 미친 듯이 날뛰다	42
spell [spel]	vt. n.	~을 주문으로 얽어매다, ~을 매혹하다, 주술, 주문	43
chap [tʃæp]	n. vt.	금, (피부의) 튼 자리, (추위 따위가) (피부를) 트게 하다, 거칠게 하다	44

45	**divine** [dɪvaɪn]	adj.	신에 의한, 신성의, 신성한, 종교적인
46	**connubial** [kənuːbiəl]	adj.	결혼(생활)의, 부부의
47	**whimper** [wɪmpə(r)]	vi.	흐느껴 울다, 훌쩍훌쩍 울다
48	**disconsolate** [dɪskɑːnsələt]	adj.	암담한
49	**larceny** [lɑːrsəni]	n.	절도, 절도죄, 도둑질
50	**grievous** [griːvəs]	adj.	(흔히 고통·통증을 야기하는) 통탄할, 극심한
51	**squally** [skwɔːli]	adj.	(날씨가) 돌풍이 부는
52	**apothecary** [əpɑːθəkeri]	n.	(과거의) 약제상
53	**slapping** [slæpɪŋ]	adj.	매우 빠른, 매우 큰, 멋들어진, 훌륭한
54	**mould** [moʊld]	vt. / n.	~을 만들다, 주조하다, / 거푸집, 주형, 틀
55	**hunk** [hʌŋk]	n.	(빵·고기 따위의) 큰 덩어리, 두툼한 조각
56	**freemasonry** [friːmeɪsnri]	n.	(같은 경험을 한 사람들 사이의) 자연스러운 우정, 본능적인 유대
57	**gulp** [gʌlp]	vt.	~을 꿀꺽 삼키다, 걸신들린 듯이 먹다
58	**remonstrance** [rɪmɑːnstrəns]	n.	항의, 불평
59	**bolt** [boʊlt]	vt. / n.	~을 빗장을 질러 잠그다, ~을 볼트로 죄다, / (문을 잠그는) 빗장, 볼트
60	**correspondent** [kɔːrəspɑːndənt]	n. / adj.	편지 주고받는 사람, (신문·방송 등의) 특파원, / 상응하는
61	**boot** [buːt]	n.	장화, 부츠
62	**bootjack** [buːtdʒæk]	n.	V자형의 장화 벗는 기구
63	**imbrue** [imbruː]	vt.	(손·칼을) (피로) 더럽히다, 물들이다, 스미게 하다
64	**constitutional** [kɑːnstətuːʃənl]	adj.	체질의, 타고난, 구성상의, 본질적인, 헌법(상)의, 입헌적인
65	**accredited** [əkredɪtɪd]	adj.	(사람·학교 등이) 인정을 받은, 공인된, (신앙 등이) 인정된
66	**garret** [gærət]	n.	(흔히 작고 어두컴컴한) 다락방
67	**interpose** [ɪntərpoʊz]	vt. / vi.	~을 끼우다, (반대 따위)를 제기하다, 간섭하다, / 개입하다, 중재하다
68	**marsh** [mɑːrʃ]	n.	습지 (지대가 낮고 물이 잘 빠지지 않아 늘 축축한 땅)
69	**badger** [bædʒə(r)]	vt. / n.	~을 괴롭히다, ~을 못살게 굴다, / 오소리, 오소리 모피
70	**thimble** [θɪmbl]	n.	(바느질할 때 쓰는) 골무

MAZELTOV Vocabulary

오늘의 단어 --> 71 - 140

repercussion [ri:pərkʌʃn]
n. (어떤 사건이 초래한, 보통 좋지 못한, 간접적인) 영향 ⁷¹

repulse [rɪpʌls]
vt. (적)을 격퇴하다, 반격하다, (제의)를 퇴짜놓다, ⁷²
n. 반박, 퇴짜

ashore [əʃɔ:(r)]
adv. 해안(강안)으로, 물가로 ⁷³

pall [pɔ:l]
n. 덮개, 포장, 장막, 관 덮는 보 ⁷⁴

heel [hi:l]
n. (사람의) 발뒤꿈치, (배의) 기울기, 경사, ⁷⁵
vi. (배가) 한쪽으로 기울다

rind [raɪnd]
n. (수목·과일 따위의) 껍질, 외견, 외모, ⁷⁶
vt. ~의 껍질을 벗기다

mincemeat [mɪnsmi:t]
n. 민스미트 (파이 재료로 쓸 수 있도록 말린 과일·양념 등을 섞어 놓은 것) ⁷⁷

decant [dɪkænt]
vt. (특히 와인을 한 용기에서 다른 용기에) 붓다, 옮기다 ⁷⁸

intoxicate [ɪntɑksɪkeɪt]
vt. ~을 취하게 하다, 도취시키다, 열광케 하다, 중독시키다 ⁷⁹

unbolt [ʌnboult]
vt. (문 등의) 빗장을 벗기다, 빗장을 벗겨서 열다 ⁸⁰

limy [laɪmi]
adj. 석회의, 석회질의, 끈끈이를 바른, 끈끈한 ⁸¹

clammy [klæmi]
adj. (기분 나쁘게) 축축한 ⁸²

prentice [prentɪs]
n. 수습생, 초보자, 풋내기 ⁸³

stake [steɪk]
n. 말뚝, 지분, (개인적인) 이해관계, ⁸⁴
vt. (돈 등을) 걸다

ague [eɪgju:]
n. 학질 (몸을 벌벌 떨며, 주기적으로 열이 나는 병) ⁸⁵

rheumatic [ru:mætɪk]
n. 류머티즘 환자, ⁸⁶
adj. 류머티즘의, 류머티즘에 걸린

gobble [gɑ:bl]
vt. ~을 급하게(걸신들린 듯) 먹다, 쑤셔 넣다, ⁸⁷
vi. 걸신들린듯이 먹다

imp [ɪmp]
n. 꼬마 도깨비, 장난꾸러기, 개구쟁이, 악동 ⁸⁸

89	**desolation** [desəleɪʃn]	n.	황폐하게 하기, 황폐, 황폐한 상태, 폐허, 외로움, 고독감
90	**impel** [ɪmpel]	vt.	(생각·기분이) ~해야만 하게 하다
91	**gruff** [grʌf]	adj.	걸걸한(쉰) 목소리의, (사람·태도 등이) 거친, 퉁명스러운
92	**chafe** [tʃeɪf]	vt. n.	~을 쓸려 벗겨지게 (따끔거리게) 하다, 마찰(열), 찰과상, 안달, 짜증
93	**fetter** [fetə(r)]	n. vt.	족쇄, 구속, 속박, ~을 구속하다, 속박하다
94	**imprecation** [ɪmprɪkeɪʃn]	n.	저주, 욕설
95	**constable** [kɑːnstəbl]	n.	(특히 순경과 이야기를 나눌 때 쓰여) 순경
96	**festivity** [festɪvəti]	n.	축제, 잔치, 제전, 흥겨움, 희열
97	**fowl** [faʊl]	n.	닭, (특히) 암탉, (집오리·꿩·칠면조 따위의) 가금
98	**flounce** [flaʊns]	vi. n.	(화가 나서) 뛰쳐나가다, 몸부림치다, 발버둥치다, 몸부림, 발버둥
99	**crockery** [krɑːkəri]	n.	도자기, 질그릇
100	**mantelshelf** [mæntlʃelf]	n.	벽난로 위의 선반
101	**scarecrow** [skerkroʊ]	n.	허수아비
102	**dwell** [dwel]	vi.	(~에) 살다, 거주하다
103	**wheelwright** [wiːlraɪt]	n.	(특히 나무로 된) 수레바퀴 제조인(목수)
104	**dumbbell** [dʌmbel]	n.	아령, 얼간이
105	**retort** [rɪtɔːrt]	vt. vi.	(모욕·비난 따위)에 보복하다, ~을 반박하다, 앙갚음하다, 역습하다
106	**scaly** [skeɪli]	adj.	(껍질·피부가) 비늘로 뒤덮인
107	**drumstick** [drʌmstɪk]	n.	북채, (요리한) 닭·칠면조·오리 따위 다리
108	**goad** [goʊd]	n. vt.	(가축 따위를 모는) 막대기, 찌르는 막대기, ~을 자극하다, 선동하다
109	**presentiment** [prɪzentɪmənt]	n.	(특히 불길한) 예감
110	**severity** [səverəti]	n.	중대성, 엄격, 가혹, (기후의) 격렬, (문체 따위의) 간소, 수수함
111	**homily** [hɑːməli]	n.	설교, 훈계
112	**lug** [lʌg]	vt. n.	(무거운 것)을 힘껏 끌다, 운반하다, 세게 끌기, 질질 끌기
113	**squeaker** [skwiːkə(r)]	n.	(경기·선거 등에서) 간신히 이김
114	**commiserate** [kəmɪzəreɪt]	vi.	(화가 났거나 실망한 사람에게) 위로(동정)를 표하다

115	**contumacious** [kɑːntuːmeɪʃəs]	adj.	(권위에) 반항적인
116	**consternation** [kɑːnstərneɪʃn]	n.	실망
117	**reprise** [rɪpriːz]	n.	(특히 음악에서) 반복 부분
118	**reprisal** [rɪpraɪzl]	n.	보복, 앙갚음
119	**misdemeanor** [mɪsdɪmiːnə(r)]	n.	죄, 나쁜 행실, 비행, [법률] (중죄 아닌) 경(범)죄
120	**bile** [baɪl]	n.	기분이 언짢음, 짜증, 화, 분노, [생리] 담즙
121	**expectorate** [ɪkspektəreɪt]	vt. vi.	(기침을 하여 담·피·침) 을 뱉다, (기침을) 하여 가래를 뱉다
122	**hideous** [hɪdiəs]	adj.	흉측한, 흉물스러운, 끔찍한
123	**apparition** [æpərɪʃn]	n.	유령
124	**butt end** [bʌt end]	n.	밑동, (총의) 개머리, 남은 부분(조각), (판자의) 이은 부분
125	**musket** [mʌskɪt]	n.	머스킷총 (과거 병사들이 쓰던 장총)
126	**slaver** [sleɪvə(r)]	n.	노예 상인(소유자)
127	**stiffly** [stɪfli]	adv.	딱딱하게, 완고하게
128	**murky** [mɜːrki]	adj.	매우 어두운, (안개·연기로) 흐린, 침침한, (표현 따위가) 애매한
129	**menace** [menəs]	n. vt. vi.	협박, 위협, 공갈, ~을 협박하다, 위협하다, 협박하다, 으르다
130	**straggler** [stræɡlə(r)]	n.	(대오 등에서) 뒤처진 사람(동물), 낙오자
131	**dissociate** [dɪsoʊʃieɪt]	vt. vi.	~에서 분리하다, 분리시켜 생각하다, 인연이 끊어지다
132	**execrate** [eksəkreɪt]	vt. vi.	~을 몹시 싫어하다 (미워하다), ~을 저주하다, 저주의 말을 하다
133	**manacle** [mænəkl]	vt. n.	~에 수갑을 채우다, ~을 구속하다, 속박하다, 수갑, 쇠고랑
134	**grovel** [ɡrɑːvl]	vi.	(동물이) 기다, 기어가다, (공포·노예 근성 때문에) 비굴하게 행동하다
135	**parley** [pɑːrli]	n. vi.	토의, 협의, [군사] 화평 교섭, 교섭하다, 회담하다
136	**lieu** [luː]	n.	장소
137	**alight** [əlaɪt]	vi.	(말·차·배 등에서) 내리다, 하차하다, 하선하다
138	**straggle** [stræɡl]	vi.	돌아다니다, (길·진로에서) 벗어나다, (대열 따위에서) 낙오하다
139	**blotch** [blɑːtʃ]	n.	(보통 크기가 일정치 않은) 얼룩, 반점
140	**oar** [ɔː(r)]	n.	노

DAY 02

MAZELTOV _ Vocabulary

MAZELTOV Vocabulary

오늘의 단어 --> 141 - 210

141 **ark** [ɑːrk]	n. (성서에 나오는) 노아의 방주
142 **crib** [krɪb]	vt. (좁은 장소에) ~을 감금하다, 몰래 훔치다, n. (난간 있는) 어린이 침대
143 **moor** [muər]	vt. (밧줄·사슬·닻 따위로) (배 따위)를 정박시키다, ~을 고정시키다
144 **dreg** [dreg]	n. (음식물의) 찌꺼기, 앙금, 조금 남은 것, 소량
145 **thenceforth** [ðensfɔːrθ]	adv. 그 때부터
146 **excommunicate** [ekskəmjuːnɪkeɪt]	vt. (특히 가톨릭교에서) 파문하다, 제명하다
147 **drunkard** [drʌŋkərd]	n. 술고래
148 **naught** [nɔːt]	n. 제로, (숫자) 0, 파멸, 완전한 실패, 무가치, adj. 파멸한, 무로 돌아간
149 **catechism** [kætəkɪzəm]	n. (기독교의) 교리 문답서
150 **infirmity** [ɪnfɜːrməti]	n. (장기적인) 병약, 질환
151 **bump** [bʌmp]	vt. ~에 충돌하다, 추돌하다, vi. 부딪다, 충돌하다
152 **purblind** [pəːrblaɪnd]	adj. 눈이 침침한, 우둔한, 둔감한
153 **slate** [sleɪt]	n. 슬레이트(점판암), vt. ~을 슬레이트로 이다, ~을 후보로 내세우다
154 **hearth** [hɑːrθ]	n. 난로, 노상, 가족의 단란(화목), (문화·문명의) 중심 지역
155 **epistle** [ɪpɪsl]	n. (의례적이고 교훈적인) 서한, 편지, 서간체의 문학 작품
156 **inasmuch as** [ɪnəzmʌtʃ əz]	conj. ~이므로, ~인 한, ~인 점을 고려하면
157 **misgiving** [mɪsgɪvɪŋ]	n. 의혹, 불안감
158 **drudge** [drʌdʒ]	vi. 고역을 치르다, n. 힘들고 단조로운 일을 오랫동안 하는 사람

번호	단어	품사	뜻
159	**peal** [piːl]	n. / vt.	종소리, (천둥 따위의) 울리는 소리, 굉음, / 울려 퍼지게 하다, 퍼뜨리다
160	**knead** [niːd]	vt.	(가루·흙 등)을 반죽하다, 이기다, (빵·도자기 등)을 빚어 만들다
161	**rasp** [ræsp]	vt.	~을 거칠게 문지르다, 박박 긁다, ~을 귀에 거슬리는 목소리로 말하다
162	**penitent** [pénɪtənt]	adj.	뉘우치는, 후회하는, 참회하는, 회개하는
163	**truss** [trʌs]	vt. / n.	~을 다발로 하다, 묶다, 매다, / 다발, 꾸러미
164	**scurrilous** [skɜːrələs]	adj.	천박한, 악의적인
165	**peppercorn** [pépərkɔːrn]	n. / adj.	말린 후추 열매, / 너무 싼
166	**farinaceous** [færənéɪʃəs]	adj.	녹말질의, 곡식 가루의, 가루를 내는, 가루 같은
167	**bedstead** [bédstèd]	n.	(구식 침대의) 침대틀, 프레임
168	**watchmaker** [wɑːtʃmèɪkə(r)]	n.	시계 기술자(제작자)
169	**smock frock** [smɑːk frɑːk]	n.	(유럽 농부들의 주름 장식이 있는) 작업복, 들일 옷
170	**morsel** [mɔːrsl]	n.	(특히 음식의) 작은 양, 작은 조각
171	**gormandize** [ɡɔːrməndaɪz]	vt.	게걸스럽게 먹다, 많이 먹다, 폭식하다
172	**acquit** [əkwɪt]	vt.	~을 무죄로 하다, 무죄를 선고하다, (책임 따위로부터) ~을 해제하다
173	**brewery** [brúːəri]	n.	맥주 공장(회사)
174	**discomfit** [dɪskʌmfɪt]	vt.	혼란스럽게 만들다, 당황하게 만들다
175	**propound** [prəpáʊnd]	vt.	(사상·설명 등을 사람들이 고려해 보도록) 제기하다
176	**conductor** [kəndʌktə(r)]	n.	안내자, 가이드, 경영자, 관리인, [음악] 지휘자
177	**crevice** [krévɪs]	n.	(바위나 담에 생긴) 틈
178	**loiter** [lɔɪtə(r)]	vi.	어정거리다
179	**ghastly** [ɡæstli]	adj.	(안색 따위가) 죽은 사람 같은, 유령 같은, 핏기 없는, 창백한
180	**waxwork** [wækswɜːrk]	n.	밀랍 인형, 밀랍 세공(품)
181	**bawl** [bɔːl]	vt.	~을 큰소리로 말하다, 크게 외치다, (행상인이) ~을 소리치며 팔다
182	**beckon** [békən]	vt.	~을 유인하다, 부추기다, (손짓·몸짓으로) ~에게 신호하다, 부르다
183	**overhear** [òʊvərhɪr]	vt.	(남의 대화 등을) 우연히 듣다
184	**tread** [tred]	vt.	(길·장소 따위)를 걷다, 지나가다, (적·권리 따위)를 밟아 뭉개다

DAY 03

MAZELTOV Vocabulary

frilling [friliŋ]	n.	주름 장식, 주름 장식 재료, [사진] 필름의 주름
appendage [əpendɪdʒ]	n.	부속물
spurn [spɜːrn]	vt.	퇴짜 놓다, 일축하다
vigil [vɪdʒɪl]	n.	(밤샘) 간호, (철야) 기도, 농성
sty [staɪ]	n.	돼지 우리, (돼지 우리와 같은) 더러운 집, 불결한 장소
malt [mɔːlt]	n.	맥아주, 맥주, (양조용) 엿기름, 맥아, 몰트
reek [riːk]	n.	증기, 김, 강한 악취
nook [nʊk]	n.	(아늑하고 조용한) 곳, 구석
despicable [dɪspɪkəbl]	adj.	비열한, 야비한
nape [neɪp]	n.	(목의) 뒤쪽
monstrosity [mɑːnstrɑːsəti]	n.	아주 크고 흉물스러운 것 (특히 건물)
whitewash [waɪtwɑːʃ]	n.	백색 도료, 회반죽, (결점 따위를 숨기기 위한) 겉치레, 눈속임
caparison [kəpærəsn]	n.	아름다운 복장, 장식 마구, 아름다운 말옷
flighty [flaɪti]	adj.	변덕스러운, 경박한
quack [kwæk]	n. vi.	꽥꽥, 끽끽(오리 따위의 우는 소리), (오리 따위가) 꽥꽥 울다
compile [kəmpaɪl]	vt.	(자료)를 모으다, 하나로 종합하다, (책)을 편찬하다, 편집하다
compotation [kɑmpəteɪʃən]	n.	술잔치, 주연
compulsion [kəmpʌlʃn]	n.	강제, 억지, 강제(강요)당한 상태, (나쁜 일을 하려는) 충동
credulity [krɪduːləti]	n.	쉽게(잘) 믿음
deferment [dɪfəːrmənt]	n.	연기, 거치, 징병의 일시적 유예
deplore [dɪplɔː(r)]	vt.	(특히 공개적으로) 개탄하다
deprave [dɪpreɪv]	vt.	(사람을 도덕적으로) 타락(부패)하게 만들다
deprecate [deprəkeɪt]	vt.	(강력히) 반대하다, 비난하다
despot [despɑːt]	n.	폭군
diffuse [dɪfjuːz]	vt.	(빛·열·냄새를) 발산하다, (지식을) 넓히다, 보급시키다
disband [dɪsbænd]	vt.	(조직을) 해체하다, 해산하다

04 DAY

MAZELTOV Vocabulary
오늘의 단어 --> 211 - 280

211	**discrepancy** [dɪskrepənsi]	n.	(같아야 할 것들 사이의) 차이, 불일치
212	**dismiss** [dɪsmɪs]	vt.	(모인 사람 등)을 해산시키다, 산회시키다, ~을 해고하다, 추방하다
213	**discursive** [dɪskɜːrsɪv]	adj.	(글이나 말이) 두서없는, 산만한
214	**dissipated** [dɪsɪpeɪtɪd]	adj.	방탕한
215	**dissipate** [dɪsɪpeɪt]	vt.	(군중·구름·안개 따위)를 흩어지게 하다, (시간·정력·돈 따위)를 낭비하다
216	**dissonance** [dɪsənəns]	n.	부조화음, 귀에 거슬리는 소리, (언행의) 불일치, 부조화
217	**escapade** [eskəpeɪd]	n.	무모한 장난(행위)
218	**protest** [proʊtest]	n. / vt.	불복, 반대, (구두·서면 등에 의한) 항의, ~에 항의하다
219	**inconceivable** [ɪnkənsiːvəbl]	adj.	상상(생각)도 할 수 없는
220	**bride** [braɪd]	n.	신부
221	**bridegroom** [braɪdgruːm]	n.	신랑
222	**nuptial** [nʌpʃl]	adj.	결혼 생활의, 결혼의, 혼인의
223	**elope** [ɪloʊp]	vi.	눈이 맞아 함께 달아나다
224	**reflect** [rɪflekt]	vt.	~을 숙고하다, 반영하다, (빛·열)을 반사하다
225	**fortnight** [fɔːrtnaɪt]	n.	2주일(간)
226	**frailty** [freɪlti]	n.	약함, 깨지기 쉬움, 무름, 덧없음
227	**impassible** [ɪmpæsəbl]	adj.	고통을 느끼지 않는, 무감각한, 해를 입지 않는
228	**gulf** [gʌlf]	n.	만, 깊은 구멍, 깊이 갈라진 틈, (지위·입장·감정 따위의) 큰 차이, 현격

229	**maid** [meɪd]	n.	소녀, 아가씨, 하녀, 가정부, (혼기 지난) 미혼 여성, 처녀
230	**scruple** [skru:pl]	n.	양심의 가책, 조금, 미량
231	**transmute** [trænzmju:t]	vt.	바꾸다, 변화시키다
232	**brand** [brænd]	vt. n.	~에 상표를 붙이다, ~를 상표화하다, 상표, 브랜드
233	**chary** [tʃeri]	adj.	~을 (하기를) 꺼리는
234	**leery** [lɪri]	adj.	(~을) 미심쩍어 하는, 조심스러워 하는
235	**enamor** [ɪnæmər]	vt.	~을 반하게 하다, 매혹하다, 애호하다
236	**burgeon** [bɜːrdʒən]	vi.	급성장하다, 급증하다
237	**tend** [tend]	vi.	(~하는) 경향이 있다, (~하기) 쉽다, (길 따위가) 향하다
238	**spatter** [spætə(r)]	vt.	(물·흙탕 따위)를 튀기다, ~에게 (물·진흙 따위를) 끼얹다
239	**spite** [spaɪt]	n.	악의, 심술, 원한, 앙심
240	**colonel** [kɜːrnl]	n.	(영국 해군과 해병대, 미국 육군·공군·해병대의) 대령
241	**coroner** [kɔːrənə(r)]	n.	검시관
242	**regiment** [redʒɪmənt]	n.	[군사] 연대, 다수, 많은 무리, 대군
243	**salvation** [sælveɪʃn]	n.	구조, 구출, 구제, [신학] (죄로부터의) 구원, 구세
244	**astray** [əstreɪ]	adv.	길을 잃고, 못된 길에 빠져, 정도에서 벗어나, 타락하여
245	**bachelor** [bætʃələ(r)]	n.	미혼(독신) 남자, 학사
246	**disedge** [dised3]	vt.	~의 모서리를 없애다, ~을 무디게 하다
247	**dogmatic** [dɔːgmætɪk]	adj.	독단적인
248	**duplicity** [du:plɪsəti]	n.	이중성, 표리부동
249	**dutiful** [du:tɪfl]	adj.	순종적인
250	**eclipse** [ɪklɪps]	n. vt.	[천문] (해·달의) 식, 빛의 상실, ~을 숨기다, ~을 능가하다
251	**effervescent** [efərvesnt]	adj.	거품이 이는(나는), 비등하는, 활기찬, 흥분한
252	**sprinkle** [sprɪŋkl]	vt. n.	~을 뿌리다, 끼얹다, ~을 드문드문 흩뜨리다, 흩뿌림
253	**hurrah** [həra:]	n. ex.	환호의 소리, 만세 소리, 만세, 후라
254	**obtrusive** [əbtru:sɪv]	adj.	(보기 싫게) 눈에 띄는, 두드러지는

255	**artless** [ɑːrtləs]	adj.	속임수가 없는, 기교가 없는, 자연스러운, 소박한
256	**plait** [plæt]	n. / vt.	(머리카락·밀짚 따위의) 땋은 것, 엮은 것, / (머리털·밀짚 따위)를 땋다
257	**hazard** [hæzərd]	vt. / n.	(생명·재산 따위)를 위태롭게 하다, / 위험, 모험
258	**steal** [stiːl]	vt. / n.	~을 (몰래) 훔치다, ~을 도용하다, / 몰래 훔치기, 절도
259	**metaphysics** [metəfɪzɪks]	n.	형이상학 (세계의 궁극적 근거를 연구하는 학문)
260	**meritorious** [merɪtɔːriəs]	adj.	칭찬할 만한
261	**vanquish** [væŋkwɪʃ]	vt.	(경쟁·전쟁 등에서) 완파하다, / ~을 이겨내다, 정복하다
262	**ruminate** [ruːmɪneɪt]	vi.	심사숙고하다, 곰곰이 생각하다
263	**felicitous** [fəlɪsɪtəs]	adj.	(특히 말이) 아주 적절한, 절묘하게 어울리는
264	**grunt** [grʌnt]	n. / vi.	투덜대는 불평(불만), (돼지의) 꿀꿀거리는 소리, / 투덜거리다, 불평하다
265	**obliging** [əblaɪdʒɪŋ]	adj.	(기꺼이 남을) 도와주는, 친절한
266	**paroxysm** [pærəksɪzəm]	n.	(감정·행동의) 폭발, [병리] (주기적인) 발작
267	**buzzing** [bʌzɪŋ]	adj.	윙윙거리는, 와글와글거리는
268	**flapping** [flæpɪŋ]	n.	[항공] (헬리콥터의 관절식 회전 날개의) 상하 방향의 회전 운동
269	**flatter** [flætə(r)]	vt.	~에게 아첨하다, 알랑거리다, ~을 기뻐하게 하다
270	**illegible** [ɪledʒəbl]	adj.	읽기 어려운, 판독이 불가능한
271	**refractory** [rɪfræktəri]	adj.	고집센, 다루기 힘든, (병 따위가) 난치의, 고질인
272	**din** [dɪn]	n.	(오래 계속되는 크고 불쾌한) 소음
273	**resolve** [rɪzɑːlv]	vt.	~에게 결심(결정)하게 하다, (문제·의문 따위)를 해결하다, 해명하다
274	**peril** [perəl]	n.	위난, 위해, 위험, 모험
275	**handkerchief** [hæŋkərtʃɪf]	n.	손수건, (손수건 대용) 화장지
276	**discomfiture** [dɪskʌmfətʃər]	n.	(계획 등의) 실패, 쩔쩔맴, 당황, 완패, 괴멸, 대패주
277	**cogitation** [kɑdʒɪteɪʃən]	n.	사고, 숙고, 명상, 생각, 고안, 착상
278	**rumple** [rʌmpl]	vt.	헝클다
279	**inflammatory** [ɪnflæmətɔːri]	adj.	격앙시키는, 선동적인, [병리] 염증을 일으키는, 염증성의
280	**ophthalmic** [ɑːfθælmɪk]	adj.	[의학] 눈의, 안과의

05 DAY

MAZELTOV Vocabulary
오늘의 단어 --> 281 - 350

281	**stupefy** [stu:pɪfaɪ]	vt. 깜짝 놀라게 하다, 충격을 주다, 망연자실하게 만들다
282	**sweltering** [sweltərɪŋ]	adj. 더위에 허덕이는, (장소·날씨 따위가) 무더운
283	**pelt** [pelt]	vt. (돌 따위로) ~을 연속적으로 때리다, (질문·욕설 등)을 퍼붓다
284	**toady** [toʊdi]	n. 알랑거리는 사람, 아첨꾼
285	**humbug** [hʌmbʌg]	n. 협잡, 속임수, 허풍, 협잡꾼, 사기꾼
286	**listless** [lɪstləs]	adj. 힘(열의)이 없는, 무기력한
287	**fling** [flɪŋ]	vt. (거칠게) ~을 내던지다, 팽개치다, vi. 돌진하다, 덤벼들다
288	**bristle** [brɪsl]	vi. (털이) 곤두서다, n. (동물의 털이나 사람의 수염 따위) 거센 털, 강모
289	**epergne** [ɪpɜːrn]	n. 식탁 중앙에 놓는 장식품 (접시·과일·꽃 등을 얹어 둠)
290	**cobweb** [kɑːbweb]	n. (망처럼 엮어 놓은) 거미줄
291	**transpire** [trænspaɪə(r)]	vi. 일어나다, 발생하다, vt. (노폐물 따위)를 배출하다, 발산하다
292	**realia** [reɪɑːliə]	n. (수업용) 실물 교재
293	**twitch** [twɪtʃ]	vt. ~을 갑자기 잡아당기다, 잡아채다, 낚아채다, n. 잡아채기, 경련
294	**sob** [sɑːb]	vi. 흐느껴(목메어) 울다, (바람이) 윙윙 소리내며 불다
295	**hitch** [hɪtʃ]	vt. (지나가는 차를) 얻어 타다, 편승하다, ~을 (~에) 묶다, 매다
296	**ferment** [fəːrment]	vt. ~을 발효시키다, ~을 뒤끓게 하다, 자극하다, n. 효소, 효모, 발효
297	**inefficacy** [ɪnefɪkəsi]	n. 무효과, 무효력
298	**coo** [kuː]	vi. (비둘기가) 구구 울다, (애인끼리) 달콤하게 속삭이다

299	**heave** [hi:v]	vt.	(무거운 것)을 들어올리다, 끌어올리다, (가슴 따위)를 펴다
300	**amble** [æmbl]	vi.	느긋하게 걷다
301	**prowl** [praʊl]	vt. vi.	~을 (몰래) 배회하다, (먹이·사냥감을 찾아서) 살금살금 돌아다니다
302	**obtrude** [əbtru:d]	vt.	(원하지 않는데 시야·의식 속으로) 끼어들다
303	**foreshorten** [fɔ:rʃɔ:rtn]	vt.	[미술] (원근법에 의하여) (먼 곳)을 단축하여 그리다, 단축하다
304	**sanguinary** [sæŋgwɪneri]	adj.	피가 동반된, 피(살육)를 좋아하는
305	**puffy** [pʌfi]	adj.	(바람 따위가) 훅 부는, 한바탕 부는, 부풀어오른, 뽐내는, 자만하는
306	**trepidation** [trepɪdeɪʃn]	n.	(앞일에 대한 굉장한) 두려움, 공포
307	**pounce** [paʊns]	vi.	(공격하거나 잡으려고 확) 덮치다, 덤비다
308	**damnatory** [dæmnətɔ:ri]	adj.	저주의, 파멸적인, 비난의
309	**hale** [hæl]	vt.	~을 세게 잡아당기다, 세게 잡아끌다, ~을 질질 끌다, 끌어내다
310	**myrmidon** [mə:rmədɑn]	n.	(충실한) 부하, 심복, 앞잡이
311	**suborn** [səbɔ:rn]	vt.	[법률] (특히 법정에서 위증을 하도록) 매수하다, 사주하다
312	**homage** [hɑ:mɪdʒ]	n.	[격식] 경의, 존경의 표시
313	**croon** [kru:n]	vt.	(조용히 부드럽게) 노래하다
314	**ditty** [dɪti]	n.	(흔히 유머) 짤막한 노래
315	**exasperate** [ɪgzæspəreɪt]	vt.	몹시 화나게 하다, 짜증나게 하다
316	**fraught** [frɔ:t]	adj.	(~을) 내포한, (~이) 따르는, (~으로) 가득한
317	**aggravation** [ægrəveɪʃən]	n.	더 한층의 악화(격화), 중대화, 가중, 더욱 악화시키는 것
318	**insupportable** [ɪnsəpɔ:rtəbl]	adj.	참을 수 없는, 견딜 수 없는
319	**stolidity** [stəlɪdəti]	n.	둔감, 무신경
320	**pummel** [pʌml]	vt.	(특히 주먹으로) 계속 치다, 때리다
321	**remunerative** [rɪmju:nərətɪv]	adj.	보수가 많은
322	**beseech** [bɪsi:tʃ]	vt.	간청하다, 애원하다
323	**doormat** [dɔ:rmæt]	n.	(현관의) 구두 흙 터는 매트
324	**augur** [ɔ:gə(r)]	vi.	(상서로운, 상서롭지 못한) 전조(조짐)가 되다

tuft [tʌft]	n. 다발 (머리카락·잔디 등이 함께 모여 촘촘하게 난 것)	325	**gratuitous** [grətjuːɪtəs]	adj. 불필요한, 쓸데없는	338

325
tuft [tʌft] — n. 다발 (머리카락·잔디 등이 함께 모여 촘촘하게 난 것)

326
rear [rɪər] — vt. (아이)를 기르다, (가축)을 사육하다, (작물)을 재배하다

327
betwixt [bɪtwɪkst] — prep. ~사이에

328
imposter [ɪmpɑːstə(r)] — n. (이름·나이·직업 따위를) 사칭하는 사람, (타인 행세를 하는) 사기꾼

329
beholden [bɪhoʊldən] — adj. ~에게 신세를 지고 있는

330
diabolic [daɪəbɑlɪk] — adj. 악마의, 악마적인, 사악한, 극악무도한

331
rick [rɪk] — n. (이엉 씌운) 짚더미, 건초가리, 장작더미 / vt. (건초 따위)를 쌓다

332
malevolent [məlevələnt] — adj. 악의 있는, 악의적인

333
pew [pjuː] — n. (교회의, 길게 나무로 된) 좌석, 신도석

334
excrescence [ɪkskresns] — n. (동식물에게 생긴 아주 보기 싫은) 이상 성장물(혹), 사마귀

335
fiendish [fiːndɪʃ] — adj. 악마 같은, 마귀 같은, 잔인한, 무도한, (날씨 따위가) 험악한

336
ignoble [ɪgnoʊbl] — adj. 비열한, 야비한

337
rummage [rʌmɪdʒ] — vt. ~을 뒤지다, 샅샅이 찾다, ~을 찾아내다

338
gratuitous [grətjuːɪtəs] — adj. 불필요한, 쓸데없는

339
ingratitude [ɪngrætɪtuːd] — n. 은혜(고마움)를 모름

340
retributive [rɪtrɪbjutɪv] — adj. 보복의, 인과 응보의, 응분의 벌을 받는

341
chaste [tʃeɪst] — adj. 정숙한, 순결한, (성질·언행이) 우아한, 순수한

342
murmur [mɜːrmə(r)] — vt. ~을 작은 소리로 말하다, vi. (~에 대해) 불평하다, 투덜대다

343
restless [restləs] — adj. 침착하지 못한, 가만히 있지 못하는, (마음이) 불안한

344
exasperation [ɪgzæspəreɪʃən] — n. 격분, 분노, 격화, 악화

345
exult [ɪgzʌlt] — vi. 기뻐서 어쩔 줄 모르다, 의기양양하다

346
bellow [beloʊ] — vi. (소 따위가) 큰 소리로 울다, 울부짖다, (사람이) 고함을 지르다

347
ungracious [ʌngreɪʃəs] — adj. (자기에게 친절한 사람에게) 불손한, 불친절한

348
preposterous [prɪpɑːstərəs] — adj. 불합리한, 비상식적인, 터무니없는, 앞뒤가 뒤바뀐

349
precarious [prɪkeriəs] — adj. 불안정한, 믿을 수 없는, 위태로운, (의견 등이) 근거가 박약한

350
crumb [krʌm] — n. (빵·과자 따위의) 부스러기, 작은 조각, vt. ~을 부스러기로 만들다

MAZELTOV Vocabulary

오늘의 단어 --> 351 - 420

maul [mɔːl] — vt. ~을 난폭하게(거칠게) 다루다, 혹평하다, n. (나무로 만든) 큰 메, 망치 351

aslant [əslænt] — adv. 비스듬히 352

plume [pluːm] — n. (큰) 깃털, 깃털 장식, 솟아오르는 연기(물, 구름 따위) 353

fume [fjuːm] — n. 가스, 연기, 증기, 연무, vt. ~을 발산하다, 증발시키다 354

descry [dɪskraɪ] — vt. (불현듯) 보게 되다 355

sunder [sʌndə(r)] — vt. (특히 힘을 가해서) 찢다, 떼어내다 356

harp [hɑːrp] — n. [음악] 하프, vi. (~에 대해 지겹도록) 계속 지껄이다 357

gridiron [ɡrɪdaɪərn] — n. (고기·생선을 굽는) 석쇠, (가스 등의) 배관망, 도로망 358

sprat [spræt] — n. 청어과의 작은 유럽산 바닷고기 359

haimish [heɪmɪʃ] — adj. 편안한, 아늑한 360

swarthy [swɔːrði] — adj. (특히 사람·얼굴이) 거무스름한 361

slouch [slaʊtʃ] — vi. 앞으로 수그리다, 구부정한 자세로 앉다, vt. (몸)을 앞으로 구부리다 362

hermitage [hɜːrmɪtɪdʒ] — n. 은둔처 363

stalwart [stɔːlwərt] — adj. 건장한, 강건한, 용감한, 의지가 굳은, n. 강건한 사람, 충실한 사람 364

injurious [ɪndʒʊriəs] — adj. 손상을 주는(줄 듯한), 해로운, 해로울 듯한 365

whisk [wɪsk] — vt. (달걀 등을) 휘젓다, 재빨리 가져가다, 휙 데려가다 366

rogue [roʊɡ] — n. 사기꾼, 악당, 악한 367

shrew [ʃruː] — n. 잔소리 심한 여자, 입이 험한 여자 368

369	**lapse** [læps]	n.	일탈, 도덕적 과실, 타락, 사소한 과실, (우연한) 실책
370	**clench** [klentʃ]	vt.	(이)를 악물다, (입)을 굳게 다물다, (주먹)을 꼭 쥐다
371	**tax** [tæks]	vt. n.	~에 과세하다, 세금을 매기다, 조세, 세금, 부담, 의무
372	**extenuate** [ikstenjueit]	vt.	(벌 등)을 가볍게 하다, 정상을 참작하다, 완화하다, ~을 얕보다
373	**monomania** [mɑːnəmeiniə]	n.	[심리] 편집광
374	**deaden** [dedn]	vt.	(소리·감정 등을) 줄이다, 죽이다
375	**boom** [buːm]	n.	(대포·우레 따위의) 꽝 울리는 소리, 굉음, [경제] 호황, 급성장기
376	**unwonted** [ʌnwoʊntɪd]	adj.	평소와 다른, 특이한, 뜻밖의
377	**disposed** [dɪspoʊzd]	adj.	~의 경향이 있는, (마음이) ~으로 쏠리는, ~할 마음이 생긴
378	**asunder** [əsʌndə(r)]	adv.	산산이, 뿔뿔이
379	**hue** [hjuː]	n.	색 (주로 중간색), [미술] 색상, (의견 따위의) 특색, 특성, 경향
380	**altercation** [ɔːltərkeɪʃn]	n.	언쟁, 논쟁
381	**assailant** [əseɪlənt]	n.	(특히 신체적) 공격을 가한 사람, 폭행범
382	**mutton** [mʌtn]	n.	(다 자란 양의) 양고기
383	**tub** [tʌb]	n.	통, 물통, 목욕통, 한 통의 분량
384	**bethink** [biθiŋk]	vt. vi.	~을 숙고하다, (~하려고) 결심하다, 두루 생각하다, 숙고하다
385	**crutch** [krʌtʃ]	n. vt.	목다리, 목발, ~을 목발로 버티다, ~을 떠받치다
386	**propitiation** [prəpɪʃieɪʃən]	n.	달래기, 화해, [신학] 속죄
387	**vexation** [vekseɪʃn]	n.	짜증내기, 괴롭히기, (정신적) 고통, 괴로움, 귀찮음, 성가심
388	**utterance** [ʌtərəns]	n.	(말 따위를) 입밖에 내기, 발음, 발언, (씌어진·이야기된) 말, 언사
389	**blade** [bleɪd]	n.	칼날, (스케이트의) 날, (벼·보리·잔디 따위의 칼날 같은) 잎
390	**lad** [læd]	n.	젊은이, 청년, 소년
391	**stile** [staɪl]	n.	층계형 출입구 (들판의 울타리·문 등을 타고 오르 내릴 수 있도록 만든 것)
392	**interrogative** [ɪntərɑːgətɪv]	adj.	의문의, 의문을 나타내는, 묻고 싶은 듯한, 미심쩍어 하는
393	**suppositious** [sʌpəzɪʃəs]	adj.	가짜의, (슬쩍) 바꿔친
394	**reciprocate** [rɪsɪprəkeɪt]	vt.	(애정·은혜 따위)에 보답하다, ~을 갚다, 서로 주고받다, 교환하다

395	**inquest** [ɪŋkwest]	n. 검시, 조사, (배심 앞에서 하는) 사문, 심리
396	**confirmatory** [kənfə:rmətɔ:ri]	adj. 확실하게 하는, 확증적인
397	**quail** [kweɪl]	n. 메추라기
398	**encumber** [ɪnkʌmbə(r)]	vt. ~을 방해하다, 훼방 놓다, 귀찮게 굴다, (장소)를 차지하다
399	**dumbfound** [dʌmfaʊnd]	vt. (너무 놀라서) 말을 못하게 만들다
400	**gouge** [gaʊdʒ]	n. 둥근 끌, 둥근 끌 세공, vt. ~을 둥근 끌로 새기다, (둥근 끌로) 구멍을 뚫다
401	**pugilistic** [pju:dʒəlistik]	adj. (프로) 권투의, 권투 선수의
402	**expostulatory** [ɪkspɑstʃulətɔ:ri]	adj. 타이르는, 충고의
403	**evince** [ɪvɪns]	vt. (감정·특질을) 분명히 밝히다, 피력하다
404	**valedictory** [vælɪdɪktəri]	adj. 고별의
405	**pillage** [pɪlɪdʒ]	vi. (특히 전시에) 약탈하다, 강탈하다
406	**endearing** [ɪndɪrɪŋ]	adj. 사랑스러운
407	**grudging** [grʌdʒɪŋ]	adj. 마지못해 주는(하는)
408	**grudge** [grʌdʒ]	n. 원한, 악의, 앙심, 유감, vt. ~을 주기를 꺼리다, 아까워하다
409	**snappish** [snæpiʃ]	adj. 성질이 급한, 골 잘내는, (개 등이) 물려고 덤빌 듯한
410	**prosperity** [prɑ:spərəti]	n. 번영, 번성, 번창
411	**deferential** [defərenʃəl]	adj. 경의를 표하는, 공손한
412	**apostrophize** [əpɑ:strəfaɪz]	vt. ~에 아포스트로피를 붙이다, [수사] (연설 등)을 돈호법으로 말하다
413	**fledgling** [fledʒlɪŋ]	n. 깃털이 갓난 새, 풋내기, 신출내기, adj. 젊은, 풋내기의, 미숙한
414	**refreshment** [rɪfreʃmənt]	n. 원기 회복, 휴양, 상쾌함
415	**scat** [skæt]	vi. 서둘러 떠나다, vt. (고양이 따위)를 쉿 소리를 내어 내쫓다
416	**pledge** [pledʒ]	n. 서약, 굳은 약속, [법률] 담보, 저당, 저당권, vt. ~을 서약하다, 약속하다
417	**dim** [dɪm]	adj. 어둠침침한, (물건이) 잘 보이지 않는, 흐릿한, (기억 따위가) 어렴풋한
418	**slumber** [slʌmbə(r)]	vi. 선잠을 자다, 잠시 졸다, n. (가벼운) 잠, 선잠, 졸음
419	**abreast** [əbrest]	adv. 나란히, 일렬횡대로
420	**yore** [jɔ:r]	n. 옛날, 옛적

MAZELTOV Vocabulary

오늘의 단어 --> 421 - 490

godmother [gɑːdmʌðə(r)]	n.	대모(기독교에서 종교적 가르침을 주기로 약속하는 여자) 421	**amiss** [əmɪs]	adj.	잘못된 430
wring [rɪŋ]	vt.	(세게) ~을 짜다, 비틀다 422	**wreak** [riːk]	vt.	(큰 피해 등을) 입히다, 가하다 431
astir [əstəːr]	adj. adv.	떠들썩한, 활동하는, 떠들썩하여, 활동하여 423	**smut** [smʌt]	n. vt.	검댕, 얼룩, 음탕한 말, 음담, ~을 더럽히다, 검게 하다 432
portmanteau [pɔːrtmæntoʊ]	n.	(옷을 넣는) 여행 가방, 슈트케이스 424	**squirmy** [skwɜːrmɪ]	adj.	꿈틀거리는, 꼼지락거리는, 우물쭈물하는 433
scuffle [skʌfl]	vi. vt. n.	난투하다, 붙들고 싸우다, 혼란시키다, 난투, 맞붙잡고 싸우기 425	**cinch** [sɪntʃ]	vt. n.	~을 바짝 죄다, 꽉 쥐기, 단단히 붙잡기, (말의) 안장 띠 434
fingerpost [fɪŋɡərpoʊst]	n.	(손가락 모양의) 길 안내 표지, (~에의) 지표, 지침, 안내서 426	**impound** [ɪmpaʊnd]	vt.	(가축 따위)를 우리 안에 가두다, ~을 압수하다, 몰수하다 435
stramineous [strəmɪnɪəs]	adj.	짚 빛의, 담황색의, [고어] 짚의, 짚 같은 427	**scowl** [skaʊl]	vi. vt.	얼굴을 찡그리다, 얼굴을 찌푸리고 ~을 나타내다 436
fledge [fledʒ]	vt.	(사람)을 제몫을 하게 하다, 어른이 되게 하다 428	**sprawl** [sprɔːl]	vi.	손발을 아무렇게나 (버릇없이) 쭉 뻗다, (도시·건물 등이) 마구 뻗다 437
commanding [kəmændɪŋ]	adj.	지휘하는, 명령하는, 위엄 있는, 상당히 뛰어난, 인상적인 429	**choppy** [tʃɑːpi]	adj.	물결이 일렁이는, (풍향·시장이) 변동이 심한, 일관되지 않은 438

번호	단어	품사	뜻
439	**bout** [baʊt]	n.	(권투·레슬링 따위의) 한판 승부, 시합, (일·동작 따위의) 한바탕, 한 차례
440	**gridlock** [ɡrɪdlɑːk]	n. vt.	교통 정체(마비, 체증), 교통 차단, 마비, ~을 정체(마비)시키다
441	**mire** [maɪə(r)]	n.	진창, 진흙탕, 수렁
442	**angst** [æŋst]	n.	(삶에 대한) 불안, 고뇌
443	**begrudge** [bɪɡrʌdʒ]	vt.	~을 시기하다, 시샘하다, ~하기를 싫어하다
444	**ho-hum** [hoʊ hʌm]	ex.	아함 (지루함을 나타내는 소리)
445	**headwind** [hedwɪnd]	n.	맞바람, 역풍
446	**unwind** [ʌnwaɪnd]	vt.	(감은 것을) 풀다, (얽힌 것을) 풀다, (긴장을) 풀다
447	**saggy** [sæɡi]	adj.	축 처진, 축 늘어진
448	**underwhelm** [ʌndərhwelm]	vt.	~에게 감명을 주지 못하다, 파흥시키다, 실망시키다
449	**cipher** [saɪfə(r)]	n. vt.	암호, 부호, (암호를 푸는) 열쇠, ~을 계산하다, 암호로 쓰다
450	**racket** [rækɪt]	n. vi.	소란, 야단법석, 부정한 돈벌이, 밀수, 협박, 흥청거리다
451	**quiescent** [kwiesnt]	adj.	고요한, (병이) 가라앉은, 진정기의, (문자가) 묵음의
452	**cockpit** [kɑːkpɪt]	n.	(항공기·보트·경주용 자동차의) 조종석
453	**wrought** [rɔːt]	vt.	(특히 변화를) 초래하다, 일으키다
454	**avail** [əveɪl]	vt.	도움이 되다, 소용에 닿다
455	**anemic** [əniːmɪk]	adj.	[병리] 빈혈의, 빈혈증의
456	**snooker** [snuːkə(r)]	vt.	(끼어들어) ~을 훼방하다, 방해하다
457	**bogeyman** [boʊɡimæn]	n.	(아이들에게 겁을 줄 때 들먹이는) 귀신, 부기맨
458	**plink** [plɪŋk]	vi.vt.	찌르릉 소리를 내다, 찌르릉 하고 울다(울리다)
459	**whack** [wæk]	vt.	~을 세차게 치다, 세게 때리다, ~을 나누다, 분배하다
460	**rescind** [rɪsɪnd]	vt.	(법률·계약·결정 등을) 폐지하다, 해지하다, 철회하다
461	**reserve** [rɪzɜːrv]	vt.	(후일을 위해) ~을 비축하다, 남겨 두다, (좌석·방을) 예약하다
462	**resigned** [rɪzaɪnd]	adj.	(괴롭거나 힘든 일을) 받아들이는, 감수를 하는, 체념한
463	**respite** [respɪt]	n.	(일·고통·의무 따위의) 일시적 중단, 소강 상태, 연기, 유예
464	**ravel** [rævl]	vt.	(상황·문제를) 더 복잡하게 만들다, 꼬이게 만들다

DAY 07

MAZELTOV _ Vocabulary

fray [freɪ]	vt. (의류·새끼줄 따위)를 닳(아빠지)게 하다, 너덜너덜 풀리게 하다	465
nevertheless [nevərðəles]	adv. 그렇기는 하지만, 그럼에도 불구하고	466
hackney [hækni]	adj. 낡아빠진, 진부한, n. (보통의) 타는 말, 승용마	467
cape [keɪp]	n. 케이프, 어깨에 걸치는 망토 (코트가 붙어 있거나 따로따로 입을 수 있다)	468
equipage [ekwəpidʒ]	n. 장신구(개인 용품) 한 벌, (배·군대 등의) 장비, 장구	469
coronet [kɔːrənet]	n. 작은 관, 머리 장식, (창문·문 상부의) 장식	470
footman [fʊtmən]	n. (과거 집에서 거느리던) 하인, 종	471
hammercloth [hæmərklɔːθ]	n. (의식용 마차 등의) 마부석의 덮개	472
breech [briːtʃ]	n. (총의) 약실	473
peep [piːp]	vi. (구멍·틈 따위로) 들여다보다, 엿보다, vt. ~을 조금 나타(드러)내다	474
scabbard [skæbərd]	n. (칼을 넣는) 칼집	475
twitchy [twɪtʃi]	adj. 흠칫 놀라는, 초조해하는, 침착하지 못한	476
swollen [swəʊlən]	adj. 우쭐해진, 부풀어오른, 물이 불은, (문체 등이) 과장된	477
grit [grɪt]	n. (기계 따위에 섞여 들어간 해로운) 티끌, vt. 이를 갈며 말하다	478
wig [wɪg]	n. 가발	479
robe [roʊb]	n. 길고 헐거운 겉옷	480
jig [dʒɪg]	vt. ~을 급격히 위아래(앞뒤)로 움직이다, n. 지그 (빠르고 경쾌한 춤)	481
sickening [sɪkənɪŋ]	adj.n. 병들게 하는 (일), 욕지기나게 하는 (일), 넌더리나게 하는 (일)	482
tossup [tɔːsʌp]	n. (일·승부를 가리는) 동전 던지기	483
supplicant [sʌplɪkənt]	n. 탄원자, 애원자	484
guileless [gaɪlləs]	adj. 아주 정직한, 속임수를 모르는	485
confectioner [kənfekʃənə(r)]	n. 당과(제과)점, 당과(제과)점 주인	486
infernal [ɪnfɜːrnl]	adj. 지옥의, 지독한, 지긋지긋한, 아주 성가신, 극악무도한	487
booby [buːbi]	n. 바보, 얼간이, 꼴찌 학생, 꼴찌	488
bluster [blʌstə(r)]	vt. (남)에게 호통치다, 고함치다, 위협하다, vi. 거세게 몰아치다	489
cloister [klɔɪstə(r)]	n. 수도원, 안뜰, vt. ~을 수도원에 가두다, ~을 은둔하게 하다	490

08 DAY

MAZELTOV Vocabulary

오늘의 단어 --> 491 - 560

flavoring [fleivəriŋ]	n. 맛내기, 조미, 조미료, 양념, 향료 ⁴⁹¹	**imposing** [impoʊziŋ]	adj. 인상적인, 눈길을 끄는 ⁵⁰⁰
conjoin [kəndʒɔin]	vi.vt. 결합하다(시키다) ⁴⁹²	**unassuming** [ʌnəsuːmiŋ]	adj. 잘난 체하지 않는 ⁵⁰¹
realign [riːəlain]	vt. ~을 재조정(재편성)하다, 재통합하다 ⁴⁹³	**obtuse** [əbtuːs]	adj. 둔한, 둔감한 ⁵⁰²
impose [impoʊz]	vt. (세금·형벌·의무 따위)를 지우다, (의견 따위)를 (남에게) 강요하다 ⁴⁹⁴	**perspicuity** [pəːrspəkjuːəti]	n. 명확함, 명석함, 명료함, (언어·문장 등의) 명쾌(도) ⁵⁰³
refract [rifrækt]	vt. [물리] (물·공기·유리 등이 빛을) 굴절시키다 ⁴⁹⁵	**ascetic** [əsetik]	adj.n. 수행의(자), 고행의(자), 금욕주의의(자) ⁵⁰⁴
uninhibited [ʌninhibitid]	adj. (행동·의사 표현 등에) 아무 제약을 받지 않는, 거리낌이 없는 ⁴⁹⁶	**interlope** [intərloup]	vi. 무허가 영업을 하다, 남의 일에 간섭하다, 권리를 침해하다 ⁵⁰⁵
theatricality [θiætrikæləti]	n. 연극조, 과장된 어조(태도) ⁴⁹⁷	**potentate** [poʊtnteit]	n. (특히 의회 등의 제재를 받지 않는) 강한 지배자, 통치자 ⁵⁰⁶
tangential [tændʒenʃl]	adj. (이야기 따위가) 옆길로 새는, 탈선하는, [수학] 접하는, 접선(접점)의 ⁴⁹⁸	**prosaic** [prəzeiik]	adj. 재미없는, 평범한, 단조로운, 지루한, 산문의, 산문체의 ⁵⁰⁷
expeditious [ekspədiʃəs]	adj. 신속한, 효율적인 ⁴⁹⁹	**ingenuous** [indʒenjuəs]	adj. 순진한, 천진한, 사람을 잘 믿는 ⁵⁰⁸

509	**conscientious**	[kɑːnʃienʃəs]	adj.	양심적인, 성실한
510	**sovereign**	[sɑːvrən]	n. / adj.	주권자, 통치자, 군주, 독립 국가, 주권 국가 / 자주의, 최고의 권력을 가진
511	**pluralistic**	[pluərəlistik]	adj.	여러 직업을 겸한, [철학] 다원론의
512	**eloquent**	[eləkwənt]	adj.	웅변의, 말 잘하는, (연설 따위가) 감동적인, (표현이) 감명적인
513	**acronym**	[ækrənim]	n.	두문자어 (낱말의 머리글자를 모아서 만든 준말)
514	**prospectus**	[prəspektəs]	n.	(사업의) 요강, (회사 따위의) 창립 취지서, (주식 발행) 안내서
515	**plight**	[plaɪt]	n.	역경, 곤경
516	**temper**	[tempə(r)]	n. / vt.	성질, 기질, 성미 / ~을 알맞게 섞다(조절하다), ~을 경감하다, 완화하다
517	**convoluted**	[kɑːnvəluːtɪd]	adj.	회선형의, 둘둘 말린(감긴), 복잡한, 뒤엉킨
518	**lowering**	[louəriŋ]	adj.	품위를 떨어뜨리는, 낮추는, (날씨가) 험악한, 기분이 좋지 않은
519	**misty**	[misti]	adj.	안개가 자욱한(짙은), 안개로 싸인, 희미한, (생각 따위가) 모호한
520	**china**	[tʃaɪnə]	n.	자기, 도자기, 접시, 식기류
521	**informal**	[ɪnfɔːrml]	adj.	비공식의, 정식이 아닌, 약식의
522	**grate**	[greɪt]	vt. / n.	갈다, 빻다, ~을 삐걱거리게 하다, / (벽난로 연료받이) 쇠살대
523	**scrap**	[skræp]	n. / vt.	작은 조각, 자투리, 다툼, 싸움, / 찢어버리다, 폐기하다
524	**unaccountable**	[ʌnəkaʊntəbl]	adj.	설명할 수 없는, 영문을 알 수 없는, 책임을 지지 않는
525	**slight**	[slaɪt]	adj.	(양·정도 따위가) 약간의, 근소한, (병 등이) 경미한, 가벼운
526	**preoccupied**	[priːɑːkjupaɪd]	adj.	(어떤 생각·걱정에) 사로잡힌, 정신이 팔린
527	**landlord**	[lændlɔːrd]	n.	지주, 집주인, 영주
528	**saloon**	[səluːn]	n.	(대저택·호텔의) 큰 홀, (여객선의) 담화실, (여객기의) 객실
529	**gran**	[græn]	n.	할머니
530	**weather eye**	[weðə(r) aɪ]	n.	날씨 관측력, 기상 위성, 주의, 경계
531	**unpeg**	[ʌnpeg]	vt.	~에서 나무못을 뽑다, (물가·통화 등)의 고정적 안정책을 철폐하다
532	**simplicity**	[sɪmplɪsəti]	n.	단일(성), 단순, 간소, 수수함, 꾸밈없음, 소박, 무지, 우둔
533	**bushwhack**	[bʊʃwæk]	vt. / vi.	~을 기습하다, 잠복하고 기다리다, / 삼림에 살다
534	**behold**	[bɪhoʊld]	vi.vt.	(바라)보다

535	dreamscape	[dri:mskeip]	n.	꿈 같은 정경(의 그림), 초현실적인 정경(의 그림)
536	popularize	[pɑ:pjələraɪz]	vt.	~을 통속화하다, 대중화하다, ~을 보급시키다
537	rundown	[rʌndaʊn]	n.	(특히 사업의) 축소, 쇠퇴
538	evoke	[ɪvoʊk]	vt.	(감정·기억·이미지를) 떠올려 주다, 환기시키다
539	complexity	[kəmpleksəti]	n.	복잡, 복잡성, 착잡, 복잡한 것, 착잡한 것
540	detail	[di:teɪl]	n. / vt.	세부, 세목, 항목, / ~을 상술하다, 열거하다
541	transcribe	[trænskraɪb]	vt.	~을 베끼다, 복사하다, 등사하다, ~을 딴 문자로 바꿔쓰다
542	clink	[klɪŋk]	vi. / vt.	(동전·컵 등이 맞부딪쳐) 짤랑(쨍강) 울리다, / ~을 짤랑 울리게 하다
543	clatter	[klætə(r)]	vt. / n.	~을 덜커덕거리게 하다, 쨍그랑거리게 하다, / 덜커덕거리는 소리, 소음
544	nasal	[neɪzl]	adj. / n.	코의, 코에 관한, (음성) 비음의, / (음성) 비음
545	gargle	[gɑ:rgl]	vi. / n.	(~으로) 양치질하다, / 양치질, (양치할 때 따위의) 목 울리는 소리
546	vehement	[vi:əmənt]	adj.	(특히 분노를 담아) 격렬한, 맹렬한
547	amulet	[æmjʊlət]	n.	(불운 등을 막아 주는) 부적
548	emulate	[emjuleɪt]	vt.	~을 본뜨다, ~와 경쟁하다, 겨루다, ~에 필적하다
549	ram	[ræm]	vt.	~을 (~에) 심하게 부딪치다, 큰 힘으로 치다(쳐박다)
550	frontal	[frʌntl]	adj. / n.	앞의, 앞면의, 정면의, [해부] 이마의, / (건물의) 정면
551	apt	[æpt]	adj.	적절한, 적당한, 총기 있는, 이해가 빠른, ~하기 쉬운, ~할 것 같은
552	apposition	[æpəzɪʃn]	n.	[문법] 동격
553	crossfire	[krɔ:sfaɪə(r)]	n.	십자 포화
554	implication	[ɪmplɪkeɪʃn]	n.	함축, 포함, 암시, 연루, 연좌, 말려들기
555	saddle	[sædl]	n. / vt.	(마구의) 안장 부분, / (말 따위)에 안장을 얹다, ~에 부담을 지우다
556	doublespeak	[dʌblspi:k]	n.	사실을 호도하기 위한 말, (고의적으로 쓰는) 모호한 말
557	jockey	[dʒɑ:ki]	n. / vt.	디스크 자키, 경마 기수, / ~을 능숙하게 조작해서 움직이다
558	baffling	[bæflɪŋ]	adj.	저해하는, 당황하게 하는, 이해할 수 없는
559	engender	[ɪndʒendə(r)]	vt.	(어떤 감정·상황을) 낳다, 불러일으키다
560	epicure	[epɪkjʊr]	n.	식도락가, 미식가

MAZELTOV Vocabulary

오늘의 단어 -> 561 - 630

episodic [epɪsɑːdɪk]	adj. 삽화적인, 에피소드풍의, 일시적인, 변덕스런, 우연적인	561	**expatriate** [ekspeɪtrɪət]	vt. ~을 국외로 추방하다, vi. 고국을 떠나다, adj.n. 국외로 추방된 (사람)	570
arcane [ɑːrkeɪn]	adj. 신비로운, 불가사의한	562	**facile** [fæsl]	adj. 경박한, 쉬운, 쉽게 얻을 수 있는, 간편한, (말씨가) 유창한	571
euphonious [juːfoʊnɪəs]	adj. (소리·단어 등이) 듣기 좋은	563	**squeak** [skwiːk]	vi. (어린애가) 앙앙 울다, (차 바퀴·악기 따위가) 삐걱삐걱 소리내다	572
exacting [ɪgzæktɪŋ]	adj. 힘든, 까다로운	564	**figurative** [fɪgərətɪv]	adj. 상징적인, 표상적인, 비유적인, 은유의, (문체가) 화려한	573
exhaustive [ɪgzɔːstɪv]	adj. (하나도 빠뜨리는 것 없이) 철저한, 완전한	565	**florid** [flɔːrɪd]	adj. (안색이) 불그레한, 혈색이 좋은, (음악·조각·문체가) 화려한, 찬란한	574
exploit [ɪksploɪt]	n. 공훈, 공적, 위업	566	**foolhardy** [fuːlhɑːrdi]	adj. 무모한	575
expository [ɪkspɑːzətɔːri]	adj. 설명적인	567	**forsake** [fərseɪk]	vt. ~을 저버리다, 버리고 가다, (습관·생활 양식 따위)를 버리다	576
extraneous [ɪkstreɪnɪəs]	adj. (특정 상황이나 주제와) 관련 없는	568	**founder** [faʊndə(r)]	vi. (계획 등이 특정한 문제점 때문에) 실패하다, 좌초되다	577
extricate [ekstrɪkeɪt]	vt. (위기 따위에서) ~을 구해내다, 해방시키다, 이탈시키다	569	**garble** [gɑːrbl]	vt. (사실·서류 따위)를 부당하게 취사 선택하다, 왜곡하다	578

579	germane	[dʒɜːrmeɪn]	adj.	(생각·발언 등이 ~와) 밀접한 관련이 있는
580	glacial	[gleɪʃl]	adj.	얼음의, 빙하의, 혹한의, 냉담한, 냉혹한
581	glib	[glɪb]	adj.	(말하는 사람이나 말이) 구변 좋은, 말을 잘 하는
582	gratify	[grætɪfaɪ]	vt.	(남)을 만족시키다, 기쁘게 하다, (욕망·충동 따위)를 채워주다
583	adverse	[ædvɜːrs]	adj.	부정적인, 불리한
584	grievance	[griːvəns]	n.	불만 (사항), 고충 (사항)
585	hacked	[hækt]	adj.	머리가 띵한, 분해하는
586	hallowed	[hæloʊd]	adj.	신성화한, 신성한, 신성시되는
587	heresy	[herəsi]	n.	(기독교의) 이단, 이교, (기성의 학설·정설에 반대되는) 이설, 반론, 반대론
588	heterodox	[hetərədɑːks]	adj.	이설의, 이교의
589	heyday	[heɪdeɪ]	n.	전성기, 한창때
590	hiatus	[haɪeɪtəs]	n.	(일·활동 등의) 중단, 단절, 휴지(기), (기사 따위의) 탈락 (부분)
591	hoard	[hɔːrd]	n.	(재화·보물의) 저장, 저장물, (지식 따위의) 축적, 보고
592	sparing	[sperɪŋ]	adj.	(~을) 조금만 쓰는, 아끼는, (~에) 인색한
593	illicit	[ɪlɪsɪt]	adj.	위법의, 불법의, (사회 일반에) 인정되지 않은
594	immaculate	[ɪmækjələt]	adj.	(셔츠 따위가) 청결한, (도덕적으로) 더럽혀지지 않은, 약점(결점)이 없는
595	impecunious	[ɪmpɪkjuːniəs]	adj.	동전 한 푼 없는, 무일푼의
596	imperceptible	[ɪmpərseptəbl]	adj.	(너무 작아서) 감지할 수 없는
597	inadvertent	[ɪnədvəːrtnt]	adj.	부주의한, 소홀한, 경솔한, (언동 따위가) 무심코 한, 우연한,
598	inaugurate	[ɪnɔːgjəreɪt]	vt.	(정식으로) ~을 개시하다, 발족시키다, ~을 취임시키다
599	incidental	[ɪnsɪdentl]	adj.	부수하여 일어나는, 수반하기 쉬운, 우연의, 우발적인
600	incorrigible	[ɪnkɔːrɪdʒəbl]	adj.	(나쁜 습관이) 고질적인, 구제 불능의
601	indefatigable	[ɪndɪfætɪgəbl]	adj.	포기할 줄 모르는, 지칠 줄 모르는
602	indict	[ɪndaɪt]	vt.	[법률] 기소하다
603	indigent	[ɪndɪdʒənt]	adj.	궁핍한
604	indomitable	[ɪndɑːmɪtəbl]	adj.	불굴의

DAY 09 MAZELTOV Vocabulary

inept [ɪnept]	adj. 솜씨 없는, 서투른	605
inexorable [ɪneksərəbl]	adj. (과정이) 멈출 수 없는, 거침없는, 변경할 수 없는	606
infiltrate [ɪnfɪltreɪt]	vt. ~에 스며들다, 침투하다, (적지 등에) 잠입시키다, 침투시키다	607
ingrate [ɪngreɪt]	adj.n. 은혜를 모르는 (사람), 배은망덕한 (사람)	608
reprimand [reprɪmænd]	vt. 견책하다, 징계하다, n. (공식적인) 견책, 징계, 질책, 비난	609
inimical [ɪnɪmɪkl]	adj. (~에) 해로운, 불리한, (~와) 적대하는, 반목하는	610
inopportune [ɪnɑːpərtuːn]	adj. 때(시기)가 안 좋은	611
insinuate [ɪnsɪnjueɪt]	vt. ~을 넌지시 말하다, 암시하다, (교묘하게 사상 따위)를 주입하다	612
insuperable [ɪnsuːpərəbl]	adj. (곤경·문제 등이) 대처할 수 없는, 극복할 수 없는	613
insurgent [ɪnsɜːrdʒənt]	n. 반란(내란)을 일으킨 사람	614
intangible [ɪntændʒəbl]	adj. 만질 수 없는, 실체가 없는, 무형의, 막연한, 불명료한	615
intermittent [ɪntərmɪtənt]	adj. 간헐적인, 간간이 일어나는	616
irreproachable [ɪrɪproʊtʃəbl]	adj. (사람이나 그의 행동이) 나무랄 데 없는, 흠잡을 데 없는	617
jargon [dʒɑːrgən]	n. (특정 분야의 전문·특수) 용어	618
lassitude [læsɪtuːd]	n. 노곤함, 무기력	619
levity [levəti]	n. 경솔, 경박	620
list [lɪst]	n. 표, 일람표, 명단, vt. ~의 일람표를 만들다, ~을 명부(목록)에 기입하다	621
loquacious [ləkweɪʃəs]	adj. 말이 많은	622
lurid [lʊrɪd]	adj. 무서운, 섬뜩한, (빛깔 등이) 짙은, 선정적인, 타는 듯이 붉게 빛나는	623
magnate [mægneɪt]	n. (특히 재계의) 거물, 큰손	624
maladroit [mælədrɔɪt]	adj. 솜씨 없는, 재치 없는 (특히 사람들을 짜증나게 하는 경우에 대해 씀)	625
martinet [mɑːrtnet]	n. (명령·규율에) 아주 엄격한 사람	626
meander [miændə(r)]	vi. 꾸불꾸불 나아가다, 정처없이 걷다, vt. ~을 구부러지게 하다	627
mercenary [mɜːrsəneri]	adj. 돈을 위한, 욕심 많은, 용병의, n. 외인 부대 병사, 용병	628
misanthrope [mɪsənθroʊp]	n. 사람을 싫어하는 사람	629
mitigate [mɪtɪgeɪt]	vt. 완화시키다, 경감시키다	630

10 DAY

MAZELTOV Vocabulary
오늘의 단어 --> 631 - 700

momentous [moʊmentəs] — adj. 중대한 (631)

unwholesome [ʌnhoʊlsəm] — adj. 건강에 해로운, (도덕적으로) 유해한, 불건전한, 건강을 해치는 (632)

munificent [mjuːnɪfɪsnt] — adj. 대단히 후한 (633)

muted [mjuːtɪd] — adj. 침묵한, (소리·어조가) 약한, (색이) 부드러운 (634)

nonentity [nɑːnentəti] — n. 별 볼일 없는 사람, 보잘것없는 사람 (635)

officious [əfɪʃəs] — adj. 거들먹거리는, 위세를 부리는 (636)

opaque [oʊpeɪk] — adj. 불투명한, 빛을 통하지 않는, 까다로운, 명료하지 않은 (637)

painstaking [peɪnzteɪkɪŋ] — adj. 공들인 (638)

paltry [pɔːltri] — adj. (금액 등이) 얼마 안 되는, (일·물건 따위가) 하찮은, 무가치한 (639)

paradox [pærədɑːks] — n. 역설, 자기 모순의 말, 앞뒤가 맞지 않는 일(사태) (640)

parry [pæri] — vt. (적의 공격 따위를) 빗나가게 하다, (토론·질문 따위를) 피하다 (641)

passive [pæsɪv] — adj. 수동적인, 소극적인, 활기가 없는 (642)

penchant [pentʃənt] — n. 애호, 기호 (643)

perjury [pɜːrdʒəri] — n. [법률] 위증죄 (644)

touchy [tʌtʃi] — adj. 성미가 급한, (신경이) 과민한, (문제 따위가) 다루기 힘든 (645)

pithy [pɪθi] — adj. (논평·글 등이) 간결하나 함축적인 (646)

placate [pleɪkeɪt] — vt. (화 따위를) 달래다, 누르다 (647)

poignancy [pɔɪnjənsi] — n. 날카로움, 매서움, 신랄 (648)

ponderous [pɑndərəs]	adj.	무거운, 육중한, (문체·말씨 등이) 답답한, 지루한
prattle [prætl]	vi.	(쓸데없이 마구) 지껄이다
precipitate [prɪsɪpɪteɪt]	vt.	~을 촉진하다, 재촉하다, ~을 (어떤 상태로) 밀어 떨어뜨리다
presumptuous [prɪzʌmptʃuəs]	adj.	주제넘은, 건방진
proclivity [prəklɪvəti]	n.	(흔히 좋지 못한) 성향
prodigal [prɑːdɪgl]	adj.	(돈·시간·에너지·물자를) 낭비하는
profane [prəfeɪn]	adj.	모독적인, 불경스런, 세속적인, 통속적인, 이교의, 이단의
profusion [prəfjuːʒn]	n.	다량, 풍성함
prologue [proʊlɔːg]	n.	프롤로그 (연극·책·영화의 도입부)
propitious [prəpɪʃəs]	adj.	(일을 하기에) 좋은, 유리한
relish [relɪʃ]	n. vt.	맛, 풍미, 기호, 흥미, 욕구, ~을 즐기다, 맛있게 먹다
propriety [prəpraɪəti]	n.	예의바름, 단정함, 타당, 타당성, 적당
protract [proʊtrækt]	vt.	~을 연장하다, ~을 오래 끌게 하다
provisional [prəvɪʒənl]	adj. n.	일시적인, 잠정적인, 조건부의, 임시 회원, 임시 우표
purse [pɜːrs]	n. vt.	지갑, (여자의) 핸드백, (긴장 따위로) (입)을 오므리다, (눈살)을 찌푸리다
quandary [kwɑːndəri]	n.	진퇴양난
raucous [rɔːkəs]	adj.	요란하고 거친, 시끌벅적한
raze [reɪz]	vt.	(건물·도시 등을) 완전히 파괴하다, 휩쓸어 버리다
delegate [delɪgeɪt]	vt.	대표(대리)로 파견하다, (권한·책임 따위)를 (~에게) 위임하다
resplendent [rɪsplendənt]	adj.	눈부시게 빛나는, 멋진
savory [seɪvəri]	adj.	맛(풍미) 좋은, 냄새가 좋은, 향기로운, 평판이 좋은, 바람직한
sectarian [sekteriən]	adj.	종파의, 파벌의
sedentary [sednteri]	adj.	앉아 있는, 앉아서 일하는, 늘 앉아 있는, 정착성의
sequester [sɪkwestə(r)]	vt.	~을 은퇴시키다, 격리하다, 물러나게 하다
slacken [slækən]	vi. vt.	완만하게 하다, 활발하지 않게 하다, 느슨해지다
solemnity [səlemnəti]	n.	엄숙, 장중, 장엄, 진지함

영단어	품사	뜻	번호
spurious [spjʊəriəs]	adj.	가짜의, 위조의, 사생아의, [식물] (기능·형태상) 비슷하나 다른	675
squalor [skwɑːlə(r)]	n.	불결한(누추한) 상태	676
stanza [stænzə]	n.	스탠자 (4행 이상의 각운이 있는 시구)	677
steadfast [stedfæst]	adj.	(태도·목표가) 변함없는	678
stoical [stouikəl]	adj.	금욕주의자적인, 금욕의	679
strut [strʌt]	vi. n.	뽐내며(점잔빼며) 걷다, 활보하다, 점잔빼며 걷기, 과시	680
subordinate [səbɔːrdɪnət]	adj.	하급의, 부차적인, 복종하는, 예속되는	681
subtlety [sʌtlti]	n.	미묘, 신비, 미묘한 차이, 엷음, 묽음, 교묘, 정교	682
supercilious [suːpərsiliəs]	adj.	거만한, 남을 얕보는	683
impressionable [ɪmpreʃənəbl]	adj.	(사람이, 아직 어려서) 쉽게 외부의 영향을 받는	684
tantamount [tæntəmaʊnt]	adj.	(나쁜 효과가) ~와 마찬가지의, ~에 상당하는	685
threadbare [θredber]	adj.	케케묵은, 진부한, (의복 따위가) 다 떨어진, 낡은	686
torpor [tɔːrpə(r)]	n.	무기력	687
turpitude [tɜːrpətuːd]	n.	대단히 부도덕한 행위	688
transcendent [trænsendənt]	adj.	초월하는, 초월적인, 탁월한	689
transparent [trænspærənt]	adj.	투명한, 솔직한, (의도 따위가) 명백한, (문체 따위가) 명쾌한	690
sap [sæp]	vt.	~을 약화시키다, 차츰 무너뜨리다	691
disheveled [diʃevəld]	adj.	(머리가) 헝클어진, 텁수룩한, (복장 등이) 단정치 못한	692
veracious [vəreiʃəs]	adj.	거짓말을 하지 않는, 정직한, (이야기가) 진실한, 정확한	693
vindicate [vɪndɪkeɪt]	vt.	(의혹 따위)를 씻다, ~의 정당성을 입증하다, ~을 정당화하다	694
virulent [vɪrələnt]	adj.	극독의, 맹독의, 치명적인, 악의 있는, 신랄한, 가혹한	695
voluble [vɑːljəbl]	adj.	유창한, 수다스러운, 달변의, [식물] (담쟁이덩굴 따위가) 감기는	696
voluminous [vəluːmɪnəs]	adj.	저서가 많은, 다작의, (체적·용적이) 큰, 덩치 큰, 권수가 많은	697
willful [wilfəl]	adj.	고의의, 계획(의도)적인, 제 생각대로만 하는, 고집센	698
agglutinate [əgluːtəneit]	vi.vt.	(아교 따위로) 접착시키다, 접합시키다, (상처가) 유착하다	699
frob [frab]	n. vt.	작은 것, 한 손으로 들 수 있는 것, ~을 만지작거리다	700

11 DAY

MAZELTOV Vocabulary

오늘의 단어 --> 701 - 770

exorable [eksərəbəl]	adj. 설득하기 쉬운, 사정을 하면 통하는, 탄원에 마음이 움직이는	701
dimple [dɪmpl]	n. 보조개, 작게 패인 곳, (수면의) 작은 파문, 잔물결	702
dint [dɪnt]	n. 힘, 노력, 오목한 자국, 움푹 팬 곳	703
brooch [broʊtʃ]	n. 브로치	704
weeping [wiːpɪŋ]	adj. (나무의) 가지가 늘어진	705
willow [wɪloʊ]	n. 버드나무, 버드나무 재목 adj. 버드나무의, 버드나무로 만든	706
mottle [mɑtl]	vt. ~을 얼룩덜룩하게 하다, n. 얼룩, 반점	707
dingy [dɪndʒi]	adj. 우중충한, 거무칙칙한	708
wicket [wɪkɪt]	n. 작은 문, 쪽문, (매표소 따위의) 창구, 격자창	709
disgorge [dɪsgɔːrdʒ]	vt. ~을 토하다, 게우다, ~을 방출하다, (화산이) ~을 분출하다	710
wretch [retʃ]	n. 가엾은 사람, 불행한 사람, 철면피, 비루한 사람	711
unholy [ʌnhoʊli]	adj. 신성하지 않은, 부정한, 부도덕한, 사악한	712
gravel [grævl]	n. 자갈	713
interment [ɪntɜːrmənt]	n. (죽은 사람의) 매장	714
cremate [krəmeɪt]	vt. (시체 따위를) 화장하다	715
frouzy [frauzi]	adj. (악취·훈김으로) 숨막히는, 곰팡내 나는, 너저분한, 누추한	716
forlorn [fərlɔːrn]	adj. 절망적인, 버림받은, 고독한, (인상·상황 등이) 비참한, 황량한	717
penance [penəns]	n. 회개, 참회, 속죄 (행위), 고행, [가톨릭] 고해 (성사)	718

719	**dry-rot** [drai rɑt]	vt.	건조 부패시키다, (사회 등을) 부패시키다, 타락시키다
720	**rot** [rɑːt]	vt.	~을 썩이다, 부패시키다, (도덕적으로) 타락시키다, 부패하다
721	**stable** [steɪbl]	n.	마구간, 마방, 경주마, 마부, 기수
722	**sawdust** [sɔːdʌst]	n.	톱밥
723	**lodger** [lɑːdʒə(r)]	n.	하숙인, 셋방을 사는 사람
724	**behead** [bɪhed]	vt.	(형벌로) 목을 베다, 참수하다
725	**encrusting** [ɪnkrʌstɪŋ]	n.	[해양과학] 피각화 (직립 구조를 갖지 않고 표면에 납작히 붙어 자라는 현상)
726	**doleful** [doʊlfl]	adj.	애절한
727	**madden** [mædn]	vt.	~를 미치게 만들다, 정말 화나게 만들다
728	**pottle** [pɑtl]	n.	포틀 (옛날의 액량 단위; 2quarts에 해당), (과일을 담는) 작은 바구니
729	**moonish** [muːnɪʃ]	adj.	달 같은, 변덕스러운, 퉁퉁한
730	**affiance** [əfaɪəns]	vt.	(보통 수동형 또는 oneself로) 약혼시키다
731	**plain** [pleɪn]	adj.	명료한, 명백한, 평이한, 알기 쉬운, 솔직한, 숨김없는
732	**propitiate** [prəpɪʃieɪt]	vt.	~을 달래다, 위로하다
733	**languor** [læŋgə(r)]	n.	(기분 좋은) 나른함
734	**indicative** [ɪndɪkətɪv]	adj.	(~을) 나타내는, 지시하는, 암시하는
735	**forbidden** [fərbɪdn]	adj.	금지된
736	**dare say** [dèər sei]	vt.	아마도 ~일 것이다
737	**lap** [læp]	vt.	~을 싸다, ~에 옷을 두르게 하다, ~을 포개다, 겹치다
738	**circumjacent** [səːrkəmdʒeisnt]	adj.	주변의
739	**splice** [splaɪs]	vt.	(밧줄 따위)를 꼬아 잇다, (재목 따위)를 잇다, 겹쳐 잇다
740	**parsley** [pɑːrsli]	n.	[외식용어] 파슬리
741	**congelation** [kɑndʒəleiʃən]	n.	응고(물), 응결, 동결(물)
742	**redeem** [rɪdiːm]	vt.	(저당물)을 되찾다, 도로 찾다, (명예·권리 등)을 회복하다, 만회하다
743	**spoilt** [spɔɪlt]	adj.	(아이가 응석받이로 자라) 버릇없는, 제멋대로 하는
744	**brewer** [bruːə(r)]	n.	맥주 양조업자(양조회사)

DAY 11

MAZELTOV Vocabulary

brew [bru:]	vt.	(맥주 따위)를 양조하다, (음식 따위)를 섞어 만들다, (음모 따위)를 꾸미다 [745]
strenuous [strenjuəs]	adj.	(행동 등이) 분투하는, 열심인, (일·직책 등이) 큰 노력을 필요로 하는 [746]
asseverate [əsevəreit]	vt.	맹세코 단언(증언)하다 [747]
varnish [vɑːrniʃ]	vt.	~에 니스를 칠하다, ~에 윤을 내다, ~의 겉만 발라 꾸미다 [748]
idolize [aidəlaiz]	vt.	~을 숭배하다 [749]
unreservedly [ʌnrizɜːrvidli]	adv.	전적으로, 조금도 거리낌 없이 [750]
encroach [inkroutʃ]	vi.	(타국 영토 등에 서서히) 침입하다, 침략하다, (남의 권리 등을) 침해하다 [751]
benefactress [benəfæktrəs]	n.	(학교·자선단체 등의) 후원자 (benefactor의 여성형) [752]
blacken [blækən]	vt.	~을 검게 하다, 어둡게 하다, ~에게 오명을 씌우다 [753]
reckon [rekən]	vt.	~을 세다, 계산하다, 판단하다, 평가하다, ~라고 생각하다, 추정하다 [754]
puff [pʌf]	vi.	(숨 따위를) 훅 불다, (연기 따위가) 폭폭 나오다, 숨을 헐떡이다 [755]
mooning [muːniŋ]	n.	[속어] (달리는 차 등의 창문에서) 엉덩이를 내보이기 [756]
ostrich [ɑːstritʃ]	n. adj.	타조, 타조 가죽, 현실 도피자, 무사 안일주의자, 얼빠진 [757]
fluey [fluːi]	adj.	털(솜) 부스러기 같은, 보풀 같은, 보풀보풀한 [758]
superstition [suːpərstiʃn]	n.	미신 [759]
latch [lætʃ]	n. vt.	(문·창·대문 따위의) 걸쇠, 빗장, ~에 걸쇠를 걸다 [760]
wail [weil]	vi. vt.	(고통 따위로) 울부짖다, ~을 크게 비탄하다, 한탄하다, 애처로워하다 [761]
ventriloquize [ventriləkwaiz]	vi.vt.	복화하다, 복화술로 말하다 [762]
inexpert [ineksp3ːrt]	adj.	기량이 뛰어나지 못한, 비전문가의 [763]
harry [hæri]	vt.	(남)을 고민하게 하다, 괴롭히다, ~을 약탈하다, 황폐화시키다 [764]
ingratiate [ingreiʃieit]	vt.	환심을 사다 [765]
ford [fɔːrd]	vt. vi.	(강 따위)의 여울을 걸어서 건너다, 얕은 곳을 건너다 [766]
jettison [dʒetisn]	vt. n.	(배에서)(짐)을 내던지다, (무익한 것)을 버리다, 포기 [767]
entice [intais]	vt.	(보통 무엇을 제공하며) 유도하다, 유인하다 [768]
brazen [breizn]	adj.	철면피의, 뻔뻔스러운, 놋쇠로 만든, (소리가) 불쾌한 금속음의 [769]
detriment [detrimənt]	n.	손상(을 초래하는 것) [770]

DAY 12

MAZELTOV Vocabulary

오늘의 단어 --> 771 - 840

771 **streak** [stri:k]	n. 줄, 줄무늬, 광선, 기질, 기미, 경향
772 **flora** [flɔ́:rə]	n. (특정 장소·시대·환경의) 식물군, 식물상
773 **sierra** [siérə]	n. 산맥 (특히 스페인·미국에서 봉우리들이 뾰족뾰족하고 가파른 산맥)
774 **flotilla** [floutílə]	n. 소함대
775 **secrete** [sikrí:t]	vt. (신체 부위나 식물이 분비물을) 분비하다, (작은 것을) 감추다, 은닉하다
776 **fad** [fæd]	n. (일시적인) 유행
777 **abasement** [əbéismənt]	n. 실추, 굴욕
778 **undazzled** [ʌndǽzld]	adj. 현혹되지 않은
779 **spruce** [spru:s]	adj. 깔끔한, 몸차림이 말끔한, vt. ~을 깔끔하게 하다
780 **belated** [biléitid]	adj. 뒤늦은
781 **dawn** [dɔ:n]	n. 새벽, (일의)시작, vi. (~이) 싹트기 시작하다, (~이) 이해되기 시작하다
782 **gob** [gɑ:b]	n. (점토·크림 따위의) 덩어리
783 **real estate** [ríːəl istèit]	n. 부동산, 토지, (매매 대상의) 집
784 **bourgeois** [búərʒwɑː]	n. 중산 계급의 사람, 상공업자, 유산자, 자본가, 부르주아
785 **panache** [pənǽʃ]	n. 위풍당당
786 **timeworn** [táimwɔ̀ːrn]	adj. 낡아빠진, 오래된, 케케묵은, 진부한
787 **venue** [vénjuː]	n. (콘서트·스포츠 경기·회담 등의) 장소
788 **buck** [bʌk]	vi. (말이나 나귀가 등짐을 떨어뜨리려고) 뛰어오르다, 날뛰다

true-blue [tru: blu:]	adj.	(자신의 주의 따위에) 충실한, 신념을 굽히지 않는, 완고한, 보수파의 [789]
substitute [sʌbstɪtu:t]	vt. vi.	~에게 대리를 시키다, ~을 대신 쓰다, 대리하다, 대신하다 [790]
ambiance [æmbɪəns]	n.	주변의 상황, 분위기, 주위, 환경 [791]
whisper [wɪspə(r)]	vi. vt.	속삭이다, 소곤거리다, 귓속말을 하다, ~을 (~에게) 속삭이다 [792]
bowling alley [boʊlɪŋ æli]	n.	볼링장 [793]
drain [dreɪn]	vt.	~을 서서히 배출하다, 잘 빠지게 하다, 써서 없애다, 고갈시키다 [794]
splendor [splendər]	n. vt.	화려함, 장관, 빛남, 화려하게(눈부시게) 장식하다 [795]
gilt [gɪlt]	adj.	금도금한, 금(금박)을 입힌, 황금빛의 [796]
umber [ʌmbə(r)]	n.	엄버 (암갈색 천연 안료) [797]
relocate [ri:loʊkeɪt]	vi.	(특히 기업·근로자들이) 이전하다, 이동하다 [798]
antedate [æntideɪt]	vt.	(날짜·시기·시대 등이) ~보다 선행하다, ~을 예상하다, 내다보다 [799]
drawn [drɔ:n]	adj.	(사람이나 얼굴이) 핼쑥한 [800]
monochromatic [mɑnəkroʊmætɪk]	adj.	단색의, 단채의, 단색성의 [801]
translucent [trænslu:snt]	adj.	반투명한 [802]
roseate [roʊziət]	adj.	장밋빛의 [803]
astigmatic [æstɪgmætɪk]	adj. n.	[안과] 난시의, 난시 교정의, 난시인 사람 [804]
opalescent [oʊpəlesnt]	adj.	오팔색의, 유백색의 [805]
laggard [lægərd]	n.	느림보, 굼벵이 (느리고 게으른 사람·단체 등을 가리킴) [806]
maverick [mævərɪk]	n.	독립적 입장을 취하는 지식인(예술가), (정당내의) 독자 노선파, 독불장군 [807]
tackle [tækl]	vt.	(힘든 문제상황과) 씨름 하다, (힘든 상황에 대해) 솔직하게 말하다, 따지다 [808]
stump [stʌmp]	n. vt.	그루터기, 베어낸 나무 뿌리, ~을 베다, 곤란하게 하다 [809]
lifeblood [laɪfblʌd]	n.	활력(원기)의 근원, (생명 유지에 필요한) 혈액 [810]
hitherto [hɪðərtu:]	adv.	지금까지, 그때까지 [811]
chlorophyll [klɔ:rəfɪl]	n.	엽록소 [812]
infrared [ɪnfrəred]	adj.	[물리] 적외선의 [813]
imperfect [ɪmpɜ:rfɪkt]	adj.	(도덕·인격적으로) 결함이 있는, (지식·기능 등이) 불완전한, 불충분한 [814]

urn [ɜːrn]	n.	단지, 항아리, 독, 유골 단지, (꼭지 달린) 커피 주전자
rum [rʌm]	adj.	이상한, 기묘한, 위험한, 무법의, 서투른, 졸렬한
bad blood [bæd blʌd]	n.	불화, 악감정, 미움, 원한, 증오
self-contained [self kənteɪnd]	adj.	자기 충족적인, 자급자족의, 말수가 적은, 마음을 터놓지 않는
attire [ətaɪə(r)]	n.	의복, 복장, 차림새
betrothed [bɪtroʊðd]	adj. n.	약혼한, 약혼자, 약혼녀
sore [sɔː(r)]	adj.	아픈, 피부가 까진, 슬픈, 비탄에 잠긴, (정신적으로) 괴로운
solicitor [səlɪsɪtə(r)]	n.	소송 대리인, 사무 변호사, 간청하는 사람
taking [teɪkɪŋ]	adj. n.	남의 마음을 끄는, 애교 있는, 매력 있는, 취득, 획득
shifty [ʃɪfti]	adj.	구린(찔리는) 데가 있는 것 같은
inveterate [ɪnvetərət]	adj.	(감정·습관 따위가) 뿌리 깊은, 굳어버린, (병이) 고질적인, 만성의
misplace [mɪspleɪs]	vt.	(짧은 시간 동안 무엇을) 제자리에 두지 않다 (그래서 찾기를 못하다)
convert [kənvɜːrt]	vt.	~을 변환(전환)시키다, ~을 개조하다, ~을 개종시키다
broach [broʊtʃ]	vt.	(하기 힘든 이야기를) 꺼내다
tusk [tʌsk]	n.	(코끼리의) 엄니, 상아
counting house [kauntɪŋ haʊs]	n.	회계과, 경리과, 회계실
partake [pɑːrteɪk]	vi. vt.	(활동 등에) 참가하다, 자기 몫을 받다, ~을 함께 하다
collation [kəleɪʃən]	n.	(원문 따위와의) 대조, (서적의) 낙장 조사, 페이지 순서 조사
prepossession [priːpəzeʃən]	n.	선취, 먼저 가짐, 호의, (~에 대한) (호감이 담긴) 선입관, 편애, 편견
knitting [nɪtɪŋ]	n.	뜨개질, 접합, 결합
intent [ɪntent]	adj.	전념하는, 몰두하는, (마음 따위가) 확고하게 향해진, 집중되어 있는
footstool [fʊtstuːl]	n.	(앉아 있을 때) 발을 얹는 받침
foregone [fɔːrɡɔːn]	adj.	이전의, 과거의, 이미 정해진, 필연적인
engrossed [ɪnɡroʊst]	adj.	몰두한
trowel [traʊəl]	n. vt.	(원예용) 모종삽, ~을 흙손으로 바르다, 평평하게 하다
mortar [mɔːrtə(r)]	n. vt.	모르타르, 회반죽, ~을 모르타르로 굳히다

DAY 12

MAZELTOV _ Vocabulary 43

13 DAY

MAZELTOV Vocabulary

오늘의 단어 --> 841 - 910

plebeian [pləbi:ən] — adj. 대중의, 평민의, 서민의, 진부한, 속된, n. 대중, 서민 841

root [ru:t] — n. (식물의) 뿌리, (곤란 따위의) 근원, vt. ~을 깊이 뿌리박게 하다 842

mitre [maitə(r)] — n. 미트라 (주교가 의식 때 쓰는 모자) 843

forelock [fɔ:rlɑ:k] — n. 앞머리, (말의) 앞 갈기 844

shaky [ʃeɪki] — adj. 흔들리는, 비틀비틀하는, 불확실한, 불안정한, 기대할 수 없는 845

interminable [ɪntɜ:rmɪnəbl] — adj. (지겹고 짜증날 정도로) 끝없이 계속되는 846

deprecation [deprikeiʃən] — n. 반대, 불찬성, 항의, 애원, 탄원 847

sighting [saɪtɪŋ] — n. 목격 (특이한 것·잠깐밖에 볼 수 없는 것에 대해 씀) 848

ingest [ɪndʒest] — vt. (음식·약 등을) 삼키다, 먹다 849

colloquial [kəloʊkwiəl] — adj. 구어의, 일상적인 대화체의 850

digressive [digresiv] — adj. 본론을 떠난, 지엽적인 851

undemanding [ʌndɪmɑ:ndɪŋ] — adj. 지나치게 요구하지 않는, 과도한 노력을 필요로 하지 않는 852

gripping [grɪpɪŋ] — adj. (마음·시선을) 사로잡는, 눈을 떼지 못하게 하는 853

mighty [maɪti] — adj. 힘이 있는, 강한, 위대한, (정도·분량이) 상당한, 엄청난, 굉장한 854

soporific [sɑ:pərɪfɪk] — adj. 최면성의 855

overfeed [oʊvərfi:d] — vt. (~에게 밥 등을) 너무 많이 먹이다(주다) 856

immoderate [ɪmɑ:dərət] — adj. 과도한, 터무니없는 857

nod off [nɑ:d ɑ:f] — vi. (의자에 앉아) 깜빡 졸다 858

859 **aghast** [əgæst]	adj. 경악한, 겁에 질린
860 **protestation** [prɑːtəsteɪʃn]	n. (특히 다른 사람들이 믿어 주지 않는) 주장, 항변
861 **irreconcilable** [ɪrekənsaɪləbl]	adj. 화해(융화)할 수 없는, 타협할 수 없는, 조화되지 않는, 모순되는
862 **restive** [restɪv]	adj. (특히 지루하거나 불만스러워서) 가만히 못 있는
863 **celibate** [selɪbət]	adj. 독신의, 금욕하는, n. (종교적 이유에 의한) 독신주의자, 금욕주의자
864 **peripatetic** [perɪpətetɪk]	adj. (특히 일을 하러) 이동해 다니는, 순회하는
865 **wanton** [wɑːntən]	adj. 악의가 있는, 무자비한, 무정한, 행실이 좋지 않은, 음란한
866 **compact** [kəmpækt]	adj. 빽빽한, 촘촘한, (문체가) 간결한, vt. ~을 빽빽하게 하다
867 **knit** [nɪt]	vt. ~을 짜다, 뜨다, ~을 밀착시키다, ~을 결합시키다
868 **amenity** [əmenəti]	n. 생활 편의 시설
869 **man-trap** [mæn træp]	n. (불법 침입자를 사로잡기 위한) 함정, (잠재적으로) 위험한 일(장소)
870 **smelter** [smeltə(r)]	n. 용광로, 제련소
871 **melt** [melt]	vt. ~을 녹이다, 용해하다, (감정 따위)를 풀다, 차츰 누그러뜨리다
872 **flannel** [flænl]	n. 플란넬(천), 무명, (소형) 목욕 수건
873 **face-ache** [feɪs eɪk]	n. 안면 신경통, 시무룩한 사람, 몹시 보기 싫은 용모
874 **odious** [oʊdiəs]	adj. 끔찍한, 혐오스러운
875 **cast** [kæst]	n. 외형, 외관, [야금] 주조, 거푸집, vt. ~을 던지다, 내던지다
876 **apostrophe** [əpɑːstrəfi]	n. 아포스트로피 (소유격 부호, 생략 부호, 복수 부호), [수사] 돈호법
877 **deuce** [duːs]	n. 액운, 재앙, 흉사, 골칫거리
878 **testator** [testeɪtər]	n. 유언자
879 **diffidence** [dɪfədəns]	n. 자신이 없음, 기가 죽음, 삼감, 수줍음
880 **magistrate** [mædʒɪstreɪt]	n. 치안 판사
881 **thief-taker** [θiːf teɪkər]	n. 도둑을 찾아내고 잡는 일을 하는 사람
882 **convulsive** [kənvʌlsɪv]	adj. (움직임이나 동작이) 경련성인, 발작적인
883 **niggard** [nɪgərd]	n. 인색한 사람, 구두쇠, adj. 인색한
884 **blockhead** [blɑːkhed]	n. 돌대가리

untried [ʌntraɪd]	adj.	시도해 보지 않은, 아직 확인되지 않은, 경험이 없는	**bestir** [bɪstɜː(r)]	vt.	분발하다, 고전하다
indigestive [ɪndɪdʒestɪv]	adj.	소화 불량의(에 걸린)	**induct** [ɪndʌkt]	vt.	~을 (안으로) 들이다, (지식 따위를) 가르치다, ~을 임명하다
cupidity [kjuːpɪdəti]	n.	(재산·권력 등에 대한) 탐욕	**bijou** [biːʒuː]	adj.	(건물·정원이) 아기자기한, 아담하고 우아한
inveigle [ɪnveɪɡl]	vt.	감언이설로 구슬리다, ~을 속여서 ~시키다	**egress** [iːɡres]	n.	떠남, 나감, 출구
discourse [dɪskɔːrs]	n. vi.	이야기, 담론, 강연, 설교, 이야기하다, 담화하다, 강연하다, 설교하다	**turret** [tɜːrət]	n.	(큰 건물에서 튀어 나온 장식용의) 작은 탑, 망루, (요새·군함의) 회전 포탑
flagstaff [flæɡstæf]	n.	깃대	**lave** [leɪv]	vt.	~을 씻다, 담그다, ~을 국자로 뜨다, ~을 따르다, 붓다
plank [plæŋk]	n. vt.	(두꺼운) 널빤지, 판재, 받침이 되는 것, ~에 (널빤지를) 대다, 깔다	**slink** [slɪŋk]	vi.	살금살금(슬그머니) 움직이다
ordinance [ɔːrdɪnəns]	n.	법령, 조례	**garland** [ɡɑːrlənd]	n. vt.	화환, 화관, 꽃장식, 영예, 명예, ~을 화환으로 장식하다
contrivance [kəntraɪvəns]	n.	고안물, 발명품, 장치, 고안, 발명, 계략, 모략	**decanter** [dɪkæntə(r)]	n.	디캔터 (보기 좋게 만든 유리병)
cucumber [kjuːkʌmbə(r)]	n.	오이	**gaily** [ɡeɪli]	adv.	명랑하게, 즐겁게, 쾌활하게, 호화롭게, 화려하게
bower [baʊə(r)]	n.	(숲·정원의) 나무 그늘, 허리를 굽히는 사람, 굴복자	**gird** [ɡɜːrd]	vt.	~을 둘러싸다, 묶다, 매다
jocose [dʒəkoʊs]	adj.	익살스러운, 유머러스한	**sinew** [sɪnjuː]	n. vt.	힘줄, ~을 힘줄로 잇다, 기운을 북돋우다
tip [tɪp]	vt. vi.	~을 기울이다, 넘어뜨리다, 뒤집어엎다, 기울다, 경사지다, 뒤집히다	**zest** [zest]	n.	취향, 묘미, 재미, 짜릿한 자극, (강한) 흥미, 열정

14 DAY

MAZELTOV Vocabulary

오 늘 의 단 어 --> 911 - 980

wicket [wíkit]
n. 작은 문, 쪽문, (극장 따위의 입구에 있는) 회전식 개찰구 — 911

lumpish [lʌ́mpiʃ]
adj. 둔한, 멍청한 — 912

festoon [festúːn]
n. 꽃줄 (꽃·잎·색종이 따위로 만든 줄 모양의 장식),
vt. ~을 꽃줄로 장식하다 — 913

lark [lɑːrk]
n. 장난, 희롱, 농담, (시시한) 일,
vi. 장난치다, 희롱하다 — 914

drizzle [drízl]
vi. 부슬부슬 내리다, 이슬비(안개비)가 내리다,
vt. (이슬비를) 뿌리다 — 915

exact [igzǽkt]
vt. ~을 요구하다, 강요하다,
adj. (묘사·기억 따위가) 정확한, 틀림없는 — 916

pettish [pétiʃ]
adj. 심통(심술)을 부리는 — 917

cravat [krəvǽt]
n. 크라바트 (넥타이처럼 매는 남성용 스카프) — 918

companionate [kəmpǽnjənət]
adj. 동료의, 동반자의, 우애적인, (옷이) 잘 조화된, 잘 어울리는 — 919

blusterous [blʌ́stərəs]
adj. 세차게 몰아치는, 호통치는, 뽐내는 — 920

abstract [ǽbstrækt]
adj. 추상적인, 이론적인, 난해한, 심오한,
vt. ~을 떼어 내다, 발췌하다 — 921

sleight [slait]
n. 능란한 솜씨, 날랜 솜씨, 재주, 술책, 책략 — 922

hoot [huːt]
vi. (불찬성·경멸 따위로) 큰 소리로 외치다, 우우하고 야유하다 — 923

dislodge [dislɑ́dʒ]
vt. ~을 (특정 장소에서) 제거하다, 강제 이전시키다, ~을 쫓아내다, 퇴거시키다 — 924

indulge [indʌ́ldʒ]
vt. (욕망 등)을 만족시키다, ~에 빠지게 하다,
vi. (쾌락 따위에) 탐닉하다 — 925

expropriate [ekspróuprieit]
vt. (토지·재산 등)을 수용하다, (공공 목적으로) 징발하다, 빼앗다 — 926

usurp [juːzə́ːrp]
vt. (왕좌·권좌 등을) 빼앗다, 찬탈하다 — 927

upkeep [ʌ́pkiːp]
n. 유지(비), 부양(비), (토지·가옥 등의) 유지, (가족 등의) 부양 — 928

929	**con artist** [kɑːn ɑːrtɪst]	n.	사기꾼, 놀고 먹는 사람, (달변인) 거짓말쟁이
930	**huckster** [hʌkstə(r)]	n.	(야채 따위의) 행상인, 소리치며 파는 장사꾼, 장사치
931	**perverse** [pərvɜːrs]	adj.	(사고방식·태도가) 비뚤어진, 삐딱한
932	**pout** [paʊt]	vi.	(못마땅해서) 입을 삐죽 내밀다, 뿌루퉁하다
933	**categorical** [kætəɡɔːrɪkl]	adj.	단정적인
934	**chaperone** [ʃæpəroʊn]	n.	샤프롱 (젊은 미혼 여성이 사교계에 나갈 때 시중드는 중년 여성)
935	**undoing** [ʌnduːɪŋ]	n.	실패의 원인
936	**tug** [tʌɡ]	vt.	~을 세게 끌어당기다, 별안간 잡아당기다, 예인하다
937	**nugget** [nʌɡɪt]	n.	(천연의 귀금속 따위의) 덩어리, 매우 가치있는 것, 도움이 되는 지식
938	**decrepit** [dɪkrepɪt]	adj.	(사물이나 사람이) 노후한, 노쇠한
939	**resounding** [rɪzaʊndɪŋ]	adj.	울리는, 울려퍼지는, 소리 높은(높이 말하는)
940	**unsurpassed** [ʌnsərpæst]	adj.	그 누구(무엇)에게도 뒤지지 않는, 타의 추종을 불허하는
941	**overinflated** [oʊvərɪnfleɪtɪd]	adj.	지나치게 부푼(팽창한)
942	**beforehand** [bɪfɔːrhænd]	adv.	사전에, ~ 전에 미리
943	**self-conscious** [self kɑːnʃəs]	adj.	자의식 과잉의, 남의 이목을 의식하는, 자기 존재를 의식하는
944	**carve up** [kɑːrv ʌp]	vt.	나누다, 분할하다
945	**impute** [ɪmpjuːt]	vt.	(명예롭지 못한 것)을 (~에게) 지우다, ~의 탓으로 하다
946	**supersede** [suːpərsiːd]	vt.	~을 대체하다, 대신하다
947	**hotshot** [hɑːtʃɑːt]	adj.	적극적이고 유능한, 수완가의, 급행의, 화려한 기량을 보이는
948	**superficial** [suːpərfɪʃl]	adj.	표면상의, 겉면의, 피상적인, 겉만의, 천박한, 중요치 않은
949	**repair** [rɪper]	vi.	가다, 향하다, 이따금 가다, 자주 다니다
950	**nutshell** [nʌtʃel]	n. / vt.	견과의 껍질, 작은 그릇, 작은(적은, 짧은) 것, 요약하다, 간결히 말하다
951	**worm** [wɜːrm]	vi.	(벌레처럼) 천천히 나아가다, 기듯이 나아가다
952	**patroness** [peɪtrənes]	n.	(화가·작가 등에 대한) 여성 후원자
953	**gaoler** [dʒeɪlər]	n.	교도소장, 간수
954	**pistol** [pɪstl]	n.	권총, 피스톨

knob [nɑːb]	n.	혹, 사마귀, (문·서랍 따위의) 손잡이, (나무의) 마디, 옹이	955
bludgeon [blʌdʒən]	n. vt.	곤봉, (말에 의한) 공격, 비판, ~을 곤봉으로 때리다	956
pincushion [pɪnkʊʃn]	n.	바늘겨레(방석)	957
slew [sluː]	vt. n.	~을 휙 돌리다, 미끄러뜨리다, 많음, 다수, 대량	958
sleuth [sluːθ]	n.	탐정, 형사	959
mangy [meɪndʒi]	adj.	옴에 걸린, 옴으로 인한, 업신여길 만한, 천한, 누추한, 불결한	960
choleric [kɑːlərɪk]	adj.	화를 잘 내는, 걸핏하면 화를 내는	961
goofy [guːfi]	adj.	바보 같은, 얼빠진	962
incommode [ɪnkəmoʊd]	vt.	불편하게 하다, 폐를 끼치다	963
marrow [mæroʊ]	n.	동료, 짝패, 동반자, 친구, [해부] (뼈의) 골, 골수, (사물의) 정수, 중심부	964
fend [fend]	vt.	(칼·타격 따위)를 받아넘기다, ~을 막다, (사람·물건)을 지키다	965
seer [sɪr]	n.	(특히 과거에) 앞날을 내다보는 사람	966
bathe [beɪð]	vt. vi.	~을 목욕시키다, (몸)을 물에 담그다, 씻다, 목욕하다	967
artificer [ɑːrtɪfəsər]	n.	기능공, 숙련공, 고안자, 제작자, [군사] 기술병	968
sear [sɪr]	vt. vi.	~을 그스르다, 태우다, ~에 낙인을 찍다, (식물이) 시들다, 마르다	969
sinewy [sɪnjuːi]	adj.	(사람·동물이 늘씬한) 근육질의	970
unsteady [ʌnstedi]	adj.	불안정한, 동요하는, 흔들거리는, 변하기 쉬운	971
barrow [bæroʊ]	n.	(과일·야채 행상인의) 수레, (고대의) 무덤, 고분	972
sloven [slʌvən]	n.	부주의한 사람, 옷차림이 단정치 못한 사람, 되는 대로 하는 사람	973
rankle [ræŋkl]	vi.	(어떤 사건·누구의 말 등이 오랫동안) 마음을 괴롭히다, 마음에 맺히다	974
dreamy [driːmi]	adj.	꿈 많은, 꿈으로 가득찬, 공상적인, 졸린 듯한, 어렴풋한	975
hankering [hæŋkərɪŋ]	n.	갈망	976
innermost [ɪnərmoʊst]	adj. n.	가장 깊숙한, 가장 안쪽의, 가장 깊은 곳, 최심부	977
crimson [krɪmzn]	adj.	진홍색의, 피비린내 나는, 빨갛게 물든	978
tinge [tɪndʒ]	n.	엷은 색조, 기미, 풍미, 냄새, 수박겉핥기(의 지식)	979
page [peɪdʒ]	n.	(귀인에게 시중들던) 아이 종, (결혼식에서) 신부 들러리서는 어린 사내아이	980

DAY 14

15 DAY

MAZELTOV Vocabulary
오 늘 의 단 어 --> 981 - 1050

unquestioning [ʌnkwestʃənɪŋ]	adj. 의심하지 않는, 절대적인	981
self-humiliation [self hju:milieiʃən]	n. 겸손, 자기 비하	982
smite [smaɪt]	vt. ~을 강타하다, ~을 패배시키다, ~을 갑자기 덮치다	983
extort [ɪkstɔ:rt]	vt. 갈취하다	984
whist [wɪst]	ex. 쉬!, 조용히!, adj. 조용한, 무언의	985
miscreant [mɪskriənt]	n. 악한, 범법자	986
lash [læʃ]	n. 채찍, (파도·바람·비 따위의) 격렬한 충격, vt. 때리다, 세차게 때리다	987
beseem [bisi:m]	vt. 어울리다, ~답다	988
prostrate [prɑ:streɪt]	vt. ~을 넘어뜨리다, (존경·겸손 등을 보여) 엎드리다, 부복하다	989
drawl [drɔ:l]	vi. (모음을) 길게 늘여서 발음하다, 천천히 말하다, n. 느린 말투	990
crow [krou]	vi. 환성을 지르다, (아기가) 기뻐서 까르륵거리다, (수탉이) 울다	991
recompense [rekəmpens]	vt. (남의) ~에 보답하다, ~에게 답례하다, vi. 변상하다, 은혜를 갚다	992
reparation [repəreɪʃn]	n. 보상, 배상	993
bide [baɪd]	vt. ~을 기다리다, (때)를 기다리다, vi. (어떤 상태에) 머무르다	994
crestfallen [krestfɔ:lən]	adj. 풀이 죽은, 의기소침한	995
victual [vɪtl]	n. 식량, 음식, 식품, vt. (군대 등)에 식량을 공급하다, ~에 식량을 적재하다	996
purser [pɜ:rsə(r)]	n. (상선의) 사무장	997
truncheon [trʌntʃən]	n. 경찰봉	998

#	단어	품사	뜻
999	**manuscript** [mǽnjuskrɪpt]	n. / adj.	손으로 쓴 것, 필사본, (출판용) 원고, / 손으로 쓴, 필기한, 타자한
1000	**brass** [bræs]	n. / adj.	놋쇠, 황동, 금관 악기, / 놋쇠로 만든, 금관 악기의, 뻔뻔한
1001	**diadem** [dáɪədem]	n.	(특히 왕권의 상징으로 쓰는) 왕관, 머리띠
1002	**ecclesiastical** [ɪklìːziǽstɪkl]	adj.	기독교의
1003	**gravedigger** [gréɪvdɪgə(r)]	n.	무덤(묏자리) 파는 사람
1004	**undertaker** [ʌ́ndərteɪkə(r)]	n.	장의사
1005	**dust** [dʌst]	vt.	~의 먼지를 털다, 닦아내다, (먼지·쓰레기로) ~을 더럽히다
1006	**elocution** [eləkjúːʃn]	n.	웅변술, 연설(발성) 능력
1007	**smear** [smɪr]	vt. / n.	~을 문질러 더럽히다, (명성 등)을 손상하다, / 얼룩, 오점, 명예 훼손
1008	**sable** [séɪbl]	n. / adj.	아메리카 족제비, 상복, / 매우 어두운, 음침한, 음울한
1009	**flay** [fleɪ]	vt.	약탈하다, 매질하다, (동물)의 가죽을 벗기다, (나무 등)의 껍질을 벗기다
1010	**patronage** [pǽtrənɪdʒ]	n.	(상점 등에 대한 고객의) 밀어주기, 애용, 단골 손님, 고객
1011	**approbation** [æprəbéɪʃn]	n.	승인, 찬성
1012	**fain** [feɪn]	adv.	기꺼이, 흔쾌히
1013	**squint** [skwɪnt]	vt. / vi.	(눈)을 가늘게 뜨다, ~을 흘겨보다, / 곁눈질로 보다, 슬쩍 보다
1014	**cistern** [sístərn]	n.	(특히 건물 옥상에 있거나 화장실에 연결된) 물탱크, 수조
1015	**turnkey** [tɜ́ːrnkiː]	adj.	즉각 사용할 수 있게 되어 있는, 일괄 공급 체계의
1016	**stud** [stʌd]	vt. / n.	~에 장식 징(못)을 박다, 온통 박아넣다, / 장식용 징, 장식 못
1017	**suppliant** [sʌ́pliənt]	adj. / n.	탄원하는, 간청하는, 애원적인, / 탄원자, 간청자
1018	**winning** [wɪ́nɪŋ]	adj.	결승의, 승리자의, 애교 있는, 매력 있는
1019	**pattern** [pǽtərn]	n.	모양, 무늬, 도안, 디자인, 양식, (행동 등의) 형, 방침
1020	**surrey** [sə́ːri]	n.	서리형 마차 (말 2필이 끄는 4인승의 4륜 마차)
1021	**beset** [bɪsét]	vt.	~을 괴롭히다
1022	**torment** [tɔ́ːrment]	vt. / n.	~에 (육체적·정신적으로) 심한 고통을 주다, 괴롭히다, / 고통, 고뇌
1023	**fawn** [fɔːn]	vi.	(개가 꼬리 치며) 아양떨다, (비굴한 태도로) 아첨하다
1024	**revert** [rɪvɜ́ːrt]	vi.	(원래의 습관·신앙·상태 따위로) 되돌아가다, 복귀하다

DAY 15 MAZELTOV Vocabulary

1025	**bulrush** [bʊlrʌʃ]	n.	부들, 골풀 (잎이 좁다랗고 긴, 갈색의 기다란 꽃대가 달리는 수생식물)
1026	**hostler** [hɑslər]	n.	(여관의) 마부, (기차·버스 등의) 정비공
1027	**staid** [steɪd]	adj.	재미없는, 고루한
1028	**farthingale** [fɑːrðɪŋgeɪl]	n.	파딩게일 (과거 여자들이 치마를 불룩하게 하려고 안에 입던 둥근 틀)
1029	**hilt** [hɪlt]	n.	(칼·검 등의) 자루
1030	**unwitting** [ʌnwɪtɪŋ]	adj.	자신도 모르는
1031	**twinge** [twɪndʒ]	n. vi.	쑤시는 듯한 아픔, 격통, (양심의) 가책, 후회, 격통을 느끼다
1032	**upholstery** [ʌphoʊlstəri]	n.	실내 장식품 (커튼·쿠션·융단 등), (의자·쿠션 따위의) 속
1033	**infallible** [ɪnfæləbl]	adj.	(언행 따위가) 잘못이 전혀 없는, 절대 틀림없는, (효능 따위가) 확실한
1034	**consort** [kɑːnsɔːrt]	vi. n.	교제하다, 사귀다, 일치하다, 조화하다, 배우자, 동료, 일치, 제휴
1035	**livery** [lɪvəri]	n.	제복, 정복, (특수한) 의상, 차림
1036	**foe** [foʊ]	n.	적, 원수
1037	**in so much that** [ɪn soʊ mʌtʃ ðæt]	conj.	~할 정도까지, ~하다는 점에서
1038	**rueful** [ruːfl]	adj.	후회하는, 유감스러워 하는
1039	**ply** [plaɪ]	vt.	(도구 따위)를 부지런히 쓰다, 사용하다, (재능 등)을 십분 발휘하다
1040	**assiduity** [æsɪdjuːəti]	n.	근면, 부지런함, (-ties) 헌신적 마음 씀, 배려
1041	**compass** [kʌmpəs]	vt. n.	~을 둘러싸다, 에워싸다, ~을 순회하다, 나침반
1042	**haunt** [hɔːnt]	vt.	~에 자주 가다, 무상 출입하다, ~에게 끊임없이 붙어다니다, ~을 괴롭히다
1043	**clover** [kloʊvə(r)]	n.	클로버
1044	**intoxication** [ɪntɑksɪkeɪʃən]	n.	취함, 취한 상태, 극도의 흥분, 열중, 도취, [병리] 중독
1045	**warder** [wɔːrdə(r)]	n.	(교도소의) 교도관
1046	**blunder** [blʌndə(r)]	n. vi.	큰 실수, 어리석은 실책, 머뭇거리다, 큰 실수(실책)를 저지르다
1047	**vainglorious** [veɪnglɔːriəs]	adj.	자만심이 강한, 허영심이 강한
1048	**hardihood** [hɑːrdihʊd]	n.	대담, 배짱, 용기, 뻔뻔스러움, 철면피
1049	**mummery** [mʌməri]	n.	무언극, 허례, 야단스런 겉치레 의식
1050	**quarry** [kwɔːri]	vt. n.	(돌)을 잘라내다, (사실 따위)를 찾아내다, 채석장, (지식·자료의) 원천

16 DAY

MAZELTOV Vocabulary
오늘의 단어 --> 1051 - 1120

reconcilable [rekənsailəbl]
adj. 화해(조정)할 수 있는, 조화(일치)시킬 수 있는 — 1051

apoplectic [æpəplektik]
adj. 중풍의, 졸중에 걸리기 쉬운, 화 잘내는 — 1052

sneeze [sni:z]
vi. 재채기하다, n. 재채기 — 1053

calf [kæf]
n. 송아지 (보통 1살 이하), (코끼리·물개·고래 따위의) 새끼, 서투른 풋내기 — 1054

ensue [insu:]
vi. (어떤 일·결과가) 뒤따르다 — 1055

chirp [tʃɜ:rp]
vi. (사람이) 새(벌레)의 울음소리 같은 소리를 내다, 떠들썩하게 이야기하다 — 1056

pantomime [pæntəmaim]
n. 무언극, (무언의) 몸짓, 손짓, vt. 몸(손)짓으로 ~을 나타내다 — 1057

moat [moʊt]
n. 호, 해자 (성 주위에 둘러 판 못) — 1058

allude [əlu:d]
vi. 언급하다, 논급하다, 넌지시 비추다, 암시하다 — 1059

confide [kənfaid]
vt. (비밀을) 털어놓다 — 1060

devilish [devəliʃ]
adj. 악마 같은, 악마적인, 극악 무도한, 무모한 — 1061

snug [snʌg]
adj. 아늑한, 편안한, 안락한 — 1062

spasmodic [spæzmɑ:dik]
adj. 경련(성)의, 발작적인, 단속적인 — 1063

repose [ripoʊz]
n. 휴식, 휴양, 침착, vi. 휴식하다, (~을) 신뢰하다, (시체가) 안치되다 — 1064

untiring [ʌntaiəriŋ]
adj. 지치지 않는, 지칠 줄 모르는 — 1065

elongation [ilɔ:ŋgeiʃən]
n. 늘어남, 연장, 늘어난 상태, 연장선 — 1066

girdle [gɜ:rdl]
n. 둘러싸는 것, 테두리, (여성용) 거들, (허리에 매는) 띠, 허리띠 — 1067

cestus [sestəs]
n. (여성, 특히 신부의) 띠, (허리)띠 — 1068

rubicund [ruːbɪkənd]	adj. (사람의 얼굴이) 불그레한, 혈색 좋은	**hesitate** [hezɪteɪt]	vi. 주저하다, 망설이다, 머뭇거리다, vt. ~을 망설이며 진술하다
appertain [æpərteɪn]	vi. (일부·일원·소유·속성으로서) ~에 속하다, 관련되다	**furrow** [fɜːroʊ]	n. (논밭을 간 뒤의) 고랑, (고랑 같은) 좁고 긴 골, vt. ~을 (쟁기로) 갈다
sundry [sʌndri]	adj. 여러 가지의, 잡다한	**veiny** [veɪni]	adj. 정맥이 많은(있는), 힘줄이 많이 돋는
frivolity [frɪvɑːləti]	n. 까부는(바보 같은) 짓, 경망, 경박	**nigh** [naɪ]	adv. 거의
theology [θiɑːlədʒi]	n. (특히 기독교) 신학, 신학 체계(이론)	**self-possession** [self pəzeʃən]	n. 냉정, 침착
subsist [səbsɪst]	vi. 살아가다, 생활해 나가다, 존재하다, 존속하다	**draggle** [dræɡl]	vt. ~을 질질 끌어 흙투성이로 만들다, 더럽히다, vi. 질질 끌어 더러워지다
mumble [mʌmbl]	vt. 중얼중얼 말하다, n. 발음이 분명하지 않은 말, 중얼거림	**sworn** [swɔːrn]	adj. 맹세한, 선서한, 맹세하고 약속한, 공공연한
stave [steɪv]	vt. 부수다, 찌그러뜨리다, (술통 따위의 널빤지)를 뜯어내다	**dunghill** [dʌŋhɪl]	n. (가축의) 똥(거름)더미, 지저분한 곳, 쓰레기장
sconce [skɑns]	n. (벽·기둥 등에서 쑥 내민) 돌출 촛대, (촛대의) 양초 꽂이	**repugnant** [rɪpʌɡnənt]	adj. (대단히) 불쾌한, 혐오스러운
sop [sɑːp]	n. (사람을) 달래기 위한 작은 선물(물건)	**wager** [weɪdʒə(r)]	n. 내기, 내기하기, (내기에) 건 돈, 건 물건, vt. ~에게 (돈)을 걸다
sacristy [sækrɪsti]	n. (교회의) 성구 보관실	**click** [klɪk]	n. (쳇 하며) 혀 차는 소리, 딸깍(찰칵) 하는 소리, vi. (일이) 잘 되어가다
addle [ædl]	vt. ~을 혼란스럽게 만들다	**dandle** [dændl]	vt. (아이를 무릎 위에 얹고) 까불다, 흔들다
obsequy [ɑbsəkwi]	n. (성대한) 장례식, (특히) 매장식	**sultan** [sʌltən]	n. (일부 이슬람교국의) 술탄, 왕

단어	품사	뜻
rove [roʊv]	vi. / vt.	배회하다, 유랑하다, 헤매다, / ~을 헤매다, 유랑하다
uncoil [ʌnkɔɪl]	vt. / vi.	(밧줄 등)을 풀다, / (둥글게 감긴 것이) 풀리다
outwatch [aʊtwɑtʃ]	vt.	~보다 오래 감시하다, ~보다 오래 망보다, ~을 최후까지 지켜보다
nick [nɪk]	n.	새김눈, 칼자국, (도자기 등의) 이 빠진 곳
adrift [ədrɪft]	adj.	(배가) 표류해서, (사람이) 정처없이, 마음 내키는 대로
mildew [mɪldu:]	n.	흰곰팡이
untenable [ʌntenəbl]	adj.	(이론·입장 등이) 방어될 수 없는, 옹호될 수 없는
scarlet [skɑ:rlət]	adj.	진홍색, 다홍색, 새빨간 색
prolix [proʊlɪks]	adj.	(글·연설 등이) 장황한
tong [tɔ:ŋ]	n. / vt.	집게 (pl. tongs), / ~을 집게로 집다 (집어 올리다, 모으다)
perch [pə:rtʃ]	vi. / n.	(새·사람 등이) (~에) 앉다, 자리잡다, / (새의) 횃대, 높은 장소
proprietorship [prəpraɪətərʃɪp]	n.	소유권
physiognomy [fɪziɑ:nəmi]	n.	(어떤 사람의) 얼굴 모습, 생김새, 골상
testament [testəmənt]	n.	[법률] 유언, 유언장, 유서, (사실·정당성의) 입증, 증거
parrot [pærət]	n. / vt.	앵무새, 뜻도 모르고 흉내내는 사람, / ~을 뜻도 모르고 흉내내다
referable [rɪfɜ:rəbl]	adj.	~와 관련이 있을 수 있는
pannikin [pænikɪn]	n.	작은 접시, 작은 냄비, (금속제의) 작은 잔
impious [ɪmpiəs]	adj.	(하느님·종교에 대해) 불경한
disquiet [dɪskwaɪət]	n.	불안, 동요
muzzle [mʌzl]	n. / vt.	(동물의) 입(코) 부분, 주둥이, 재갈, / ~에 재갈을 물리다
barrack [bærək]	n. / vt.	야유, 성원, / ~을 야유하다, 성원하다
childish [tʃaɪldɪʃ]	adj.	어린애 같은, 철없는, 유치한
point-blank [pɔɪnt blæŋk]	adj.	표적을 똑바로 겨냥한, 직사의, 단도직입의, 솔직한
tangle [tæŋgl]	n. / vt.	엉킴, 얽힘, 분규, 혼란, / (실·머리털 따위)를 엉키게 하다, 얽히게 하다
turnip [tɜ:rnɪp]	n.	[식물] 순무, 바보, 하찮은 일
poacher [poʊtʃə(r)]	n.	밀렵자, 침입자, 난입자, (남의 장사 구역을) 침입하는 장사꾼

DAY 16 MAZELTOV Vocabulary

MAZELTOV _ Vocabulary 55

17 DAY

MAZELTOV Vocabulary
오 늘 의 단 어 --> 1121 - 1190

hid [hɪd]	adj.	숨겨진, 비밀의

1121

dab [dæb]	vt.	~을 가볍게 두드리다, (부드러운 것으로) ~을 톡톡 두드리다

1122

heath [hiːθ]	n.	(거친 잡초와 작은 야생화들만 있는) 황야

1123

commitment [kəmɪtmənt]	n.	공약, 서약, 약속, 의무, 책임, 헌신, 전념, 위임, 위탁

1124

vagrancy [veɪgrənsi]	n.	[법률] 부랑죄

1125

pardner [pɑːrdnə(r)]	n.	(격식을 갖추지 않는 말·글에서) 동반자, 파트너

1126

drivel [drɪvl]	vi.	침을 흘리다, 철없는 소리를 하다,
	n.	푸념, 허튼 소리, 침, 콧물

1127

riddance [rɪdns]	n.	면하기, 탈출, (귀찮은 일을) 없애기, 제거, 일소

1128

informer [ɪnfɔːrmə(r)]	n.	(경찰·기관 등의) 정보원, 정보 제공자

1129

gratification [grætɪfɪkeɪʃn]	n.	만족감, 희열(을 주는 것)

1130

toothpick [tuːθpɪk]	n.	이쑤시개

1131

smeary [smɪəri]	adj.	더럽혀진, 기름이 밴, 끈적거리는

1132

legible [ledʒəbl]	adj.	(손으로 쓰거나 인쇄된 글자가) 또렷한, 읽을(알아볼) 수 있는

1133

jowl [dʒaʊl]	n.	(살이 쪄서) 턱 아래 늘어진 살

1134

budge [bʌdʒ]	vi.	조금 움직이다, 양보하다, ~이 (의견·입장을) 바꾸다

1135

smolder [smoʊldər]	vi.	연기나다, 그을다, (불만 따위가) 마음속에 쌓이다,
	n.	연기나는 불

1136

imploring [ɪmplɔːrɪŋ]	adj.	탄원하는, 애원하는 (듯한)

1137

incursion [ɪnkɜːrʒn]	n.	침입, 침략, 습격, 흘러들기, 유입

1138

단어	품사	뜻
mane [meɪn]	n.	(말·사자 따위의) 갈기, (갈기와 같이) 길고 숱이 많은 머리털
settee [setiː]	n.	(두 사람 이상이 앉는) 긴 안락의자, 소파
snare [sner]	n. vt.	올가미, 덫, 유혹, 함정 ~을 덫(올가미)으로 잡다, 함정에 빠뜨리다
incredulous [ɪnkredʒələs]	adj.	믿지 않는, 못 믿겠다는 듯한
chamberlain [tʃeɪmbərlɪn]	n.	(과거 궁궐이나 고관 집의) 시종
perforate [pɜːrfəreɪt]	vt.	(~에) 구멍을 뚫다(내다)
objectionable [əbdʒekʃənəbl]	adj.	불쾌한, 무례한, 부적당한, 못마땅한
ward [wɔːrd]	vt.	(위험·공격 등)을 피하다, 비끼다, (병실에) 수용하다, 입원시키다
welter [weltə(r)]	vi. n.	잠기다, 탐닉하다, (바다가) 소용돌이치다, (정신없을 만큼) 엄청난 양
part [pɑːrt]	vt.	~을 나누다, 분할하다, ~와 관계를 끊다, 헤어지게 하다
postern [poʊstərn]	n. adj.	뒷문, 샛문, 옆문, 뒷문의, 뒤의, 은밀한
prop [prɑːp]	vt. n.	~을 받치다, ~을 (~에) 기대어 세우다, 버팀목, 지주, 단단한 받침
drowse [draʊz]	vi.	졸다
rakish [reɪkɪʃ]	adj.	(남자가) 난봉꾼 같은, 한량 같은
fealty [fiːəlti]	n.	(특히 왕에 대한) 충성 서약
forbear [fɔːrber]	vt.	~을 삼가다, 보류하다, 그만두다, (감정·노여움 따위)를 억누르다, 참다
loin [lɔɪn]	n.	허리, 요부, (짐승의) 허리고기
concourse [kɑːŋkɔːrs]	n.	(특히 공항·기차역의) 중앙 홀
bustle [bʌsl]	vi. n.	활발하게 움직이다, 분주히 돌아다니다, 야단 법석, 혼잡
bopeep [boʊpiːp]	n.	(숨어 있다가 나타나 아이를 놀래주는) 아웅놀이, 까꿍놀이
winding sheet [waɪndɪŋ ʃiːt]	n.	(특히 과거 매장 전에) 시체를 싸는 천, 수의
cringe [krɪndʒ]	vi. n.	(공포나 비굴함으로) (~에) 움츠리다, 위축되다, 비굴한 태도, 아첨, 추종
choice [tʃɔɪs]	adj.	고르고 골라 뽑은, 정선한, 우등 품의
arm-in-arm [ɑːrm ɪn ɑːrm]	adj.	(남녀가) 팔을 낀(끼고), 친밀한, 사이 좋은
improbably [ɪmprɑːbəbli]	adv.	있음직하지 않게
lacerated [læsəreɪtɪd]	adj.	찢어진, 찢긴, (갈기갈기) 잡아 찢긴, (마음에) 상처 입은

lacerate [læsəreɪt]	vt.	(난폭하게) ~을 찢다, 잡아(갈기갈기) 찢다, (감정 따위)를 상하게 하다

1165

wayward [weɪwərd]	adj.	다루기 힘든, 다스리기 힘든

1166

refectory [rɪfektri]	n.	(특히 종교 기관이나 영국 일부 학교·대학의) 식당

1167

rook [ruk]	n.	(유럽산) 떼까마귀, (카드놀이 따위에서) 야바위꾼, 사기 도박꾼

1168

prior [praɪə(r)]	n.	소수도원의 장, 수도원 부원장

1169

discretion [dɪskreʃn]	n.	(자기 판단에 따른) 결정권, 판단(선택)의 자유, 자유 재량

1170

irresponsible [ɪrɪspɑːnsəbl]	adj.	책임이 없는, (사람이) 무책임한

1171

swamp [swɑːmp]	n. vt.	늪, ~을 가라앉히다, 물에 잠기게 하다, ~을 무력하게 하다

1172

tinder [tɪndə(r)]	n.	부싯깃, 불쏘시개

1173

overlay [oʊvərleɪ]	vt.	~에 (~을) 씌우다, ~을 도금하다, 칠하다, ~을 압도하다, 압제하다

1174

layover [leɪouvər]	n.	도중하차

1175

moorish [mʊəriʃ]	adj.	황야에 자라는, 황야(성)의

1176

abeyance [əbeɪəns]	n.	(일시적인) 중지 (상태), 정지

1177

caravan [kærəvæn]	n.	대형 운반차, 포장 마차, 주거용 트레일러, 여행자(순례자) 무리

1178

steep [stiːp]	vt.	(액체에) ~을 담그다, 적시다, ~을 몰두하게 하다, 열중하게 하다

1179

blister [blɪstə(r)]	vt. n.	~에 물집이 생기게 하다, ~을 신랄하게 공격하다, (피부의) 물집, 수포

1180

depose [dɪpoʊz]	vt.	(통치자를 권좌에서) 물러나게 하다, 퇴위시키다, 폐위시키다

1181

parentage [perəntɪdʒ]	n.	혈통

1182

indefinable [ɪndɪfaɪnəbl]	adj.	정의하기 힘든, 설명하기 힘든, 복잡 미묘한

1183

hangman [hæŋmən]	n.	교수형 집행인

1184

forsworn [fɔːrswɔːrn]	adj.	거짓 맹세한, 위증한

1185

bedevil [bɪdevl]	vt.	(오래 동안) 몹시 괴롭히다

1186

shoplift [ʃɑːplɪft]	vi.vt.	가게 물건을 훔치다

1187

magisterial [mædʒɪstɪriəl]	adj.	주인다운, 위엄이 있는, 당당한, 횡포한, 고압적인

1188

snivel [snɪvl]	vi.	계속 울며 보채다, 칭얼거리다, 훌쩍거리다

1189

sputter [spʌtə(r)]	vi.	침·음식물 등을 입 밖으로 튀기다, 다급하게 말하다

1190

18 DAY

MAZELTOV Vocabulary
오늘의 단어 --> 1191 - 1260

Athenian [əθiːniən] — adj. 아테네의, 아테네 사람의, n. 아테네 사람 ¹¹⁹¹

incest [ɪnsest] — n. 근친상간 ¹¹⁹²

bestiality [bestʃiæləti] — n. 수간 (짐승을 상대로 하는 변태적인 성행위), 짐승 같은 짓 ¹¹⁹³

patricide [pætrɪsaɪd] — n. 부친 살해, 부친 살해범 ¹¹⁹⁴

accursed [əkɜːrsɪd] — adj. 저주받은 ¹¹⁹⁵

beget [bɪget] — vt. (아버지가) (자식)을 보다, ~을 생기게 하다, (결과로서) 초래하다 ¹¹⁹⁶

sire [saɪə(r)] — n. 폐하 (남성에게만 쓰임), [시] 아버지, 조상, (말 따위의) 아비, 종마 ¹¹⁹⁷

chariot [tʃæriət] — n. (고대의 전투나 경주용) 마차, 전차 ¹¹⁹⁸

regent [riːdʒənt] — n. 섭정, (주립 대학 등의) 이사, 운영 이사회 위원 ¹¹⁹⁹

entomb [ɪntuːm] — vt. 무덤에 넣다, 매장하다, 매몰시키다, 생매장하다 ¹²⁰⁰

relent [rɪlent] — vi. 마음이 부드러워지다, 누그러지다, 가엾게 여기다 ¹²⁰¹

inter [ɪntɜː(r)] — vt. (죽은 사람을) 매장하다 ¹²⁰²

intermesh [ɪntərmeʃ] — vi. (두 가지 물건이나 부품이) 딱 들어맞다 ¹²⁰³

spinster [spɪnstə(r)] — n. 노처녀, 독신녀 (특히 나이가 많고 결혼할 가능성이 적은 사람) ¹²⁰⁴

cornucopia [kɔːrnjukoʊpiə] — n. 풍부, 풍요, 풍작, [그리스 신화] 풍요의 뿔 ¹²⁰⁵

lambast [læmbeɪst] — vt. ~을 세게 치다, 매질하다, ~을 엄하게 꾸짖다, 호되게 비난하다 ¹²⁰⁶

regicide [redʒɪsaɪd] — n. 국왕 살해, 시해 ¹²⁰⁷

genocide [dʒenəsaɪd] — n. 집단 학살, 종족 학살 ¹²⁰⁸

1209	**tin** [tɪn]	adj. n.	값싼, 싸구려의, 하찮은, 보잘것없는, 양철, 주석 그릇
1210	**unstinting** [ʌnstɪntɪŋ]	adj.	아낌없는, 아낌없이 주는
1211	**stint** [stɪnt]	vt. vi.	~을 제한하다, ~을 줄이다, 아까워하다, 절약하다, 검약하다
1212	**entrust** [ɪntrʌst]	vt.	(일을) 맡기다
1213	**deflect** [dɪflekt]	vt. vi.	~을 비끼게 하다, 편향시키다, 빗나가게 하다, 빗나가다, 비끼다
1214	**detractor** [dɪtræktə(r)]	n.	가치를 깎아내리는 사람, 폄하하는 사람
1215	**unhinge** [ʌnhɪndʒ]	vt.	미치게 만들다, 정신 이상이 되게 만들다
1216	**ingénue** [ændʒənuː]	n.	[불어에서] (특히 영화나 연극에서) 순진한 처녀
1217	**nudge** [nʌdʒ]	vt.	(주의를 환기하기 위해) ~을 팔꿈치로 쿡쿡 찌르다, ~을 밀어제치다
1218	**transnational** [trænznæʃnəl]	adj.	(특히 상업) 초국가적인
1219	**apprise** [əpraɪz]	vt.	~에게 알리다, ~을 존중하다, ~의 진가를 인정하다
1220	**freak** [friːk]	adj. n.	별난, 색다른, 이상한, 기묘한, 이상 현상, 변덕, 변종, 기형
1221	**limekiln** [laɪmkɪln]	n.	석회 가마
1222	**proffer** [prɑːfə(r)]	vt. n.	~을 (~에게) 내놓다, 제공하다, 증정하다, 제출, 제공(품), 증정(품)
1223	**injunction** [ɪndʒʌŋkʃn]	n.	(법원의) 금지 명령, 강제 명령, 이행 명령, 명령, 지령, 권고, 지시
1224	**ungrateful** [ʌngreɪtfl]	adj.	감사할 줄 모르는, 은혜를 모르는, 배은망덕한
1225	**spit** [spɪt]	vt.	(침·피·음식물 따위)를 토하다, (욕지거리·독설 따위)를 내뱉다
1226	**speck** [spek]	n.	작은 얼룩(자국), 반점, 작은 알갱이, 입자
1227	**truckle** [trʌkl]	vi. vt.	굴종하다, 맹종하다, 굽실굽실하다, ~을 작은 바퀴로 굴리다
1228	**loft** [lɔːft]	n.	고미다락(방), (헛간 따위의) 다락, (교회·강당 등의) 맨 위층
1229	**wick** [wɪk]	n.	(초·램프 따위의) 심지
1230	**noose** [nuːs]	n.	올가미
1231	**exquisite** [ɪkskwɪzɪt]	adj.	절묘한, 매우 아름다운, 훌륭한, 정교한, 공들인, 예민한, 고상한
1232	**desist** [dɪzɪst]	vi.	그만두다
1233	**overstate** [oʊvərsteɪt]	vt.	(실제보다 더 중요한 것처럼) 과장하다
1234	**chuck** [tʃʌk]	vt.	~을 휙 던지다, 팽개치다, (턱 따위)를 가볍게 치다

1235	unbeknown	[ʌnbɪnoʊn]	adj.	~가 모르는
1236	plummet	[plʌmɪt]	vi.	곤두박질치다, 급락하다
1237	throb	[θrɑːb]	vi. / n.	고동치다, 두근두근하다, (율동적으로) 떨리다, / 맥박, (율동적인) 진동
1238	tidings	[taɪdɪŋz]	n.	소식, 뉴스
1239	lounger	[laʊndʒər]	n.	어슬렁어슬렁 걷는 사람, 게으름뱅이
1240	gainsay	[ɡeɪnseɪ]	vt.	(흔히 부정문에 쓰여) 부정하다, 반대하다
1241	delirious	[dɪlɪriəs]	adj.	[병리] (고열 따위로 일시) 정신이 착란한, 헛소리를 하는, 열광적인
1242	elapse	[ɪlæps]	vi.	(시간이) 흐르다, 지나다
1243	spire	[spaɪə(r)]	n.	(특히 교회의) 첨탑, 소용돌이, 나선(의 한 바퀴)
1244	bow	[baʊ]	n.	(배의) 이물, 선수, (비행기의) 기수
1245	tithe	[taɪð]	n.	십일조, (일반적으로) 10분의 1세
1246	sculler	[skʌlə(r)]	n.	스컬로 보트를 젓는 사람
1247	scull	[skʌl]	n.	스컬 (두 손에 한 개씩 가지고 젓는 작은 노)
1248	skiff	[skɪf]	n.	(보통 한 사람이 타는) 소형 보트
1249	brisk	[brɪsk]	adj.	활발한, 기운찬, (날씨가) 상쾌한, (장사가) 활기 띤, 호황의
1250	collier	[kɑːliə(r)]	n.	석탄선 (선원), 광부
1251	counterweight	[kaʊntərweɪt]	n.	평형추, 평형력, 대항 세력, 균형을 이루는 것
1252	mooring	[mɔrɪŋ]	n.	계류, 계선, 정박
1253	hempen	[hempən]	adj.	삼의, 삼으로 만든, 삼과 같은
1254	hawser	[hɔːzə(r)]	n.	(배에서 사용하는) 굵은 밧줄, 굵은 강삭
1255	knobby	[nɑbi]	adj.	혹이 많은, 사마귀가 많은, 울퉁불퉁한
1256	lighterman	[laɪtərmən]	n.	거룻배 사공
1257	molestation	[moʊlesteɪʃən]	n.	방해, 괴롭힘, 희롱, 추행, 폭행
1258	gunwale	[ɡʌnl]	n.	(보트·작은 배의) 현연, 뱃전 (배의 양쪽 가장자리 부분)
1259	forecastle	[foʊksl]	n.	(배 앞부분의) 선원 선실
1260	row	[roʊ]	vi. / n.	배를 젓다, (배가) 저어지다, / 보트 젓기, 한 번 젓기

19 DAY

MAZELTOV Vocabulary
오늘의 단어 --> 1261 - 1330

foreground [fɔːrgraʊnd]	n. (풍경·그림 등의) 전경, 최전면, 가장 눈에 띄는 위치	1261
gull [gʌl]	n. 갈매기, vt. ~을 속이다, 속여 ~을 시키다	1262
grizzled [grɪzld]	adj. (머리가) 반백의, 희끗희끗한	1263
causeway [kɔːzweɪ]	n. 둑길, 제방길	1264
keel [kiːl]	vt. (배)를 뒤집다, (남)을 넘어뜨리다, n. (새의) 용골 돌기	1265
slushy [slʌʃi]	adj. 눈 녹은, 진흙탕의, 실없는, 깊이가 없고 감상적인	1266
flap [flæp]	vi. 찰싹 치다, (기 따위가) 펄럭이다, n. (봉투·호주머니 등의) 뚜껑	1267
clap [klæp]	vt. ~을 세게 치다, 때리다	1268
reconnoiter [riːkənɔɪtər]	vt. 정찰하다, 답사하다	1269
adjure [ədʒʊr]	vt. 엄명하다, 요구하다	1270
rudder [rʌdə(r)]	n. (배의) 키, (항공기의) 방향타	1271
capsize [kæpsaɪz]	vt. ~을 뒤집어 엎다, 전복시키다	1272
overboard [oʊvərbɔːrd]	adv. 배 밖으로, (배 밖의) 물 속으로	1273
querulous [kwerələs]	adj. 불만이 많은, 불평을 늘어놓는	1274
memorialize [məmɔːriəlaɪz]	vt. ~에 건의하다, (기념비 등을 만들어) 기념하다, 추모하다	1275
forfeiture [fɔːrfətʃər]	n. 몰수, 박탈	1276
exordium [ɪgzɔːrdiəm]	n. (일의) 시작, (연설·논문 따위의) 서론	1277
unfeeling [ʌnfiːlɪŋ]	adj. 무정한, 냉혹한, 냉정한	1278

#	단어	품사	뜻
1279	**grog** [grɑ:g]	n.	독한 술
1280	**fidgety** [fɪdʒɪti]	adj.	(사람이 지루하거나 초조해) 안절부절 못하는, 침착하지 못한
1281	**sleek** [sli:k]	adj.	매끄러운, 윤기 있는, 토실토실하게 살찐
1282	**damsel** [dæmzl]	n.	(시집 안 간) 처녀
1283	**pew-opener** [pju: oupənər]	n.	교회의 좌석 안내인
1284	**bonnet** [bɑ:nət]	vt.	~에 덮개(모자)를 씌우다
1285	**bagatelle** [bægətel]	n.	하찮은 것, 사소한 일
1286	**infirmary** [ɪnfɜ:rməri]	n.	진료소, 병원, (수도원·학교 따위의) 양호실, 의무실
1287	**nosegay** [noʊzgeɪ]	n.	작은 꽃다발
1288	**gewgaw** [gu:gɔ:]	n.	겉만 번드르르한 것
1289	**scourge** [skɜ:rdʒ]	n. / vt.	회초리, 매, 벌, 징벌, 재앙의 원인, ~을 채찍질하다
1290	**haven** [heɪvn]	n.	피난처, 안식처
1291	**proscribe** [proʊskraɪb]	vt.	금지하다, 금하다
1292	**almighty** [ɔ:lmaɪti]	adj.	절대적인 힘을 가진, 전능의
1293	**underlet** [ʌndərlet]	vt.	~을 싼 값으로 빌려주다
1294	**tenancy** [tenənsi]	n.	보유, 점유
1295	**indite** [ɪndaɪt]	vt.	(시·글 등을) 쓰다
1296	**orthographic** [ɔ:rθəgræfɪk]	adj.	정자법의, 철자법이 바른
1297	**temperature** [temprətʃə(r)]	n.	온도, 체온
1298	**bilious** [bɪliəs]	adj.	화를 잘 내는, 성미가 까다로운
1299	**rushlight** [rʌʃlaɪt]	n.	무용지물, 쓸모없는 물건
1300	**seedsman** [si:dzmən]	n.	씨를 뿌리는 사람, 종묘 상인
1301	**outspread** [aʊtspred]	adj.	활짝 펼쳐진
1302	**pluck** [plʌk]	vt.	~을 잡아뜯다, 따다
1303	**errant** [erənt]	adj.	잘못된, 틀린, 정도에서 벗어난
1304	**downfall** [daʊnfɔ:l]	n.	몰락, 몰락의 원인

clemency [klemənsi]	n.	관용, 관대한 처분	**journeyman** [dʒɜːrnimən]	n.	수습기간을 끝낸 직공, 숙련 노동자
behoof [bihuːf]	n.	이익, 이점	**collectivism** [kəlektɪvɪzəm]	n.	집단이기주의, 집산주의
windy [wɪndi]	adj.	수다스러운, 말뿐인, 공허한	**salacious** [səleɪʃəs]	adj.	음란한, 외설스러운
indefinite [ɪndefɪnət]	adj.	정해져 있지 않은, 한계가 없는	**snag** [snæg]	n. vt.	그루터기, 곤란, 파손하다, 방해하다
beguile [bɪgaɪl]	vt.	속이다, 기만하다	**hash** [hæʃ]	vt.	잘게 썰다, ~을 망쳐놓다
farthing [fɑːrðɪŋ]	n.	가능한 최소한의 양	**fate** [feɪt]	n.	숙명, 최후, 말로
inaptitude [ɪnæptətjuːd]	n.	부적합, 부적당	**composed** [kəmpoʊzd]	adj.	가라앉은, 침착한, 평온한
matronly [meɪtrənli]	adj.	기혼 여성다운, 아줌마 같은	**solicitude** [səlɪsɪtuːd]	n.	배려
ajar [ədʒɑː(r)]	adj.	[명사 앞에는 안 씀] (문이) 살짝 열린, 조금 열린	**succor** [sʌkər]	n. vt.	원조, 구조, 후원하다, 도와주다
encampment [ɪnkæmpmənt]	n.	야영지, 캠핑장	**fleeting** [fliːtɪŋ]	adj.	한순간의, 덧없는
accredit [əkredɪt]	vt.	~의 탓으로 하다, ~을 ~것으로 돌리다	**domineer** [dɑməniər]	vt. vi.	지배하다, ~에게 뽐내다, 권세를 부리다
accretion [əkriːʃn]	n.	자연적 증식(증대)	**stodgy** [stɑːdʒi]	adj.	기름진, 소화가 잘 안 되는
dispositive [dispɑzətiv]	adj.	(사건·문제 등의) 방향을 결정하는	**invaluable** [ɪnvæljuəbl]	adj.	매우 귀중한, 유용한

MAZELTOV Vocabulary

오늘의 단어 --> 1331 - 1400

pang [pæŋ] — 1331
n. 극심한 육체적(정신적) 고통

planetary [plænəteri] — 1332
adj. 행성의

sonorous [sɑ:nərəs] — 1333
adj. 잘 울려 퍼지는, 듣기 좋은

inadvisable [ɪnədvaɪzəbl] — 1334
adj. 상책이 아닌, 현명하지 못한

crook [krʊk] — 1335
n. 사기꾼,
vt. ~을 구부리다

prod [prɑ:d] — 1336
vt. ~을 찌르다, 일깨우다

shear [ʃɪr] — 1337
n. 큰 가위,
vt. 깎다, 베어내다

raven adj.[reɪvn] v.[rævən] — 1338
adj. 새까맣고 윤나는,
vi. 약탈하다

seminary [semɪneri] — 1339
n. 신학대학

strait [streɪt] — 1340
n. 해협

ewe [ju:] — 1341
n. 암양

levanter [livæntər] — 1342
n. 지중해의 강한 동풍

whet [wet] — 1343
vt. ~을 자극하다,
(칼 따위)를 갈다

breastplate [brestpleɪt] — 1344
n. 흉갑 (가슴을 가리는 갑옷)

platter [plætə(r)] — 1345
n. (큰 서빙용) 접시

infidel [ɪnfɪdəl] — 1346
n. 신앙심 없는 자, 이교도

unsheathe [ʌnʃi:ð] — 1347
vt. ~을 칼집에서 빼내다,
선전 포고를 하다

emboss [ɪmbɔ:s] — 1348
vt. 양각하다

clamber [klæmbə(r)]	vi.	기어오르다, 기어 가다
implicit [ɪmplɪsɪt]	adj.	함축적인, 암시적인, (신념 따위가) 무조건의, 절대적인, 맹목적인
bland [blænd]	adj.	(태도가) 부드러운, 붙임성이 좋은, (기후가) 온화한, 상쾌한
inconsolable [ɪnkənsoʊləbl]	adj.	위로할 길 없는, 슬픔에 잠긴
inure [ɪnjʊər]	vt.	~을 (~하도록) 단련하다, (어려움 따위에) 익숙하게 하다
chancy [tʃænsi]	adj.	위험한, 불확실한
plumb [plʌm]	adj. vt.	수직인, 재다, 측량하다
thwart [θwɔːrt]	vt.	(계획 등을) 좌절시키다
diminution [dɪmɪnuːʃn]	n.	감소, 축소, 할인
effete [ɪfiːt]	adj.	무력해진, 지친, 쇠퇴한, 퇴폐적인, (제도 따위가) 시대에 뒤떨어진
tortuous [tɔːrtʃuəs]	adj.	뒤틀린, 완곡한, 에두르는
sound [saʊnd]	adj.	건전한, 건강한
blandish [blændɪʃ]	vt.	아첨하다, (감언으로) 설득하다
memorabilia [memərəbiliə]	n.	(유명인·흥미로운 장소, 행사 등과 관련된) 수집품, 기념품
helm [helm]	n. vt.	(배의) 키, 지휘(지도)하다, 조종하다
strain [streɪn]	vt.	잡아당기다, 혹사하다
flag [flæg]	vi.	약해지다, 시들해지다
priceless [praɪsləs]	adj.	돈으로 살 수 없는, 값을 매길 수 없는, 매우 귀중한
juncture [dʒʌŋktʃə(r)]	n.	(특정) 시점, 단계
cessation [seseɪʃn]	n.	중지, 중단
vicissitude [vɪsɪsɪtuːd]	n.	변화, 변동, 우여곡절
brook [brʊk]	n.	시내, 개울
ravine [rəviːn]	n.	협곡, 산골짜기
stall [stɔːl]	n. vt. vi.	가판대, 마구간, 핑계, 연기하다, 사기 치다
erect [ɪrekt]	vt. adj.	세우다, 건설하다, 직립한, 곤두세운
well-heeled [wel hiːld]	adj.	부유한, 돈 많은

bazaar [bəzɑː(r)]	n. 시장, 잡화 시장	1375	**bleach** [bliːtʃ]	vt. 표백하다, 탈색시키다	1388
grouch [graʊtʃ]	vi. 시무룩해지다, 토라지다, 불평하다, n. 시무룩함, 토라진 사람	1376	**clamor** [klæmər]	vi. 외치다, 떠들어 대다	1389
cobbler [kɑːblə(r)]	n. 구두 수선공, 서투른 직공	1377	**live out** [lɪv aʊt]	vt. (예전에 생각만 하던 것을) 실행하다	1390
disembark [dɪsɪmbɑːrk]	vi. (배·비행기에서) 내리다	1378	**wage** [weɪdʒ]	vt. 전쟁을 하다, 고용하다	1391
hookah [hʊkə]	n. 물담뱃대	1379	**tract** [trækt]	n. (소)논문, 소책자, (넓은) 지역	1392
corral [kəræl]	n. 가축우리, 울타리	1380	**slither** [slɪðə(r)]	vi. 미끄러지다, 미끄러지듯이 나아가다	1393
divination [dɪvɪneɪʃn]	n. 점, 술법	1381	**steed** [stiːd]	n. 준마, 말	1394
whinny [wɪni]	vi. (조용히) 히힝 울다	1382	**brandish** [brændɪʃ]	vt. ~을 휘두르다	1395
hoofbeat [hʊfbiːt]	n. 발굽 소리	1383	**scimitar** [sɪmɪtə(r)]	n. 언월도	1396
mirage [mərɑːʒ]	n. 신기루, 망상, 환상	1384	**bid** [bɪd]	vt. 경매에서 값을 제의하다, 입찰에 응하다	1397
immersion [ɪmɜːrʃn]	n. 담금, 투입, 열중	1385	**battalion** [bətæliən]	n. 대대, 병력	1398
detour [diːtʊr]	n. 우회, 회피, vi. 돌아가다	1386	**sorcerer** [sɔːrsərə(r)]	n. 마법사, 마술사	1399
balk [bɔːk]	vt. 방해하다, vi. 멈칫거리다, 꺼리다	1387	**sirocco** [sɪrɑːkoʊ]	n. 남풍, 열풍	1400

MAZELTOV Vocabulary

오늘의 단어 --> 1401-1470

monastery [mɑːnəsteri]	n.	수도원 (1401)
centurion [sentʃəriən]	n.	(고대 로마) 병사 100명을 거느리던 지휘관 (1402)
just [dʒʌst]	adj.	(사람·행위·판단 따위가) (~에 대해) 올바른, 공정한, 공평한 (1403)
leap [liːp]	vi.	뛰어오르다, 도약하다 (1404)
abrade [əbreɪd]	vt.	벗기다, 마멸시키다 (1405)
yank [jæŋk]	vt.	확 잡아당기다, 체포하다 (1406)
refugee [refjudʒiː]	n.	망명자, 피난자 (1407)
knapsack [næpsæk]	n.	배낭, 등에 지는 자루 (1408)
conquistador [kɑːnkwɪstədɔːr]	n.	[스페인어에서] 정복자 (1409)

sessile [sesɪl]	adj.	꼭지나 줄기가 없는, [해부·동물] 고착한, 정착한 (1410)
glaucoma [glaʊkoʊmə]	n.	녹내장 (1411)
tarpaulin [tɑːrpɔːlɪn]	n.	방수포 (1412)
pilgrim [pɪlgrɪm]	n. / vi.	성지 참배자, 순례자, 성지 참배 여행을 하다, 순례하다 (1413)
alabaster [æləbæstə(r)]	n. / adj.	설화 석고, 매끄럽고 하얀 (1414)
lope [loʊp]	vi.	천천히(성큼성큼) 달리다 (1415)
pale [peɪl]	vi. / adj.	창백해지다, 새파랗게 질리다, (얼굴이) 핏기 없는, 창백한 (1416)
blacktop [blæktɑp]	n.	아스팔트, 포장도로 (1417)
congeal [kəndʒiːl]	vi. / vt.	굳다, 응고시키다 (1418)

단어	품사	뜻
cloth [klɔːθ]	n.	직물, 모직물, 피륙, 옷감, (어떤 용도의) 천 조각, 행주
ratchet [rætʃɪt]	vi.	서서히 올리다
linoleum [lɪnoʊliəm]	n.	리놀륨 (건물 바닥재로 쓰이는 물질)
heft [heft]	n. / vt.	중량, 무게, ~을 들어올리다
enshroud [ɪnʃraʊd]	vt.	(보이지 않거나 알 수 없게) 완전히 싸다(가리다)
mote [moʊt]	n.	먼지, 티끌
thespian [θespiən]	n.	배우, 연기자
sludge [slʌdʒ]	n.	진흙, 진창, 녹은 눈, (수조 따위의) 침전물
drool [druːl]	vi.	군침을 흘리다, 실없는 소리를 하다
cradle [kreɪdl]	vt.	~을 요람에 넣다, 흔들어 재우다
riprap [rɪpræp]	n.	(기초 공사용의) 부순 자갈, 잡석 기초
cleat [kliːt]	n.	쐐기, 마개, 밧줄 걸이
shoal [ʃoʊl]	n.	(물고기) 떼, 숨은 위험 (pl. shoals)
cauterize [kɔːtəraɪz]	vt.	(감염을 막기 위해 상처를) 지지다
ruffle [rʌfl]	vt.	주름살이 지게 하다, ~을 헝클어놓다
provoke [prəvoʊk]	vt.	화나게 하다, 선동하다, ~을 일으키다
waterlogged [wɔːtərlɔːgd]	adj.	물에 잠긴, 흠뻑 젖은
cicada [sɪkeɪdə]	n.	매미
albeit [ɔːlbiːɪt]	conj.	~에도 불구하고
throwback [θroʊbæk]	n.	과거의 사람(것)과 비슷한 사람(것)
incredulity [ɪnkrədjuːləti]	n.	불신, 의심
thumb [θʌm]	vt.	(책장 따위)를 더럽히다, ~을 대충 읽다
scald [skɔːld]	vt.	~을 열탕 소독하다, ~을 데게 하다
weave [wiːv]	vt.	짜다, 엮다, ~을 누비듯이 지나가다
shrill [ʃrɪl]	adj.	날카로운, 예리한, 시끄러운
knotted [nɑtɪd]	adj.	매듭이 있는, 뒤얽힌

drape [dreɪp] — vt. ~을 걸치다, 장식하다, n. 휘장, 커튼 1445

nagging [næɡɪŋ] — adj. 끊임없이 잔소리하는, 고통 등이 누그러지지 않는 1446

gut [ɡʌt] — vt. ~을 남김없이 약탈하다, n. 직감, 내장 1447

trill [trɪl] — vt. 떨리는 목소리로 부르다, 발음하다 1448

stash [stæʃ] — vt. ~을 치워두다, 따로 간직해 두다 1449

brunt [brʌnt] — n. (공격 등의) 예봉 1450

drab [dræb] — adj. 칙칙한, 생기 없는, n. 소량, 소액 1451

revoke [rɪvoʊk] — vt. 취소하다, 폐지하다 1452

mistress [mɪstrəs] — n. 여주인, 주부 1453

bale [beɪl] — n. 짐짝, 화물, 재앙, 불행 1454

wheelbarrow [wiːlbæroʊ] — n. 외바퀴 손수레 1455

mound [maʊnd] — n. (무덤·폐허 따위의) 흙둔덕, 고분, vt. ~을 쌓아올리다 1456

lorn [lɔːrn] — adj. 고독한, 의지할 데 없는 1457

spectacle [spektəkl] — n. 광경, 장관, 안경 (pl. spectacles) 1458

unnerve [ʌnnɜːrv] — vt. 불안하게 만들다, 용기를 꺾다 1459

ragged [ræɡɪd] — adj. 누더기의, 너덜너덜한, 조잡한, 불완전한 1460

pamper [pæmpə(r)] — vt. 소중히 하다, 애지중지하다 1461

waggle [wæɡl] — vt. (상하·좌우로) ~을 흔들다, 움직거리다 1462

coop [kuːp] — n. 닭장, (짐승) 우리 1463

skimpy [skɪmpi] — adj. 불충분한, 빈약한, 인색한, 쩨쩨한, (옷이) 꼭 끼는 1464

meningitis [menɪndʒaɪtɪs] — n. 뇌막염, 수막염 1465

plow [plaʊ] — n. 쟁기, vt. ~을 갈다, 일구다 1466

daze [deɪz] — vt. 현혹시키다, 당황하게 하다, n. 멍한 상태, 망연(자실) 1467

glide [ɡlaɪd] — vi. 미끄러지다, (시간 따위가) 어느덧 지나가다 1468

paddle [pædl] — vi. 첨벙거리며 다니다, 물장난 하다 1469

waddle [wɑːdl] — vi. (오리처럼) 어기적어기적 걷다, (배 따위가) 흔들흔들 나아가다 1470

MAZELTOV Vocabulary

오늘의 단어 --> 1471 - 1540

portend [pɔːrtend]	vt. (특히 불길한) 전조이다, 징후이다	1471	**coy** [kɔɪ]	adj. 수줍어하는, 암띤, (여성이) 수줍은 체하는, 요염한	1480
belly [beli]	vt. ~을 불룩하게 하다, vi. 부풀다, 불룩해지다, n. 배, 복부	1472	**trellis** [trelɪs]	n. (덩굴나무가 타고 올라가도록 만든) 격자 구조물	1481
yawn [jɔːn]	vi. 하품하다, (입·틈·끝 따위가) 크게 벌어지다, 딱 벌어져 있다	1473	**intimate** [ɪntəmeɪt]	vt. ~을 넌지시 비추다, 암시하다, 은연중에 말하다	1482
indecisive [ɪndɪsaɪsɪv]	adj. 우유부단한, 결단력이 없는, 결정적이 아닌, (윤곽 따위가) 희미한	1474	**fruition** [fruɪʃn]	n. (계획·과정·활동의) 성과, 결실	1483
faraway [fɑːrəweɪ]	adj. (거리가) 먼, 아득한, (시간·관계가) 먼	1475	**foyer** [fɔɪər]	n. (극장·호텔의) 휴게실, 로비, 현관의 홀	1484
matron [meɪtrən]	n. (품위 있고 지체 높은 나이 지긋한) 기혼녀, (공공시설 등의) 여성 감독	1476	**balustrade** [bæləstreɪd]	n. (발코니·다리 등의) 난간	1485
gutter [gʌtə(r)]	n. (도로의) 도랑, 시궁창, 배수로	1477	**gasp** [gæsp]	vi. 헐떡거리다, 숨이 차다, 열망하다, 갈망하다, n. 헐떡거림, 숨참	1486
tendril [tendrəl]	n. [식물] 덩굴손, 덩굴, 덩굴 모양의 것	1478	**heady** [hedi]	adj. 성급한, 무모한, 고집 센, 흥분시키는, 자극적인	1487
indigestion [ɪndɪdʒestʃən]	n. 소화불량(증)	1479	**vanity** [vænəti]	n. 자부, 자만, 허영, 허영심, 덧없음, 공허	1488

1489	**dally** [dæli]	vi.	꾸물거리다, 미적거리다
1490	**stammer** [stæmə(r)]	vi. n.	말을 더듬다, 더듬으며 말하다, 말더듬기, 더듬는 발성
1491	**compliment** [kɑːmplɪmənt]	n.	찬사, 발림말, (사교상의) 칭찬, 경의
1492	**vantage** [væntɪdʒ]	n.	유리, 우위, 우월
1493	**vantage point** [væntɪdʒ pɔɪnt]	n.	(무엇을 지켜보기에) 좋은 위치, (특히 과거를 생각해 보는) 시점, 상황
1494	**burble** [bɜːrbl]	vi.	부글부글 소리를 내다, (흥분하여) 재잘거리다, (기류가) 거칠어지다
1495	**lapel** [ləpel]	n.	(양복 상의의 접혀 있는) 옷깃
1496	**boutonniere** [buːtnɪr]	n.	상의에 꽂는 꽃장식
1497	**goblet** [gɑːblət]	n.	고블릿 (유리나 금속으로 된 포도주잔)
1498	**absently** [æbsəntli]	adv.	멍하니, 무심코
1499	**epiphany** [ɪpɪfəni]	n.	(어떤 사물이나 본질에 대한) 직관, 통찰, (신의) 출현
1500	**fizz** [fɪz]	vi. n.	쉿쉿 소리나다, 활기, 원기, (맥주·소다수 따위의) 거품
1501	**snicker** [snɪkər]	vi. n.	히죽히죽 웃다, 소리를 죽이고 웃다, 히죽히죽 웃기, 몰래 웃기
1502	**Crockpot** [krɑkpɑt]	n.	(전기) 도기 냄비 (저온·장시간 요리용)
1503	**swell** [swel]	n. vi.	팽창, 부어오름, 증대, (파도의) 넘실거림, 부풀다, 팽창하다
1504	**diminutive** [dɪmɪnjətɪv]	adj.	소형의, 조그마한, 아주 작은
1505	**fidget** [fɪdʒɪt]	vi. vt.	안절부절 못하다, ~을 안절부절 못하게 하다, 안달나게 하다
1506	**apropos** [æprəpoʊ]	prep.	~에 관하여
1507	**relic** [relɪk]	n.	유물, 유적, 폐허, (과거의 풍속 따위의) 자취, 흔적
1508	**memento** [məmentoʊ]	n.	(사람·장소를 기억하기 위한) 기념품
1509	**agape** [əgeɪp]	adj.	(놀람·충격으로 입을) 딱 벌리고
1510	**beaming** [biːmɪŋ]	adj.	빛나는, 기쁨에 넘친, 희색이 만면한, 밝은
1511	**cataract** [kætərækt]	n.	큰 폭포, 급류, 격류, 호우, 대홍수, [안과] 백내장
1512	**transfix** [trænsfɪks]	vt.	(두려움·경악 등으로) 얼어붙게 만들다
1513	**regale** [rɪgeɪl]	vt.	~을 매우 기쁘게 하다, 만족시키다, ~을 대접하다
1514	**swoon** [swuːn]	vi. n.	기절하다, 의식을 잃다, (소리 따위가) 약해지다, 기절, 무감각

#	단어	품사	뜻
1515	**clime** [klaɪm]	n.	기후가 ~한 국가(지역)
1516	**constrict** [kənstríkt]	vt.	~을 단단히 죄다, 압축하다, ~의 자연스런 발전(발육)을 저해하다
1517	**banister** [bǽnɪstə(r)]	n.	난간
1518	**bask** [bæsk]	vi.	(특히 햇볕을 기분 좋게) 쪼이다
1519	**whiff** [wɪf]	n.	(바람·연기 따위의) 한 번 불기, (담배) 한 모금, 기색, 기미, 조짐
1520	**creak** [kriːk]	vi. vt.	삐걱거리다, 삐걱삐걱하다, ~을 삐걱거리게 하다
1521	**glee** [gliː]	n.	신이 남, (남이 잘못되는 것에 대한) 고소한 기분
1522	**cadence** [kéɪdns]	n.	(소리나 말의) 율동적 흐름, 리듬, 억양, (춤 따위의) 리듬, 박자
1523	**umpire** [ʌ́mpaɪə(r)]	n.	(경기의) 심판원, 엄파이어, 중재인
1524	**Yiddish** [jídɪʃ]	n.	이디시어 (원래 중앙 및 동부 유럽에서 쓰이던 유대인 언어)
1525	**tap** [tæp]	vt. n.	~을 가볍게 두드리다 (때리다, 치다), 가볍게 치기, 톡톡 두드리기
1526	**juggle** [dʒʌ́gl]	n. vi.	마술, 요술, 마술을 부리다, 기만하다, 사기하다
1527	**decorous** [dékərəs]	adj.	점잖은, 예의 바른
1528	**stigmatize** [stíɡmətaɪz]	vt.	오명을 씌우다, 낙인 찍다
1529	**precipitous** [prɪsípɪtəs]	adj.	가파른, 절벽의, 낭떠러지 같은, 경솔한, 허둥대는
1530	**fatuous** [fǽtʃuəs]	adj.	어리석은, 얼빠진
1531	**unremitting** [ʌnrɪmítɪŋ]	adj.	끊임없는
1532	**paternal** [pətɜ́ːrnl]	adj.	아버지의, 아버지다운, 아버지로부터 물려받은
1533	**culprit** [kʌ́lprɪt]	n.	범인, 죄인, 범죄 용의자, (문제의) 원인(이 되는 것)
1534	**extrapolate** [ɪkstrǽpəleɪt]	vt.	(~을 기반으로) 추론하다, 추정하다
1535	**punctilious** [pʌŋktíliəs]	adj.	꼼꼼한
1536	**delineate** [dɪlínieɪt]	vt.	(상세하게) 기술하다, 그리다, 설명하다
1537	**relegate** [réləɡeɪt]	vt.	(낮은 지위·상태로) ~을 내쫓다, 좌천시키다, (일 따위를) 위탁하다
1538	**labyrinthine** [læbərínθi(ː)n]	adj.	미궁(미로)의, 미로와 같은, 복잡한, 엉클어진
1539	**desultory** [désəltɔːri]	adj.	두서없는, 종잡을 수 없는
1540	**decadent** [dékədənt]	adj.	타락한, 퇴폐적인

DAY 23

MAZELTOV Vocabulary

오늘의 단어 --> 1541 - 1610

1541 **aesthete** [esθi:t]	n. 탐미주의자, 예술 애호가
1542 **perjure** [pɜːrdʒə(r)]	vt. 위증시키다, 위증하다
1543 **rabbi** [ræbaɪ]	n. 랍비 (유대인 스승을 가리키는 존칭), 유대인 학교의 선생
1544 **crouch** [kraʊtʃ]	vi. 쭈그리다, 웅크리다
1545 **grounder** [graʊndə(r)]	n. (야구에서) 땅볼
1546 **flail** [fleɪl]	vt. ~을 두드리다, 실패하다
1547 **shortstop** [ʃɔːrtstɑp]	n. [야구] 유격수
1548 **field** [fiːld]	vt. (야구공)을 처리하다, (후보)를 내세우다
1549 **inert** [ɪnɜːrt]	adj. 자동력이 없는, 둔한, 활발하지 못한, n. 둔한 사람
1550 **earpiece** [ɪrpiːs]	n. 이어폰
1551 **pinched** [pɪntʃt]	adj. 꽉 죄어진, 초췌한, 야윈
1552 **Jew** [dʒuː]	n. 유대인, 유대교도
1553 **Judaism** [dʒuːdiizm]	n. 유대교
1554 **revelation** [revəleɪʃn]	n. 폭로, 적발, [신학] 계시
1555 **Torah** [tɔːrə]	n. (유대교의 율법) 토라
1556 **unheard-of** [ʌnhɜːrd ʌv]	adj. 아주 유별난, 전례가 없는
1557 **matchstick** [mætʃstɪk]	n. 성냥개비
1558 **beefy** [biːfi]	adj. 우람한, 뚱뚱한

1559	**numb** [nʌm]	vt. / adj.	~의 감각을 죽이다, (일시) 감각을 잃은, 마비된
1560	**blooper** [bluːpə(r)]	n.	큰 실수
1561	**enormous** [ɪnɔːrməs]	adj.	거대한
1562	**invidious** [ɪnvɪdiəs]	adj.	비위에 거슬리는, 부당한
1563	**malaise** [məleɪz]	n.	(병의 징조인) 으스스한 느낌, 불안감
1564	**countenance** [kaʊntənəns]	vt. / n.	용서하다, ~에 찬성하다, 얼굴, 용모
1565	**egoist** [iːɡoʊɪst]	n.	이기주의자
1566	**malefactor** [mælɪfæktə(r)]	n.	악인, 악한
1567	**preclude** [prɪkluːd]	vt.	~을 못하게 하다, 불가능하게 하다
1568	**debacle** [deɪbɑːkl]	n.	대실패, 큰 낭패
1569	**coup** [kuː]	n.	(불의의) 일격, (장사·사업 따위의) 대성공
1570	**unwitty** [ʌnwɪti]	adj.	총명하지 못한, 우둔한
1571	**blithe** [blaɪð]	adj.	명랑한, 쾌활한, 즐거운
1572	**archaism** [ɑːrkeɪɪzəm]	n.	고문체
1573	**complicity** [kəmplɪsəti]	n.	(범행) 공모, 연루
1574	**insular** [ɪnsələr]	adj.	섬의, 섬나라의, 편협한, 옹졸한
1575	**nauseate** [nɔːzieɪt]	vt.	구역질나게 하다, ~을 몹시 싫어하다
1576	**nauseous** [nɔːʃəs]	adj.	욕지기나는, 메스꺼운
1577	**trooper** [truːpə(r)]	n.	기병, 기마
1578	**stethoscope** [steθəskoʊp]	n.	청진기
1579	**tonsil** [tɑːnsl]	n.	편도선
1580	**prostate** [prɑːsteɪt]	n.	전립선
1581	**orderly** [ɔːrdərli]	adj. / n.	정돈된, 정연한, (병원의) 잡역부
1582	**stubble** [stʌbl]	n.	그루터기, 짧게 깎은 머리
1583	**noggin** [nɑɡɪn]	n.	[구어] 머리, 바보
1584	**jut** [dʒʌt]	vi.	돌출하다, 튀어나오다

1585	**recede**	[rɪsiːd]	vi.	희미해지다, 물러나다, 멀어지다
1586	**gloat**	[gloʊt]	vi.	(남의 실패를) 고소해 하다, (자신의 성공에) 흡족해 하다
1587	**fright**	[fraɪt]	n.	공포, 경악, 전율
1588	**clinking**	[klɪŋkɪŋ]	adj.	짤랑거리는, 땡그랑 울리는
1589	**kosher**	[koʊʃə(r)]	adj.	(식품 따위가) 법에 맞는, 정결한
1590	**prizefighter**	[praɪzfaɪtər]	n.	프로 권투 선수
1591	**prelim**	[priːlɪm]	n.	예비 시험, (경기 등의) 예선
1592	**spectacles**	[spektəklz]	n.	안경
1593	**concussion**	[kənkʌʃn]	n.	뇌진탕
1594	**abba**	[ʌbə]	n.	[인도 영어] 아버지
1595	**masterstroke**	[mæstərstroʊk]	n.	(성공적인 결과를 가져오는) 절묘한 행동(일)
1596	**rasping**	[ræspɪŋ]	adj.	긁는 소리를 내는, 귀에 거슬리는
1597	**caress**	[kəres]	vt.	포옹하다, 애무하다, ~을 귀여워하다
1598	**phylactery**	[fɪlæktəri]	n.	[유대교] 성구함
1599	**strap**	[stræp]	n. / vt.	가죽끈, 혁대, ~을 가죽끈으로 묶다
1600	**cockeyed**	[kɑːkaɪd]	adj.	기울어진, 비뚤어진
1601	**pooped**	[puːpt]	adj.	녹초가 된, 기진맥진한
1602	**deflate**	[dɪfleɪt]	vt.	공기를 빼다, (통화)를 수축시키다, (자신·희망 따위)를 꺾다
1603	**close-cropped**	[kloʊs krɑːpt]	adj.	짧게 깎은, 바싹 자른
1604	**snooty**	[snuːti]	adj.	속물근성의, 오만한
1605	**bowed**	[baʊd]	adj.	휜, 굽은, 머리를 숙인
1606	**Talmud**	[tælmʊd]	n.	(유대교의 고대 율법 및 전통 모음집) 탈무드
1607	**junk**	[dʒʌŋk]	n.	쓸모없는 물건, 폐물, 쓰레기
1608	**rotten**	[rɑːtn]	adj.	푸석푸석한, 흐물흐물한, 썩은
1609	**melodramatic**	[melədrəmætɪk]	adj.	(행동·반응이) 과장된, 극단적인
1610	**ting**	[tɪŋ]	vi.	딸랑딸랑 울리다

MAZELTOV Vocabulary

오늘의 단어 --> 1611 - 1680

quota [kwoʊtə] — n. 몫, 할당, 한도   1611

disputation [dɪspjuteɪʃn] — n. (합의가 불가능한 것에 대한) 논쟁, 논의, 토론   1612

gape [geɪp] — vi. (놀람·감탄 따위로) 입을 크게 벌리고 바라보다   1613

monocle [mɑ:nəkl] — n. 단안경 (한쪽 눈에만 대고 보는, 렌즈가 하나뿐인 안경)   1614

glassy [glæsi] — adj. (눈이) 흐릿한, 생기가 없는, 무표정한, 멍하니 바라보는   1615

glitch [glɪtʃ] — n. 작은 문제(결함)   1616

ashen [æʃn] — adj. 잿빛인, 매우 창백한, 핏기없는   1617

sabbath [sæbəθ] — n. (유대교·기독교에서) 안식일   1618

intently [ɪntentli] — adv. 열심히, 여념없이, 오로지   1619

pushcart [pʊʃkɑ:rt] — n. 미는 손수레   1620

mole [moʊl] — n. 두더지, 사마귀, 검은 점, 첩자   1621

nibble [nɪbl] — vi. ~을 조금씩 물어뜯다, 조금씩 줄이다   1622

Messiah [məsaɪə] — n. 예수 그리스도, 구세주   1623

brooding [bru:dɪŋ] — adj. 음울한   1624

twirl [twɜ:rl] — vt. ~을 빙빙 돌리다, 비틀다   1625

confess [kənfes] — vt. ~을 자백하다, 고백하다, 실토하다, (사실·진실이라고) ~을 인정하다   1626

raspy [ræspi] — adj. (사람의 목소리가) 거친, 목이 쉰 듯한   1627

beanbag [bi:nbæg] — n. (헝겊 주머니에 콩을 넣은) 공기   1628

sycamore [sɪkəmɔː(r)]	n. 플라타너스, 큰 단풍나무	**holocaust** [hɑːləkɔːst]	n. 대량 학살, (특히 화재에 의한) 큰 참화, 대파괴
vestibule [vestɪbjuːl]	n. 현관, 로비	**shofar** [ʃoufər]	n. 뿔피리
braided [breɪdɪd]	adj. 끈, 땋은	**Israeli** [ɪzreɪli]	n. (현대의) 이스라엘 사람
bun [bʌn]	n. (둥글고 길다란) 롤빵	**sneak** [sniːk]	vi. 몰래 움직이다, 살금살금 들어가다, 살짝 도망치다
clavier [kləviər]	n. (악기의) 건반	**unendurable** [ʌnɪndʊrəbl]	adj. 참을 수 없는, 지탱할 수 없는
strew [struː]	vt. ~을 뿌리다, 흩뿌리다, ~의 표면을 가득 덮다	**beadle** [biːdl]	n. 교구 직원, 대학 총장의 직권 표지를 받드는 속관
peck [pek]	vt. ~을 쪼다, 쪼아먹다	**synagogue** [sɪnəgɑːg]	n. 유대교 회당
gaunt [gɔːnt]	adj. 수척한, 아주 여윈	**unaffected** [ʌnəfektɪd]	adj. 영향을 받지 않은, 마음으로부터의, 진실한
serf [sɜːrf]	n. 농노, 노예	**coachman** [koʊtʃmən]	n. 마부
Jewry [dʒuːri]	n. 유대인들, 유대민족	**superhuman** [suːpərhjuːmən]	adj. 초인적인
buffer [bʌfə(r)]	n. 완충제 (역할을 하는 것)	**out-and-out** [aʊt ən aʊt]	adj. [명사 앞에만 씀] 속속들이, 완전히
slain [sleɪn]	adj. slay의 과거분사형, 살해 되어진, 학살 되어진	**sect** [sekt]	n. (종교의) 분파, 종파
prelude [preljuːd]	n. 준비 행위, 서두, 서곡, 전주곡	**podium** [poʊdiəm]	n. (연설자·지휘자 등이 올라서는) 단, 대, 지휘대

1655	shawl	[ʃɔːl]	n.	숄
1656	twilight	[twaɪlaɪt]	n.	황혼, 땅거미, 해질녘, 새벽녘
1657	twilight sleep	[twaɪlaɪt sliːp]	n.	반마취 상태
1658	marauding	[məˈrɔːdɪŋ]	adj.	사냥감(약탈 대상)을 찾아 돌아다니는
1659	bandit	[bændɪt]	n.	(길에서 여행객을 노리는) 노상강도
1660	saber	[seɪbər]	n.	기병, 기병대 (pl. sabers)
1661	delirium	[dɪlɪriəm]	n.	망상, 헛소리
1662	char	[tʃɑː(r)]	vt. n.	~을 까맣게 태우다, (가정의) 허드렛일, 잡일
1663	quarantine	[kwɔːrəntiːn]	n. vt.	검역, (방역을 위한) 격리, ~을 고립시키다, 억류하다
1664	unkempt	[ʌnkempt]	adj.	헝클어진, 단정하지 못한
1665	kerchief	[kɜːrtʃɪf]	n.	(목이나 머리에 두르는) 스카프, 네커치프
1666	streaked	[striːkt]	adj.	줄(무늬)가 있는, 불안한, (병·걱정 등으로) 괴로워하는
1667	scythe	[saɪð]	n. vt.	큰 낫, ~을 큰 낫으로 베다
1668	jell	[dʒel]	vt.	~을 젤리 모양으로 만들다, (방침 따위)를 굳히다
1669	trench	[trentʃ]	n. vt.	참호, 협곡, 도랑, 참호를 파다, 도랑을 파다
1670	candelabrum	[kændəlɑːbrəm]	n.	가지가 달린 촛대
1671	pickled	[pɪkld]	adj.	식초에 절인, 간물에 절인
1672	herring	[herɪŋ]	n.	청어
1673	lettuce	[letɪs]	n.	상추
1674	serrated	[səreɪtɪd]	adj.	톱니 모양의
1675	heavyset	[heviset]	adj.	체격이 좋은, 튼튼한
1676	stiff	[stɪf]	adj.	굳은, 딱딱한, 뻣뻣한, 경직된
1677	reassuring	[riːəʃərɪŋ]	adj.	안심시키는, 걱정(불안감)을 없애 주는
1678	inheritor	[ɪnherɪtə(r)]	n.	(사상 등의) 계승자, 후계자
1679	tractate	[trækteɪt]	n.	논문, 평론, 수필
1680	gesticulate	[dʒestɪkjuleɪt]	vi.	몸짓(손짓)으로 가리키다, 나타내다

25 DAY

MAZELTOV Vocabulary

오늘의 단어 --> 1681 - 1750

psalm [sɑːm] — 1681
n. (성경에 나오는) 찬송가

wedge [wedʒ] — 1682
n. 쐐기, V자형,
vt. 억지로 밀어 넣다, 틀어박다

pinpoint [pínpɔint] — 1683
n. 뾰족한 끝,
vt. 정확히 지적(서술)하다

congregant [kɑŋgrigənt] — 1684
n. (집회 등에) 모이는 사람, (특히 유대 교회의) 회중의 한 사람

limp [lɪmp] — 1685
vi. 발을 절다, 느릿느릿 걷다,
adj. 기운(활기)이 없는, 축 처진

tune [tuːn] — 1686
n. 곡조, 선율,
vt. 노래하다, 낭송하다

chant [tʃænt] — 1687
vt. ~을 노래하다, ~을 축하하다, 찬송하다

saucer [sɔːsə(r)] — 1688
n. (커피 잔 따위의) 받침, 받침 접시

stubby [stʌbi] — 1689
adj. 뭉툭한, 짤막한

spoil [spɔil] — 1690
vt. ~을 망쳐놓다, 너무 귀여워하여 (아이)를 버리다,

singsong [síŋsɔːŋ] — 1691
n. 단조로운 시가, 단조로운 어조

sag [sæg] — 1692
vi. 휘다, 축 처지다,
vt. ~을 처지게 하다

forfeit [fɔːrfət] — 1693
n. 벌금, 위약금,
vt. ~을 잃다, 몰수되다

trance [træns] — 1694
n. 꿈결, 비몽사몽,
vt. ~을 황홀하게 하다

litany [lítəni] — 1695
n. 소원을 늘어놓기, 지루한 설명

brazenface [bréiznfeis] — 1696
n. 뻔뻔스러운 사람, 철면피

dart [dɑːrt] — 1697
vi. 날아가다, 돌진하다

medieval [mediíːvl] — 1698
adj. 중세의, 중세적인

1699	**crinkle** [krɪŋkl]	vt.	~을 주름지게 하다, 오그라들게 하다
1700	**ordination** [ɔːrdneɪʃn]	n.	성직 서임
1701	**pilgrimage** [pɪlgrɪmɪdʒ]	n.	순례, 성지 참배
1702	**ordain** [ɔːrdeɪn]	vt.	(감독·목사로) 임명하다, (법률에 따라) 제정하다
1703	**iniquity** [ɪnɪkwəti]	n.	부당성, 부당한 것
1704	**incumbent** [ɪnkʌmbənt]	n. adj.	(공적인 직위의) 재임자, 현직의, 재직중의
1705	**perversity** [pərvəːrsəti]	n.	성미가 비뚤어짐, 사악, 사악한 행위
1706	**crack** [kræk]	vi.	갑자기 날카로운 소리를 내다, 깨지다, 부러지다
1707	**vivacious** [vɪveɪʃəs]	adj.	쾌활한, 명랑한
1708	**roundish** [raʊndɪʃ]	adj.	둥그스름한, 약간 둥근
1709	**dignitary** [dɪgnɪteri]	n.	고위 관리
1710	**barge** [bɑːrdʒ]	n. vt. vi.	거룻배, 짐배, ~을 짐배로 나르다, 느릿느릿 움직이다
1711	**wrest** [rest]	vt.	~을 비틀다, 꼬다, ~을 노력해서 얻다
1712	**waist** [weɪst]	n.	허리, 허리의 잘록한 곳
1713	**acquiesce** [ækwies]	vi.	묵인하다, 순순히 따르다
1714	**rendition** [rendɪʃn]	n.	해석, 연출, 번역
1715	**cajole** [kədʒoʊl]	vt.	꼬드기다, 회유하다
1716	**goy** [gɔɪ]	n.	(유대인들이 가리키는) 비유대인, 이교도
1717	**subterfuge** [sʌbtərfjuːdʒ]	n.	속임수
1718	**musky** [mʌski]	adj.	사향의, 사향 냄새 나는
1719	**filmy** [fɪlmi]	adj.	얇은, 안이 거의 다 비치는
1720	**buttonhole** [bʌtnhoʊl]	n. vt.	단추 구멍, (남)을 붙들어 놓고 이야기를 길게 늘어놓다
1721	**panzer** [pænzər]	n.	전차, 기갑 부대
1722	**lodgment** [lɑdʒmənt]	n.	숙박, 숙박 시설, 퇴적(물), 침적(물)
1723	**headway** [hedweɪ]	n.	전진, 진행, 진보
1724	**bleak** [bliːk]	adj.	황량한, 쓸쓸한, (전망 따위가) 어두운

bridgehead [brɪdʒhed]	n. 거점, 교두보	**withdrawn** [wɪðdrɔːn]	adj. 내성적인, 내향적인
bronchitis [brɑːŋkaɪtɪs]	n. 기관지염	**inward** [ɪnwərd]	adj. 마음속의, 내심의
cerebral [səriːbrəl]	adj. 대뇌의, 이성적인, 지적인	**trolley** [trɑːli]	n. (슈퍼마켓 등에서 쓰는) 카트, 손수레
hemorrhage [hemərɪdʒ]	n. 출혈, (인재·재능·자산 등의) 대량 유출, 대손실	**canny** [kæni]	adj. (특히 재계·정계에서) 약삭빠른, 영리한
bunch [bʌntʃ]	vt. 모으다, 엮다, n. 다발, 송이, 묶음	**uncanny** [ʌnkæni]	adj. 초자연적인, 이상한, 묘한
gnawing [nɔːɪŋ]	adj. 신경을 갉아먹는, 괴롭히는	**complimentary** [kɑːmplɪmentri]	adj. 찬사의, 칭찬의, 무료의
racking [rækɪŋ]	adj. 고문하는, 몸을 괴롭히는, 심한	**instantaneous** [ɪnstənteɪniəs]	adj. 즉각적인
pneumonia [nuːmoʊniə]	n. 폐렴	**straw** [strɔː]	n. 짚, 밀집, (절망 상태에서의) 일루의 희망
recuperate [rɪkuːpəreɪt]	vi. (병·피로에서) 회복하다, 건강을 되찾다, vt. 건강하게 회복시키다	**bloodshot** [blʌdʃɑːt]	adj. 충혈된, 핏발이 선
distraught [dɪstrɔːt]	adj. 심란한, (흥분해서) 완전히 제정신이 아닌	**jar** [dʒɑː(r)]	vt. 깜짝 놀라게 하다, vi. 삐걱삐걱 소리내다, 불쾌한 소리를 내다
parchmentlike [pɑːrtʃməntlaɪk]	adj. 양피지 같은, 증서 같은	**maze** [meɪz]	n. 미궁, 미로
nightmarish [naɪtmerɪʃ]	adj. 악몽 같은, 악마 같은	**armory** [ɑːrməri]	n. 무기고, 병기 공장
convalesce [kɑːnvəles]	vi. (아프고 난 후) 요양하다, 회복기를 보내다	**crucify** [kruːsɪfaɪ]	vt. (남)을 십자가에 못박다, 괴롭히다

26 DAY

MAZELTOV Vocabulary

오늘의 단어 --> 1751 - 1820

reincarnation [riːɪnkɑːrneɪʃn]	n. 환생, 영혼 재생설	1751
incarnate [ɪnkɑːrnət]	vt. ~에게 육체를 주다, ~을 구체화하다, adj. 구체화된, 구현된	1752
disgusted [dɪsɡʌstɪd]	adj. 혐오감을 느끼는, 넌더리를 내는	1753
emendation [iːmendeɪʃn]	n. 교정, 수정	1754
anguish [æŋɡwɪʃ]	n. (극심한) 괴로움, 비통	1755
bloodshed [blʌdʃed]	n. 유혈, 유혈의 참사, 학살	1756
furrier [fʌrɪə(r)]	n. 모피 상인(가공자)	1757
nonobservant [nɑːnəbzɜːrvənt]	adj. 부주의한, (관례·규칙 따위를) 안 지키는, 위법의	1758
sleepyhead [sliːpihed]	n. (아직 잠이 덜 깬 사람에게 하는 말로) 잠꾸러기	1759
advocacy [ædvəkəsi]	n. 변호, 옹호, 지지	1760
haggard [hæɡərd]	adj. 초췌한	1761
allegiance [əliːdʒəns]	n. (정당·종교·통치자 등에 대한) 충성	1762
disputant [dɪspjuːtənt]	n. 논쟁자, 논객, adj. 논의(논쟁)하고 있는	1763
shed [ʃed]	vt. ~을 흘리다, 쏟다, 발산하다	1764
rostrum [rɑːstrəm]	n. 연단, 강단, 지휘대	1765
urinal [jʊrənl]	n. (남자용) 소변기, (소변기가 있는) 화장실	1766
exile [eksaɪl]	n. 망명, 추방, 유배, vt. 추방하다, 망명시키다	1767
leer [lɪr]	vi. 곁눈질하다, 흘겨보다, n. 곁눈질, 추파	1768

leaflet [liːflət]	n.	(광고나 선전용) 전단, 광고용 삐라
Passover [pæsouvər]	n.	유월절 (이집트 탈출을 기념하는 유대인의 축제)
expulsion [ɪkspʌlʃn]	n.	배제, 구축, 제명, 추방
botch [bɑːtʃ]	vt. n.	(서투른 솜씨로) 망치다, 어설픈 일, 볼품 없는 솜씨
fiery [faɪəri]	adj.	불같이 격렬한, 열렬한, 열정적인
inaudible [ɪnɔːdəbl]	adj.	들리지 않는
bog [bɔːg]	vt. n.	~을 늪에 가라앉히다, 꼼짝 못하게 하다, 습지, 늪
forestall [fɔːrstɔːl]	vt.	미연에 방지하다, 복선을 치다
poised [pɔɪzd]	adj.	침착한, 자신만만한, 균형이 잡힌
skeletal [skelətl]	adj.	해골 같은, 말라빠진
toll [toul]	n. vt. vi.	종소리, 통행료, ~을 (천천히) 치다, 울리다, 조종을 울리다
hallucinatory [həluːsənətɔːri]	adj.	환각의, 환각을 초래하는
brute [bruːt]	n. adj.	짐승, 짐승 같은 사람, 냉혹한 사람, 야만적인, 잔인한
oral [ɔːrəl]	adj.	구두의, 구술의
springboard [sprɪŋbɔːrd]	n.	(수영의 다이빙) 도약판, 출발점
impassive [ɪmpæsɪv]	adj.	무표정한, 아무런 감정이 없는
wallow [wɑːloʊ]	vi.	~에서 뒹굴다, (쾌락 따위에) 빠지다, (감정 따위에) 젖다
hamper [hæmpə(r)]	vt.	훼방하다, 방해하다
convoy [kɑːnvɔɪ]	n.	(특히 군인이나 다른 차량의) 호송대, 수송대
canteen [kæntiːn]	n.	수통, 구내 식당, 교내 식당
wry [raɪ]	adj.	얼굴을 찌푸린, 비뚤어진, 뒤틀린
bloodbath [blʌdbæθ]	n.	피바다, 대학살
slump [slʌmp]	vi. n.	쿵 하고 떨어지다, 폭락하다, 부진, 슬럼프
oblique [əbliːk]	adj.	비스듬한, 기울어진, 완곡한, 에두르는
resign [rɪzaɪn]	vi.	사직(사임)하다, 물러나다
circumspect [sɜːrkəmspekt]	adj.	용의주도한, 신중한

1795	rabbinate	[ræbənət]	n.	랍비의 직(신분, 임기), 율법학자단
1796	slap	[slæp]	vt.	(손바닥으로) 철썩 때리다, 치다
1797	sober	[soʊbə(r)]	adj.	술에 취하지 않은, 온건한, 진지한
1798	unpretentious	[ʌnprɪtenʃəs]	adj.	잘난 체 하지 않는, 가식 없는
1799	schnapps	[ʃnæps]	n.	[독어에서] 네덜란드 진 (독한 술의 일종)
1800	grave	[greɪv]	adj. / n.	엄숙한, 심각한, / 무덤, 묘
1801	reinforcement	[riːɪnfɔːrsmənt]	n.	보강, 강화
1802	ought	[ɔːt]	n.	책임, 의무
1803	halfhearted	[hæfhɑːrtɪd]	adj.	마음이 내키지 않는, 열성이 없는, 냉담한
1804	peer	[pɪr]	vi.	(특히 잘 안 보여서) 유심히 보다, 눈여겨보다
1805	stunted	[stʌntɪd]	adj.	성장(발달)을 저해당한
1806	spectral	[spektrəl]	adj.	유령의, 귀신 같은, 실체가 없는
1807	quiver	[kwɪvə(r)]	vi. / n.	(가볍게) 떨다, 떨리다, / 떨림, 가벼운 전율
1808	tally	[tæli]	n. / vt.	(부신의) 새긴 눈금, / ~을 기록하다, 대조하다
1809	ignoramus	[ɪgnəreɪməs]	n.	무식한 사람
1810	tremulous	[tremjələs]	adj.	약간 떠는, 떨리는
1811	tacit	[tæsɪt]	adj.	암묵적인, 무언의
1812	transference	[trænsfɜːrəns]	n.	이동, 이전, 양도
1813	glower	[glaʊə(r)]	vi.	노려보다, 쏘아보다
1814	blinding	[blaɪndɪŋ]	adj.	눈이 부신, 눈을 뜰 수 없을 정도인
1815	fiend	[fiːnd]	n.	악마, 악령, 악마 같은 사람
1816	in-law	[in lɔː]	n.	친척, 인척
1817	deity	[deɪəti]	n.	신, 여신
1818	conterminous	[kəntɜːrmənəs]	adj.	공통 경계의, 경계를 서로 접하는, 인접한
1819	dire	[daɪə(r)]	adj.	무서운, 무시무시한, 불길한
1820	prescribe	[prɪskraɪb]	vt.	~을 규정하다, ~을 명령하다, 지시하다

MAZELTOV Vocabulary

오늘의 단어 --> 1821 - 1890

tributary [trɪbjəteri]	n.	(강의) 지류, 공물을 바치는 사람, 속국	1821

indignity [ɪndɪgnəti] — n. 수모, 모욕, 치욕 1822

charade [ʃəreɪd] — n. 가식, 위장 1823

debility [dɪbɪləti] — n. (특히 병으로 인한 신체적) 쇠약 1824

goddess [gɑːdəs] — n. 여신 1825

expedition [ekspədɪʃn] — n. 원정, 탐험, 신속함, 기민함 1826

demigod [demigɑːd] — n. 반신반인 1827

causality [kɔːzæləti] — n. 인과 관계 1828

paralytic [pærəlɪtɪk] — adj. 중풍에 걸린, 마비된, n. 중풍 환자, 마비 환자 1829

relapse [rɪlæps] — vi. 되돌아가다, 다시 빠지다, n. (병의) 재발, 도짐, 타락 1830

mobilization [moʊbəlɪzeɪʃən] — n. (인력·군사력 따위의) 동원, (부 따위의) 유동, 유통 1831

rearmament [riːɑːrməmənt] — n. 재무장, 재군비 1832

manslaughter [mænslɔːtə(r)] — n. (고의적이 아닌) 살인, 고살 1833

livelihood [laɪvlihʊd] — n. 생계 (수단), 원기, 활기 1834

heliocentric [hiːliəsentrɪk] — adj. [천문] 태양을 중심으로 하는 1835

opportunistic [ɑːpərtuːnɪstɪk] — adj. 편의주의적인, 기회주의의, 1836

defy [dɪfaɪ] — vt. ~에게 공공연히 반항하다, 감히 도전하다. 1837

atypical [eɪtɪpɪkl] — adj. 불규칙한, 변칙적인 1838

1839	congratulatory	[kəngrætʃələtɔːri]	adj.	축하의, 경축의
1840	fortitude	[fɔːrtətuːd]	n.	불굴의 용기
1841	enliven	[ɪnlaɪvn]	vt.	더 재미있게 만들다, 더 생동감 있게 만들다
1842	endeavor	[ɪndevər]	n. / vt.	노력, 시도, 애씀 / 노력하다, 시도하다
1843	pip	[pɪp]	n.	(일부 과일의) 씨, (주사위 등에 새겨진) 점
1844	pauper	[pɔːpə(r)]	n.	아주 가난한 사람, 극빈자
1845	euthanasia	[juːθəneɪʒə]	n.	안락사
1846	maelstrom	[meɪlstrɑːm]	n.	큰 소용돌이, 대혼란, 격동
1847	conscience	[kɑːnʃəns]	n.	양심
1848	welfare	[welfer]	n.	복지, 번영, 행복
1849	ghetto	[ɡetoʊ]	n.	(흔히 소수 민족들이 모여 사는) 빈민가, 게토
1850	evangelist	[ɪvændʒəlɪst]	n.	복음 전도자, 신앙 부흥 운동자
1851	omniscience	[ɑmnɪʃəns]	n.	전지, 박식
1852	long-suffering	[lɔːŋ sʌfərɪŋ]	adj.	(문제·다른 사람의 불쾌한 행동에 대해) 참을성 있는
1853	physique	[fɪziːk]	n.	(사람의) 체격
1854	incapacitate	[ɪnkəpæsɪteɪt]	vt.	(질병 등이) 정상적인 생활을 하지 못하게 만들다
1855	disinclined	[dɪsɪnklaɪnd]	adj.	[명사 앞에는 안 씀] 내키지 않는, 꺼리는
1856	acuity	[əkjuːəti]	n.	명민함, (사고·시각·청각의) 예리함
1857	sanctity	[sæŋktəti]	n.	존엄성, 신성함
1858	mirthful	[məːrθfəl]	adj.	유쾌한, 명랑한, 즐거운
1859	meager	[miːɡər]	adj.	메마른, 빈약한, 결핍한
1860	flaccid	[flæsɪd]	adj.	축 늘어진, 탄력 없는
1861	evade	[ɪveɪd]	vt.	~을 잘 빠져나오다, 교묘히 피하다
1862	brimming	[brɪmɪŋ]	adj.	넘쳐흐르는, 가득 차게 부은
1863	archangel	[ɑːrkeɪndʒl]	n.	대천사, 천사장
1864	inconstant	[ɪnkɑːnstənt]	adj.	변덕스러운, 마음이 변하기 쉬운

#	단어	품사	뜻
1865	**incontinent** [ɪnkɑntənənt]	adj.	억제할 수 없는, (비밀 등을) 지키지 못하는
1866	**profanity** [prəfænəti]	n.	신성 모독, 불경
1867	**hallow** [hælou]	vt.	~을 신성하게 하다, 신성한 것으로 하다
1868	**scamp** [skæmp]	n. vt.	개구쟁이, 장난꾸러기, (일을) 날림으로 하다, 적당히 해치우다
1869	**imperial** [ɪmpɪriəl]	adj.	제국의, 황제의, 황후의, 오만한
1870	**hereditary** [hərediteri]	adj.	유전(성)의, 유전하는, 세습의
1871	**junction** [dʒʌŋkʃn]	n.	결합, 접합, 연결
1872	**unduly** [ʌnduːli]	adv.	[격식] 지나치게, 과도하게, 부당하게
1873	**extinguish** [ɪkstɪŋgwɪʃ]	vt.	(불 따위)를 끄다, (정열·희망 등)을 잃게 하다, 소멸시키다
1874	**jostle** [dʒɑːsl]	vt.	(많은 사람들 사이에서) 거칠게 밀치다(떠밀다)
1875	**hustle** [hʌsl]	vt.	(남)을 재촉하다, 서두르게 하다, ~을 난폭하게 밀다
1876	**hysteria** [hɪstɪriə]	n.	(여성의) 히스테리, (일시적인) 병적 흥분, 광란
1877	**unmerited** [ʌnmeritid]	adj.	공 없이 얻은, 분수에 지나친, 부당한
1878	**untoward** [ʌntɔːrd]	adj.	(보통 좋지 못한 방향으로) 뜻밖의, 별다른
1879	**immemorial** [ɪməmɔːriəl]	adj.	태곳적부터의
1880	**befriend** [bɪfrend]	vt.	친구가 되어 주다
1881	**entrance** [entræns]	vt.	도취시키다, 황홀하게 만들다
1882	**draft** [dræft]	vt.	~의 밑그림을 그리다, ~을 뽑다, 징병하다
1883	**bypass** [baɪpɑːs]	vt.	~을 피하다, 우회하다, ~을 무시하다
1884	**conformity** [kənfɔːrməti]	n.	(규칙·관습 등에) 따름, 순응
1885	**forgo** [fɔːrgoʊ]	vt.	(하고·갖고 싶은 것을) 포기하다
1886	**forego** [fɔːrgou]	vt.	앞에 가다, 앞서다
1887	**fortunate** [fɔːrtʃənət]	adj.	운 좋은, 다행한
1888	**discredit** [dɪskredɪt]	vt.	~의 신용을 떨어뜨리다, ~을 믿지 않게 하다
1889	**drawback** [drɔːbæk]	n.	결점, 문제점
1890	**resolved** [rɪzɑːlvd]	adj.	굳게 결심한, 단호한

MAZELTOV Vocabulary

오늘의 단어 --> 1891 - 1960

genteel [dʒentiːl] — adj. 고상한, 상류층의, 상류층인 체하는 — 1891

morose [məroʊs] — adj. 시무룩한, 뚱한 — 1892

demean [dimiːn] — vt. 위신을 떨어뜨리다, 행동하다, 처신하다 — 1893

callow [kæloʊ] — adj. (못마땅함) 미숙한, 풋내기인 — 1894

windfall [wɪndfɔːl] — n. 우발적인 소득, 뜻밖의 횡재 — 1895

misdeed [mɪsdiːd] — n. 비행, 악행 — 1896

crispness [krɪspnəs] — n. 곱슬곱슬함, 주름짐, 바삭바삭함, 상쾌함 — 1897

predawn [priːdɔːn] — n. 동트기 전, adj. 동트기 전의 — 1898

capitulate [kəpɪtʃuleɪt] — vi. (조건부 또는 무조건) 항복하다, 굴복하다 — 1899

recapitulate [riːkəpɪtʃuleɪt] — vt. (이미 한 말·결정 사항 등의) 개요를 말하다 — 1900

heroine [heroʊɪn] — n. 영웅적인 여자, 여걸 — 1901

sympathetic [sɪmpəθetɪk] — adj. 동정적인, 동정어린 — 1902

inability [ɪnəbɪləti] — n. 무능, 불능 — 1903

fictitious [fɪktɪʃəs] — adj. 허구의, 지어낸 — 1904

underlay [ʌndərleɪ] — n. (카펫의) 밑깔개, vt. underlie의 과거형 — 1905

finite [faɪnaɪt] — adj. 한정된, 유한한, 제한된 — 1906

discrete [dɪskriːt] — adj. 분리된, 별개의 — 1907

impermeable [ɪmpɜːrmiəbl] — adj. 통과시키지 않는, 불침투성의 — 1908

#	단어	품사	뜻
1909	**maritime** [mǽrɪtaɪm]	adj.	바다의, 항해의, 연해의
1910	**landlocked** [lǽndlɑːkt]	adj.	육지에 둘러싸인
1911	**civility** [səvíləti]	n.	정중함, 공손함
1912	**abstraction** [æbstrǽkʃn]	n.	추상, 추상화, 비현실적(순이론적) 관념
1913	**dread** [dred]	vt.	~을 매우 두려워하다, 걱정하다, 염려하다
1914	**involuntary** [ɪnvɑ́ːlənteri]	adj.	본의 아닌, 실수의, 무심결의
1915	**superlative** [suːpɜ́ːrlətɪv]	adj.	최상의, 최고의, 지상의
1916	**laudable** [lɔ́ːdəbl]	adj.	(비록 성공하지 못한다 하더라도) 칭찬할 만한, 감탄할 만한
1917	**certitude** [sɜ́ːrtɪtuːd]	n.	확신
1918	**impetus** [ímpɪtəs]	n.	힘, 기동력, 기세, 자극
1919	**bifurcate** [báɪfərkeɪt]	vt.	~을 두 갈래로 나누다
1920	**insensible** [ɪnsénsəbl]	adj.	느끼지 못하는, 무감각한
1921	**nimble** [nímbl]	adj.	민첩한, 재빠른, 영특한
1922	**temperamental** [temprəméntl]	adj.	흥분하기 쉬운, 성미가 까다로운, 신경질적인
1923	**ineptitude** [ɪnéptɪtuːd]	n.	기량 부족
1924	**blundering** [blʌ́ndərɪŋ]	adj.	실수하는, 어색한, 서투른
1925	**thought-provoking** [θɔːt prəvóʊkɪŋ]	adj.	진지하게 생각을 하게 하는, 시사하는 바가 많은
1926	**wearisome** [wíərisəm]	adj.	(아주) 지루한, 싫증나는
1927	**gracious** [gréɪʃəs]	adj.	친절한, 상냥한, 우아한, 자비로운
1928	**noisome** [nɔ́ɪsəm]	adj.	(극도로) 역겨운, 고약한, 유독한
1929	**vituperative** [vaɪtjúːpəreitiv]	adj.	통렬한, 악담하는, 독설을 퍼붓는
1930	**petulant** [pétʃələnt]	adj.	심술을 부리는, 심통 사나운
1931	**repute** [rɪpjúːt]	n.	평판, 명성
1932	**base** [beɪs]	vt. / n. / adj.	~의 근거로 하다, ~의 기초를 쌓다, 기초, 천한, 비열한
1933	**cachet** [kæʃéɪ]	n.	(사람들이 흠모하는) 특징, 특질
1934	**sticky** [stíki]	adj.	끈적거리는, 달라붙는

1935	**notoriety** [noʊtəraɪəti]	n. 악명, 악평
1936	**homogenize** [həmɑdʒənaɪz]	vt. 균질화하다, 통일하다
1937	**warlord** [wɔːrlɔːrd]	n. (반군 등 비정규군의) 군 지도자
1938	**warfare** [wɔːrfer]	n. 전쟁 (상태), 교전, 무력 충돌
1939	**tainted** [teɪntɪd]	adj. 더럽혀진, 썩은, 부패한
1940	**overpowering** [oʊvərpaʊərɪŋ]	adj. 아주 강한, 아주 심한
1941	**shabby** [ʃæbi]	adj. 다 낡은, 해진, 허름한
1942	**callus** [kæləs]	n. (손·발의) 못, 굳은살
1943	**bittersweet** [bɪtərswiːt]	adj. 씁쓸하면서 달콤한, 괴로우면서도 즐거운
1944	**shrug** [ʃrʌg]	vt. (어깨를) 으쓱하다, vi. 어깨를 움츠리다
1945	**captivate** [kæptɪveɪt]	vt. 마음을 사로잡다, 매혹하다
1946	**quartet** [kwɔːrtet]	n. 사중주단, 사중창단, 4인조
1947	**moonlit** [muːnlɪt]	adj. 달빛이 비치는
1948	**persuasive** [pərsweɪsɪv]	adj. 설득력 있는
1949	**stark** [stɑːrk]	adj. 순전한, 완전한, 황량한, 쓸쓸한
1950	**fleece** [fliːs]	vt. 강탈하다, 속여 빼앗다, n. (양 따위의) 털
1951	**mercantile** [mɜːrkəntaɪl]	adj. 상업의, 무역의
1952	**potpourri** [poʊpʊriː]	n. 꽃 향기, 혼성곡, (문학의) 문집
1953	**harken** [hɑːrkən]	vt. 경청하다, 귀를 기울이다
1954	**manifest** [mænɪfest]	adj. 명백한, 분명한, vt. ~을 명백히 하다, 명시하다
1955	**ferret** [ferɪt]	n. 위성, 흰담비, vt. ~을 찾아내다, 탐색하다
1956	**alter ego** [ɔːltə(r) iːgoʊ]	n. 또 다른 자아, 분신, 심복
1957	**ready-made** [redi meɪd]	adj. 기성품의, 진부한, 독창성이 없는
1958	**chilling** [tʃɪlɪŋ]	adj. 으스스한
1959	**sanguine** [sæŋgwɪn]	adj. 낙관적인, 자신감이 넘치는
1960	**unused** [ʌnjuːzd]	adj. 한 번도 사용되지 않은, 익숙지 않은, 경험이 없는

MAZELTOV Vocabulary

오늘의 단어 --> 1961 - 2030

1961 **contentment** [kəntentmənt]	n. 만족(감), 자족(감)
1962 **beneficent** [bənefɪsnt]	adj. 인정 많은, 자비심 많은
1963 **weather** [weðə(r)]	vt. ~을 풍화시키다, 이겨내다, 견디다
1964 **beneficence** [bənefəsəns]	n. 선행, 은혜, 자선
1965 **prodigious** [prədɪdʒəs]	adj. (놀라움·감탄을 자아낼 정도로) 엄청난, 굉장한
1966 **ratification** [rætəfɪkeɪʃən]	n. 비준, 재가, 인가, 승인
1967 **provocation** [prɑːvəkeɪʃn]	n. 도발, 자극, 화낼 이유
1968 **elucidate** [iluːsɪdeɪt]	vt. (더 자세히) 설명하다
1969 **inclement** [ɪnklemənt]	adj. (날씨가 춥거나 비가 오는 등으로) 좋지 못한, 궂은
1970 **precipitation** [prɪsɪpɪteɪʃn]	n. 추락, 낙하, 강수, 강우
1971 **irksome** [ɜːrksəm]	adj. 짜증나는, 귀찮은
1972 **complacent** [kəmpleɪsnt]	adj. 현실에 안주하는, 자기만족적인
1973 **ephemeral** [ɪfemərəl]	adj. 수명이 짧은, 단명하는
1974 **verisimilitude** [verɪsɪmɪlɪtuːd]	n. 그럴듯함, 신빙성
1975 **formidable** [fɔːrmɪdəbl]	adj. 가공할, 어마어마한
1976 **heartrending** [hɑːrtrendɪŋ]	adj. 몹시 슬픈, 비통한
1977 **regrettable** [rɪɡretəbl]	adj. 유감스러운
1978 **inalienable** [ɪneɪliənəbl]	adj. 양도할 수 없는, 빼앗을 수 없는

solemn [sɑːləm]	adj. 진지한, 엄숙한, 장엄한	**flagrant** [fleɪgrənt]	adj. 노골적인, 명백한, 극악무도한
manifestation [mænɪfesteɪʃn]	n. 명시, 표명, (형질의) 발현	**unruly** [ʌnruːli]	adj. 다루기 힘든, 제멋대로 구는
enforcement [ɪnfɔːrsmənt]	n. 시행, 실행, 강제, 강요	**incompetent** [ɪnkɑːmpɪtənt]	adj. 무능한, 부적격의
mercurial [mɜːrkjʊriəl]	adj. 쾌활한, 빈틈없는, 변덕스러운	**concomitant** [kənkɑːmɪtənt]	adj. 수반하는, 부수하는
contrition [kəntrɪʃən]	n. (죄를) 뉘우침, 회오, [신학] 회개	**obliterate** [əblɪtəreɪt]	vt. (흔적을) 없애다, 지우다
integrity [ɪntegrəti]	n. 성실, 정직, 고결	**cookie-cutter** [kuːki kʌtər]	adj. 모양이 같은, 판에 박힌, 진부한
inhumane [ɪnhjuːmeɪn]	adj. 비인간적인, 비인도적인, 잔혹한	**emanate** [emənеɪt]	vt. 발하다, 내뿜다
compunction [kəmpʌŋkʃn]	n. 죄책감, 거리낌	**hunt** [hʌnt]	n. 사냥, 추적, vt. ~을 사냥하다, 추적하다
rambunctious [ræmbʌŋkʃəs]	adj. 난폭한, 제멋대로의, 다룰 수 없는	**disservice** [dɪssəːrvɪs]	n. (손)해, 냉대, vt. ~에게 심하게 보복하다, 위해를 가하다
molecular [məlekjʊlər]	adj. 분자의, 분자로 된	**frenzy** [frenzi]	n. 광분, 광란
pecuniary [pɪkjuːnieri]	adj. 금전상의	**suburbia** [səbɜːrbiə]	n. (흔히 못마땅함) 도시 교외의 생활 방식
unconscionable [ʌnkɑːnʃənəbl]	adj. 비양심적인, 불합리한, 부당한	**derisive** [dɪraɪsɪv]	adj. 조롱하는, 조소하는
remunerate [rɪmjuːnəreɪt]	vt. 보수를 지불하다, 보답하다	**detract** [dɪtrækt]	vt. ~을 빗나가게 하다, (주의 따위를) 딴 데로 쏠리게 하다

2005	**hunky** [hʌŋki]	adj.	(남자가 체격 좋고) 섹시한, 늠름한
2006	**referendum** [refərendəm]	n.	국민 투표, 총선거
2007	**executive order** [ɪgzekjətɪv ɔːdə(r)]	n.	행정 명령, 대통령 명령
2008	**brusque** [brʌsk]	adj.	무뚝뚝한, 퉁명스러운
2009	**foliate** [fouliət]	vi. vt.	잎을 내다, ~에 잎 무늬 장식을 하다
2010	**disoriented** [dɪsɔːrientɪd]	adj.	혼란에 빠진, 방향 감각을 잃은
2011	**disprove** [dɪspruːv]	vt.	틀렸음을 입증하다
2012	**belie** [bɪlaɪ]	vt.	~을 잘못 전하다, 착각하게 만들다
2013	**credence** [kriːdns]	n.	믿음, 신용, 신뢰
2014	**kudos** [kuːdɑːs]	n.	(특정한 성취나 위치에 따르는) 영광
2015	**impoverished** [ɪmpɑːvərɪʃt]	adj.	가난해진, 허약해진, (토지 따위가) 메마른
2016	**virile** [vɪrəl]	adj.	남성적인, 강건한
2017	**suspense** [səspens]	n.	서스펜스, 긴장감
2018	**tardy** [tɑːrdi]	adj.	느린, 더딘, (도착 등이) 늦은
2019	**counterpane** [kaʊntərpeɪn]	n.	침대보
2020	**lampshade** [læmpʃeɪd]	n.	램프(등)의 갓
2021	**scorch** [skɔːrtʃ]	vt.	겉을 태우다, 말려 죽이다
2022	**stumble** [stʌmbl]	vt. vi.	~을 비틀거리게 하다, 난처하게 하다, 넘어질 듯 비틀거리다
2023	**prerequisite** [priːrekwəzɪt]	adj. n.	필수적인, 없어서는 안 될, 필수 조건, 전제 조건
2024	**headlong** [hedlɔːŋ]	adj.	성급한, 무분별한
2025	**stratify** [strætɪfaɪ]	vt.	층을 이루게 하다, 계층화하다
2026	**solicitous** [səlɪsɪtəs]	adj.	세심히 배려하는, 염려하는
2027	**plumage** [pluːmɪdʒ]	n.	깃털
2028	**doff** [dɑːf]	vt.	(외투 따위를) 벗다, (습관·태도 따위를) 버리다, 그만두다
2029	**high-domed** [haɪ doʊmd]	adj.	이마가 넓은
2030	**highbrow** [haɪbraʊ]	adj.	식자층의, 교양 있는

30 DAY

MAZELTOV Vocabulary
오늘의 단어 --> 2031 - 2100

preside [prɪzaɪd] — vi. (회의·의식 등을) 주재하다, 주도하다 — 2031

clutter [klʌtə(r)] — vt. ~을 흩뜨리다, 어지르다 — 2032

litterbug [lidərbəg] — n. (공공장소에) 쓰레기를 버리는 사람 — 2033

keepsake [kiːpseɪk] — n. 유품, 기념품 — 2034

association [əsoʊʃieɪʃn] — n. 협회, 연상, 함축 — 2035

drumroll [drʌmroʊl] — n. 드럼의 연타 — 2036

populous [pɑːpjələs] — adj. 인구가 많은 — 2037

regulate [reɡjuleɪt] — vt. 규제하다, 통제하다, 단속하다 — 2038

arbitrary [ɑːrbətreri] — adj. 임의의, 자유 재량의, 독단적인, 변덕스러운 — 2039

cataclysmic [kætəklɪzmɪk] — adj. 격변하는, 대변동의 성질을 가진 — 2040

inapt [ɪnæpt] — adj. 적합하지 않은, 부적당한, 서투른 — 2041

inimitable [ɪnɪmɪtəbl] — adj. (아주 훌륭하거나 독창적이어서) 아무나 흉내낼 수 없는 — 2042

expedient [ɪkspiːdiənt] — adj. 도움이 되는, 시기 적절한, n. 수단, 편법 — 2043

cosmopolitan [kɑːzməpɑːlɪtən] — adj. 세계적인, 세련된, 도회적인 — 2044

denotation [diːnoʊteɪʃn] — n. (단어를 통한) 지시, 명시적 의미 — 2045

skew [skjuː] — vt. 왜곡하다, vi. 빗나가다, 벗어나다 — 2046

photographic [foʊtəɡræfɪk] — adj. 사진술의 — 2047

insistent [ɪnsɪstənt] — adj. 강요하는, 주장하는, 고집하는 — 2048

2049	**caption**	[kæpʃn]	n.	표제, 제목, 설명
2050	**easel**	[iːzl]	n.	이젤, 칠판대
2051	**bedrock**	[bedrɑːk]	n.	암반, 기본원리, 튼튼한 기초
2052	**montage**	[mɑntɑːʒ]	n.	몽타주(합성) 그림(사진)
2053	**monolith**	[mɑnəliθ]	n.	하나로 통제된 조직체 (정당·국가 따위)
2054	**insofar**	[insəfɑːr]	adv.	~하는 한에 있어서는
2055	**enjoin**	[indʒɔin]	vt.	(의무로서) ~을 과하다, 분부하다, ~을 금지하다
2056	**instill**	[instil]	vt.	(사상·감정 따위)를 서서히 불어넣다, 주입하다
2057	**iniquitous**	[inikwitəs]	adj.	대단히 부당한, 대단히 잘못된
2058	**humdrum**	[hʌmdrʌm]	adj.	단조로운, 따분한
2059	**revel**	[revl]	vi.	한껏 즐기다, 향락하다, (술·도박 따위에) 빠지다
2060	**boar**	[bɔː(r)]	n.	수퇘지
2061	**quibble**	[kwibl]	n. vt.	궤변 늘어놓기, 핑계, 얼버무리다, 속이다
2062	**concoct**	[kənkɑːkt]	vt.	~을 섞어서 만들다, 조합하다, (음모 따위)를 꾸미다
2063	**topple**	[tɑːpl]	vi.	앞으로 비틀거리다, 흔들거리다
2064	**deportation**	[diːpɔːrteiʃən]	n.	국외 추방, 이송, 수송
2065	**enrapture**	[inræptʃə(r)]	vt.	~을 황홀하게 만들다, 도취시키다
2066	**parlor**	[pɑːrlər]	n.	응접실, 객실, 거실
2067	**sundae**	[sʌndei]	n.	아이스크림선디 (유리잔에 아이스크림 넣고 시럽, 견과류 등을 얹은 것)
2068	**tick**	[tik]	n.	체크 표시(√), 진드기, (특히 시계가) 째깍째깍 하는 소리
2069	**expunge**	[ikspʌndʒ]	vt.	(이름·정보·기억 등을) 지우다, 삭제하다
2070	**vanish**	[væniʃ]	vi.	보이지 않게 되다, 없어지다
2071	**brink**	[briŋk]	n.	가장자리, 위기, 중대한 국면, 찰나, 순간
2072	**advocate**	[ædvəkeit]	vt. n.	~을 변호하다, 지지하다, 옹호자, 지지자
2073	**banish**	[bæniʃ]	vt.	~을 추방하다, 쫓아내다
2074	**fluty**	[fluːti]	adj.	피리 소리 같은, 부드럽고 맑은

restorative [rɪstɔːrətɪv]	adj. 부흥의, 복구의, 회복시키는	2075	**bustling** [bʌslɪŋ]	adj. 부산한, 북적거리는	2088
bare [ber]	adj. 노출된, 나체의, vt. 벌거벗기다, 노출하다	2076	**sip** [sɪp]	vt. ~을 조금씩 마시다, 홀짝이다	2089
surge [sɜːrdʒ]	n. 큰 파도, (감정의) 들끓음, 동요	2077	**cutting edge** [kʌtɪŋ edʒ]	n. 칼날, 예리함, 최첨단	2090
rake [reɪk]	n. 갈퀴, vt. 갈퀴질을 하다, (특히 손톱으로) 긁다	2078	**embed** [ɪmbed]	vt. ~을 꽂아넣다, 끼워넣다, (마음 또는 기억에) ~을 깊이 새겨 두다	2091
sentry [sentri]	n. 보초, 감시병	2079	**gist** [dʒɪst]	n. (말·글·대화의) 요지, 골자	2092
facade [fəsɑːd]	n. (건물의) 정면, 전면, (사물의) 표면, 외관	2080	**liaison** [liːeɪzɑːn]	n. 간통, 불륜, (부대 사이의) 연락, 통신	2093
reconnaissance [rɪkɑːnɪsns]	n. (군사적인 목적의) 정찰	2081	**synopsize** [sɪnɑpsaɪz]	vt. ~을 요약하다, ~의 개요를 만들다	2094
sift [sɪft]	vt. ~을 체질하다, 분류하다, vi. (빛·눈 따위가) 새어들다	2082	**mantra** [mæntrə]	n. 만트라 (불교에서 특히 기도·명상 때 외는 주문)	2095
christening [krɪsnɪŋ]	n. 세례	2083	**hang up** [hæŋ ʌp]	vi. 전화를 끊다	2096
exude [ɪgzuːd]	vt. ~을 스며나오게 하다, (증기·냄새 등)을 풍기다	2084	**unimposing** [ʌnɪmpoʊzɪŋ]	adj. 눈에 띄지 않는, 당당하지 못한	2097
mete [miːt]	vt. (상·벌 따위를) 배분하다, 할당하다	2085	**disconcert** [dɪskənsɜːrt]	vt. 불안하게 만들다, 당황스럽게 만들다	2098
swab [swɑːb]	n. 자루걸레, 약솜, vt. (자루걸레로) ~을 청소하다, 훔쳐내다	2086	**rift** [rɪft]	n. 끊긴 데, 갈라진 틈, (애정·우정 따위의) 불화	2099
hermetic [hɜːrmetɪk]	adj. 밀폐한, 밀봉한, 은둔한	2087	**stern** [stɜːrn]	adj. 엄중한, 근엄한, 심각한, n. (배의) 선미	2100

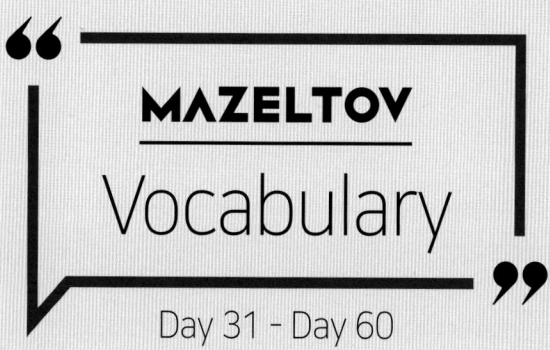

MAZELTOV
Vocabulary
Day 31 - Day 60

MAZELTOV Vocabulary

오늘의 단어 --> 2101 - 2170

pawn [pɔːn]	vt. ~을 저당잡히다, ~을 담보로 하다, n. 담보물, 인질	2101
hardball [hɑːrdbɔːl]	n. 엄격한 자세, 책임을 수반하는 중요한 일, adj. 엄한, 냉혹한	2102
emblazon [ɪmbleɪzn]	vt. (상징·문구 등을) 선명히 새기다, 장식하다	2103
insignia [ɪnsɪɡniə]	n. (계급·소속 등을 나타내는) 휘장, 배지	2104
dexterity [deksterəti]	n. (손이나 머리를 쓰는) 재주	2105
intravenous [ɪntrəviːnəs]	adj. 정맥으로 들어가는, 정맥 주사의	2106
arterial [ɑːrtɪəriəl]	adj. 동맥의, (도로·철도 따위가) 간선의	2107
blockage [blɑːkɪdʒ]	n. 방해, 장애물	2108
cavernous [kævərnəs]	adj. (방·공간이) 휑뎅그렁한, 동굴 같은	2109
launch pad [lɔːntʃ pæd]	n. (우주선 등의) 발사대, [비유] 도약대	2110
hull [hʌl]	n. (배의) 선체, 동체, 겉껍질, vt. ~의 껍질을 벗기다	2111
designation [dezɪɡneɪʃn]	n. 명시, 지적, 호칭, 명칭	2112
fuselage [fjuːsəlɑːʒ]	n. (비행기의) 기체, 동체	2113
manhood [mænhʊd]	n. 남자다움, 용기, (남자의) 성년	2114
clad [klæd]	adj. ~(옷)을 입은, ~이 덮인	2115
materialize [mətɪriəlaɪz]	vt. ~을 구체화하다, 실현하다	2116
gangway [ɡæŋweɪ]	n. 통로, 좁은 보도	2117
oval [oʊvl]	adj. 계란형의, 타원형의, 달걀 모양의	2118

2119	**berth** [bɜːrθ]	n.	숙소, (배·기차의) 침대, (배의) 정박소
2120	**galley** [gǽli]	n.	(배·항공기 안의) 요리실, 주방
2121	**ebb** [eb]	n. / vi.	썰물, 쇠퇴, / 쇠해지다, 줄다
2122	**fore** [fɔː(r)]	adj. / adv.	앞부분에 위치한, / (배나 비행기의) 앞쪽에, 앞쪽으로
2123	**wheel** [wiːl]	vt.	~을 회전시키다, (자동차 따위)를 움직이다
2124	**coaster** [kóʊstə(r)]	n.	(글라스·접시 등의) 받침, 연안 무역업자, 연안 운항선
2125	**aphrodisiac** [æfrədíziæk]	n.	최음제, 정력제
2126	**in between** [ɪn bɪtwíːn]	prep.	중간에, 사이에 끼어, 틈에
2127	**tawny** [tɔ́ːni]	adj.	황갈색의
2128	**crony** [króʊni]	n.	(많은 시간을 함께 보내는) 친구
2129	**star-struck** [stɑːr strʌk]	adj.	인기 스타에게 완전히 반한
2130	**inhibition** [ìnhɪbíʃn]	n.	금지, 억제
2131	**pouty** [páʊti]	adj.	뿌루퉁한, 토라지기 잘하는
2132	**peruse** [pəruːz]	vt.	숙독하다, 정독하다
2133	**plush** [plʌʃ]	adj.	(가구·장식품 따위가) 사치스러운, 호화로운
2134	**bigwig** [bɪ́gwɪg]	n.	중요 인물
2135	**faggot** [fǽgət]	n.	남자 동성 연애자, 고기 경단
2136	**groundswell** [gráʊndswel]	n.	(여론 등의) 고조, 급증
2137	**savvy** [sǽvi]	adj. / n. / vt.	빈틈없는, 영리한, / 이해력, 직감, / 알다, 이해하다.
2138	**outrageous** [aʊtréɪdʒəs]	adj.	난폭한, 극악한, 도가 지나친
2139	**nefarious** [nɪfériəs]	adj.	범죄의, 비도덕적인
2140	**diehard** [dáɪhɑːrd]	n. / adj.	완강한 저항자, 끝까지 버티는 사람, / 완강히 저항하는
2141	**overture** [óʊvərtʃər]	n. / vt.	제의, 제안, / ~을 제안하다, 제의하다
2142	**grail** [greɪl]	n.	성배, 잔, 큰 접시
2143	**trounce** [traʊns]	vt.	~을 완파하다
2144	**frog** [frɔːg]	n.	개구리, 목소리의 쉼(잠김)

cheery [tʃɪri]	adj. 쾌활한	2145	**lukewarm** [luːkwɔːrm]	adj. 미적지근한, 미온의, 열의가 없는	2158

cheery [tʃɪri] — adj. 쾌활한 — 2145

deadpan [dedpæn] — adj. (특히 농담을 하는 사람이) 진지한 표정의, 무표정한 — 2146

pan [pæn] — n. 냄비, vt. (연극·영화 등을) 혹평하다 — 2147

brawn [brɔːn] — n. 억센 근육, 완력, 체력 — 2148

pewter [pjuːtə(r)] — n. 백랍, 땜납 — 2149

bidding [bɪdɪŋ] — n. 명령, 분부, 경매, 입찰 — 2150

plop [plɑːp] — vi. 털썩 주저앉다, 쿵 하고 쓰러지다 — 2151

streamline [striːmlaɪn] — vt. ~을 유선형으로 하다, ~을 능률적으로 하다, 간소화하다 — 2152

sully [sʌli] — vt. 더럽히다, 훼손하다 — 2153

rant [rænt] — vi. 고함치다, 큰소리로 불평하다 — 2154

tenfold [tenfoʊld] — adj. 10배의, 열 겹의 — 2155

ammunition [æmjunɪʃn] — n. 탄약, 총탄, 무기, 병기 — 2156

defoliate [diːfoʊlieɪt] — vt. (나무·삼림을) 고사시키다, 고엽제를 쓰다 — 2157

lukewarm [luːkwɔːrm] — adj. 미적지근한, 미온의, 열의가 없는 — 2158

forte [fɔːrt] — n. 강점, 특히 잘 하는 것 — 2159

tenure [tenjə(r)] — n. 보유, 유지, 보유 기간 — 2160

hara-kiri [herə kiːri] — n. [일본어에서] 할복 — 2161

impend [ɪmpend] — vi. (위험 따위가) 임박하다, 절박하다 — 2162

unsuspecting [ʌnsəspektɪŋ] — adj. 의심하지 않는, 이상한 낌새를 못 채는 — 2163

askance [əskæns] — adv. 의심(불신)의 눈으로, 곁눈으로 — 2164

mastermind [mæstərmaɪnd] — vt. ~을 배후에서 조종하다, n. 지도자, 주도자 — 2165

ploy [plɔɪ] — n. 계책, 술책 — 2166

hanger [hæŋə(r)] — n. 옷걸이 — 2167

cusp [kʌsp] — n. 첨단, 뾰족한 끝, 첨점 — 2168

bedeck [bɪdek] — vt. ~을 장식하다, 꾸미다 — 2169

don [dɑːn] — vt. (옷 등을) 입다, 쓰다, 신다 — 2170

MAZELTOV Vocabulary

오늘의 단어 --> 2171 - 2240

muffle 2171
[mʌfl]
vt. 싸다, 덮다, 누르다,

puke 2172
[pjuːk]
n. 구토, 토한 것,
vi. 토하다, 구토하다

straddle 2173
[strædl]
vi. 양다리를 벌리고 걷다, 걸터앉다,
vt. ~을 다리를 벌리고 넘다

queasy 2174
[kwiːzi]
adj. 메슥거리는, (음식이) 구역질나게 하는, 불쾌한

somersault 2175
[sʌmərsɔːlt]
n. 공중제비, 재주넘기,
vi. 공중제비를 하다

filth 2176
[filθ]
n. 오물, (아주 더러운) 쓰레기

menial 2177
[miːniəl]
n. 머슴, 하인,
adj. 머슴의, 천한

grungy 2178
[grʌndʒi]
adj. 지저분한

deposit 2179
[dɪpɑːzɪt]
vt. 예금하다, (귀중품 등)을 맡기다, 공탁하다,
n. (은행에의) 예금, 예금액

adore 2180
[ədɔː(r)]
vt. ~을 숭배하다, 숭상하다

precaution 2181
[prɪkɔːʃn]
n. 예방 조치(수단), 예방책, 조심, 경계

figurehead 2182
[fɪɡjərhed]
n. 명목상의 우두머리, 표면상의 대표

poise 2183
[pɔɪz]
n. 균형, 자세,
vt. ~을 어떤 상태(자세)로 있게 하다

hipped 2184
[hɪpt]
adj. 열중한, 사로잡힌, 울적해 하는, 짜증내는

columnar 2185
[kəlʌmnər]
adj. 원주형의, 원주형으로 만든

afoot 2186
[əfʊt]
adj. 계획 중인, 진행 중인

disillusionment 2187
[dɪsɪluːʒnmənt]
n. 환멸

disillusion 2188
[dɪsɪluːʒn]
vt. 미몽에서 깨어나게 하다,
n. 각성, 환멸

mutiny [mjuːtəni]	n.	반항, 모반, [군사] (상관에 대한) 항명, 하극상	2189

| **grueling** [gruːəliŋ] | adj. | 기진맥진케 하는, 심한, 엄한 | 2190 |

| **fumble** [fʌmbl] | vi. 더듬다, 여기저기 찾(아다니)다, vt. ~을 만지작거리다 | 2191 |

| **terrific** [tərɪfɪk] | adj. 대단한, 지독한, 맹렬한 | 2192 |

| **talon** [tælən] | n. (특히 맹금류의 갈고리 모양의) 발톱 | 2193 |

| **clutch** [klʌtʃ] | vt. ~을 꽉 쥐다, 끌어안다, 껴안다, n. 꽉 잡기, 꽉 쥐기 | 2194 |

| **statute** [stætʃuːt] | n. 법령, 법규, (단체 등의) 정관, 규칙 | 2195 |

| **circumvent** [sɜːrkəmvent] | vt. ~을 포위하다, 속여넘기다, 우회하다 | 2196 |

| **exterminate** [ɪkstɜːrmɪneɪt] | vt. ~을 몰살(전멸)시키다 | 2197 |

| **broodingly** [bruːdɪŋli] | adv. 생각에 잠겨, 시무룩해서 | 2198 |

| **vasoconstrictor** [veɪzoʊkənstrɪktər] | 혈관 수축 신경, 혈관 수축제, adj. 혈관 수축의 | 2199 |

| **unison** [juːnəsn] | n. 조화, 일치, adj. 같은 음의 | 2200 |

| **eerie** [ɪri] | adj. 괴상한, 으스스한 | 2201 |

| **androgynous** [ændrɑːdʒənəs] | adj. 양성의 특징을 가진, 중성 같은 | 2202 |

| **harrow** [hæroʊ] | vt. 약탈하다, 빼앗다, n. 써레 (흙을 고르는 농기구) | 2203 |

| **harrowing** [hæroʊɪŋ] | adj. 끔찍한, 참혹한, n. 약탈 | 2204 |

| **ordeal** [ɔːrdiːl] | n. (힘들거나 불쾌한) 시련, 경험, 일 | 2205 |

| **hydrophobia** [haɪdrəfoʊbiə] | n. 공수병, 광견병 | 2206 |

| **backlog** [bæklɔːg] | n. 밀린 일 | 2207 |

| **infidelity** [ɪnfɪdeləti] | n. (배우자나 애인에 대한) 부정, 간통 | 2208 |

| **slick** [slɪk] | adj. 매끄러운, 반들반들한, 윤기나는 | 2209 |

| **smug** [smʌg] | adj. 의기양양한, 우쭐해 하는 | 2210 |

| **plateau** [plætoʊ] | n. 고원, 대지, 안정기, 정체기 | 2211 |

| **striation** [straɪeɪʃn] | n. (특히 근육의) 줄무늬, 횡문 | 2212 |

| **trough** [trɔːf] | n. 물통, 여물통, 물받이 | 2213 |

| **berm** [bɜːrm] | n. 벼랑길, (도로·제방의) 가장자리 부분 | 2214 |

braille [breɪl]	n. vt.	브라유 점자(법), 브라유 점자로 하다, 브라유 점자로 인쇄하다
hone [hoʊn]	n. vt.	(면도칼) 숫돌, ~을 숫돌로 갈다, 연마하다
clunk [klʌŋk]	n.	꽝, 쾅 (무거운 두 물체가 부딪쳐 나는 둔탁한 소리)
buffet [bʌfɪt]	vt.	~을 뒤흔들다
exhale [eksheɪl]	vt.	(숨·연기 등을) 내쉬다, 내뿜다
spindly [spɪndli]	adj.	(가늘고 약한) 막대기 같은
towering [taʊərɪŋ]	adj.	우뚝 솟은, 매우 높은, 아주 훌륭한
chassis [ʃæsi]	n.	(자동차의) 차대, 새시
enclose [ɪnkloʊz]	vt.	~을 에워싸다, 둘러싸다, ~을 동봉하다
overhang [oʊvərhæŋ]	vt.	~의 위에 걸치다, ~의 위에 돌출하다, (위험 따위가) ~에 닥치다
jaundice [dʒɔːndɪs]	n.	황달
parchment [pɑːrtʃmənt]	n.	양피지, 증서, 면허장, 담황록색
parch [pɑːrtʃ]	vt.	~을 바싹 마르게 하다, ~을 볶다
cog [kɑːg]	n. vt.	(톱니바퀴의) 톱니, [야금] ~을 두드려 펴다
spar [spɑː(r)]	vi.	(권투에서) 스파링하다, (친근하게) 옥신각신하다
floe [floʊ]	n.	(바다 위에 떠 있는) 빙원, (큰) 부빙, 얼음 덩어리
enclosure [ɪnkloʊʒə(r)]	n.	둘러쌈, 포위, 동봉된 것, 봉입물
taxi [tæksi]	vi.	택시로 가다, (비행기가) 육상(수상)을 활주하다
tear [ter]	vt.	~을 찢다, 째다, 뜯어내다, ~을 잡아뜯다
maroon [məruːn]	n. vt.	고동색, 밤색, ~을 (섬 같은 곳에) 고립시키다
flip [flɪp]	vt. vi.	확 뒤집다, 휙 젖히다, (너무 화가나서) 확 돌아 버리다
claw [klɔː]	n. vt.	갈고리 발톱, ~을 잡아째다, 움켜잡다
war [wɔː(r)]	n. vi.	전쟁(상태), 전쟁하다, 싸우다
undulation [ʌndʒəleɪʃn]	n.	파도 모양, 기복
gun [gʌn]	vt.	~을 사살하다, (항공기·차 따위)의 속도를 갑자기 올리다
crunch [krʌntʃ]	vt.	~을 오도독(아삭아삭) 씹다, 깨물다, ~을 자박자박 밟다

DAY 32

MAZELTOV Vocabulary

오늘의 단어 --> 2241 - 2310

hurl [hɜːrl]	vt.	~을 세게 던지다, ~을 뒤집어 엎다, 내팽개치다	2241
raging [reɪdʒɪŋ]	adj. 격렬한, 맹렬한, 극심한	2242
inflate [ɪnfleɪt]	vt. (공기·가스 따위로) ~을 부풀리다, 팽창시키다, ~을 자만하게 하다	2243
multistage [mʌltisteɪdʒ]	adj. 다단식의, 단계적인	2244
affix [əfɪks]	vt. ~을 첨부하다, (우표 따위)를 붙이다, n. 첨부물, [문법] 접사	2245
piton [piːtɑːn]	n. 피톤, 하켄 (암벽 등반에 쓰이는 쇠못)	2246
habile [hæbɪl]	adj. 유능한, 솜씨 좋은	2247
sleep-over [sliːp oʊvər]	n. 외박, 외박하는 사람	2248
pull-over [pʊl oʊvər]	n. 풀오버 (머리로부터 입는 자켓·스웨터의 일종)	2249

pussycat [pʊsikæt]	n. (새끼) 고양이, 연약한 사내, (젊은) 여자	2250
paw [pɔː]	n. (발톱이 있는 동물의) 발, (일반적으로) 동물의 발	2251
ruddy [rʌdi]	adj. (안색이) 불그스레한, 혈색이 좋은, 싫은, 진저리나는	2252
prickly [prɪkli]	adj. 가시투성이의, 따끔따끔한	2253
bulbous [bʌlbəs]	adj. (보기 싫게) 둥글납작한	2254
stony [stoʊni]	adj. 돌투성이의, 단단한, 부동의, 무표정의	2255
incontestable [ɪnkəntestəbl]	adj. 이론(반박)의 여지가 없는	2256
traction [trækʃn]	n. 끌기, 당기기, 견인	2257
hospitality [hɑːspɪtæləti]	n. 환대, 후한 대접, 친절	2258

jolt [dʒoʊlt]	vt.	~을 거칠게 흔들다, 덜컹덜컹 흔들다, 덜컹거리게 하다	**rumble** [rʌmbl]	vi.	우르르거리는 소리를 내다, (느리고 무겁게) 덜커덩거리며 나아가다
loose-tongued [luːs tʌŋd]	adj.	입이 가벼운, 수다스러운	**squinch** [skwɪntʃ]	vt.	~을 눈을 흘겨 노려보다, (얼굴을) 찡그리다, (눈살을) 찌푸리다
anomaly [ənɑːməli]	n.	변칙, 이례	**awestruck** [ɔːstrʌk]	adj.	경이로워하는
slush [slʌʃ]	n. vt.	녹기 시작한 눈, 진창, (진흙 따위)를 튀기다	**potbellied** [pɑːtbelid]	adj.	올챙이배의, (난로 등의) 배가 불룩 나온
subterranean [sʌbtəreɪniən]	adj.	지하의	**foreboding** [fɔːrboʊdɪŋ]	n. adj.	예언, 예보, 전조, 조짐, (나쁜 일을) 예감하는
amorphous [əmɔːrfəs]	adj.	확실한 형태가 없는, 무정형의	**blurt** [blɜːrt]	vt.	~을 불쑥 내뱉다, 말하다
globule [glɑːbjuːl]	n.	(액체나 용액의) 작은 방울, 소구체, 구상체	**sleuthhound** [sluːθhaund]	n.	경찰견, [美구어] 탐정, 형사
boulder [boʊldə(r)]	n.	(물이나 비바람에 씻겨 반들반들해진) 바위	**mug** [mʌg]	n.	찌푸린 얼굴, (범인의) 인상 착의, 얼굴 사진
anticlimactic [æntiklaimæktik]	adj.	용두사미의, 김빠지는	**salivate** [sælɪveɪt]	vi.	침(군침)을 흘리다
ejecta [idʒektə]	n.	(화산 등에서의) 분출물	**curb** [kɜːrb]	n. vt.	구속, 속박, 억제, ~을 구속하다, 억제하다
overblown [oʊvərbloʊn]	adj.	잔뜩 부풀려진, 과장된, (꽃이) 한창때가 지난	**interlock** [ɪntərlɑːk]	vt.	서로 맞물리다, 맞물리게 하다
stunt [stʌnt]	vt. n.	성장(발달)을 방해하다, 저해하다, [영화] 고난도 연기, 곡예	**sanatorium** [sænətɔːriəm]	n.	요양원
reverberant [rivəːrbərənt]	adj.	울려퍼지는, 반향하는	**confer** [kənfɜː(r)]	vt.	(은혜·선물·자격 따위)를 수여하다, 주다

voodoo [vuːduː]	n. 부두교 (마법 등의 주술적인 힘을 믿음) 2285	**deference** [defərəns]	n. 존중(을 표하는 행동), 경의(를 표하는 행동) 2298
congenial [kəndʒiːniəl]	adj. ~와 성질(취미) 등이 같은, 성미가 맞는 2286	**veneration** [venəreiʃən]	n. 존경, 숭배, 숭상 2299
wizened [wɪznd]	adj. 주름이 쪼글쪼글한 2287	**acclaim** [əkleɪm]	vt. ~에게 갈채를 보내다, ~을 환호하며 맞이하다, vi. 박수 갈채하다 2300
wizen [wiː(ː)zn]	vt. ~을 시들게(마르게) 하다, vi. 시들다, 마르다. 2288	**commend** [kəmend]	vt. ~을 칭찬하다, 기리다, 찬양하다 2301
manor [mænə(r)]	n. 영주의 저택, 영지, (일반적으로) 소유지 2289	**adversarial** [ædvərseriəl]	adj. 서로 대립 관계에 있는, 적대적인 2302
bungle [bʌŋgl]	vt. ~을 서투르게 하다, 엉망진창으로 만들다, vi. 실수하다, 잡치다 2290	**lesion** [liːʒn]	n. [의학] 병이나 상처가 난 자리 2303
ordnance [ɔːrdnəns]	n. 대포, 병기, 군수 물자 2291	**obeisance** [oʊbiːsns]	n. 존경, 경의, 공손, 복종 2304
mawkish [mɔːkɪʃ]	adj. 감상적인, 매스꺼운, 구역질 나는 2292	**assertive** [əsɜːrtɪv]	adj. 적극적인, 확신에 찬 2305
carp [kɑːrp]	vi. 허물을 들추다, 나무라다, 트집을 잡다, n. 트집, 불평, 푸념 2293	**gnaw** [nɔː]	vt. 갉아먹다, 물어뜯다 2306
intrepid [ɪntrepɪd]	adj. 용감무쌍한, 두려움을 모르는 2294	**genuflect** [dʒenjuflekt]	vi. 비굴한 태도를 취하다, (예배 등에서) 공손히 무릎을 꿇다 2307
munificence [mjuːnifəsns]	n. 아낌없이 줌, 후함 2295	**encrust** [inkrʌst]	vt. 외피로 덮다, ~을 형성하다, 아로새기다 2308
truce [truːs]	n. 휴전 2296	**axiom** [æksiəm]	n. 자명한 이치, 공리, 격언 2309
coincidence [koʊinsidəns]	n. 동시 발생, 같은 곳에 공존함 2297	**disrupt** [dɪsrʌpt]	vt. 방해하다, 지장을 주다, 파괴하다 2310

MAZELTOV Vocabulary

오늘의 단어 --> 2311-2380

secession [sɪseʃn]	n. (주·국가 등의) 분리 독립	2311	**currency** [kɜːrənsi]	n. 통화, 화폐, (화폐의) 유통, (정보·소문 따위의) 유포	2320
avowal [əvauəl]	n. 공언, 고백, 자인	2312	**avant-garde** [əvɑːnt gɑːrd]	adj. 아방가르드의, 대담한, 급진적인, n. (예술의) 전위파	2321
defuse [diːfjuːz]	vt. ~을 안전하게 하다, ~의 위기를 해소하다, vi. 위험성이 줄어들다	2313	**peeve** [piːv]	vt. ~을 짜증나게 하다, 괴롭히다, n. 짜증, 기분이 언짢음	2322
fugitive [fjuːdʒətɪv]	n. 도망자, 탈주자, adj. 도주하는, 순식간의, (마음 등이) 안정되지 않은	2314	**nonplus** [nɑnplʌs]	vt. 몹시 난처하게 하다, 어찌할 줄 모르게 하다, n. 당황, 궁지	2323
dye [daɪ]	n. 염료, 물감, vt. ~을 물들이다, 염색하다	2315	**protégé** [proʊtəʒeɪ]	n. (사회생활·재능 계발 등을 위한 도움을 받는) 후배, 제자	2324
bundling [bʌndlɪŋ]	n. (관련 상품의) 일괄 판매, (비인기 상품·새 상품 등의) 끼어 팔기, 상술	2316	**conciliatory** [kənsɪliətɔːri]	adj. 달래는, 회유하기 위한	2325
blather [blæðə(r)]	vi. 계속 지껄이다, n. 허튼 소리	2317	**incorruptible** [ɪnkərʌptəbl]	adj. 타락하지 않는, 매수할 수 없는, 청렴결백한	2326
elitist [iliːtɪst]	n. 엘리트주의자, adj. 엘리트주의의	2318	**partisan** [pɑːrtəzn]	n. 열렬한 지지자, 열성 당원, adj. 당파적인, 당파심이 강한	2327
ideologue [aɪdiəlɔːg]	n. 이데올로그 (이론자 또는 공론가), 이론적 지도자	2319	**imperturbation** [ɪmpəːrtərbeɪʃn]	n. 쉽게 동요하지 않음, 침착, 냉정	2328

		2329
sweeping [swiːpɪŋ]	adj. 맹렬한, 파죽지세의, 광범위한	

		2330
animosity [ænɪmɑːsəti]	n. 반감, 적대감	

		2331
mediate [miːdieɪt]	vt. (중개하여) 달성하다, (분쟁 따위를) 중재하다, 해결하다	

		2332
specificity [spesɪfɪsəti]	n. 특별함, 특수함	

		2333
dismissal [dɪsmɪsl]	n. 해산, 면직, 해고, (소송의) 기각, 각하	

		2334
disparate [dɪspərət]	adj. 이종의, 본질적으로 다른, n. 본질적으로 다른 것, 비교 불가능한 것	

		2335
arduous [ɑːrdʒuəs]	adj. 몹시 힘든, 고된	

		2336
resuscitate [rɪsʌsɪteɪt]	vt. (인공호흡법 등으로) 소생시키다	

		2337
introspection [ɪntrəspekʃn]	n. 내성, 자기 성찰	

		2338
hapless [hæpləs]	adj. 불운한, 불행한	

		2339
complicit [kəmplɪsɪt]	adj. (좋지 못하거나 불법적인 일에) 연루된, 공모한	

		2340
persevere [pɜːrsəvɪr]	vi. 인내하며 계속하다, 인내심을 갖고 하다	

		2341
spooky [spuːki]	adj. 으스스한, 귀신이 나올 것 같은	

		2342
jot [dʒɑːt]	vt. (급히) 쓰다, 적다, n. (부정문을 강조하여) 조금도 ~아닌	

		2343
mesmerize [mezməraɪz]	vt. 최면을 걸듯 마음을 사로잡다, 완전 넋을 빼놓다	

		2344
tempest [tempɪst]	n. (거센) 폭풍	

		2345
fairy [feri]	n. (이야기 속의) 요정, adj. 요정 같은, 가공의	

		2346
posterity [pɑːsterəti]	n. 후세, 후대	

		2347
etymology [etɪmɑːlədʒi]	n. 어원 연구, 어원학	

		2348
rugged [rʌgɪd]	adj. 울퉁불퉁한, 바위투성이의, (얼굴이) 주름진	

		2349
overload [oʊvərloʊd]	vt. ~에 ~을 너무 많이 싣다, 지나치게 부담시키다, n. 과중한 짐, 과적	

		2350
nugacious [nugeɪʃəs]	adj. 하찮은, 사소한	

		2351
windswept [wɪndswept]	adj. (장소가) 강한 바람에 노출되어 있는, 강한 바람을 맞은 듯한	

		2352
wind-swift [wind swift]	adj. 바람처럼 빠른	

		2353
sheepish [ʃiːpɪʃ]	adj. (어리석음·실수 등으로) 당황해하는, 멋쩍어하는	

		2354
backdrop [bækdrɑːp]	n. (무대 정면의) 배경막, (사건의) 배경, vt. ~에 배경막을 치다	

		2355
sault [suː]	n.	폭포, 급류

		2356
caliper [kæləpər]	n.	(물건의 두께, 구멍의 내경 따위를 재는 기구) 캘리퍼스 (pl. calipers)

		2357
postgraduate [poʊstgrædʒuət]	n.	대학원생

		2358
clip-on [klɪp ɑːn]	adj.	클립(핀)으로 고정되는

		2359
rotund [roʊtʌnd]	adj.	(살이 쪄서) 통통한, 둥실둥실한

		2360
tact [tækt]	n.	요령, 눈치, 재치

		2361
blob [blɑːb]	n.	(작은) 방울, (작은) 색깔 부분

		2362
olivine [ɑləviːn]	n.	[광물] 감람석

		2363
luster [lʌstər]	n.	광택, 윤, 광채, 빛남

		2364
igneous [ɪgniəs]	adj.	[지리] (암석이) 화성의

		2365
reenact [riːinækt]	vt.	~을 다시 제정하다, (사건)을 재현하다, (극)을 재상연하다

		2366
incandescent [ɪnkændesnt]	adj.	백열광을 내는, 빛나는, 열심인

		2367
descent [dɪsent]	n.	강하, 내리막길, 출신, 혈통

		2368
slack [slæk]	adj.	느슨한, 해이한, (사업이) 부진한

		2369
pepper [pepə(r)]	vt.	~에 후춧가루를 뿌리다, ~에게 (~을) 온통 뿌리다

		2370
eavesdrop [iːvzdrɑːp]	vi.	엿듣다

		2371
foolproof [fuːlpruːf]	adj.	실패할, 잘못 될, 염려가 없는, 누구나 이용할 수 있는

		2372
petrify [petrɪfaɪ]	vt.	~을 딱딱하게 하다, 무감각하게 하다, 망연자실하게 하다

		2373
armadillo [ɑːrmədiloʊ]	n.	아르마딜로 (아메리카 대륙에 사는 가죽이 딱딱한 동물)

		2374
isopod [aisəpad]	n.	등각류의 동물

		2375
dorsal [dɔːrsl]	adj.	(물고기나 동물의) 등에 있는, 등의

		2376
pill bug [pɪl bʌg]	n.	[곤충] 쥐며느리

		2377
louse [laʊs]	n.	[곤충] 이, 동식물에 기생하는 곤충, 기생충

		2378
prolife [proulaif]	adj.	임신 중절 합법화에 반대하는

		2379
segue [segweɪ]	vi.	(한 가지 노래·주제에서 다른 것으로 부드럽게) 넘어가다, 이어지다

		2380
sandpaper [sændpeɪpə(r)]	n. vt.	사포, ~을 사포로 닦다, 문지르다

35 DAY

MAZELTOV Vocabulary

오늘의 단어 --> 2381 - 2450

pet [pet] — 2381
- n. 기분이 언짢음, 부루퉁함,
- vi. 성내다, 부루퉁하다

ailing [eɪlɪŋ] — 2382
- adj. 앓고 있는, 병든, 고민하고 있는

reel [riːl] — 2383
- vi. 비틀(휘청)거리다, (몹시 충격을 받거나 화가 나서) 마음이 어지럽다

infusion [ɪnfjuːʒn] — 2384
- n. 주입, 불어넣기, 고취

waffle [wɑːfl] — 2385
- n. 쓸데없는 말, 시시한 글,
- vt. 애매하게 말하다,
- vi. 시시한 소리를 하다

shuffle [ʃʌfl] — 2386
- vt. (발)을 질질 끌며 걷다, 이리저리 움직이다,
- n. 속임수, 발뺌

transceiver [trænsiːvə(r)] — 2387
- n. 트랜스시버, 휴대용 무선기

sinker [sɪŋkə(r)] — 2388
- n. (낚싯줄·그물에 매다는) 봉돌

phylum [faɪləm] — 2389
- n. [생물] 문 (강의 위, 계의 아래인 생물 분류 단위)

exoskeleton [eksoʊskelɪtn] — 2390
- n. [생물] 외골격

vignette [vɪnjet] — 2391
- n. (책 안의 작고 우아한) 삽화, 장식 무늬,
- vt. ~을 당초 무늬로 장식하다

bow tie [boʊ taɪ] — 2392
- n. 나비넥타이

prim [prɪm] — 2393
- adj. 까다로운,
- vi. 지나치게 꼼꼼한, (새침하게) 입을 꼭 다물다

grumble [grʌmbl] — 2394
- vt. ~을 불만스럽게 말하다,
- vi. 불평하다, 투덜거리다

lice [laɪs] — 2395
- n. 기생충, [곤충] 이 (louse의 복수형)

sherlock [ʃɜːrlɑːk] — 2396
- n. 명탐정, 추리력이 뛰어난 사람

swat [swɑːt] — 2397
- vt. ~을 찰싹 때리다

condor [kɑːndɔː(r)] — 2398
- n. 콘도르 (주로 남미에 서식하는 대형 독수리)

percolate [pɜːrkəleɪt]	vt.	(액체)를 (~으로) 여과하다, 거르다, (액체가) ~에 스며들다	2399
inferential [infərenʃəl]	adj.	추리(상)의, 추론(상)의, 추정에 의한, 추리에 의한	2400
blurry [blɜːri]	adj.	흐릿한, 모호한	2401
snorkel [snɔːrkl]	n.	스노클 (잠수 중에 물 밖으로 연결하여 숨을 쉬는 데 쓰는 관)	2402
decompress [diːkəmpres]	vt. vi.	~의 압력을 감소시키다, 압력이 감소하다, 완화되다	2403
chime [tʃaɪm]	n. vi.	(현관에 달린) 차임, 아름다운 화음, (종이) 울리다, 울려 퍼지다	2404
deposition [depəzɪʃn]	n.	면직, 폐위, 침전, 침전물, [법률] 선서 증언	2405
flew [fluː]	vt.	fly의 과거형	2406
gal [gæl]	n.	처녀, 여자	2407
smitten [smɪtn]	adj.	세게 맞은, 몹시 괴로워하는, 매료된	2408
blubber [blʌbə(r)]	n. vi. vt.	엉엉 울기, 엉엉 울다, 울면서 말하다	2409
noncommittal [nankəmɪtəl]	adj.	언질을 주지 않는, (태도 따위가) 애매한, 특징이 없는	2410
hole [hoʊl]	vt.	~에 구멍을 뚫다(파다), (총알 등이) ~을 관통하다	2411
scaffolding [skæfəldɪŋ]	n.	발판, (건축 공사장의) 비계	2412
thread [θred]	n. vt.	실, 섬유, (빛·금속·유리 따위의) 가느다란 선, ~을 꿰뚫다, 관통하다	2413
hoist [hɔɪst]	vt.	(기·돛 따위)를 끌어올리다, 게양하다, ~을 들어(높이) 올리다	2414
stalk [stɔːk]	vt.	(이성)에게 집요하게 추근대다, (사냥감)에 몰래 접근하다,	2415
boss [bɔːs]	vt.	~을 쥐고 흔들다, 감독하다, 지휘하다	2416
weenie [wiːni]	n.	싫은 녀석, 바보, 뜻밖의 난점, 함정	2417
woolly mammoth [wʊli mæməθ]	n.	매머드 (Siberian mammoth)	2418
impish [ɪmpɪʃ]	adj.	버릇없는, 장난스러운	2419
pixie [pɪksi]	n.	픽시 (귀가 뾰족한 작은 사람 모습의 도깨비·요정)	2420
steely [stiːli]	adj.	강철의, 강철제의, (강철처럼) 굳은, 완고한, 무정한	2421
putout [putaʊt]	n.	[야구] (타자·주자를) 아웃시키기	2422
fervor [fəːrvər]	n.	열렬, 열정	2423
snagged [snægd]	adj.	그루터기가 많은, 마디투성이의, 장애가 많은	2424

DAY 35 MAZELTOV Vocabulary

2425	winch	[wɪntʃ]	vt.	~을 윈치(권양기)로 감아올리다
2426	well	[wel]	n. / vt.	우물, (비유적) 원천, 본원, / ~을 뿜어내다, 분출하다
2427	pylon	[paɪlən]	n.	(고압선 설치용의) 철탑
2428	slab	[slæb]	n.	(돌·나무 따위의) 폭이 넓은 두꺼운 널빤지, (빵·과자 등의) 두꺼운 조각
2429	hasp	[hæsp]	n.	(자물쇠의) 걸쇠
2430	holler	[hɑːlə(r)]	vi.	소리지르다, 고함치다
2431	hulk	[hʌlk]	n.	노후선, 폐선(의 선체), 몸집이 육중한 사람, 부피가 큰 물건
2432	oblong	[ɑːblɔːŋ]	adj.	(사각형·원·공 따위가) 늘어난, 가늘고 긴, 직사각형의
2433	hump	[hʌmp]	n.	(등에 생긴) 혹, 언덕, 야산, (도로의) 둔덕
2434	cervix	[sɜːrvɪks]	n.	[해부] 자궁 경관
2435	dilate	[daɪleɪt]	vt.	확장시키다, 팽창시키다
2436	Paleolithic	[peɪliəlɪθɪk]	adj.	구석기 시대의
2437	hiss	[hɪs]	vt. / n.	쉿 하고 욕하다, 야유하다, / 쉿 하는 소리
2438	prune	[pruːn]	vt. / n.	(나무를) 전지하다, (부분들을 없애) 축소하다, / 말린 자두
2439	slosh	[slɑːʃ]	n. / vt. / vi.	진창, 눈이 녹은 길, / ~을 첨벙첨벙 휘젓다, / 흙탕물을 튀기다
2440	grid	[grɪd]	n. / vt.	(쇠)창살, 격자, / ~에 그리드를 설치하다
2441	bluish	[bluːɪʃ]	adj.	푸르스름한
2442	lone	[loʊn]	adj.	혼자의, 고독한, (주로 여성이) 독신의, 미망인의
2443	rack	[ræk]	vt. / n.	~을 고문하다, ~을 괴롭히다, 고통을 주다, / 선반
2444	teary-eyed	[tɪəri aɪd]	adj.	눈물이 글썽거리는
2445	slack-jawed	[slæk dʒɔːd]	adj.	(놀라움·당혹으로) 입을 딱 벌린
2446	phoenix	[fiːnɪks]	n.	불사조
2447	glint	[glɪnt]	vi. / vt.	반짝 빛나다, 깜박깜박 빛나다, / ~을 반짝이게 하다
2448	savage	[sævɪdʒ]	adj. / vt.	야만적인, 야생의, / ~을 짓밟다, 맹렬히 공격하다, 비난하다
2449	unsolicited	[ʌnsəlɪsɪtɪd]	adj.	청하지 않은
2450	oust	[aʊst]	vt.	(일자리·권좌에서) 몰아내다, 쫓아내다, 축출하다

MAZELTOV Vocabulary

오늘의 단어 --> 2451 - 2520

outbound [aʊtbaʊnd]	adj.	(비행기 등이 어떤 장소에서) 떠나는, 나가는 2451
informant [ɪnfɔːrmənt]	n.	통보자, 정보 제공자, 밀고자 2452
patronizing [peɪtrənaɪzɪŋ]	adj.	잘난 체하는, 윗사람인 체하는 2453
cavort [kəvɔːrt]	vi.	신이 나서 뛰어 다니다 2454
raillery [reɪləri]	n.	(어떤 사람에 대한 악의 없는) 농담 2455
pinch [pɪntʃ]	vt.	~을 꼬집다, 끼워서 조이다, ~을 엄격히 제한하다. 2456
gape [geɪp]	vi.	(놀람·감탄 따위로) 입을 크게 벌리고 바라보다 2457
katabatic [kætəbætɪk]	adj.	(바람·기류가) 하강하는, 하강 기류로 인해 생기는 2458
batten [bætn]	vi. vt.	(먹고) 뚱뚱해지다, 살찌다, ~을 살찌게 하다 2459
nip [nɪp]	vi.	(재빨리) 꼬집다, 물다, (추위·바람 등이) 할퀴고 가다, 해치다 2460
aback [əbæk]	adv.	[항해] 돛이 역풍을 받고 2461
pit [pɪt]	vt.	(움푹 패인) 자국(구멍)을 남기다 2462
guffaw [gəfɔː]	n. vi.	(갑작스런) 너털웃음, (상스러운) 큰웃음, 실없이 크게 웃다 2463
shake [ʃeɪk]	vi. vt.	흔들리다, 떨리다, 악수하다, ~을 흔들다, 뒤흔들다 2464
obsession [əbseʃn]	n.	사로잡힘, 강박 현상, 망념 2465
lanky [læŋki]	adj.	(여위고 긴 팔다리로) 흐느적거리듯 움직이는 2466
savor [seɪvər]	n. vt.	맛, (특별한) 풍미, ~을 맛보다, 음미하다, ~을 감상하다 2467
impending [ɪmpendɪŋ]	adj.	곧 닥칠, 임박한 2468

pothole [pɑːthoʊl]	n. 깊은 구멍, (도로·보도 따위의) 구덩이	**catnap** [kætnæp]	n. 토막잠, 고양이 도둑
spun [spʌn]	adj. spin의 과거분사형, 잡아 늘인, (이야기 등이) 질질 끄는	**sweetheart** [swiːtɑːrt]	n. 연인, 애인 (특히 여성), vi. ~와 연애하다, ~에게 구애하다
baptism [bæptɪzəm]	n. 세례, 세례식	**grainy** [greɪni]	adj. 알갱이 비슷한, 낟알이 많은
recon [rɪkɑːn]	n. (군사적인 목적의) 정찰	**pike** [paɪk]	n. (17세기 말까지 주로 보병이 사용하던) 창, 창끝
inexplicable [ɪnɪkspliːkəbl]	adj. 불가해한, 설명할 수 없는	**lymphoma** [lɪmfoʊmə]	n. 림프종
right [raɪt]	vt. ~을 똑바로 세우다, ~을 정정하다, 개선하다 adj. 옳은, 정당한, 당연한	**chemotherapy** [kiːmoʊθerəpi]	n. (특히 암에 대한) 화학 요법
saboteur [sæbətɜːr]	n. 사보타주(sabotage) 하는 사람, 파괴 공작원, 방해 공작원	**matchmaking** [mætʃmeɪkɪŋ]	n. 중매 들기, 결혼 중매
python [paɪθɑːn]	n. 비단뱀	**reverie** [revəri]	n. 몽상
soggy [sɑːgi]	adj. 질척한, 질척거리는	**tint** [tɪnt]	n. 색, 색조, (~의) 티, 기미
clamp [klæmp]	n. 꺾쇠, 죔쇠, 집게, vt. ~을 꺾쇠로 고정시키다, 강제로 시키다	**cavern** [kævərn]	n. (특히 큰) 동굴
pulmonary [pʌlməneri]	adj. [의학] 폐의	**effulgent** [ɪfʌldʒənt]	adj. 찬란히 빛나는, 눈부신
mill [mɪl]	n. 제분소, 물방앗간, vt. 맷돌에 갈다, vi. (가축이 떼 지어) 빙빙 돌다	**steamroller** [stiːmroʊlər]	n. (도로 공사용)증기 롤러, 강압 수단, vt. (반대 따위)를 깔아뭉개다
shack [ʃæk]	n. 판잣집 (같은 건물)	**blindside** [blaɪndsaɪd]	vt. (남)의 약점을 찌르다, 허를 찌르다, 기습하다

leak [liːk]	n. vt.	새는 곳, 새는 구멍, ~을 새게 하다, 누출시키다, 누입시키다
pulsate [pʌlseɪt]	vi. vt.	(심장 따위가) 맥박치다, 고동치다, 진동시키다
shard [ʃɑːrd]	n.	(유리·금속 등의) 조각, 파편
phosphoresce [fɑsfəres]	vi.	인광을 발하다
flagellate [flædʒəleɪt]	vt.	(특히 종교상의 벌, 또는 성적 쾌감을 위해) 채찍질을 하다
stamp [stæmp]	vt.	~을 짓밟다, ~을 밟아 부수다, 유린하다
muff [mʌf]	n. vt.	머프 (방한용 토시), (잘 할 수 있는 기회를) 망치다
cursory [kɜːrsəri]	adj.	대충하는, 피상적인
pat [pæt]	vt. n.	(특히 애정을 담아) 쓰다듬다, 토닥거리다, 쓰다듬기, 토닥거리기
lamination [læməneɪʃən]	n.	박층, 박판, 박편
liquor [lɪkə(r)]	n.	독한 술, 주류, (주로) 증류주, 분비액
unsettling [ʌnsetlɪŋ]	adj.	불안하게 만드는, 동요하게 만드는
taut [tɔːt]	adj.	(밧줄이) 팽팽히 켕긴, 긴장된, 굳어진, 엄격한
scarce [skers]	adj.	(일시적으로) 부족한, 불충분한, 드문, 희귀한
autotrophic [ɔːtətrɑfɪk]	adj.	독립 영양의, 자가 영양의
pipette [paɪpet]	n.	피펫 (실험실에서 소량의 액체를 재거나 옮기는데 쓰는 작은 관)
oculus [akjuləs]	n.	눈, [건축] 둥근 창
furry [fɜːri]	adj.	모피로 만든, 모피가 붙은, 모피 비슷한
refractometer [rɪfræktɑːmɪtə(r)]	n.	[물리] 굴절계
thaw [θɔː]	vi. vt.	(얼음·눈이) 녹다, (적의·긴장 등이) 완화되다, ~을 녹이다
brine [braɪn]	n.	(특히 식품 저장용) 소금물
droves [droʊvz]	n.	(흔히 떼를 지어 움직이는 사람·동물의) 무리
retarded [rɪtɑːrdɪd]	adj.	지능 발달이 늦은, 정신 지체의
interstice [ɪntɜːrstɪs]	n.	작은 틈, 공간
moot [muːt]	adj. vt.	논의할 여지가 있는, 미결의, (논제·계획 등)을 제출하다
tether [teðə(r)]	n.	(소·말 따위를) 매두는 밧줄, 사슬, (능력·인내의) 범위, 한계

DAY 36

37 DAY

MAZELTOV Vocabulary

오늘의 단어 --> 2521 - 2590

stopcock [stɑːpkɑːk] — n. (수도관·가스관 따위의) 멈춤 꼭지 [2521]

indiscretion [ɪndɪskreʃn] — n. 무분별, 지각없음, 경솔 [2522]

gambit [gæmbɪt] — n. (우위를 확보하기 위한) 책략, 계략, (선수를 잡기 위한) 작전 [2523]

privatize [praɪvətaɪz] — vt. (기업·산업 분야를) 민영화하다 [2524]

qualm [kwɑːm] — n. 거리낌, 꺼림칙함 [2525]

abominable [əbɑːmɪnəbl] — adj. 가공할, 심히 끔찍한 [2526]

strip-mine [strip main] — vt. 노천 채굴하다 [2527]

mausoleum [mɔːsəliːəm] — n. (중요 인물·가문의) 묘, 능 [2528]

conversant [kənvɜːrsnt] — adj. ~을 아는, ~에 친숙한 [2529]

resort [rɪzɔːrt] — n. 휴양지, (사람·수단에의) 의지, 호소, vi. (자주) 가다, 힘을 빌다 [2530]

reciprocity [resɪprɑːsəti] — n. 서로 특별한 혜택을 주고 받는 일, 호혜 [2531]

jumble [dʒʌmbl] — vt. (서류 등)을 마구 뒤섞다, (생각 등)을 혼란시키다 [2532]

trepid [trepid] — adj. 소심한, 벌벌 떠는, 겁이 많은 [2533]

invoke [ɪnvoʊk] — vt. (신의 가호)를 빌다, 기원하다, (자비·원조 등)을 간청하다, 구하다 [2534]

verve [vɜːrv] — n. 열정, 활기, 정력 [2535]

out-of-door [aut əv dɔːr] — adj. 옥외의, 야외의 [2536]

crumble [krʌmbl] — vt. ~을 산산조각나게 하다, vi. 부서지다, (벽 등이 점차) 무너지다 [2537]

siding [saɪdɪŋ] — n. (철도의) 측선, 대피선, (건물의 외벽에 붙인) 널빤지, 판자 [2538]

118 IELTS Vocabulary

disclaim [dɪskleɪm]	vt.	(책임 따위)를 부인하다, (요구 따위)를 거부하다, (권위 따위)를 부정하다	2539
emaciate [ɪmeɪʃieɪt]	vt.	~을 여위게 하다, 쇠약하게 하다, (토지)를 메마르게 하다	2540
imagery [ɪmɪdʒəri]	n.	마음에 상을 그리기, 초상, 화상, 조상	2541
palpable [pælpəbl]	adj.	감지할 수 있는, 뚜렷한, 손에 만져질 듯한	2542
variegated [veriəgeɪtɪd]	adj.	다양성이 많은, (꽃·잎 따위가) 잡색의, 여러 가지 색깔의	2543
light-hearted [laɪt hɑːrtɪd]	adj.	근심이 없는, 속편한, 유쾌한	2544
manila [mənɪlə]	n.	엷은 황갈색	2545
gel [dʒel]	n.	(특히 머리나 피부에 바르는) 젤, 겔	2546
pudgy [pʌdʒi]	adj.	땅딸막한, 통통한	2547
crampon [kræmpɑːn]	n.	쇠갈고리 (보통 pl. crampons), 구두창에 대는 스파이크창	2548
ante [ænti]	n.	분담금, 출자금, 할당금, (미리 내는) 분담금	2549
bloat [bloʊt]	vt.	(물·공기 따위로) ~을 부풀리다, ~에게 자만심을 품게 하다, 우쭐하게 하다	2550
potshot [pɑːtʃɑːt]	n.	무차별 사격	2551
inadmissible [ɪnədmɪsəbl]	adj.	(특히 법정에서) 인정할 수 없는, 채택할 수 없는	2552
upstanding [ʌpstændɪŋ]	adj.	강직한, 정직한	2553
besmirch [bɪsmɜːrtʃ]	vt.	(평판 등을) 더럽히다	2554
curt [kɜːrt]	adj.	(사람의 태도나 행동이) 퉁명스러운, 무뚝뚝한	2555
gale [geɪl]	n.	매우 센 바람, [기상] 강풍, (감정·웃음 따위의) 폭발	2556
squall [skwɔːl]	n.	질풍, 돌풍, (갑작스런) 소란, 소동, 싸움	2557
belay [biːleɪ]	vt.	밧줄걸이에 ~을 매다	2558
trek [trek]	vi.	(천천히 또는 고생하며) 여행하다, 전진하다, 이주하다	2559
billow [bɪloʊ]	n. / vt.	큰 파도, (불·연기 따위) 소용돌이치는 것, ~을 부풀게 하다	2560
curvature [kɜːrvətʃə(r)]	n.	굽음, 만곡, 굽음률, 곡률	2561
blustery [blʌstəri]	adj.	날씨가 바람이 거센	2562
gangly [gæŋgli]	adj.	키가 크고 여윈, 흐느적거리는	2563
bald-faced [bɔːld feɪst]	adj.	뻔뻔한	2564

2565	**notary**	[noʊtəri]	n.	공증인
2566	**diviner**	[dɪvaɪnər]	n.	점쟁이, 예언자, 추측자
2567	**blot**	[blɑːt]	n. / vt.	얼룩, 오점, 오명 / ~을 더럽히다, 손상시키다
2568	**eyelet**	[aɪlət]	n.	(옷·신발 등에서 끈을 꿰는) 작은 구멍
2569	**seethe**	[siːð]	vi.	끓다, (파도가) 소용돌이치다
2570	**snowplow**	[snoʊplaʊ]	n.	눈 치는 넉가래, 제설기
2571	**attenuate**	[ətenjueɪt]	vt.	약화시키다, 희석시키다
2572	**shingle**	[ʃɪŋɡl]	n. / vt.	지붕널, 지붕 이는 널빤지 / ~을 지붕널(판자)로 이다
2573	**lattice**	[lætɪs]	n.	격자, 격자 모양의 것
2574	**render**	[rendə(r)]	vt.	~이(상태가) 되게 하다, ~을 번역하다, 묘사하다
2575	**clump**	[klʌmp]	n.	(나무의) 밀집, 덤불, (흙 따위의) 덩어리
2576	**clomp**	[klɑmp]	vi. / n.	쿵쿵 밟다, 터벅터벅 걷다 / 무거운 발걸음 소리
2577	**humanoid**	[hjuːmənɔɪd]	n.	인간과 비슷한 기계·존재
2578	**android**	[ændrɔɪd]	n.	안드로이드 (인간의 모습을 한 로봇)
2579	**grayish**	[greɪɪʃ]	adj.	회색(쥐색)이 도는, 희끄무레한
2580	**shroud**	[ʃraʊd]	n. / vt.	수의, 싸는 물건, 장막 / ~을 싸다, 덮다
2581	**aura**	[ɔːrə]	n.	(어떤 사람이나 장소에 서려 있는 독특한) 기운, 분위기
2582	**submersible**	[səbmɜːrsəbl]	adj. / n.	물 속에 가라앉는, 잠수(잠항)할 수 있는 / 잠수함
2583	**guttural**	[ɡʌtərəl]	adj.	목 뒷부분에서 나오는, 후두음의
2584	**graze**	[ɡreɪz]	vt. / vi.	(소·양 등을) 방목하다 / (가축이) 목초를 먹다
2585	**temple**	[templ]	n.	관자놀이, 안경다리
2586	**hailstorm**	[heɪlstɔːrm]	n.	우박을 동반한 폭풍
2587	**hunker**	[hʌŋkər]	vi. / n.	쪼그리다 / 쪼그리기
2588	**hailstone**	[heɪlstoʊn]	n.	(한 알의) 우박
2589	**spheroid**	[sfɪrɔɪd]	n.	회전 타원체
2590	**prizefight**	[praɪzfaɪt]	n.	상금을 놓고 벌이는 권투 시합, 프로 권투 시합

MAZELTOV Vocabulary

오늘의 단어 --> 2591 - 2660

lunge [lʌndʒ]	vt.	~을 쑥 내밀다, 돌진시키다, 돌출시키다,
	vi.	(차 등이 급히) 튀어나오다

hallucinogenic [həluːsənədʒenik]	adj.	환각성의, 환각제의,
	n.	환각 유발 물질

discotheque [diskətek]	n.	디스코텍,
	vi.	디스코를 추다

spoof [spuːf]	vt.	~을 놀리다, 속이다,
	n.	(가볍고 악의 없는) 놀림, 조롱

meld [meld]	vt.	섞다, 혼합하다

lewd [luːd]	adj.	외설적인, 선정적인

glimmer [glimə(r)]	vi.	희미하게 빛나다, 반짝거리다, 어렴풋이 나타나다

hydraulic [haidrɔːlik]	adj.	수력으로 움직이는, 수력의, 수력에 의한

flee [fliː]	vi.	달아나다, 도망하다

welt [welt]	n.	(맞거나 쓸려서 피부가) 부푼 자국, 부은 자국

windpipe [windpaip]	n.	(호흡) 기관

hypothermia [haipəθɜːrmiə]	n.	저체온증

demented [dimentid]	adj.	제정신을 잃은, 실성한, 발광한

strapped [stræpt]	adj.	가죽끈으로 묶은, 돈에 쪼들리는

spinnaker [spinəkə(r)]	n.	스피나커 (경주용 요트에 추가로 다는 큰 돛)

belfry [belfri]	n.	(교회의) 종탑

unfurl [ʌnfɜːrl]	vi.	(동그랗게 말린 것이) 펼쳐지다, 펴지다,
	vt.	펼치다, 펴다

wad [wɑːd]	n.	(솜·종이 따위의) 작은 뭉치, 둘둘 만 것,
	vt.	~을 작게 뭉치다

bloodcurdling [blʌdkəːrdlɪŋ]	adj. 오싹하게 하는, 간담이 서늘해지는, 등골이 오싹한	**snap** [snæp]	vt. ~에 달려들다, ~을 앞을 다투어 손에 넣다, ~을 잡아채다
fishtail [fɪʃteɪl]	vi. (차량) 뒷부분이 좌우로 미끄러지다	**lurch** [lɜːrtʃ]	vi. (배가) 갑자기 기울다, 비틀거리며 걷다, n. 비틀 걸음
marionette [mæriənet]	n. (팔·다리·머리에 줄을 매달아 움직이는) 인형, 꼭두각시	**rapid-fire** [ræpɪd faɪə(r)]	adj. 잇따라 쏘아 대는, 속사포 같은
skim [skɪm]	vt. ~을 걷어내다, 떠내다, ~을 스치듯 날아가다, ~을 급히 대충 훑어 보다	**staccato** [stəkɑːtoʊ]	n. 단음, 단주, 스타카토, adj. 단음적인, 단주의, 스타카토의
pronged [prɔːŋd]	adj. (뾰족하게) 가닥이 진, 갈래진	**lumberjack** [lʌmbərdʒæk]	n. (특히 미국과 캐나다에서) 벌목꾼, 벌채 업자
syndicate [sɪndɪkət]	n. 신디케이트, 기업 조합, vt. 신디케이트 조직으로 하다	**wrench** [rentʃ]	vt. (심하게, 급히) ~을 비틀다, (사실)을 왜곡(곡해)하다
screech [skriːtʃ]	n. 외마디 소리, 외침, vi. (고통으로) 비명을 지르다	**catapult** [kætəpʌlt]	vt. ~을 사출하다, 날리다, 급격히 ~을 움직이다, n. 석궁, 투석기
heavy-handed [hevi hændɪd]	adj. 압제적인, 포악한, 가혹한	**dumbstruck** [dʌmstrʌk]	adj. 놀라서 말도 못하는
dragster [drægstə(r)]	n. 드래그레이스(drag race) 경주용 자동차	**skid** [skɪd]	vi. (수레바퀴가) 미끄러지다, 옆으로 미끄러지다
swerve [swɜːrv]	vi. (특히 자동차가 갑자기) 방향을 바꾸다, 틀다	**gilded** [gɪldɪd]	adj. 금(금박)을 입힌, 금도금한, 겉치레의
payload [peɪloʊd]	n. 유료 하중, (기업의) 임금 부담, 인건비, 유도탄의 탄두, 폭발력	**deafening** [defnɪŋ]	adj. 귀청이 터질 듯한, 귀가 먹먹한
carabiner [kærəbiːnər]	n. 카라비너 (등산할 때 사용하는 타원 또는 D자형의 강철 고리)	**reverberate** [rɪvɜːrbəreɪt]	vi. (소리가) 반향하다, 울려퍼지다, vt. ~을 울리게 하다
angle [æŋgl]	vt. 비스듬히 움직이다, 놓다	**schmooze** [ʃmuːz]	vi. 한담을 나누다, 수다를 떨다

#	단어	발음	품사	뜻
2635	conflicted	[kənflɪktɪd]	adj.	갈등을 겪는
2636	mule	[mjuːl]	n.	노새, 고집쟁이, 완고한 사람
2637	escapee	[ɪskeɪpiː]	n.	탈옥수, 도망자, 탈출한 동물
2638	unhook	[ʌnhʊk]	vt.	(갈고리 등에 걸린 것을) 떼어 내다, 벗기다, (잠금장치를) 끄르다
2639	makeshift	[meɪkʃɪft]	adj.	임시변통의
2640	cleave	[kliːv]	vt.	(둘로) 쪼개다, 가르다, (재빨리) 헤치며(가르며) 나아가다
2641	precipice	[presəpɪs]	n.	벼랑
2642	crevasse	[krəvæs]	n.	크레바스 (빙하 속의 깊이 갈라진 틈)
2643	grenade	[grəneɪd]	n.	수류탄
2644	tumult	[tuːmʌlt]	n.	큰 소동, 소란, 떠들썩함, 폭동
2645	upwelling	[ʌpwelɪŋ]	n.	용승 (해수가 아래에서 위로 올라오는 현상)
2646	roil	[rɔɪl]	vt.	(마음)을 어지럽히다, (남)을 화나게 하다, 초조하게 만들다
2647	swoosh	[swuːʃ]	vi.	휙(쌩) 하는 소리를 내며 움직이다
2648	allege	[əledʒ]	vt.	(증거 없이) 주장하다, 혐의를 제기하다
2649	permafrost	[pɜːrməfrɔːst]	n.	[전문 용어] 영구 동토층
2650	elusive	[iluːsɪv]	adj.	찾기힘든, 규정하기 힘든, 달성하기 힘든
2651	bob	[bɑb]	vt. n.	~을 까딱 움직이다, (꾸벅 머리를 숙이는) 인사
2652	tabular	[tæbjələ(r)]	adj.	표로 나타낸, 표로 정리된
2653	snifter	[snɪftə(r)]	n.	(서양배 모양의) 술잔, (브랜디 따위의) 미량, 한 모금
2654	entrench	[ɪntrentʃ]	vt.	(변경이 어렵도록) ~을 단단히 자리 잡게 하다
2655	coffer	[kɔːfə(r)]	n. vt.	(귀중품 넣는) 상자, 궤, 금고, 재원, ~을 귀중품 상자에 넣다
2656	verge	[vɜːrdʒ]	n.	가장자리, 맨 끝, 경계, 한계
2657	grounded	[graʊndɪd]	adj.	외출이 금지된, 현실에 기반을 둔
2658	anesthetic	[ænəsθetɪk]	adj.	마취의, 마비시키는, 마비된
2659	molasses	[məlæsiz]	n.	당즙, 당밀, (중고차 매장의) 미끼용 차
2660	furnish	[fɜːrnɪʃ]	vt.	~을 공급하다, 제공하다

MAZELTOV Vocabulary

오늘의 단어 --> 2661 - 2730

gnat [næt] — 2661
n. [곤충] 각다귀, 작은 일

poke [poʊk] — 2662
vt. ~을 쿡쿡 찌르다, 쑤시다, ~을 찌르다

primp [prɪmp] — 2663
vt. 몸치장을 하다

feces [fiːsiːz] — 2664
n. 배설물, 침전물

turd [tɜːrd] — 2665
n. 대변, 더러운 놈(인간)

cadre [kædri] — 2666
n. [군사] 간부, (정당 따위의) 핵심 당원, 기초 (공사), 개요

aqueous [eɪkwɪəs] — 2667
adj. 수분을 함유한, 물과 같은

humor [hjuːmər] — 2668
n. 유머, 해학, 기질, 성미, (동·식물 체내의) 액, 체액

cornea [kɔːrniə] — 2669
n. (눈의) 각막

gnash [næʃ] — 2670
vt. (분노나 고통으로) (이)를 악물다, 갈다,
vi. 이를 악물다, 갈다

jog [dʒɑːg] — 2671
vt. ~을 흔들다, ~을 홱 잡아당기다, 밀다, (기억)을 되살아나게 하다

tortoiseshell [tɔːrtəʃel] — 2672
n. 거북딱지

tinsel [tɪnsl] — 2673
n. (특히 크리스마스 때 쓰는) 장식용 반짝이 조각

balding [bɔːldɪŋ] — 2674
adj. 머리가 벗겨지기 시작하는

infraction [ɪnfrækʃn] — 2675
n. (법규의) 위반

last-ditch [læst dɪtʃ] — 2676
adj. 최후의 시도로 하는, 필사적인

ditch [dɪtʃ] — 2677
n. 도랑, 개천
vt. ~에 도랑을 파다, ~을 해자로 두르다

foothold [fʊthoʊld] — 2678
n. 발딛는 곳, 발판, 확고한 지위, 거점

curl [kɜ:rl]	vt. ~을 곱슬곱슬하게 하다, ~을 뒤틀다, 비틀다	**will** [wɪl]	vt. ~하려 하다, 의도하다, (신이) ~을 명하다, 정하다
fetal [fi:tl]	adj. 태아의, 태아의 상태(단계)의	**regal** [ri:gl]	adj. 제왕의, 군왕의, 제왕에게 걸맞은, 장엄한
torpid [tɔ:rpɪd]	adj. 무기력한, 활기 없는, 열의 없는	**livid** [lɪvɪd]	adj. (피부 따위가) 검푸른, 잿빛의, 창백한
clog [klɑ:g]	vt. ~을 방해하다, (마음 등)을 (불안 따위로) 우울하게 하다, 괴롭히다	**windup** [waɪndʌp]	n. 결말, 종결, 마무리, 결판
musculature [mʌskjələtʃə(r)]	n. [생물] 근육계	**squelch** [skweltʃ]	vt. ~을 눌러 뭉크러뜨리다, (소란 따위)를 억압하다, 진압하다
jet [dʒet]	n. 분출, 분사, 분출물, 분사물	**acrimony** [ækrɪmoʊni]	n. 악다구니, 악감정
jab [dʒæb]	vt. ~을 (날카로운 것으로) 콱 찌르다, 푹 찌르다, ~을 찌르다	**appraisal** [əpreɪzl]	n. (재산 등의) 평가, 감정, 가치 판단
stale [steɪl]	adj. (식품이) 신선하지 않은, 향이 없는, 신선미 없는, 진부한	**misdirection** [mɪsdɪrekʃən]	n. 잘못된 지시, 주소 성명의 오기
prank [præŋk]	n. (농담으로 하는) 장난	**wax** [wæks]	vi. (세력 따위가) 커지다, 증대하다, n. 증가, 증대, 성장
defamation [defəmeɪʃn]	n. 중상, 명예 훼손	**anechoic** [ænikouik]	adj. (녹음실·방송실 등이) 울림이 없는, 반향이 없는
blitz [blɪts]	n. 전격전, 전격작전, 맹폭격, 기습, (선전 등의) 대공세	**suction** [sʌkʃn]	n. 빨아들이기, 흡입
apostle [əpɑ:sl]	n. (초기의) 기독교 전도자, 사도 (그리스도 12제자의 한 사람)	**closet** [klɑ:zət]	n. (서재 따위의) 작은 방, (옷·주방 용구 따위의) 수납실, 골방
back-patting [bæk pætɪŋ]	n. (등을 가볍게 두드려서 나타내는) 동의, 격려, 찬사, 축복	**stalagmite** [stəlægmaɪt]	n. 석순 (석회암동굴 속에 생기는 탄산석회의 주상 침전물)

whir [hwəːr]	vi. 휙 날다, 윙윙 돌다, vt. (사람·물건 등)을 휙 하는 소리를 내며 나르다	**hon** [ɑːn]	n. [구어] 귀여운 사람, 사랑스러운 사람
tamper [tǽmpər]	vi. 참견하다, 간섭하다, vt. 함부로 변경하다	**glum** [glʌm]	adj. 침울한
versed [vɜːrst]	adj. (~에) 정통한, 조예가 깊은	**rendezvous** [rɑ́ːndivuː]	n. 회합 약속, 회합 장소, (군대·함대의) 집결지
clout [klaʊt]	n. (주먹으로) 한 대 치기, 손바닥으로 때리기, (정치적) 힘, 영향, 영향력	**ballast** [bǽləst]	n. (경기구 따위의 부력 조절용) 모래 주머니, (정신적) 안정을 주는 것
forsaken [fərséikən]	adj. 버림받은, 버려진, 고독한, 쓸쓸한	**shrine** [ʃraɪn]	n. 성골함, 성물함, 성지, 순례지, 제단, 신전
rubble [rʌ́bl]	n. (허물어진 건물의) 돌무더기, 잔해	**flurry** [flɜ́ːri]	n. (질풍을 동반한) 소나기, 눈보라, (갑작스런) 혼란, 곤혹
pseudo [súːdou]	adj. 가짜의, 모조의, 위선적인	**blip** [blɪp]	n. 삑 하는 소리, (수치 등의) 일시적 급변동, 일시적 문제
spade [speɪd]	n. 가래, 삽, vt. (땅)을 가래로 파다	**letdown** [létdaʊn]	n. 감소, 쇠퇴, 허탈, 슬럼프
spadger [spǽdʒər]	n. 참새, 소년, vi. 참새를 잡다	**twenty-twenty** [twénti twénti]	adj. [안과] 시력 정상의
masochistic [mæ̀zəkístik]	adj. 메조키즘의, 피학대음란증의	**dishevel** [diʃévəl]	vt. (머리 따위)를 헝클어 뜨리다, (옷)을 단정치 못하게 입다
swig [swɪg]	vt. ~을 꿀꺽꿀꺽 들이켜다, 통음하다, n. 쭉 들이켜기, 통음	**fuzzy** [fʌ́zi]	adj. 보풀같은, 솜털같은, 보풀이 인, (이론 따위가) 유연성이 있는
catatonic [kæ̀tətɑ́ːnɪk]	adj. [의학] 긴장증적인	**repossessed** [rìːpəzést]	adj. (차·주택이 구입비 미지불로) 회수된
mack [mæk]	n. 가장 센(높은) 놈, 대장	**dole** [doʊl]	n. 슬픔, 비탄, 실업 수당

40 DAY

MAZELTOV Vocabulary

오늘의 단어 --> 2731 - 2800

lurk [lɜːrk] — vi. (사람·동물 등이) 숨다, 잠복하다, n. 숨어서 기다림, 잠행 — 2731

peptalk [peptɔːk] — vi. 격려 연설을 하다 — 2732

chink [tʃɪŋk] — vt. ~의 틈(틈새)을 메우다, n. 갈라진 틈, 균열 — 2733

ledge [ledʒ] — n. 암초, 암층, (벽에서 튀어나온) 선반, 돌출부 — 2734

fuming [fjuːmɪŋ] — adj. 향기를 발산하는, 불끈한, 약이 오른 — 2735

fraying [freɪɪŋ] — n. 닳아 해어짐, 닳아 해어진 것 — 2736

touched [tʌtʃt] — adj. 감동한, 마음이 움직인 — 2737

gripe [graɪp] — vt. 괴롭히다, 고통을 주다, n. 불평, 고충, 푸념 — 2738

dory [dɔːri] — n. 평저 소형 어선 — 2739

disintegrate [dɪsɪntɪgreɪt] — vt. ~을 분해하다, 붕괴시키다, 해체하다 — 2740

blustering [blʌstərɪŋ] — adj. 세차게 몰아치는, 호통치는, 뽐내는 — 2741

carte blanche [kɑːrt blɑːnʃ] — n. [불어에서] 백지 위임장, 전권 위임 — 2742

detainee [diːteɪniː] — n. (보통 정치적 이유에 의한) 억류자 — 2743

unsavory [ʌnseɪvəri] — adj. 맛없는, 고약한 냄새가 나는, 불쾌한, 매력 없는 — 2744

stone [stoʊn] — n. 돌, 암석의 작은 조각, vt. ~에 돌을 던지다, ~에 돌을 던져 쫓다 — 2745

hornet [hɔːrnɪt] — n. 말벌 — 2746

huff [hʌf] — vi. (화가 나서) 씩씩거리다, 씩씩거리며 말하다 — 2747

helluva [heləvə] — adj. 대단한, 지독한, hell of a의 발음 철자 — 2748

horn [hɔːrn]	n.	(소·양·염소 따위의) 뿔, (사슴 따위의) 갈라진 뿔
unearth [ʌnɜːrθ]	vt.	~을 파내다, 발굴하다, ~을 밝히다, 폭로하다
embattled [ɪmbætld]	adj.	전투대형을 취한, 곤경에 처한, 고전 중인
rekindle [riːkɪndl]	vt.	(감정·생각 등을) 다시 불러일으키다, 불붙이다
fudge [fʌdʒ]	vt. n.	~을 속이다, 얼버무리다, 날조, 속임수, 임시 변통
laminate [læmɪnət]	n.	합판, 얇은 판을 여러 장 붙여 만든 것
stencil [stensl]	n. vt.	스텐실, 원판, 형판, ~의 본을 뜨다
pneumatic [nuːmætɪk]	adj.	공기의 작용에 의한, 공기 역학(상)의
tutelage [tuːtəlɪdʒ]	n.	후견, 보호, 감독
patina [pətiːnə]	n.	(석기 따위의) 고색, 풍화의 자국, (연륜을 느끼게 하는) 품격
telltale [telteɪl]	n.	밀고자, 수다쟁이, 증거, 암시, 암시하는 것
contrail [kantreɪl]	n.	(비행기 등의) 비행운
cryogenic [kraɪədʒenɪk]	adj.	[물리] 극저온을 이용한
for-hire [fər haɪər]	adj.	임대하는 (자동차 등), 돈으로 고용되는 (탐정 등)
pock [pak]	n. vt.	마맛자국, 작은 구멍, ~에 마맛자국을 남기다, 곰보가 되게 하다
far-fetched [fɑːr fetʃt]	adj.	믿기지 않는, 설득력 없는
crustacean [krʌsteɪʃn]	n.	갑각류 동물 (게·가재·새우 등)
lousy [laʊzi]	adj.	이가 들끓는, 몹시 더러운, 불결한
workaround [wɜːrkəraʊnd]	n.	[컴퓨터] 제2의 해결책
trying [traɪɪŋ]	adj.	괴로운, 힘든
rowdy [raʊdi]	adj. n.	난폭한, 시끄러운, 난폭한 사람, 무뢰한
fort [fɔːrt]	n.	성채, 보루, 요새
mind [maɪnd]	vt. n.	~에 마음을 쓰다, ~을 돌보다, 보살피다, 마음, 정신
razz [ræz]	vt.	조롱하다, 놀리다
antediluvian [æntɪdɪluːviən]	adj.	아주 구식인
hoodlum [huːdləm]	n.	불량배, 망나니, 범죄자

단어	발음	품사	뜻
conceited	[kənsiːtɪd]	adj.	자만하는
boo-boo	[buː buː]	n.	실수, 과오, 가벼운 상처
anal retentive	[eɪnəl rɪtentɪv]	adj.	(사람이) 신경질적인, 지나치게 깔끔한
heads-up	[hedz ʌp]	n.	알림, 경고
shred	[ʃred]	n. / vt.	끄트러기, 조각, 단편 / ~을 갈기갈기 찢다, 자르다
circuitous	[sərkjuːɪtəs]	adj.	(노선이나 여정이) 빙 돌아가는
conjuring	[kʌndʒərɪŋ]	n.	마술
sadomasochism	[seɪdoʊmæsəkɪzəm]	n.	가학피학증, 가학피학성 성애
egregious	[ɪgriːdʒiəs]	adj.	지독한
stray	[streɪ]	vi. / n.	길을 잃다, 방황하다, 나쁜 길로 빠지다 / 길잃은 사람, 방랑자
auspice	[ɔːspɪs]	n.	보호, 찬조, 길조, 전조
splinter	[splɪntə(r)]	n. / vt.	부스러기, 파편 / 산산조각을 내다, 분열시키다
sieve	[sɪv]	n. / vt.	체, 여과기 / ~을 체질하다, 거르다
starry	[stɑːri]	adj.	별이 많은, 별 모양의, 반짝이는
toot	[tuːt]	vt.	(나팔·피리)를 불다, 허풍떨다, 소문내다
man	[mæn]	vt.	~에 사람을 배치하다, ~을 조작하다, 기운을 내게 하다
fortuitous	[fɔːrtuːɪtəs]	adj.	우연한, 행운의
crucifix	[kruːsəfɪks]	n.	(예수가 못 박혀 있는) 십자가상
whine	[waɪn]	vi. / n.	구슬픈 소리를 내다, 흐느껴 울다, 투덜대다 / 투덜거림, 불평
dune	[duːn]	n.	모래 언덕, 사구
crippling	[krɪplɪŋ]	adj.	(기능을 상실할 정도로) 심하게 손상한, 부상한
fib	[fɪb]	n. / vi.	사소한 거짓말 / 사소한 거짓말을 하다, ~을 속이다
duel	[duːəl]	n.	결투, 싸움, 승부
vortex	[vɔːrteks]	n.	소용돌이, 돌풍, 회오리바람
chum	[tʃʌm]	n. / vi.	친구, (낚시의) 밑밥 / 밑밥을 뿌리고 낚시질하다
tiered	[tɪrd]	adj.	층층으로 된

41 DAY

MAZELTOV Vocabulary
오늘의 단어 --> 2801 - 2870

pontoon [pɑːntuːn]
n. (배를 묶어 놓기 위해 임시로 가설한) 수상 플랫폼 2801

stilt [stɪlt]
n. (가옥의) 각주, 지주,
vt. ~을 죽마(각주)에 태우다 2802

hodgepodge [hɑdʒpɑdʒ]
n. 뒤범벅, 잡탕,
vt. ~을 뒤범벅으로 만들다 2803

vista [vɪstə]
n. 전망, 경치, (나무 따위가 양쪽으로 늘어선 좁고 긴) 가로수길 2804

olfactory [ɑːlfæktəri]
adj. 후각의 2805

brawl [brɔːl]
n. 말다툼, 언쟁, 소란스러운 파티,
vi. 말다툼하다, 언쟁하다 2806

cabbie [kæbi]
n. 택시 기사 2807

sepulchral [səpʌlkrəl]
adj. 음침한, 장례식 같은, 무덤 같은 2808

gauntlet [gɔːntlət]
n. (갑옷의) 손목가리개, (긴 장갑의) 손목 덮개 2809

kickback [kɪkbæk]
n. (불법적인) 리베이트, 사례금, 뇌물 2810

spotty [spɑːti]
adj. 얼룩투성이의, 반점이 있는, 발진이 있는 2811

dole out [doʊl aʊt]
vt. (~에게) ~을 조금씩 나눠 주다 2812

barhop [bɑːrhɑp]
vi. 여러 술집을 돌아다니며 술을 마시다 2813

oversight [oʊvərsaɪt]
n. 간과, 못보고 넘김, 실수, 과실 2814

snitch [snɪtʃ]
vt. ~을 낚아채다, 훔치다,
n. 절도 2815

psychedelic [saɪkədelɪk]
adj. 황홀·도취경에 빠진, 환각적인,
n. 환각제 2816

gradient [greɪdiənt]
n. 경사, 경사도, 사면, 비탈길, [물리] 경사, 경사도 2817

whirlpool [wɜːrlpuːl]
n. 소용돌이 비슷한 것, 혼란, 소동 2818

130 IELTS Vocabulary

entourage [ɑːntʊrɑːʒ]	n.	(주요 인물의) 수행단 2819
pressurize [preʃəraɪz]	vt.	(기체·액체)를 가압하다, 고압 상태로 두다 2820
subduction [səbdʌkʃən]	n.	제거, 삭감 2821
petrologist [pətrolədʒist]	n.	암석학자 2822
tampon [tæmpɑːn]	n.	탐폰 (원통형으로 되어진 질에 삽입하는 생리대) 2823
porcelain [pɔːrsəlɪn]	n.	자기 2824
modulate [mɑːdʒəleɪt]	vt.	~을 조절하다, 조정하다, ~을 가감하다, 완화하다 2825
tinfoil [tɪnfɔɪl]	n.	(식품 포장 등에 쓰이는) 은박지, 포일 2826
hypothesize [haɪpɑːθəsaɪz]	vt.	가설을 세우다, 제기하다 2827
thorax [θɔːræks]	n.	흉부, 흉곽, (곤충의) 흉부 2828
pelagic [pəlædʒɪk]	adj.	원양의 2829
linchpin [lɪntʃpɪn]	n.	(조직·계획 등의) 핵심이 되는 인물(것) 2830
maniacal [mənaɪəkl]	adj.	미친 듯한 2831

self-incriminating [self ɪnkrɪməneɪtɪŋ]	adj.	(증언 등이) 자기에게 죄를 씌우게 되는 2832
infringe [ɪnfrɪndʒ]	vt.	(법률·협정 따위)를 어기다, 위반하다, (권리)를 침해하다 2833
rapparee [ræpəriː]	n.	(약탈을 일삼은 17세기 아일랜드의) 약탈자, 강도, 해적 2834
Siamese [saɪəmiːz]	adj.	(샴)쌍둥이의, 밀접한, 비슷한 2835
gung-ho [gʌŋ hoʊ]	adj.	(특히 싸움·전쟁 등에 대해) 너무 열광하는 2836
keystroke [kiːstroʊk]	n.	(컴퓨터나 타자기의 키를) 한 번 누르기(치기) 2837
loo [luː]	n. vt.	화장실, (루 노름에서) ~에게 벌금을 물리다 2838
wasp [wɑːsp]	n.	말벌 2839
searing [sɪrɪŋ]	adj.	타는 듯한, (성적으로) 불타게 하는 2840
slash [slæʃ]	vt.	썩 베다, 난도질하다, (예산·급료 따위)를 깎다, 크게 삭감하다 2841
blur [blɜː(r)]	n. vt.	더러움, 얼룩, 오점, ~을 더럽히다, 손상하다 2842
shrapnel [ʃræpnəl]	n.	(포탄의) 파편 2843
gurgle [gɜːrgl]	vi.	(물 등이) 콸콸 흐르다, 콸콸(졸졸) 소리를 내다 2844

groove [gru:v]	n.	(표면에 새긴) 홈, 홈줄, 도랑, 고랑,
	vt.	~에 홈을 내다, 홈을 파다

2845

bulkhead [bʌlkhed]	n.	(배·비행기의) 칸막이 벽

2846

ricochet [rɪkəʃeɪ]	n.	(수면·지면을) 스쳐 날기, 스쳐 나는 돌,
	vi.	물수제비뜨며 날다

2847

catamaran [kætəməræn]	n.	쌍동선 (선체를 두 개 연결한 빠른 범선)

2848

rubbery [rʌbəri]	adj.	고무(줄) 같은, 탄성이 있는, 강인한

2849

flex [fleks]	vt.	(손발·관절 등)을 구부리다, (근육)을 수축시키다

2850

grating [greɪtɪŋ]	adj.	삐걱거리는, 삐걱삐걱하는, 신경에 걸리는

2851

switchback [swɪtʃbæk]	n.	지그재그의 산길, [철도] (가파른 고개의) 지그재그 선로

2852

croak [kroʊk]	vi.	(개구리·까마귀 따위가) 개굴개굴 울다, 목쉰 소리로 말하다

2853

veer [vɪr]	vt.	~의 방향(진로)을 바꾸다,
	vi.	전환되다, 방향이 바뀌다

2854

catwalk [kætwɔ:k]	n.	(무대·공장·교량 등에 설치된) 좁은 통로

2855

apocalyptic [əpɑːkəlɪptɪk]	adj.	계시록의, 예언하는, 대참사를 예언하는

2856

askew [əskju:]	adv.	뒤틀려, 경멸하듯,
	adj.	비스듬한, 비뚤어진

2857

riddle [rɪdl]	n.	수수께끼,
	vi.	수수께끼를 내다,
	vt.	~을 혼란시키다

2858

throttle [θrɑːtl]	n.	조리개,
	vt.	~의 목을 조르다, 질식시키다, ~을 억압하다

2859

eke [i:k]	vt.	늘리다, 잡아늘이다, 크게 하다

2860

strafe [streɪf]	vt.	(저공비행을 하면서) 폭격을 가하다

2861

weak-kneed [wi:k ni:d]	adj.	(사람이) 대가 무른, 용기가 없는, 나약한

2862

white-hot [waɪt hɑːt]	adj.	아주 뜨거운, 열렬한

2863

blistering [blɪstərɪŋ]	adj.	신랄한, 격렬한, 물집이 생기게 하는

2864

infinitude [ɪnfɪnətju:d]	n.	무한, 무궁

2865

shinbone [ʃinboʊn]	n.	정강이뼈

2866

sheath [ʃi:θ]	n.	칼집, 덮개

2867

swathe [sweɪð]	vt.	감싸다, 뒤덮다,
	n.	풀농작물 등을 베어 낸 기다란 띠 모양의 땅

2868

guillotine [gɪləti:n]	n.	절단기, 단두대,
	vt.	길로틴으로 ~의 목을 자르다, 재단기로 ~을 자르다

2869

tumble [tʌmbl]	vi.	구르다, 뒹굴다,
	vt.	~을 넘어뜨리다, 부수다,
	n.	뒹굴기, 추락

2870

MAZELTOV Vocabulary

오늘의 단어 --> 2871 - 2940

arch [ɑːrtʃ]
vi. 아치(활) 모양으로 되다, 2871
vt. 아치 모양으로 구부리다,
n. 아치

frightful [fraɪtfl] 2872
adj. 소름끼치는, 무서운

misshapen [mɪsʃeɪpən] 2873
adj. 잘못 만든, 보기 흉한

thigh [θaɪ] 2874
n. 넓적다리, 가랑이

ensconce [ɪnskɑːns]
vt. ~을 안락하게 자리잡다, 2875
~을 (안전하게) 숨기다,
~을 안치하다

gash [gæʃ]
n. 깊이 갈라진 틈, 2876
vt. ~에 깊은 상처를 입히다,
vi. 성교하다

visage [vɪzɪdʒ] 2877
n. (사람의) 얼굴

unscathed [ʌnskeɪðd] 2878
adj. 다치지 않은, 아무 탈 없는

excruciate [ɪkskruːʃieɪt] 2879
vt. (육체적·정신적으로) 몹시 괴롭히다, 고문하다

knell [nel]
n. 종소리, 불길한 징조, 2880
vi. 조종처럼 울려 퍼지다,
vt. ~을 알리다

rebuff [rɪbʌf]
n. 거절, 퇴짜, 2881
vt. ~을 거절하다, 좌절시키다

saunter [sɔːntə(r)]
vi. 산책하다, 2882
어슬렁어슬렁 걷다,
n. 어슬렁어슬렁 걷기, 산책

innocuous [ɪnɑːkjuəs]
adj. 해가 없는, 독이 없는, 2883
악의가 없는, 재미없는

circumference [sərkʌmfərəns] 2884
n. 원주, (구의) 둘레

creditor [kredɪtə(r)] 2885
n. 채권자

stigma [stɪgmə] 2886
n. 불명예, 오명, 낙인

peremptory [pəremptəri]
adj. (특히 사람의 태도가) 2887
위압적인, 독단적인

astute [əstuːt]
adj. 약삭빠른, 영악한, 2888
빈틈없는

2889	compassion [kəmpæʃn]	n.	연민, 동정심, 측은히 여기는 마음
2890	cloy [klɔɪ]	vi.	(쾌락이나 단맛이) 물리다, 질리다
2891	habituate [həbɪtʃueɪt]	vt. / vi.	~을 길들이다, 익숙하게 하다, (행동 따위가) 습관이 되다
2892	suppress [səpres]	vt.	~을 감추다, 덮어 두다, ~을 억압하다
2893	long-winded [lɔːŋ wɪndɪd]	adj.	(특히 말·글이) 길고 지루한, 장황한
2894	blockade [blɑːkeɪd]	n. / vt.	봉쇄, 폐색, 장애, 장애물, ~을 봉쇄하다, 차단하다
2895	chisel [tʃɪzl]	n. / vt. / vi.	끌, (금속용) 정, ~을 끌로 파다, 조각하다, 끌을 사용하다, 조각하다
2896	morass [məræs]	n.	저습 지대, 늪지, 습지, 곤경, 곤란한 입장
2897	pathos [peɪθɑːs]	n.	(말·글·연극에서) 연민을 자아내는 힘
2898	strait-laced [streɪt leɪst]	adj.	예의범절을 따지는, 예의범절에 엄격한, 속박된
2899	unmistakable [ʌnmɪsteɪkəbl]	adj.	오해의 여지가 없는, 틀림없는
2900	unreasoning [ʌnriːzənɪŋ]	adj.	사실에 의거하지 않은, 터무니없는
2901	detachment [dɪtætʃmənt]	n.	냉담, 무관심, 이탈, 분리
2902	predilection [predlekʃn]	n.	(~을) 매우 좋아함
2903	polemic [pəlemɪk]	n. / adj.	논쟁, 논박, 논쟁하는
2904	evocation [iːvoʊkeɪʃən]	n.	불러냄, (기억 등의) 환기
2905	tantalize [tæntəlaɪz]	vt.	~을 감질나게 하다
2906	deceiver [dɪsiːvər]	n.	사기꾼, 협잡꾼
2907	tentative [tentətɪv]	adj. / n.	시험적인, 일시적인, 임시의, 시안, 가설
2908	falsehood [fɔːlshʊd]	n.	거짓, 허위, 그릇된 생각(신념·학설 등)
2909	concur [kənkɜːr]	vi.	동의하다, 의견 일치를 보다
2910	conceivable [kənsiːvəbl]	adj.	상상할 수 있는, 믿을 수 있는, 가능한
2911	collegial [kəliːdʒəl]	adj.	대학의, 대학생의, 대학생다운
2912	metaphor [metəfə(r)]	n.	은유, 비유
2913	simile [sɪməli]	n.	직유
2914	inquisitive [ɪnkwɪzətɪv]	adj.	꼬치꼬치 캐묻는, 호기심이 많은

2915	**acquisitive** [əkwɪzətɪv]	adj.	소유욕이 많은, 물욕이 많은
2916	**diffident** [dɪfɪdənt]	adj.	(자신감이 부족하여) 조심스러운, 소심한
2917	**cavalier** [kævəlɪə(r)]	adj.	무신경한
2918	**academia** [ækədiːmiə]	n.	학계
2919	**publicize** [pʌblɪsaɪz]	vt.	알리다, 광고하다, 홍보하다
2920	**grub** [grʌb]	n. / vt. / vi.	땅벌레, 구더기, ~을 파다, 애써서 얻다, 샅샅이 뒤지다
2921	**scavenger** [skævɪndʒə(r)]	n.	청소 도구, 청소 동물 (독수리·개미·하이에나 등)
2922	**smack** [smæk]	vt. / vi. / n.	때리다, 세게 부딪치다, 때리기, 강타, 탁(하는 소리)
2923	**crag** [kræg]	n.	험준한 바위 (덩어리)
2924	**pestle** [pesl]	n.	(막자사발용) 막자, 절굿공이
2925	**repetition** [repətɪʃn]	n.	재상연, 재현, (언어·행동의) 되풀이, 반복
2926	**prodigy** [prɑːdədʒi]	n.	영재
2927	**ole** [oʊl]	adj.	늙은 (문어 영어에서 구어식으로 쓰인 old를 나타냄)
2928	**auditory** [ɔːdətɔːri]	adj.	청각의
2929	**repository** [rɪpɑːzətɔːri]	n. / adj.	보존 용기, 저장소, (약제가) 지속성의
2930	**aspire** [əspaɪə(r)]	vi.	열망하다, 염원하다
2931	**aspersion** [əspɜːrʃən]	n.	비방, 비난, 물 따위를 뿌리기
2932	**stardom** [stɑːrdəm]	n.	스타덤, 스타의 반열, 스타의 위치
2933	**marginalize** [mɑːrdʒɪnəlaɪz]	vt.	~을 하찮은 존재 같은 기분이 들게 하다, 하찮은 존재로 만들다
2934	**publicity** [pʌblɪsəti]	n.	일반에게 알려져 있음, 지명도, 공표, 공시, 선전
2935	**pathetic** [pəθetɪk]	adj.	측은한, 불쌍한, 비참할 정도의
2936	**lumpy** [lʌmpi]	adj.	덩어리가 많은, 응어리가 많은, 혹투성이의
2937	**deranged** [dɪreɪndʒd]	adj.	(정신병으로 인해 행동과 사고가) 정상이 아닌, 미친
2938	**stalemate** [steɪlmeɪt]	n.	(쌍방의 수가) 꽉 막힌 상태, 교착 상태, 난국
2939	**rivalry** [raɪvlri]	n.	경쟁, 경쟁 의식
2940	**inception** [ɪnsepʃn]	n.	(단체·기관 등의) 시작, 개시

DAY 43

MAZELTOV Vocabulary

오늘의 단어 --> 2941 - 3010

mimetic [mɪmetɪk]
adj. (다른 것의 행동·모습을) 모방하는, 모사하는

indeterminate [ɪndɪtɜːrmɪnət]
adj. 쉽게 가늠할 수 없는, 정확히 규정할 수 없는

testimonial [testɪmoʊniəl]
n. (인격·품행·기능 따위의) 증명서, 보증서, 표창장

platitudinous [plætətjuːdənəs]
adj. 쓸데없는 말을 하는, 평범한, 하찮은

induce [ɪnduːs]
vt. ~을 꾀다, 권유하다, ~을 유발하다

alert [əlɜːrt]
adj. 빈틈없는,
vt. ~에게 주의를 환기하다, 경계 태세를 취하게 하다

revise [rɪvaɪz]
vt. ~을 개정하다, 정정하다, (의견 따위)를 바꾸다, ~을 복습하다

salvage [sælvɪdʒ]
vt. ~을 구조하다, 지키다,
n. 해난 구조, 침몰선 인양

expurgate [ekspərgeɪt]
vt. (책이나 기록에서 부적당한 부분을) 삭제하다

blotter [blɑːtə(r)]
n. (거래 등의) 임시 장부, (경찰의) 사건 기록부

scam [skæm]
n. 신용 사기,
vt. ~을 속이다, 사기치다

finagle [fɪneɪgl]
vt. 속임수를 쓰다, 속임수를 써서 얻다

gallows [gæloʊz]
n. 교수대

plumb bob [plʌm bɑːb]
n. 추, 측연

spool [spuːl]
n. 실패, 얼레,
vt. ~을 실패에 감다(풀다)

demeanor [dimiːnər]
n. 처신, 거동, 행실, 품행

hardy [hɑːrdi]
adj. 튼튼한, 건장한, 내구력이 강한

meteor [miːtiə(r)]
n. 유성, 별똥별

136 IELTS Vocabulary

repudiate [rɪpjuːdieɪt]	vt.	~을 거부하다, 거절하다, ~을 부인하다, ~와 의절하다	2959
crystallize [krɪstəlaɪz]	vt.	결정시키다, 정화시키다	2960
commandeer [kɑːməndɪr]	vt. vi.	복무시키다, 징병하다, 인원을 징용하다, 물자를 징발하다	2961
sycophant [sɪkəfænt]	n.	아첨꾼, 알랑쇠	2962
nemesis [neməsɪs]	n.	응당 받아야 할 (피할 수 없는) 벌, 천벌	2963
polymath [pɑːlimæθ]	n.	박식가, 박식한 사람	2964
rarefied [rerəfaɪd]	adj.	(지위·계급이) 매우 높은, (기술·교양 등이) 고원한, 난해한	2965
syllogism [sɪlədʒɪzəm]	n.	삼단 논법	2966
diction [dɪkʃn]	n.	말씨, 말투, 어법, 용어, 문체	2967
incense [ɪnsens]	n. vt.	(종교 의식에 쓰이는) 향, 몹시 화나게 하다, 격분하게 하다	2968
portent [pɔːrtent]	n.	(특히 불길한) 전조, 징후	2969
embroil [ɪmbrɔɪl]	vt.	(언쟁 등에) 휘말리게 만들다	2970
entropy [entrəpi]	n.	[물리] 엔트로피 (열역학적 물리량의 하나), 균질화, (질의) 저하, 붕괴	2971
hobble [hɑːbl]	vt. vi.	~을 절름거리게 하다, 방해하다, 절름거리다, 절름절름 걷다	2972
expedite [ekspədaɪt]	vt.	더 신속히 처리하다	2973
complication [kɑːmplɪkeɪʃn]	n.	복잡, 복잡화, 복잡한 상태, 착잡, 분규	2974
digression [dɪɡreʃən]	n.	지엽으로 흐름, 여담, 탈선	2975
ceremonial [serɪmoʊniəl]	adj. n.	의식의, 의례상의, 의식, 예식	2976
peripheral [pərɪfərəl]	adj. n.	주위의, 주변의, 중요하지 않은, 말초적인, [컴퓨터] 주변 장치	2977
critic [krɪtɪk]	n. adj.	혹평가, 흠잡는 사람, 비판적인	2978
transgress [trænzɡres]	vt.	(도덕적·법적 한계를) 넘어서다, 벗어나다	2979
captious [kæpʃəs]	adj.	흠잡기 잘하는, 말꼬리를 잡고 늘어지는, 짓궂은	2980
disparity [dɪspærəti]	n.	(한쪽에 불공평한) 차이	2981
provincial [prəvɪnʃl]	adj. n.	지방의, 촌스러운, 편협한, 지방 주민, 야인	2982
atlas [ætləs]	n.	지도책	2983
alarming [əlɑːrmɪŋ]	adj.	걱정스러운, 두려운	2984

DAY 43

2985	**coda** [koʊdə]	n.	(악곡·악장 등의) 종결부, 코다
2986	**cull** [kʌl]	vt. n.	(~에서) 고르다, (쓸모 없는 동물)을 가려내다, 선택, 도태
2987	**spew** [spju:]	vi. vt. n.	토하다, 분출하다, ~을 토해내다, 분출시키다, 토해낸 것
2988	**dwarf** [dwɔ:rf]	n. vt. adj.	난쟁이, ~을 작게 하다, 위축시키다, 조그만, 소형의
2989	**graft** [græft]	vt. n.	~을 접붙이다, 접목하다, 접목, 이식, 융합
2990	**infinite** [ɪnfɪnət]	adj. n.	헤아릴 수 없는, 무수한, 무한, 무한대
2991	**rousing** [raʊzɪŋ]	adj. n.	분발시키는, 활발한, 선동, 소동, 질책
2992	**disposable** [dɪspoʊzəbl]	adj.	처분(처치)할 수 있는, 쓰고 버리는, 일회용의
2993	**permutation** [pɜ:rmjuteɪʃn]	n.	순열, 치환
2994	**salutation** [sæljuteɪʃn]	n.	인사, 인사하기, 인사말, 인사하는 행동 (절·악수 등)
2995	**supplicate** [sʌpləkeit]	vi. vt.	탄원하다, 애원하다, ~에게 (~을) 탄원하다, 간곡히 부탁하다
2996	**slapstick** [slæpstɪk]	n. adj.	(단순 동작 위주의) 익살, 야단스런 몸놀림과 함께 하는
2997	**zany** [zeɪni]	adj.	엉뚱한, 괴짜 같은
2998	**guise** [gaɪz]	n.	(흔히 평상시와 다르거나 가장된) 겉모습, 외피
2999	**lion's share** [laɪəns ʃer]	n.	제일 좋은(큰) 몫, 알짜
3000	**thesaurus** [θɪsɔ:rəs]	n.	유의어 사전
3001	**fulsome** [fʊlsəm]	adj.	(칭찬·감사·사과 등이) 지나친, 진실성이 안 느껴지는
3002	**infantile** [ɪnfəntaɪl]	adj.	어린애 같은, 유치한, 유아의, 어린애의
3003	**quarrel** [kwɔ:rəl]	vi. n.	싸우다, 말다툼하다, 싸움, 말다툼, 반목, 불화
3004	**exhilarate** [ɪgzɪləreɪt]	vt.	아주 기쁘게 만들다, 생기 나게 만들다, 신나게 만들다
3005	**paradoxical** [pærədaksikəl]	adj.	역설적인, 불합리한, 모순된
3006	**guile** [gaɪl]	n.	간교한 속임수
3007	**husky** [hʌski]	adj. n.	약간 쉰 듯한, 허스키한, (눈썰매를 끄는) 허스키 개
3008	**unspeakable** [ʌnspi:kəbl]	adj.	이루 말할 수 없는, 형언하기 힘든
3009	**bear** [ber]	vt.	참다, 견디다, (책임 등을) 떠맡다, 감당하다
3010	**overwrite** [oʊvərraɪt]	vt.	[컴퓨터] 중복 기재하다, 겹쳐 쓰다

44 DAY

MAZELTOV Vocabulary

오늘의 단어 --> 3011 - 3080

pry [praɪ]	vi. (남의 사사로운 일 등을) 캐다, 파고들다, n. 엿보기, 꼬치꼬치 캐기
self-made [self meɪd]	adj. 자수성가한
conifer [kɑːnɪfə(r)]	n. 구과 식물 (소나무처럼 원추형 방울 열매가 달리는 식물), 침엽수
trustworthy [trʌstwɜːrði]	adj. 신뢰할 수 있는, 믿을 수 있는
fir [fɜː(r)]	n. 전나무
genus [dʒiːnəs]	n. [생물] (생물 분류상의) 속
plaster [plæstə(r)]	n. 회반죽, 석고, 깁스, vt. ~에 회반죽을 바르다, ~을 두껍게 바르다
girder [gɜːrdə(r)]	n. (철제) 대들보, 도리
profanation [prɑfəneɪʃən]	n. 신성 모독, 오용
remiss [rɪmɪs]	adj. 태만한
wistful [wɪstfl]	adj. (지난 일을) 애석해하는, 아쉬워하는
emphatic [ɪmfætɪk]	adj. (말 따위에) 강세가 있는, 어조가 강한, 현저한, 두드러진, 명확한
gauzy [gɔːzi]	adj. 얇게 비치는
appraise [əpreɪz]	vt. ~을 평가하다, ~의 값을 매기다
scrunch [skrʌntʃ]	vt. 돌돌 구기다, 더 작게 만들다, vi. 뽀드득뽀드득 소리를 내다
downcast [daʊnkæst]	adj. 의기 소침한, 풀이 죽은, (눈 따위가) 아래로 향한, 눈을 내리깐
jealous [dʒeləs]	adj. 질투심 많은, 시기하는, 조심하는, 경계하는
blanch [blæntʃ]	vt. ~을 희게 하다, 바래다, 표백하다, vi. 희어지다, 창백해지다

3029	**deify** [deɪɪfaɪ]	vt. ~을 신격화하다, 신으로 받들다
3030	**foist** [fɔɪst]	vt. ~을 억지로 떠맡기다, 속여 팔다, ~을 들이대다
3031	**sarcastic** [sɑːrkæstɪk]	adj. 빈정대는, 비꼬는
3032	**confront** [kənfrʌnt]	vt. ~에 직면하다, ~에 맞서다, 적대하다
3033	**luncheon** [lʌntʃən]	n. 오찬
3034	**foregone conclusion** [fɔːrgɔːn kənkluːʒən]	n. 뻔한 결과, 필연적인 결론, 처음부터 알고 있는 결론
3035	**discount** [dɪskaʊnt]	vt. (계산·요금 따위에서) (일정액)을 감하다, 할인하다
3036	**thorny** [θɔːrni]	adj. 가시가 많은, 골치 아픈, 고통스러운
3037	**otherwise** [ʌðərwaɪz]	adv. 다른 경우라면, 그렇지 않다면, adj. 다른 경우라면 ~인, 다른
3038	**idiosyncrasy** [ɪdiəsɪŋkrəsi]	n. 특이한 성격(방식), 성벽, 별스러운 점
3039	**queer** [kwɪr]	adj. 기묘한, 괴상한
3040	**pork** [pɔːrk]	n. 돼지고기
3041	**packer** [pækə(r)]	n. 포장 담당 직원, 포장용 기계, 포장 전문 업체
3042	**exodus** [eksədəs]	n. (많은 사람들이 동시에 하는) 탈출, 이동
3043	**frivolous** [frɪvələs]	adj. 경솔한, 시시한, 보잘것없는
3044	**slave** [sleɪv]	n. 노예, vi. 노예처럼 일하다, vt. ~을 노예로 삼다
3045	**snowdrift** [snoʊdrɪft]	n. 바람에 날려 쌓인 눈 더미
3046	**butt** [bʌt]	vt. (머리로) 들이받다, 밀다, n. (무기도구의) 뭉툭한 끝, (담배) 꽁초
3047	**hireling** [haɪərlɪŋ]	n. 돈만 주면 뭐든 하는 사람
3048	**vapid** [væpɪd]	adj. 흥미롭지 못한, 지적이지 못한
3049	**lavish** [lævɪʃ]	vt. ~을 아낌없이 주다, 낭비하다, adj. 아낌없는, 헤픈, 호화로운
3050	**time-honored** [taɪm ɑnərd]	adj. 예로부터의, 유서깊은, 전통적인
3051	**tragedian** [trədʒiːdiən]	n. 비극 배우, 비극 작가
3052	**charity** [tʃærəti]	n. 자선, 자비심, 자선기금, 자선 단체, 자선 시설
3053	**charitable** [tʃærətəbl]	adj. 자비로운, 너그러운, 자선의, 사업의
3054	**disfigure** [dɪsfɪgjər]	vt. ~의 외관을 손상시키다, 가치를 손상시키다

bombard [bɑːmbɑːrd]	vt.	~을 포격하다, 폭격하다, ~에게(불평·질문을) 퍼붓다
maven [meɪvn]	n.	전문가
hyperbole [haɪpɜːrbəli]	n.	과장법
imperative [ɪmperətɪv]	adj.	(행동·사정 따위가) 피할 수 없는, 필수적인, 긴급한, 중요한
disquisition [dɪskwɪzɪʃn]	n.	논고, 논문
nicety [naɪsəti]	n.	미세한 점, 미묘한 점, 세부, 까다로움, 엄격함
inflection [ɪnflekʃn]	n.	굴곡, 만곡, 소리(음조)의 변화, 억양
unbutton [ʌnbʌtn]	vt.	~의 단추를 끄르다, 풀다
quill [kwɪl]	vt. n.	(새)에서 깃을 뽑아내다, 침으로 찌르다, (새 날개·꼬리의 빳빳한) 깃
euphemistic [juːfəmɪstɪk]	adj.	완곡 어법의, 완곡한
dull-witted [dʌl wɪtɪd]	adj.	이해가 느린, 둔한
atone [ətoʊn]	vi.	속죄하다
stipulation [stɪpjuleɪʃən]	n.	계약, 약정, 조항, 조건
renege [rɪniːg]	vi.	(약속·합의 등을) 어기다, 저버리다, 취소하다
intestine [ɪntestɪn]	n.	장, 창자
preconception [priːkənsepʃn]	n.	예상
ill-conceived [ɪl kənsiːvd]	adj.	계획(구상)이 잘못된
flippant [flɪpənt]	adj.	경솔한, 건방진
pestilence [pestɪləns]	n.	악성 전염병, 역병
beat-up [biːt ʌp]	adj.	낡아빠진, 닳아빠진
mournful [mɔːrnfl]	adj.	애절한
skewer [skjuːə(r)]	n. vt.	꼬챙이, 꼬치, ~을 꼬챙이에 꿰다, 꽂다, 고정시키다
topical [tɑːpɪkl]	adj.	화제의, 논제의, 시사 문제의
loopy [luːpi]	adj.	교활한, 상궤를 벗어난, 머리가 이상한
reference [refrəns]	n. vt.	참조, 참고, 인용문, (책)에 참조 사항을 달다
poignant [pɔɪnjənt]	adj.	가슴 아픈, 가슴 저미는

45 DAY

MAZELTOV Vocabulary

오늘의 단어 --> 3081 - 3150

prognosis [prɑ:gnoʊsɪs] — n. (질병의) 예후 (치료 뒤의 경과 예상), 예언, 예상 3081

enlist [ɪnlɪst] — vi. 입대하다, 협력하다, vt. 입대시키다, (남)의 협력·지지를 얻다 3082

feline [fi:laɪn] — adj. 고양이 같은, 고양잇과의, n. 고양잇과의 동물, 고양이 3083

appall [əpɔ:l] — vt. 오싹하게 하다, 질겁하게 하다, 질리게 하다 3084

momentum [moʊmentəm] — n. (움직이는 물체 따위의) 타성, 타력, 여세 3085

vitality [vaɪtæləti] — n. 활력 3086

argumentative [ɑ:rgjumentətɪv] — adj. 따지기 좋아하는, 시비를 거는 3087

contemptuous [kəntemptʃuəs] — adj. 경멸하는, 업신여기는 3088

revisionist [rɪvɪʒənɪst] — n. 수정론자 3089

burnish [bɜ:rnɪʃ] — vt. (금속을) 윤을 내다, 광을 내다 3090

procession [prəseʃn] — n. 행렬, 행진, 전진, vi. 행렬을 지어 나아가다 3091

outgrow [aʊtgroʊ] — vt. ~보다 크게 성장하다, vi. (식물이) 벗어나오다, 돌출하다 3092

instruction [ɪnstrʌkʃn] — n. 가르치는 것, 교육, 지시, 명령 3093

basal [beɪsl] — adj. 기저가 되는, 기초가 되는, 토대가 되는 3094

downright [daʊnraɪt] — adj. (나쁜 의미로 쓰여) 완전한, 순전한, adv. 철저히, 완전히 3095

kindred [kɪndrəd] — adj. 동종의, 유사한, 마음이 맞는, n. 친족, 동족 3096

counterpoise [kaʊntərpɔɪz] — n. 평형, 균형, vt. ~을 균형을 이루게 하다 3097

disequilibrium [dɪsi:kwɪlɪbriəm] — n. 불안정, 불균형 3098

exclaim [ɪkskleɪm]	vi.	외치다, 소리치다, 강하게 항의하다
tribunal [traɪbjuːnl]	n.	(특별한 문제를 다루는) 재판소, 법원, 조사 위원회, 심사 위원회
preempt [priempt]	vt.	~을 미리 획득하다, 선취하다, 선매권으로 ~을 획득하다
disembodied [dɪsɪmbɑːdid]	adj.	육체를 갖지 않은, 현실과 떨어진, 실체가 없는
haunting [hɔːntɪŋ]	adj.	잊을 수 없는, 잊혀지지 않는
irate [aɪreɪt]	adj.	성난, 격분한
contrived [kəntraɪvd]	adj.	억지로 꾸민 듯한, 부자연스러운
dilatory [dɪlətɔːri]	adj.	미적거리는, 지체시키는
incantation [ɪnkænteɪʃn]	n.	(마술을 걸기 위한) 주문, 주문을 외기
disaffected [dɪsəfektɪd]	adj.	불만을 품은, 반감을 품은
restitution [restɪtuːʃn]	n.	상환, 반환, 손해 배상, 변상, 복권, 복직
levy [levi]	n. vt. vi.	(세금 등의) 추가 분담금, (세금 따위)를 부과하다, 과세하다
levee [levi]	n. vt.	(강·댐의) 제방, ~에 제방(둑)을 쌓다
servility [səːrvɪləti]	n.	노예 상태, 노예 근성, 비굴, 맹종
visionary [vɪʒəneri]	adj. n.	환영의, 몽상적인, 환영으로 나타나는, 공상가, 몽상가
replicate [replɪkeɪt]	vt. n. adj.	~을 반복하다, 반복되는 것, 복제되는 것, 반복되는
contain [kənteɪn]	vt.	~을 가지다, 포함하다, (부정어와 함께) ~을 억누르다, 억제하다
scathing [skeɪðɪŋ]	adj.	(비판이) 준열한, 통렬한, 가차 없는
extemporize [ɪkstempəraɪz]	vi. vt.	즉흥적으로 연설(노래·작곡·연주)하다, ~을 즉흥적으로 만들다
dissolute [dɪsəluːt]	adj.	방종한
unprincipled [ʌnprɪnsəpld]	adj.	절조 없는
prescriptive [prɪskrɪptɪv]	adj.	규정하는, 지시하는, 명령하는, 오랜 관례의, 오랜 관행의
mandate [mændeɪt]	n. vt.	권한, 위임 사항, 권한을 위임하다, 명령하다
economize [ɪkɑːnəmaɪz]	vi.	절약하다, 아끼다
arrest [ərest]	vt. n.	체포하다, 저지하다, 체포, 검거, 정지, 억지
relive [riːlɪv]	vt.	(특히 상상 속에서) 다시 체험하다

champ [tʃæmp]	vi.vt. (특히 말이) 우적우적 먹다	3125	**lax** [læks]	adj. 조심성 없는, 태만한, n. (음성) 이완음, 모음	3138
devious [díːviəs]	adj. 우회하는, 에두르는, 꾸불꾸불한, 도리에서 벗어난	3126	**retrench** [rɪtrentʃ]	vt. ~을 절약하다, 긴축하다, 줄이다, vi. 절약하다	3139
chubby [tʃʌbi]	adj. 통통한, 토실토실한	3127	**ineffable** [ɪnéfəbl]	adj. 형언할 수 없는	3140
literal [lítərəl]	adj. 문자 그대로의, 사실에 충실한	3128	**tenable** [ténəbl]	adj. (진지 따위가) 공격에 견딜 수 있는, (학설 따위가) 비판에 견딜 수 있는	3141
vernacular [vərnǽkjələ(r)]	adj. (언어가) 제나라의, (그 땅에) 고유한, n. 자국어, 고유 언어	3129	**churlish** [tʃɜːrlɪʃ]	adj. 막된, 무례한	3142
imbecile [ímbəsl]	adj. 저능한, 정신 박약의, n. 정신 박약자, 바보	3130	**misnomer** [mɪsnóʊmə(r)]	n. 부적절한 명칭, 부정확한 단어	3143
remonstrate [rɪmɑ́ːnstreɪt]	vi. ~에게 항의하다, 불평하다	3131	**acclamation** [ækləméɪʃn]	n. (환영·찬양 따위의) 환호성, 박수 갈채	3144
intercede [ɪntərsíːd]	vi. (~을 위해) (~에게) 탄원하다, 선처를 호소하다, 중재에 나서다	3132	**machination** [mæʃɪnéɪʃn]	n. 교묘한 책략, 술책	3145
perennial [pəréniəl]	adj. (상당 기간) 지속되는, 영속적인, 영원한	3133	**revivalist** [rɪváɪvəlɪst]	n. (옛 관습 따위를) 부흥시키는 사람, 부흥 운동자, 전도자	3146
chronology [krənɑ́ːlədʒi]	n. 연대순, 연대표	3134	**insatiable** [ɪnséɪʃəbl]	adj. 채울 수 없는, 만족시킬 수 없는, 만족할 줄 모르는	3147
licentious [laɪsénʃəs]	adj. 음탕한, 음란한	3135	**slovenly** [slʌ́vnli]	adj. (외모·행실이) 지저분한	3148
rapturous [rǽptʃərəs]	adj. 황홀해하는, 열광적인	3136	**cannibalism** [kǽnəbəlɪzm]	n. 야만, 만행, 식인 (풍습), 동족끼리 잡아먹기	3149
propitiatory [prəpíʃiətɔːri]	adj. 달래는, 회유하는	3137	**picayune** [pɪkɪjúːn]	adj. 얼마 안되는, 쓸모없는, 인색한, n. 잔돈, 하찮은 사람(것)	3150

MAZELTOV Vocabulary

오늘의 단어 --> 3151 - 3220

protean [proʊtiən]	adj. 변화무쌍한	3151
quixotic [kwɪksɑːtɪk]	adj. 비현실적인, 공상적인	3152
surmise [sərmaɪz]	vi.vt. 추측하다, 짐작하다, n. 추측, 억측	3153
avert [əvɜːrt]	vt. ~을 돌리다, 비키다, (사고·위험 등)을 피하다, 막다	3154
antiquarian [æntɪkweriən]	adj. 골동품 수집(연구)의, 골동품을 좋아하는, n. 골동품 애호가	3155
masterful [mæstərfl]	adj. 주인 티를 내는, 건방진	3156
embolden [ɪmboʊldən]	vt. ~에게 용기를 주다, ~을 대담하게 하다	3157
dilettante [dɪlətænti]	n. 딜레탕트, 아마추어 예술(평론)가	3158
sooth [suːθ]	n. 진실, 사실, adj. 부드러운, 마음을 달래주는, 진실의	3159
profiteer [prɑfitiər]	n. 폭리를 취하는 사람, 부당 이득자, vi. (~으로) 폭리를 취하다	3160
decipher [dɪsaɪfə(r)]	vt. 판독하다, 해독하다	3161
deterrent [dɪtɜːrənt]	adj. 단념하게 하는, 방해하는, n. 단념하게 하는 것, 억지물, 제지물	3162
panacea [pænəsiːə]	n. 만병치료제, 만병통치약	3163
convivial [kənvɪviəl]	adj. 명랑한, 유쾌한	3164
syncopate [sɪŋkəpeɪt]	vt. [음악] (강세를) 강세가 없는 박자에 두다, (악절 등)에 당김음을 쓰다	3165
mellifluous [melɪfluəs]	adj. (음악·사람의 목소리가) 달콤한, 감미로운	3166
prescient [presiənt]	adj. 선견지명이 있는, 예지력이 있는	3167
sedulous [sedʒələs]	adj. (자기 일에) 공을 들이는, 정성을 다하는	3168

halcyon [hælsiən]	adj. 평온한	3169
mannered [mænərd]	adj. (예술가·스타일 등이) 틀에 박힌, 매너리즘에 빠진	3170
paragon [pærəgɑːn]	n. 귀감, 모범	3171
bounty [baʊnti]	n. 은혜, 자비심, 박애, (정부의) 장려금, 보조금	3172
solitary [sɑːləteri]	adj. 혼자의, 외로운, 고독한	3173
doctrinaire [dɑːktrəner]	adj. 교조적인, n. 공론가	3174
illusory [ɪluːsəri]	adj. 환상에 불과한	3175
outrage [aʊtreɪdʒ]	vt. 폭력을 휘두르다, 난폭한 짓을 하다, n. 유린, 불법 행위, 무례	3176
deter [dɪtɜːr]	vt. ~을 단념시키다, 그만두게 하다	3177
refutable [rɪfjuːtəbl]	adj. 논박할 수 있는, 논파할 수 있는	3178
expediency [ɪkspiːdiəns(i)]	n. 편의, 편리한 방법, 편의주의	3179
complement [kɑːmplɪmənt]	vt. ~을 보충하다, 보태다, 보완하다, n. 보충물, 보완물	3180
magnitude [mægnɪtuːd]	n. 크기, 중요함, 다량	3181
tongue-in-cheek [tʌŋ in tʃiːk]	adj. 반놀림조의, 성실치 못한, 비꼬는	3182
panoply [pænəpli]	n. (많은 수의 인상적인) 모음, 집합	3183
commiseration [kəmɪzəreɪʃn]	n. (시합에서 진 사람에 대한) 위로의 표현, 동정의 표현	3184
reconciliation [rekənsɪlieɪʃn]	n. 조정, 화해, 조화, 일치	3185
so much adj as N [soʊ mʌtʃ (adj) əz (N)]	idiom N 만큼(처럼) adj 하다	3186
preternatural [priːtərnætʃrəl]	adj. 기이한, 초자연적인	3187
stand-offish [stænd ɔːfɪʃ]	adj. (남에게) 쌀쌀한, 냉담한	3188
offish [ɔːfɪʃ]	adj. 새치름한, 쌀쌀한, 교제를 피하는	3189
notwithstanding [nɑːtwɪθstændɪŋ]	prep. ~에도 불구하고, conj. ~임에도 불구하고, adv. 그럼에도 불구하고	3190
interdisciplinary [ɪntərdɪsəplineri]	adj. 학제간의 (여러 학문 분야가 관련된)	3191
coalesce [koʊəles]	vi. (더 큰 덩어리로) 합치다	3192
gloom and doom [gluːm ən duːm]	n. 비관, 어두운 전망	3193
extemporaneous [ekstempəreiniəs]	adj. (연설·연기·연주 등이) 즉석의, 미봉책의, 임시변통의	3194

#	Word	POS	Meaning
3195	**supplication** [sʌplɪkeɪʃn]	n.	탄원, 애원
3196	**permute** [pərmjuːt]	vt.	~의 순서를 바꾸다, ~을 변경하다, 교환하다
3197	**provocative** [prəvɑːkətɪv]	adj. / n.	화나게 하는, 약 올리는, 자극적인, / 화나게 하는 것
3198	**flattering** [flætərɪŋ]	adj.	아부하는, 아첨하는, 유망한
3199	**attached** [ətætʃt]	adj.	~에 애착을 느끼는, ~에 소속된
3200	**desert** n.[dezərt] v.[dɪzəːrt]	n. / vt. / vi.	사막, / 버리다, 떠나다, / 탈영하다, 탈주하다
3201	**desertion** [dɪzəːrʃən]	n.	탈주, 유기, 탈영, 전향
3202	**ease** [iːz]	n. / vt.	(몸의) 안락, 편안, / (괴로움·긴장 따위)를 완화하다, 가볍게 하다
3203	**surprise** [sərpraɪz]	vt. / n.	~을 깜짝 놀라게 하다, 불시에 덮치다, 기습하다, / 놀람
3204	**villainy** [vɪləni]	n.	악행
3205	**occasion** [əkeɪʒn]	n. / vt.	때, 경우, / (걱정 등)을 불러일으키다, ~의 원인이 되다
3206	**character** [kærəktə(r)]	n. / vt.	성격, 기질, / (성격)을 묘사하다, ~을 조각하다, 새기다
3207	**rail** [reɪl]	n. / vi.	난간, 걸이, 레일, / 격분하다
3208	**favoritism** [feɪvərɪtɪzm]	n.	편애, 편파, 정실 (unfair partiality)
3209	**virology** [vaɪrɑːlədʒi]	n.	바이러스학
3210	**shatter** [ʃætə(r)]	vt. / vi.	~을 산산이 부수다, / 산산이 부서지다, 산산조각이 나다
3211	**blend** [blend]	vt. / vi.	~을 섞다, / 섞이다, 혼합되다
3212	**puncture** [pʌŋktʃə(r)]	n. / vt.	찌르기, 구멍을 뚫기, / ~을 찌르다, 상처를 입히다, 상하게 하다
3213	**dash** [dæʃ]	vt. / vi.	~을 때려 부수다, 내던지다, / 돌진하다, 기세 좋게 달리다
3214	**impropriety** [ɪmprəpraɪəti]	n.	(책임 있는 자리에 있는 사람으로서) 부적절한 행동, 부도덕한 행동
3215	**apocryphal** [əpɑːkrɪfl]	adj.	출처가 불분명한, 사실이 아닐 듯한
3216	**ascendancy** [əsendənsi]	n.	지배력(영향력)을 행사할 수 있는 위치
3217	**atrophy** [ætrəfi]	n. / vt. / vi.	쇠퇴, 퇴화, / 위축시키다, 쇠퇴시키다, / 위축되다, 쇠퇴하다
3218	**wheedle** [wiːdl]	vt.	(듣기 좋은 말로) 구슬리다, 꾀다
3219	**burlesque** [bɜːrlesk]	n. / adj. / vt.	풍자극, 익살극, / 코믹한, 희화화한, / ~을 희화화하다
3220	**verdict** [vɜːrdɪkt]	n.	(배심원의) 평결, (일반적으로) 판단, 판정

47 DAY

MAZELTOV Vocabulary

오늘의 단어 --> 3221 - 3290

aphorism [ǽfərìzəm] 3221
n. 경구, 격언

chatty [tʃǽti] 3222
adj. 수다스러운, 말하기 좋아하는, 격의 없는

attend [əténd] 3223
vt. ~에 참석하다, 출석하다, ~의 곁에서 시중들다,
vi. 경청하다, 참석하다

misconstrue [mìskənstrúː] 3224
vt. ~의 뜻을 잘못 짚다, 잘못 해석하다

diaphanous [daiǽfənəs] 3225
adj. 아주 얇은, 속이 비치는

miserable [mízrəbl] 3226
adj. (사람·기분·생활 따위가) 비참한, 불행한, 슬픈

misery [mízəri] 3227
n. 비참, 처량함, 불행, 궁핍

spendthrift [spéndθrìft] 3228
n. 돈 씀씀이가 헤픈 사람,
adj. 낭비하는, 방탕한

tepid [tépid] 3229
adj. 미지근한, 열의가 없는, 활기가 없는, 시들한

necking [nékiŋ] 3230
n. (이성간) 포옹, 키스, 애무,
[건축] 기둥머리의 목부분 쇠시리

unrehearsed [ʌnrihə́ːrst] 3231
adj. 리허설(연습)을 하지 않은

militarist [mílətərist] 3232
n. 군국주의자, 군사 전문가, 군사 연구가, 전략가, 전술가

distress [distrés] 3233
n. 고민, 걱정, 비탄,
vt. ~을 괴롭히다, 슬프게 하다

memoir [mémwɑː(r)] 3234
n. 언행록, 자서전, 회고록

biography [baiɑ́grəfi] 3235
n. 전기

autograph [ɔ́ːtəgrǽf] 3236
n. 자필, 서명,
adj. 자필의,
vt. ~에 서명하다, 사인하다

deck [dek] 3237
n. 갑판,
vt. ~을 꾸미다, 치장하다

exclamation [èksklənméiʃn] 3238
n. 외침, 절규, 감탄사

brass band [bræs bænd]	n.	브라스 밴드 (금관악기들로 구성된 악단)
jaunty [dʒɔːnti]	adj.	명랑한, 쾌활한, 멋부리는, 말쑥한
anthem [ænθəm]	n.	축가, 찬가, 송가
exhilaration [igzilərei∫ən]	n.	기분을 복돋우기, 상쾌, 유쾌, 명랑
tonality [toʊnæləti]	n.	음조성, [음악] 조성
ominous [ɑːmɪnəs]	adj.	불길한
onerous [ɑːnərəs]	adj.	아주 힘든, 부담되는, 짐스러운
console [kənsoʊl]	vt.	~을 위로하다, 힘내게 하다
condole [kəndoʊl]	vi. vt.	문상하다, 조문하다, 위안하다, ~을 위안하다
espionage [espiənɑːʒ]	n.	스파이(간첩) 행위
nightshade [naɪtʃeid]	n.	가지속의 식물, 까마종이류의 식물
pate [peɪt]	n.	(머리털이 없는) 정수리
level [levl]	adj. n. vt.	평평한, 동등한, 수평, 수준, 단계, ~을 수평(균등)하게 하다
tan [tæn]	n. adj. vi. vt.	황갈색, 황갈색의, (피부가 갈색으로) 햇볕에 타다, 그을리다
lather [læðə(r)]	n. vt. vi.	비누 거품, ~에 비누 거품을 일으키다, 거품이 일다
peek [piːk]	vi. n.	엿보다, 엿보기
saffron [sæfrən]	n.	[식물] 사프란, 선황색
abide [əbaɪd]	vi. vt.	머무르다, 체류하다, ~을 참다, 견디다
glaze [gleɪz]	n. vt.	(표면의) 윤, 광택, (창 따위)에 유리를 끼우다, 광택제를 칠하다
glimpse [glɪmps]	vi. vt. n.	(~을) 힐끗 보다, 힐끗 보기, 어렴풋이 알아채기
unleash [ʌnliːʃ]	vt.	~을 풀어놓다, 해방시키다, (감정 따위)를 폭발시키다
imponderable [ɪmpɑːndərəbl]	n. adj.	헤아리기 힘든 요소(것), 가늠하기 힘든 요소(것), 전혀 상상이 안 가는
omnipotent [ɑːmnɪpətənt]	adj.	전능한
stein [staɪn]	n.	(보통 오지로 만들고 뚜껑이 있는) 큰 맥주잔
furious [fjʊriəs]	adj.	격노한, 날뛰는, 격심한, 광포한, 맹렬한
expound [ɪkspaʊnd]	vt.	~을 상술하다, 자세히 설명하다

mystique [mɪstiːk]	n.	신비로움, 비밀스러움 (그래서 재미있고 매력적으로 보임을 나타냄) 3265	**tweed** [twiːd]	n. 트위드, 트위드 천으로 만든 옷, adj. 트위드의 3278
glisten [glɪsn]	vi.	반짝이다, 번들거리다 3266	**mimeograph** [mɪmiəɡræf]	n. 등사판, 등사 기계, 등사 인쇄물, vt. ~을 등사판으로 인쇄하다 3279
multifaceted [mʌltifæsɪtɪd]	adj.	다면적인 3267	**shortchange** [ʃɔːrtʃeɪndʒ]	n. 부족한 거스름돈, vt. ~에게 거스름돈을 덜 주다, ~을 속이다 3280
weedy [wiːdi]	adj.	잡초가 많은, (사람·짐승이) 마른, 호리호리한 3268	**warhead** [wɔːrhed]	n. (미사일의) 탄두 3281
whirl [wɜːrl]	vi. vt. n.	빙빙 돌다, 선회하다, ~을 회전시키다, 빙빙 돌기, 선회 3269	**spear** [spɪr]	n. 창, (식물의 뾰족한) 줄기, vt. (창 등으로) 찌르다, (물고기를) 작살로 잡다 3282
shove [ʃʌv]	vt. vi. n.	~을 밀어붙이다, 밀치다, 밀다, 떠밀기 3270	**chip** [tʃɪp]	n. 한 토막, 부서진 조각, vt. ~을 자르다 깎아내다, vi. 잘게 빻아지다 3283
rabble [ræbl]	adj. vt. n.	폭도의, 소란한, ~을 (떼지어) 습격하다, 어중이떠중이, 오합지졸 3271	**mastodon** [mæstədɑn]	n. 마스토돈 (코끼리 비슷한 동물) 3284
vile [vaɪl]	adj.	비열한, 몹시 나쁜, 빈약한, 저급의 3272	**seafarer** [siːferə(r)]	n. 선원, 뱃사람 3285
gush [gʌʃ]	vi. vt.	(~에서) 세차게 흘러나오다, 솟아나오다, 열정적으로 지껄여대다 3273	**provable** [pruːvəbl]	adj. 입증할 수 있는 3286
rivet [rɪvɪt]	n. vt.	대갈못, (눈·주의)를 집중하다, (~의 마음)을 빼앗다 3274	**landlubber** [lændlʌbə(r)]	n. 풋내기 선원, 풋내기 뱃사람 3287
pedagogy [pedəɡɑːdʒi]	n.	교육학 3275	**unclutter** [ʌnklʌtər]	vt. 정돈하다, 어지른 것을 치우다 3288
nil [nɪl]	n. adj.	무, 전무, 없는, 존재하지 않는, 전무한 3276	**propulsion** [prəpʌlʃn]	n. 추진, 추진력 3289
treasure [treʒə(r)]	vt. n.	~을 저축하다, 소중히 하다, 보물, 중요한 사람(것) 3277	**grim** [ɡrɪm]	adj. 단호한, 무서운, 험악한 3290

MAZELTOV Vocabulary

오늘의 단어 --> 3291 - 3360

glean [gliːn]	vt.	(정보·지식 등을 어렵게 여기저기서) 얻다, 모으다, 3291
	vi.	~에서 주워 모으다
gleam [gliːm]	vi.	번쩍이다, 반짝 빛나다, 3292
	n.	희미한 빛, 어슴푸레한 빛
insidious [ɪnsɪdiəs]	adj.	서서히 퍼지는, 은밀히 퍼지는 3293
smutty [smʌti]	adj.	(이야기·그림·말 등이) 외설적인, 지저분한 3294
hindsight [haɪndsaɪt]	n.	(일이 다 벌어진 뒤에) 사정을 다 알게 됨, 뒤늦은 깨달음 3295
heretical [həretɪkəl]	adj.	이교의, 이단의, 이설의, 이단자의 3296
throe [θroʊ]	n.	심한 고통, 고뇌, 죽음의 고통, 산고, 3297
	vi.	고민하다, 괴로워하다
behoove [bɪhuːv]	vt.	(사람)에게 있어 ~하는 것은 당연한 일(의무)이다, ~할 값어치가 있다 3298
muse [mjuːz]	vi.	명상하다, 심사숙고하다, 3299
	vt.	~을 깊이 생각하다,
	n.	명상
crumple [krʌmpl]	vt.	~을 구기다, 3300
	vi.	구겨지다, 쭈글쭈글해지다,
	n.	주름, 구김살
tenement [tenəmənt]	n.	(특히 도시 빈민 지역 내의) 공동 주택, 다세대 주택 3301
pittance [pɪtns]	n.	(살기에 턱없이 부족한) 아주 적은 돈, 얼마 안 되는 돈 3302
copyist [kɑːpiɪst]	n.	(문서나 예술 작품의) 복사 담당자, 복제 담당자 3303
forger [fɔːrdʒə(r)]	n.	(지폐·서류 등의) 위조범 3304
gargoyle [gɑːrgɔɪl]	n.	(교회 등의 건물에서 홈통 주둥이로 쓰는) 괴물 석상 3305
disposal [dɪspoʊzl]	n.	(무엇을 없애기 위한) 처리, (사업체·부동산 등의) 처분 3306
chortle [tʃɔːrtl]	vi.	(기쁘거나 재미있어서) 깔깔거리다 3307
buzzword [bʌzwɜːrd]	n.	(언론 등에서 많이 사용되는) 유행어 3308

veiled [veɪld]	adj. 베일을 친, 숨겨진, 가장한, (음·소리가) 분명치 않은	**filial** [fíliəl]	adj. (부모에 대한) 자식의
drapery [dréɪpəri]	n. 휘장, 덮개, 긴 커튼, 의복, vt. 휘장으로 장식하다	**opprobrium** [əpróʊbriəm]	n. (대중의) 맹비난
hoary [hɔ́ːri]	adj. 백발의, 오래된, 진부한, 생기가 없는	**missionary** [míʃəneri]	n. (외국에 파견되는) 선교사
vouchsafe [vaʊtʃseɪf]	vt. (누구에게 특별한 혜택이 될 만한 것을) 주다, 제공하다, 말해 주다	**hail** [heɪl]	vt. (아주 훌륭한 것으로) 묘사하다, 일컫다, vi. 우박이 쏟아지다
firsthand [fə́ːrstháend]	adv. 직접, 바로, 직접 체험에 의해, adj. 직접 사들인, 직접 얻은	**lifelike** [laɪflaɪk]	adj. 실물과 똑같은
preferment [prɪfə́ːrmənt]	n. 승진, 승격, 승급	**unsophisticated** [ʌnsəfístɪkeɪtɪd]	adj. 단순한, 복잡하지 않은, 정교하지 않은
mea culpa [meɪə kʊ́lpə]	ex. [라틴어에서] 내 탓이로소이다	**lush** [lʌʃ]	adj. 무성한, 우거진, 멋진
inheritance [ɪnhérɪtəns]	n. 상속 재산, 계승물, 상속권, (신·자연으로부터 받은) 혜택	**dine** [daɪn]	vi. 식사를 하다, 만찬을 들다
bequeath [bɪkwíːð]	vt. (동산)을 유증하다, (후세에) 전하다, 남기다	**incision** [ɪnsíʒn]	n. (특히 외과 수술 중의) 절개
overbear [óʊvərbéər]	vt. ~을 짓이기다, 압도하다, ~보다 중요성(설득력)에서 우세하다	**pinprick** [pínprɪk]	vt. 핀으로 구멍을 뚫다, 짓궂게 굴다, n. 핀으로 찌르기
aspiration [æspəreɪʃn]	n. 열망, 갈망, 동경의 대상, 목표, 꿈	**saliva** [səláɪvə]	n. 침, 타액
anomalous [ənɑ́ːmələs]	adj. 변칙의, 이례적인	**warp** [wɔːrp]	n. 비틀림, 굽음, vt. ~을 뒤틀다, 굽히다, vi. 휘어지다, 굽다
anonymous [ənɑ́ːnɪməs]	adj. 작자(저자) 불명의, 신원 불명의, 익명의, 가명의	**ghoul** [guːl]	n. 도굴꾼, 시체 도둑, 잔인한 짓을 하고(보고) 유쾌해 하는 사람

ghoulish	[guːlɪʃ]	adj.	잔인한, 엽기적인, 병적인
wag	[wæg]	vt.	~을 흔들다,
		vi.	흔들리다, 흔들어 신호하다,
		n.	흔듦, 익살꾸러기
riveting	[rɪvɪtɪŋ]	adj.	관심을 사로잡는, 눈을 못 떼게 하는
anonymity	[ænənɪməti]	n.	익명, 무명, 작자 불명, 저자 불명, 신원 불명, 익명인
undertone	[ʌndərtoʊn]	n.	숨은 뜻, 숨은 감정, 함의, 저의
wirepuller	[waɪərpʊlə(r)]	n.	배후 조종자
libertinism	[lɪbərtiːnɪzm]	n.	방탕, 난봉, 자유 사상
stupefaction	[stjuːpəfækʃən]	n.	마비(시킴), 마취(상태), 망연자실, 대경실색
idiocy	[ɪdiəsi]	n.	정신 박약, 바보 같은 행위
censor	[sensə(r)]	vt.	검열하다, (글·말 등을) 삭제하다, 수정하다,
		n.	검열관
preoccupation	[priɑːkjupeɪʃn]	n.	몰두, 편향, 선점, 선취
mystery	[mɪstri]	n.	신비, 불가사의, 비밀, 불명확성
battering	[bætərɪŋ]	n.	구타
connotation	[kɑːnəteɪʃn]	n.	함축, 함축된 의미
concoction	[kənkɑːkʃn]	n.	(음료나 약물의 특이한) 혼합물
trample	[træmpl]	vt.	~을 쿵쿵 밟다, 짓밟다,
		vi.	쿵쿵거리며 걷다, 짓밟다,
		n.	짓밟기
unprecedented	[ʌnpresɪdentɪd]	adj.	전례 없는, 미증유의,
airy	[eri]	adj.	통풍이 잘 되는, 가벼운, 공기의, 명랑한
thrust	[θrʌst]	vt.	~을 밀다, 밀어 넣다,
		vi.	찌르다, 밀다,
		n.	찌르기, 습격
immure	[ɪmjʊr]	vt.	(사람을) 가두다, 유폐시키다
muck	[mʌk]	n.	퇴비, 혼란,
		vt.	~에 거름을 주다,
		vi.	할 일 없이 헤매다
munition	[mjuːnɪʃn]	n.	군수품, 무기, 탄약,
		adj.	군수품의, 군수용의,
		vt.	군수품을 공급하다
loom	[luːm]	vi.	어렴풋이 나타나다, 거대한 모습을 나타내다, 흐릿하게 나타남
dispossess	[dɪspəzes]	vt.	(재산을) 빼앗다, 몰수하다
stifle	[staɪfl]	vt.	~의 숨을 막다, 질식시키다, 억제하다,
		vi.	질식(사)하다, 숨막히다
mediocrity	[miːdiɑːkrəti]	n.	평범, 보통, 평범한 사람

MAZELTOV Vocabulary

오늘의 단어 --> 3361 - 3430

ripple [rɪpl]
n. 잔물결, 파문,
vt. ~에 잔물결을 일으키다,
vi. 파문을 짓다

toffee [tɔːfi]
n. 토피 사탕 (설탕, 버터, 물을 함께 끓여 만든 것)

sheen [ʃiːn]
n. 윤, 윤기, 광택

shaft [ʃæft]
n. 한줄기 광선, 창의 손잡이, 자루,
vt. 자루(채)를 달다, 속이다

complexion [kəmplekʃn]
n. 안색, 피부 빛깔, (사태의) 외관, 형세, 양상

shrewd [ʃruːd]
adj. 빈틈없는, 약삭빠른, 통찰력 있는, 예민한, 기민한

voluptuous [vəlʌptʃuəs]
adj. 관능의 만족에 젖는, 관능적인, 육감적인, 요염한

plump [plʌmp]
adj. 풍만한, 통통한,
vi. 통통하게 살찌다,
vt. ~을 살찌게 하다

pandemonium [pændəmoʊniəm]
n. 대혼란

whip [wɪp]
n. 채찍, 매질,
vt. 매로 때리다, 채찍질하다,
vi. 갑자기 떠나다

porch [pɔːrtʃ]
n. 현관, 차 대는 곳

plunk [plʌŋk]
vt. ~을 털썩하고 던지다, (기타 따위의 줄)을 퉁기다,
vi. 쿵(탕) 하고 울리다

musty [mʌsti]
adj. 퀴퀴한 냄새가 나는

grimace [grɪmeɪs]
n. 찡그린 얼굴, 우거지상,
vi. (불만·고통 따위로) 얼굴을 찡그리다, 찌푸리다

pretension [prɪtenʃn]
n. 겉치레, 구실, 핑계, (요구할) 권리, 자격

vermin [vɜːrmɪn]
n. 해로운 작은 동물, 기생충, 인간 쓰레기, 세상에 해를 끼치는 사람

ravening [rævənɪŋ]
adj. (특히 동물이) 게걸스러운, 먹이를 찾아 날뛰는

whop [hwɑp]
vt. ~을 찰싹 때리다(치다),
vi. 쾅 하고 떨어지다,
n. 찰싹 때리기, 때리는 소리

154 IELTS Vocabulary

gall [gɔːl]	n. / vt.	뻔뻔스러움, 분개, 울분 / 분하게 만들다, 억울하게 만들다
bedlam [bedləm]	n.	난리, 법석
spry [sprai]	adj.	활발한, 재빠른, 원기 왕성한
blindfold [blaɪndfoʊld]	n. / vt. / adj. / adv.	눈가리개 / 눈을 가리다, 현혹시키다 / 맹목적인 / 맹목적으로
shrivel [ʃrɪvl]	vt. / vi.	쪼글쪼글하게 만들다 / 쪼글쪼글해지다, 오그라들다
barrel [bærəl]	n. / vt.	통, 원통형의 것 / ~을 통에 넣다, (차)를 고속으로 몰다
crease [kriːs]	n. / vt. / vi.	접은 자국, 주름 / 주름을 잡다, 크게 웃기다 / 주름지다, 크게 웃다
outskirts [aʊtskɜːrts]	n.	(도시의) 변두리, 교외
wade [weɪd]	vi. / vt.	걸어서 건너다, 가까스로 뚫고 나가다 / ~을 걸어서 건너다
sumptuous [sʌmptʃuəs]	adj.	호화로운
fang [fæŋ]	n.	(뱀·개 등의) 송곳니
trudge [trʌdʒ]	vi. / vt.	터덜터덜 걷다, 무거운 발걸음을 옮기다 / ~을 터덜터덜 걷다
wanky [wæŋki]	adj.	시시한, 형편없는, 미숙한, 빈약한
autistic [ɔːtistik]	adj.	자폐성의, 자폐증의
crank [kræŋk]	vi. / vt.	크랭크를 돌리다 / ~을 크랭크로 돌리다, 시동을 걸다
siren [saɪrən]	vt. / vi. / adj.	~을 유혹하다 / 사이렌을 울리며 가다 / 매혹적인
declination [dekləneɪʃən]	n.	기욺, 경사, 쇠락, 타락, 일탈
rotunda [roʊtʌndə]	n.	(지붕이 둥근) 원형 건물, 원형 홀
scribe [skraɪb]	n. / vt.	(인쇄술 발명되기 전의) 필기자, 필사자 / (선을) 화선기로 긋다
scabland [skæblænd]	n.	(불모의) 화산 용암지
Christendom [krɪsndəm]	n.	전 세계 기독교도들, 기독교 국가들
balefire [beilfaɪər]	n.	(노천의) 큰 화톳불, 봉화
maraud [mərɔːd]	vi.vt. / n.	약탈하다, 습격하다 / 약탈
hacksaw [hæksɔː]	n.	(금속 절단용) 쇠톱
wisp [wɪsp]	n.	한 움큼, 작은 다발, 숱 (머리털 등), 단편, 조각
gambrel [gæmbrəl]	n.	(정육점에서 고기를 매다는) 말다리 모양의 쇠갈고리

pipe-clay [paip klei]	vt.	~을 닦아 광을 내다, 정돈하다	3405

| **outlaw** [aʊtlɔː] | n. 무법자, 무뢰한, vt. 비합법화하다, 금지하다 | 3406 |

| **overawe** [oʊvərɔː] | vt. ~을 위압하다 | 3407 |

| **scavenge** [skævɪndʒ] | vt. ~을 청소하다, vi. 쓰레기를 치우다(뒤지다), 먹을 것을 찾아다니다 | 3408 |

| **haggle** [hægl] | vi. (특히 물건 값을 두고) 실랑이를 벌이다, 흥정을 하다 | 3409 |

| **default** [dɪfɔːlt] | n. 불이행, 태만, vi. (의무를) 이행하지 않다, vt. ~을 이행하지 않다 | 3410 |

| **renegade** [renɪɡeɪd] | n. 변절자, 탈당자, 배신자, adj. 변절의, 배신의, vi. 변절하다, 배반하다 | 3411 |

| **rebuke** [rɪbjuːk] | vt. ~을 책망하다, 비난하다, n. 책망, 질책, 비난 | 3412 |

| **wanderlust** [wɑːndərlʌst] | n. [독어에서] 방랑벽 | 3413 |

| **interpolate** [ɪntɜːrpəleɪt] | vt. (책·문서)를 개찬하다, 변조하다, vi. 삽입하다, 가필하다 | 3414 |

| **drudgery** [drʌdʒəri] | n. 힘들고 단조로운 일 | 3415 |

| **indoctrinate** [ɪndɑːktrɪneɪt] | vt. (사상 등을) 주입하다, 세뇌하다 | 3416 |

| **unfounded** [ʌnfaʊndɪd] | adj. 근거 없는, 사실 무근의 | 3417 |

| **secede** [sɪsiːd] | vi. (주·국가 등이) 분리 독립하다, 탈퇴하다 | 3418 |

| **edify** [edɪfaɪ] | vt. (의식을) 고양시키다, 교화시키다 | 3419 |

| **jiggle** [dʒɪɡl] | vi.vt.(아래위·양옆으로 빠르게) 움직이다, 흔들다, 까불다 | 3420 |

| **pullout** [pʊlaʊt] | n. 빼내기, 없애기, (군대 따위의) 철수, (자금의) 회수 | 3421 |

| **reversion** [rɪvɜːrʒn] | n. 반대 방향으로 돌기, 반전, 역전, 복귀 | 3422 |

| **electric** [ɪlektrɪk] | adj. 전기의, 자극적인, 감동시키는 | 3423 |

| **whistler** [hwɪslər] | n. 휘파람을 부는 사람, 삑 하고 소리나는 물건, 삑 하는 소리 | 3424 |

| **converse** [kənvɜːrs] | vi. (~와) 대화를 나누다 | 3425 |

| **crawl** [krɔːl] | vi. 기어가다, 포복하다, vt. (장소를) 기듯이 나아가다, n. 기어가기, 서행 | 3426 |

| **lam** [læm] | n. 줄행랑치기, 도주, vi. 쏜살같이 뛰다, 도망치다 | 3427 |

| **spoor** [spʊr] | n. (짐승이 지나간) 자취 | 3428 |

| **balled-up** [bɔːld ʌp] | adj. 못 쓰게 된, 대혼란의 | 3429 |

| **compound** n.[kɑːmpaʊnd] v.[kəmpaʊnd] | n. 복합체, 화합물, adj. 합성의, 복합의, vt. 섞다, 혼합하다, 악화시키다 | 3430 |

50 DAY

MAZELTOV Vocabulary

오늘의 단어 --> 3431 - 3500

---

condiment [kɑːndɪmənt] — 3431
n. 조미료, 양념

twinkle [twɪŋkl] — 3432
vt. ~을 반짝이게 하다,
vi. 반짝반짝 빛나다, 반짝이다,
n. 반짝임, 섬광

mincing [mɪnsɪŋ] — 3433
adj. (걷거나 말하는 태도가) 섬세한 척 고상을 떠는

lumber [lʌmbə(r)] — 3434
vi. (육중한 덩치로) 느릿느릿 움직이다,
n. (헌 가구 등의) 잡동사니

roar [rɔː(r)] — 3435
vi. 포효하다, 고함치다,
vt. ~을 큰 소리로 말하다,
n. 포효, 굉음

seedy [siːdi] — 3436
adj. 지저분한, 더러운 (비도덕적, 불법적인 일과 연관되어 있는 경우)

reminiscent [remɪnɪsnt] — 3437
adj. 생각나게 하는, 암시하는,
n. 추억을 이야기하는 사람

stroll [stroʊl] — 3438
vi. 한가롭게 거닐다, 산책하다,
n. 한가로이 걸어다니기, 산책

salute [səluːt] — 3439
vt. ~에게 경례하다,
vi. 인사하다, 절하다,
n. 경례, 거수 경례, 인사

abode [əboʊd] — 3440
n. 사는 곳, 거처

flop [flɑːp] — 3441
n. 털썩 주저앉기,
vt. ~을 떨어뜨리다,
vi. 실패하다, 털썩 주저앉다

yokel [joʊkl] — 3442
n. (무식한) 촌놈, 무지렁이

rinse [rɪns] — 3443
n. 헹구기, 씻어내기,
vt. ~을 헹구다, 가볍게 씻다

sterile [sterəl] — 3444
adj. 불모의, 메마른, 살균한

tram [træm] — 3445
n. 전차,
vt. ~을 바르게 조정하다, 바른 위치로 조정하다

gusty [gʌsti] — 3446
adj. (바람이) 거센, 돌풍이 부는

rabbity [ræbiti] — 3447
adj. 토끼 같은, 소심한, 내성적인

rug [rʌg] — 3448
n. 깔개, 융단, 양탄자

outcrop [aʊtkrɑːp]	n.	노두 (광맥·암석 등의 노출부) 3449	**groan** [groʊn]	n. 신음 소리, 불평의 소리 3462 vi. 신음하다, vt. ~을 끙끙거리며 말하다
shale [ʃeɪl]	n.	셰일, 이판암 3450 (얇은 층으로 되어 있어 잘 벗겨지는 퇴적암)	**wriggle** [rɪgl]	vi. 꿈틀거리다, 몸부림치다 3463 vt. ~을 꿈틀거리다, n. 꿈틀거리기, 몸부림치기
butte [bjuːt]	n.	(꼭대기가 평평한) 3451 외딴 산, 언덕	**rapture** [ræptʃə(r)]	n. 황홀, 황홀감 3464
troglodyte [trɑːglədaɪt]	n.	(선사 시대의) 혈거인 3452	**glow** [gloʊ]	n. 밝기, 선명함, 홍조, 3465 vi. 열과 빛을 발하다, 빛나다
troll [troʊl]	vt.	~에서 흘림 낚시질하다, 3453 ~을 명랑하게 부르다, vi. 흘림 낚시질하다	**linger** [lɪŋgə(r)]	vi. 떠나기를 망설이다, 3466 (떠나기 싫어) 꾸물거리다, vt. (시간)을 빈둥빈둥 보내다
limb [lɪm]	n.	수족, 팔다리, 큰 가지, 3454 vt. ~의 사지(날개)를 자르다, 동강동강 토막내다	**chimney** [tʃɪmni]	n. 굴뚝, 연통, 3467 vi. [등산] 침니를 오르다
glare [gler]	n.	섬광, 노려보기, 3455 vi. 눈부시게 빛나다, 노려보다, vt. 노려보며 ~을 나타내다	**spellbound** [spelbaʊnd]	adj. 마음을 다 빼앗긴, 3468 넋을 잃은
grin [grɪn]	n.	방글방글 웃기, 3456 vi. (이를 드러내고) 방긋 웃다, 히죽거리다	**lieutenant** [luːtenənt]	n. (육·해·공군의) 중위, 소위 3469
rattle [rætl]	vi.	덜컥덜컥 소리내다, 3457 vt. ~을 덜컹덜컹 움직이다, 나르다	**gallant** n.[gælənt] v.[gəlænt]	adj. 용감한, 당당한, 3470 n. 용감한 사나이, vt. ~을 친절히 대하다
thicket [θɪkɪt]	n.	덤불, 잡목숲, 3458 복잡하게 얽힘, 착잡	**squaw** [skwɔː]	n. 북미 원주민 여자 3471 (요즘에는 흔히 모욕적인 말로 여겨짐)
crackle [krækl]	n.	탁탁 소리, 3459 vt. ~을 탁탁 소리나게 하다, 탁탁 소리내며 부수다	**stupendous** [stuːpendəs]	adj. 엄청나게 큰, 거대한 3472
howling [haʊlɪŋ]	adj.	쓸쓸한, 울부짖는, 3460 adv. 터무니없이, 몹시	**pique** [piːk]	n. 화냄, 악감정, 3473 vi. 화내다, 약오르다, vt. ~의 감정을 해치다
chuckle [tʃʌkl]	vi.	낄낄 웃다, 3461 (만족스럽게) 싱긋이 웃다, n. 낄낄 웃음, 싱글벙글 웃음	**clobber** [klɑːbə(r)]	vt. (사람을) 두들겨 패다, 3474 (특히 경제적으로) 호된 처벌(손실)을 가하다

shriek [ʃri:k]	n. / vi. / vt.	비명, 외침 소리, / 비명을 지르다, / ~을 새된 목소리로 말하다
overtop [ouvərtɑp]	vt. / adv.	~을 능가하다, 넘다, / ~보다 우뚝 솟다, / 머리 위에
scuttle [skʌtl]	vi. / vt.	종종걸음을 치다, / 허둥지둥 가다, / (고의로) ~을 무산시키다
rave [reɪv]	vt. / vi. / n.	고함치다, 절규하다, / 헛소리를 하다, 고함치다, / 광란, 열중
growl [graʊl]	vi. / vt. / n.	투덜거리다, / 화난 목소리로 ~라 말하다, / 으르렁거리기, 불평
snarl [snɑ:rl]	vi. / n.	으르렁거리다, / 으르렁거리는 소리
lust [lʌst]	vi. / n.	강한 색정을 품다, 열망하다, / 정욕, 강한 욕망, 열정
collar [kɑ:lə(r)]	n. / vt.	깃, 개목걸이, / ~에 칼라(깃)를 달다, / 굴레를 씌우다, 체포하다
belching [beltʃɪŋ]	n.	[의학] 트림 (위에서 입 밖으로 가스를 토해내는 것)
underdone [ʌndərdʌn]	adj.	완전히 익히지 않은, 약간 설익힌
steak [steɪk]	n.	(쇠고기) 스테이크
yap [jæp]	vi. / vt.	(개가) 사납게 짖어대다, / ~을 시끄럽게 말하다, 심하게 잔소리하다
jerk [dʒɜ:rk]	vi.vt. / n.	홱 움직이다, / 홱 움직임
perquisite [pɜ:rkwɪzɪt]	n.	(지위·직책에 따르는) 특전, 특권, (합법적인) 부수입, 수당
knack [næk]	n.	익숙한 솜씨, 기교, 요령
indignant [ɪndɪgnənt]	adj.	분개한, 분개에 찬
aesthetician [esθətɪʃən]	n.	미학자, 미용사
presume [prɪzu:m]	vt. / vi.	~을 상상하다, 추정하다, / 추정하다, 생각하다
invocation [ɪnvəkeɪʃn]	n.	(신에의) 기도, 기원, (도움을 위한) 탄원, 청원
lull [lʌl]	vt. / vi. / n.	(아이)를 달래서 재우다, / 잠잠해지다, / 소강상태
penumbra [pənʌmbrə]	n.	(일식·월식 때의) 반음영, 명암이 흐릿한 부분, 모호한 경계부
withhold [wɪðhoʊld]	vt.	~을 보류하다, 주지 않다
partisanship [pɑ:rtəznʃɪp]	n.	당파심, 당파 근성, (맹목적) 가담
wrack [ræk]	vt. / n.	~을 고문하다, / (중세의) 고문대, 고문
epidemic [epɪdemɪk]	n. / adj.	유행병, 전염병, / 유행성의, 전염성의
rouse [raʊz]	n. / vi. / vt.	각성, 환기, / 눈을 뜨다, 일어나다, / ~을 깨우다, 분발케 하다

51 DAY

MAZELTOV Vocabulary

오늘의 단어 --> 3501 - 3570

befall [bɪfɔːl]	vt. (안 좋은 일이) 닥치다, vi. (안 좋은 일이) 생기다	3501
prospect [prɑːspekt]	n. 가망, 전망, 예상, vt. ~을 답사하다, 시굴하다, vi. 답사하다	3502
pend [pend]	vt. ~을 미결인 채로 두다, vi. 미결인 채로 있다, 매달려 있다	3503
undercut [ʌndərkʌt]	vt. ~의 효과를 약화시키다, vi. 아래를 잘라내다, n. 잘라내기	3504
blatant [bleɪtnt]	adj. (나쁜 행동이) 노골적인, 뻔한	3505
arboreal [ɑːrbɔːriəl]	adj. 수목의, 나무 위에서 사는	3506
unswerving [ʌnswɜːrvɪŋ]	adj. (강도가) 약해지지 않는, 변함없는	3507
appease [əpiːz]	vt. (남)을 달래다, (욕망 따위)를 만족시키다	3508
granite [ɡrænɪt]	n. 화강암	3509
escarpment [ɪskɑːrpmənt]	n. (고지대와 저지대를 가르는) 급경사면	3510
stride [straɪd]	vi. 성큼성큼 걷다, 성큼 건너 뛰다, vt. 성큼성큼 걷다, 걸터 앉다	3511
dawdle [dɔːdl]	vi. 꾸물거리다, 어정거리다	3512
ridge [rɪdʒ]	n. 산등성이, 용마루, vt. (집)에 용마루를 얹다	3513
underbrush [ʌndərbrʌʃ]	n. (큰 나무 밑에 자라는) 덤불	3514
deserted [dɪzɜːrtɪd]	adj. 황량한, 사람이 살지 않는, 버림받은	3515
bladder [blædə(r)]	n. [병리] 물집, [식물] (해초 따위의) 기포, 부레, 허풍선이, 떠버리	3516
prostatitis [prɑstətaɪtis]	n. [병리] 전립선염	3517
persuasion [pərsweɪʒn]	n. 설득, 권유, 종파, 교파	3518

fracas [freɪkəs]	n. (보통 여러 사람이 벌이는) 싸움, 언쟁	**distend** [dɪstend]	vt. 팽창하다, 팽창시키다, 넓히다
burly [bɜːrli]	adj. (남자나 남자의 몸이) 건장한	**buckle** [bʌkl]	vt. ~을 버클로 채우다, ~을 구부리다, 뒤틀다, n. 버클, 죔쇠, 비틀림
slattern [slætərn]	n. 더러운 여자, 부정한 여자	**dopey** [doʊpi]	adj. (마약·알코올에) 중독된, 멍한, 졸리는, 지친
rile [raɪl]	vt. (사람을) 귀찮게 하다, 짜증나게 하다	**snort** [snɔːrt]	vi. (경멸·노여움 따위로) 코웃음치다, 코방귀뀌다, vt. 씩씩거리며 ~라고 말하다
cot [kɑːt]	n. 간이 침대, (난간이 있는) 어린이용 침대	**plunge** [plʌndʒ]	vt. ~을 처넣다, 담그다, ~을 몰입하게 하다, vi. 뛰어들다, 떨어지다
larder [lɑːrdə(r)]	n. (특히 옛날 주택의) 식품 저장실	**churn** [tʃɜːrn]	vt. ~을 휘젓다, vi. (액체가) 세차게 움직이다, n. 세게 휘젓기, 교반
pantry [pæntri]	n. 식료품 저장실	**swarm** [swɔːrm]	n. (곤충의) 떼, 무리, 대군, vi. (사람·동물이) 떼를 짓다, vt. ~에 떼를 짓다
pur (purr) [pɜː(r)]	vi. (만족한 듯이) 가르랑 소리를 내다, (물건이) 그르렁거리는 소리를 내다	**treble** [trebl]	adj. 3배의, 3중의, n. 3배(3중)의 것, 최고음부, vt. ~을 3배로 하다
rig [rɪg]	vt. 채비하다, (시장·가격)을 부정하게 조작하다, n. 준비, 채비, (해사) 의장	**sweven** [swevən]	n. 환상, 꿈
face-lift [feɪs lɪft]	n. 미용 성형술, 안면 성형술, (건물 등의) 새 단장, 외장	**harborage** [hɑːrbərɪdʒ]	n. (배의) 피난, 정박, 피난처, 은신처
pretense [prɪtens]	n. 허세부리기, 위장, 구실, 핑계	**warren** [wɔːrən]	n. 토끼 사육장, 과밀 주거, 많은 사람이 살고 있는 건물(지역)
vet [vet]	vt. (직책을 맡게 될 사람을) 조사하다, 심사하다, ~을 점검하다, n. 수의사,	**carcinomatous** [kɑːrsənoʊmətəs]	adj. [의학] 암의, 암성의
travail [træveɪl]	n. 고생, 고역	**clam** [klæm]	n. 조개, 차갑고 끈끈한 상태, 축축한 상태

DAY 51

MAZELTOV Vocabulary

run-down [rʌn daʊn]	adj.	지친, 기진맥진한, 쇠약해진, 황폐한	**itchy** [ɪtʃi]	adj. 가려운, 가렵게 하는

3545 run-down [rʌn daʊn]
- adj. 지친, 기진맥진한, 쇠약해진, 황폐한

3546 ding [dɪŋ]
- n. 쿵 (자동차 등을 가볍게 들이받을 때 나는 소리),
- vi. 딩동하는 소리를 내다

3547 cobble [kɑ:bl]
- vt. ~에 자갈을 깔다, 자갈로 포장하다

3548 lotus-eater [loʊtəs i:tər]
- n. 쾌락주의자, [그리스 신화] lotus 열매를 먹고 속세의 근심을 잊은 사람

3549 creep [kri:p]
- vi. 기다, 기어가다,
- vt. ~의 위를 기다, 기어 오르다,
- n. 포복, 불쾌한 사람

3550 bespeak [bɪspi:k]
- vt. 보여주다, 시사하다

3551 tramp [træmp]
- vi. 쿵쾅거리며 걷다,
- vt. ~을 헤매다, 짓밟다,
- n. 방랑자, 부랑자

3552 purring [pɜːrɪŋ]
- adj. 부웅부웅 하는 소리가 나는, 가르랑거리는

3553 puddle [pʌdl]
- n. (특히 비 온 뒤의) 물웅덩이

3554 damp [dæmp]
- adj. 습기찬, 축축한,
- n. 습기, 낙담,
- vt. ~에 습기를 주다

3555 recourse [ri:kɔ:rs]
- n. (힘든 상황에서 도움을 얻기 위한) 의지

3556 tattered [tætərd]
- adj. 낡을 대로 낡은, 누더기가 된, 넝마가 된, 다 망가진

3557 kneel [ni:l]
- vi. 무릎을 꿇다

3558 itchy [ɪtʃi]
- adj. 가려운, 가렵게 하는

3559 bar [bɑ:(r)]
- n. 술집, (막대 모양의) 바,
- vt. (길을) 막다, 차단하다, ~을 금지하다

3560 imprisonment [ɪmprɪznmənt]
- n. 투옥, 유치, 금고형, 징역형, 감금

3561 snide [snaɪd]
- adj. (은근히) 헐뜯는

3562 enunciate [ɪnʌnsieɪt]
- vt. (문장 등)을 입밖에 내다, ~을 명확하게 발음하다

3563 inwardness [ɪnwərdnəs]
- n. 내성, 자기 성찰

3564 conjure [kʌndʒə(r)]
- vt. 마법(요술)으로 ~하다, 상기시키다, 생각해내다
- vi. 마법(요술)을 부리다,

3565 tyranny [tɪrəni]
- n. 폭정, 압제, 전제 (정치), 횡포, 학대

3566 timbre [tæmbə(r)]
- n. 음색

3567 impersonate [ɪmpɜːrsəneɪt]
- vt. (남을 속이기 위해 다른 사람인 척) 가장하다, 흉내내다

3568 imprint [ɪmprɪnt]
- n. 흔적, 인상,
- vi. 인상을 주다,
- vt. ~을 감명시키다

3569 prickle [prɪkl]
- vt. ~을 쿡쿡 찌르다,
- vi. 따끔따끔 쑤시다,
- n. 가시, 쑤시는 아픔

3570 acquaint [əkweɪnt]
- vt. 익히다, 숙지하다

52 DAY

MAZELTOV Vocabulary

오늘의 단어 --> 3571 - 3640

littermate [lítərmeit]
3571
n. (개·돼지 등의) 한배 새끼

antic [ǽntik]
3572
n. 익살맞은 동작, 광대짓,
adj. 별난, 기괴한

imaginary [imǽdʒinèri]
3573
adj. 상상에만 존재하는, 가상적인

vagrant [véigrənt]
3574
n. (특히 구걸을 하며 다니는) 부랑자

spring [spriŋ]
3575
n. 봄, 도약, 용수철,
vi. 튀어오르다, 퉁기다,
vt. ~을 뛰어오르게 하다

inverted [invə́:rtid]
3576
adj. 역의, 반대의, 반전된, 동성애의

scramble [skrǽmbl]
3577
vi. (손발로) 기어오르다, (기듯이) 애써 나아가다,
vt. ~을 휘저어 섞다

condolatory [kəndóulətɔ̀:ri]
3578
adj. 문상의, 조위의, 애도의

precept [prí:sept]
3579
n. (행동) 수칙, 계율, 교훈

tedium [tí:diəm]
3580
n. 지루함

forbearance [fɔ:rbɛ́ərəns]
3581
n. (특히 잘못한 사람에 대한) 관용, 관대

forebear [fɔ́:rbɛ̀ər]
3582
n. 선조, 조상

devoir [dəvwá:r]
3583
n. 예의, 경의(표시), 공경, 도리, 본분, 의무

consummate [kɑ́:nsəmeit]
3584
vt. 완성하다, 완료하다, 극점에 달하게 하다,
adj. 완성된, 완전한

bore [bɔ:(r)]
3585
vt. 지루하게 만들다, ~을 뚫다, 도려내다,
n. (말이 많아서) 지겨운 사람

pariah [pəráiə]
3586
n. (사회에서) 버림받은 사람, 따돌림 받는 사람

fern [fɜ:rn]
3587
n. 양치식물

carboniferous [kɑ̀:rbəníferəs]
3588
adj. 석탄기의, 석탄계의, 석탄을 함유하는,
n. 석탄기

grove [ɡroʊv]	n.	(작은) 숲, 수풀
sacrilege [sækrəlɪdʒ]	n.	신성 모독
sequoia [sɪkwɔɪə]	n.	세쿼이아 (키가 아주 큰 상록 교목의 하나)
hood [hʊd]	n.	(외투 등에 달린) 모자, 복면
meadow [medoʊ]	n.	(특히 건초를 만들기 위한) 목초지
girth [ɡɜːrθ]	n. vt.	(물건의) 둘레의 치수, (사람의) 허리 둘레, ~을 둘러싸다, 에워싸다
tapering [teɪpərɪŋ]	adj.	끝이 뾰족해진(가늘어진), 점점 적어지는, 체감의
sapling [sæplɪŋ]	n.	묘목, 어린나무
greenery [ɡriːnəri]	n.	녹색 나뭇잎, 녹색 화초
shaggy [ʃæɡi]	adj.	털북숭이의, 털이 텁수룩한, 단정치 못한, (초목이) 무성한
hush [hʌʃ]	vt. vi. n.	~을 조용하게 하다, 조용히 하다, 조용해지다, 정숙, adj. 조용한
dusk [dʌsk]	n.	황혼, 땅거미
bark [bɑːrk]	n. vi.	나무껍질, (개 등이) 짖는 소리, 우는 소리, (개가) 짖다
foliage [foʊlɪdʒ]	n.	나뭇잎
cloistered [klɔɪstərd]	adj.	세속으로부터 격리된
jangle [dʒæŋɡl]	vi. vt. n.	딸랑딸랑 울리다, (신경)을 산란하게 하다, 말다툼, 땡땡 울리는 소음
anvil [ænvɪl]	n.	모루 (대장간에서 뜨거운 금속을 올려놓고 두드릴 때 쓰는 쇠로 된 대)
clang [klæŋ]	vi.	(금속이 부딪치며 울리듯) 쨍그랑 하는 소리를 내다
aphid [eɪfɪd]	n.	진딧물
pell-mell [pel mel]	adv. adj.	황급히, 허둥지둥, 무질서한
strangulation [stræŋɡjuleɪʃn]	n.	교살, 질식, 자연적인 발달 (성장)을 막는 것
attic [ætɪk]	n.	다락, 다락방
crane [kreɪn]	n. vt. vi.	두루미, 기중기, (목)을 길게 빼다, 목을 빼다, 망설이다
cote [koʊt]	n.	(가축의) 집, 양의 우리
resurgence [rɪsɜːrdʒəns]	n.	(활동의) 재기, 부활
oratory [ɔːrətɔːri]	n.	웅변술, 기도실, (작은) 예배당

knuckle [nʌkl]	n. 손가락 관절(마디), 주먹, vi. 주먹을 쥐다, 주먹을 치다	3615	**pageantry** [pædʒəntri]	n. 화려한 행사	3628
fist [fɪst]	n. 주먹	3616	**fringe** [frɪndʒ]	n. (술 등의) 술, 가장자리, adj. 부수적인, vt. ~에 술을 달다, 테를 두르다	3629
hunch [hʌntʃ]	vt. ~을 활처럼 구부리다, ~의 예감을 갖다, vi. 몸을 굽히다, n. 육감, 예감	3617	**adorn** [ədɔ:rn]	vt. ~을 꾸미다, 장식하다	3630
cannery [kænəri]	n. 통조림 공장	3618	**trout** [traʊt]	n. 송어, vi. 송어를 낚다, 송어를 잡다	3631
jail [dʒeɪl]	n. 교도소, 감옥, vt. ~을 교도소에 가두다, vi. 교도소에 들어가다	3619	**namesake** [neɪmseɪk]	n. (다른 사람, 다른 것과) 이름이 같은 사람(것)	3632
stench [stentʃ]	n. 악취	3620	**azalea** [əzeɪliə]	n. 진달래, 철쭉	3633
pilchard [pɪltʃərd]	n. 정어리	3621	**muddle** [mʌdl]	vt. ~을 뒤섞다, 엉망진창을 만들다, vi. 혼란된 생각(행동)을 하다	3634
starveling [sta:rvlɪŋ]	adj. 찢어지게 가난한, 굶주린, 빈약한, n. 여위어 빠진 사람(동물)	3622	**bucket** [bʌkɪt]	vt. ~을 난폭하게 몰다, (물)을 양동이로 푸다, vi. 난폭하게 달리다, n. 양동이	3635
deport [dɪpɔ:rt]	vt. (국외로) 강제 추방하다	3623	**cinder** [sɪndə(r)]	n. (나무나 석탄이 타고 남은) 재, 잉걸불	3636
outward [aʊtwərd]	adj. 밖으로 향하는, 외면적인, 겉보기의, n. 외견, 외관, adv. 밖으로	3624	**rut** [rʌt]	n. (부드러운 땅에 생긴) 바퀴 자국, 판에 박힌 생활	3637
spiky [spaɪki]	adj. 대못투성이의, 심술궂은, 성미가 까다로운	3625	**vaunt** [vɔ:nt]	vt. ~을 자랑하다, 과시하다, vi. 자랑스러운 듯이 말하다, n. 자만, 자찬	3638
rust [rʌst]	n. 녹, 녹얼룩, vi. 녹슬다, 무디어지다, vt. ~을 녹슬게 하다	3626	**plum** [plʌm]	n. 서양자두 (나무), 짙은 보라색, adj. 바람직한, 짙은 보라색의	3639
bayonet [beɪənət]	n. 총검, 무력, vt. ~을 총검으로 찌르다, vi. 총검을 사용하다	3627	**shimmer** [ʃɪmə(r)]	vi. (반사하여) 아른아른 빛나다, n. 희미한 빛	3640

MAZELTOV Vocabulary

오늘의 단어 --> 3641 - 3710

sling [slɪŋ]	n. 투석기, 고무줄 새총, 삼각붕대, vt. ~을 던지다, 매달다	3641
loll [lɑːl]	vt. ~을 축 늘어뜨리다, vi. 축 늘어지다, 빈둥거리다, n. 축 늘어져 기대기	3642
tousle [taʊzl]	vt. (머리를) 헝클어뜨리다	3643
votive [voʊtɪv]	adj. (신에게) 봉헌된, 봉납된	3644
parasitic [pærəsɪtɪk]	adj. 기생의, (~에) 의존하는, (~에) 기생하는	3645
symbiotic [sɪmbaɪɑtɪk]	adj. [생물] 공생의, 공생하는	3646
huddle [hʌdl]	vt. 아무렇게나 쌓아 올리다, 마구 쑤셔넣다, vi. 모이다, 움츠리다	3647
litter [lɪtə(r)]	n. 잡동사니, 난잡, vt. 어지르다, 흐트러뜨리다, vi. (동물이) 새끼를 낳다	3648
supernatural [suːpərnætʃrəl]	adj. 초자연의, 불가사의한, n. 초자연적 신비(현상, 존재)	3649
snuff [snʌf]	vt. 냄새를 맡다, 낌새채다, vi. 코를 킁킁대며 냄새를 맡다, n. 코로 들이쉬기	3650
scorching [skɔːrtʃɪŋ]	adj. 태울 듯한, 몹시 더운, 호된	3651
gleeful [gliːfl]	adj. 신이 난, 고소해 하는	3652
truckload [trʌkloʊd]	n. 트럭 한 대 분량(의 화물)	3653
balkanize [bɔːlkənaɪz]	vt. (서로 적대시하는) 여러 작은 지역으로 분열시키다	3654
malfeasance [mælfiːzns]	n. [법률] 불법 행위, (공무원의) 위법(부정) 행위	3655
picturesque [pɪktʃəresk]	adj. 그림 같은, 그림같이 아름다운, (묘사가) 사실적인, 생생한	3656
jagged [dʒægɪd]	adj. 삐죽삐죽한, 들쭉날쭉한	3657
rampart [ræmpɑːrt]	n. 성곽, 성벽	3658

shivery [ʃívəri]	adj.	(추위·두려움·병 등으로 몸을) 떠는	**wive** [waiv]	vi.vt.	아내로 삼다, 결혼하다
monosyllable [mɑ́:nəsìləbl]	n.	단음절어 (it이나 no 같이 하나의 음절로 되어 있는 단어)	**weary** [wíri]	adj.	(정신적·육체적으로) 지친, 지쳐 있는, 넌더리나는
welsh [welʃ]	vi.	(약속을) 어기다	**squabble** [skwɑ́:bl]	n. vi.	시시한 언쟁, 입씨름, 하찮은 일로 다투다
tumbler [tʌ́mblə(r)]	n.	(밑이 평평한) 큰 컵, 텀블러, 곡예사, 공중제비하는 사람	**disparagement** [dɪspǽrɪdʒmənt]	n.	경멸, 얕봄, 비난, 불명예, 오명
riffle [rífl]	vi.	(종이·책장을 휙휙) 넘기다, 대충 보다	**bracero** [brəséərou]	n.	(미국으로 일하러 오는) 멕시코인 계절 농장 노동자
grub [grʌb]	n. vt.	땅벌레 (갑충류 애벌레), 구더기, ~을 파다, 파내다	**longhorn** [lɔ́ŋhɔ̀:rn]	n.	(종류가) 뿔이 긴 소
gallantry [gǽləntri]	n.	용기, 용감, 용맹	**heeled** [hi:ld]	adj.	뒤꿈치가 있는, 권총을 가진
stub [stʌb]	n. vt.	(나무의) 그루터기, (연필·펜의) 쓰다 남은 토막, ~의 끝을 자르다	**breach** [bri:tʃ]	n. vt. vi.	파손, 위반, ~을 깨뜨리다, 어기다, 물 위로 뛰어오르다,
whisker [wískə(r)]	n.	구레나룻, (고양이·쥐 따위의) 수염	**ribald** [ríbld]	adj.	언어·행위가 (우스꽝스럽게) 야한
mustache [mʌ́stæʃ]	n.	코밑수염	**foregoing** [fɔ́:rgouɪŋ]	adj.	앞의, 앞에 말한, 위에서 말한
beard [bɪrd]	n.	턱수염, 수염	**veterinary** [vétərənèri]	adj.	가축병 치료와 관련된, 수의과의
moony [mú:ni]	adj.	달의, 달빛에 비친, 멍한, 꿈 같은, 얼빠진	**rapport** [ræpɔ́:(r)]	n.	(친밀한) 관계
avalanche [ǽvəlæ̀ntʃ]	n.	눈사태, 산사태	**twitter** [twítə(r)]	vi. vt. n.	(새가) 지저귀다, ~을 속삭이듯 말하다, 지저귐, 설레임

		3685
orgy [ɔːrdʒi]	n.	진탕 마시고 떠들기, 주연, 난교 파티

		3686
squander [skwɑːndə(r)]	vt.	낭비하다, 허비하다

		3687
impassioned [ɪmpæʃnd]	adj.	열정적인, 간절한

		3688
roost [ruːst]	n. vi. vt.	보금자리, 닭장, 새장, 보금자리에 들다, 묵게하다

		3689
recline [rɪklaɪn]	vi. vt.	기대다, 눕다, 의지하다, ~을 눕히다, ~에 기대게 하다

		3690
decline [dɪklaɪn]	vt. vi.	~을 거절하다, 사퇴하다, 쇠하다, 쇠퇴하다

		3691
seam [siːm]	n. vt.	이은자리, 갈라진 틈, 봉합하다, 꿰매어 맞추다

		3692
scuff [skʌf]	vi. vt.	발을 질질 끌고 걷다, (물건)을 발로 비비다

		3693
revile [rɪvaɪl]	vt.	매도하다, 입에 담지 못할 욕을 하다

		3694
stallion [stæliən]	n.	(다 자란) 종마

		3695
mare [mer]	n.	암말, 암당나귀

		3696
foal [foʊl]	n. vi.	(한 살 미만의) 말·당나귀·노새의 새끼, (말 등이) 새끼를 낳다

		3697
splatter [splætə(r)]	vi.vt. n.	~을 튀기다, 튀기기, 철썩철썩

		3698
cow [kaʊ]	n.	암소, 젖소, (그 외 일부 동물의) 암컷

		3699
wean [wiːn]	vt. n.	(아기의) 젖을 떼다, 이유를 시작하다, 유아, 어린애

		3700
bairn [bern]	n.	아이

		3701
mesh [meʃ]	n. vt.	망사, 철사, 그물, 그물로 잡다, 함정에 빠뜨리다

		3702
kennel [kenl]	n. vt.	개집, 개 사육장, 개집에 넣다, 개집에서 기르다

		3703
fleer [flɪər]	vi.vt. n.	비웃다, 조롱하다, 조소하다, 멸시, 비웃음

		3704
barley [bɑːrli]	n.	보리

		3705
odor [oʊdər]	n.	냄새, 향기, 향내

		3706
geld [geld]	vt. n.	(특히 말을) 거세하다, (지주가 군주에게 바치던) 세금, 공납금

		3707
sedative [sedətɪv]	adj. n.	진정시키는, 진정 작용이 있는, 누그러뜨리는, 진정제

		3708
hairy [heri]	adj.	털이 많은, 털투성이의, 울퉁불퉁한

		3709
manic [mænɪk]	adj. n.	조병의, 조병에 걸린, 열광적인, 조병 환자

		3710
bracket [brækɪt]	vt. n.	~을 괄호로 묶다, (~로) 분류하다, 선반받이, (소득) 범위, 계층

MAZELTOV Vocabulary

오늘의 단어 --> 3711 - 3780

vaulter [vɔːltər]	n.	도약자, 장대 높이 뛰기하는 사람	**invective** [ɪnvektɪv]	n.	욕설
envy [envi]	vt. n.	~을 부러워하다, 질투하다, 질투, 시샘, 부러움, 선망	**norther** [nɔːrðər]	n.	강한 북풍
pallbearer [pɔːlbeərə(r)]	n.	(장례식에서) 관을 메는 사람, 관을 잡고 따라가는 사람	**sleet** [sliːt]	n. vi.	진눈깨비, 진눈깨비가 내리다, 진눈깨비처럼 내리다
flypaper [flaɪpeɪpə(r)]	n.	파리잡이 끈끈이	**yip** [jɪp]	vi. vt. n.	깽깽거리다, 새된 소리로 말하다, 깽깽 우는 소리
drone [droʊn]	vi. n.	웅웅(웅얼)거리는 소리를 내다, 웅웅거리는 소리, 저음	**fondling** [fɑndlɪŋ]	n.	사랑하는 자식, 애완동물
vault [vɔːlt]	n. vt.	(은행) 금고, 귀중품 보관실, (손이나 장대로) 뛰어넘다	**aching** [eikiŋ]	adj.	쑤시는, 아리는, 마음 아픈
dray [dreɪ]	n.	(과거에 무거운 짐 운반에 썼던 나지막한) 마차	**slobber** [slɑːbə(r)]	vi.	침을 흘리다
clop [klɑp]	n. vi.	(말발굽의) 타가닥 소리, 타가닥타가닥 걷다	**slob** [slɑːb]	n.	(지저분한) 게으름뱅이
blight [blaɪt]	n. vt. vi.	말라죽는 병, 충해, ~을 말라죽게 하다, 말라죽다	**lest** [lest]	conj.	~하지 않도록, ~하면 안 되니까

burgundy [bɜːrgəndi]	n.	부르고뉴산 포도주, (일반적으로) 포도주

3729

scud [skʌd]	vi. n.	휙휙 지나가다, 하늘을 질주하다, (제거된) 털, 오물

3730

clipping [klɪpɪŋ]	n. adj.	깎기, 베어내기, 베어내는, 깎아내는, 일류의, 멋들어진

3731

warn [wɔːrn]	vt. vi.	~에게 위험을 알리다, 예고하다, 경고하다, 경고하다

3732

lynch [lɪntʃ]	vt.	린치를 가하다

3733

armband [ɑːrmbænd]	n.	완장, 상장

3734

bulge [bʌldʒ]	n. vi. vt.	불룩한 부분, 불룩해지다, 돌출하다, 불룩하게 하다, 부풀리다

3735

fistful [fɪstfəl]	n.	한 움큼, 한 줌

3736

squeal [skwiːl]	n. vi. vt.	(고통·공포로 인한) 비명, 비명을 지르다, 밀고하다, 일러바치다

3737

starchy [stɑːrtʃi]	adj.	전분의, 전분질의, 빳빳한, 풀을 먹인, 격식을 차리는

3738

jeer [dʒɪr]	vi.vt. n.	~을 조소하다, 야유하다, 조롱, 비아냥거림

3739

obscene [əbsiːn]	adj.	외설의, 음란한, 저속한, (출판물이) 풍기를 문란케 하는

3740

ill-sorted [ɪl sɔːrtɪd]	adj.	어울리지 않는

3741

bestial [bestʃəl]	adj.	짐승 같은

3742

demoniac [dimouniæk]	adj. n.	악마 같은, 악마에 씐, 흉악한, 포악한, 악령에 씐 사람, 미치광이

3743

vomiting [vɑmitiŋ]	n.	구토, 토하기

3744

blowzy [blauzi]	adj.	(여자가) 붉은 얼굴에 (살이 찌고) 추레한, (머리가) 헝클어진

3745

simper [sɪmpə(r)]	vi.	바보같이 웃다, 멍청하게 웃다

3746

insensate [insenseit]	adj.	감각(지각)이 없는, 감정이 없는, 무정한, 분별이 없는

3747

beastly [biːstli]	adj.	불쾌한, 끔찍한

3748

rein [reɪn]	n. vt. vi.	고삐, 제어 수단, ~을 제어하다, 억제하다, (말이) 고삐에 따르다

3749

barker [bɑːrkə(r)]	n.	(밖에서) 큰소리로 손님을 끄는 사람, 나무껍질을 벗기는 기계(사람, 동물)

3750

nausea [nɔːziə]	n.	욕지기, 메스꺼움

3751

obliviscence [ɑbləvisəns]	n.	망각 (상태), 잊기 쉬움

3752

vicarious [vaɪkeriəs]	adj.	(느낌·경험이) 대리의, 간접적인

3753

yolk [joʊk]	n.	(달걀 등의) 노른자, 노른자위

3754

daggle [dægl]	vi.vt. (옷 따위를 물·흙탕 속에서) 질질 끌다, 질질 끌며 더럽히다	**turnpike** [tɜːrnpaɪk]	n. 유료 고속도로
chicory [tʃikəri]	n. 치코리 (국화과의 식물), 아편	**lumper** [lʌmpər]	n. 부두 노동자, 하역 인부
epitaph [epitæf]	n. 비명, 묘비명, 비문, vt. ~을 비명(비문시)으로 기념하다	**maw** [mɔː]	n. (육식 동물의) 입, 턱, 목구멍
canty [kænti]	adj. 명랑한, 활발한	**dodge** [dɑːdʒ]	vi. 잽싸게 몸을 비키다, 휙 몸을 피하다, vt. ~을 날쌔게 피하다
stinking [stiŋkiŋ]	adj. 악취를 풍기는, 냄새 고약한, 지독한	**jitter** [dʒitər]	adj. 안절부절 못하는, vi. 신경질적으로 행동하다, n. 신경과민
sprite [spraɪt]	n. (특히 장난을 좋아하는) 요정, 도깨비	**symbiosis** [sɪmbaɪoʊsɪs]	n. 공생, 공동 생활, (일반적으로) 상호 의존 관계, 상호 협력 관계
tipsy [tipsi]	adj. 술이 약간 취한	**malevolence** [məlevələns]	n. 악의, 나쁜 마음, 적의, 증오
squirm [skwəːrm]	vi. 꿈틀거리다, 몸부림치다, 꿈틀거리며 나아가다, n. 꿈틀거림, 몸부림	**perspicacity** [pəːrspəkæsəti]	n. 통찰력, 총명, 명민
stringy [striŋi]	adj. 실 같은, 가느다란, (사람이) 힘줄이 단단한, 근골이 튼튼한	**negation** [nɪgeɪʃn]	n. 부정, 부인, 거절, 취소, 결여, 존재하지 않음
lank [læŋk]	adj. 여윈, 호리호리한, 훌쭉한, (머리털이) 곧은, 곱슬하지 않은	**arbitrate** [ɑːrbɪtreɪt]	vi. 중재하다
haywire [heɪwaɪər]	adj. 임시변통의, 임기응변의, 혼란한, 뒤얽힌, n. 건초를 다발로 묶는 철사	**underlying** [ʌndərlaɪɪŋ]	adj. 밑에 놓인, 모호한, 언뜻 보아 알 수 없는, 기초적인, 근본적인
sublimity [səblimətɪ]	n. 숭고, 장엄, 웅장, 고상, 절정, 극치	**interracial** [ɪntəreɪʃl]	adj. 다른 인종간의
unrelenting [ʌnrɪlentɪŋ]	adj. 가차없는, 무자비한, 흔들리지 않는	**specter** [spektər]	n. 유령, 귀신, 도깨비, (일반적으로) 무서운 것, 공포의 씨앗, 공포의 원인

55 DAY

MAZELTOV Vocabulary
오늘의 단어 --> 3781 - 3850

demanding [dɪmændɪŋ]
adj. 부당한 요구를 하는, 너무 많은 것을 요구하는, 일이 힘든, 일이 고된 3781

cryptic [krɪptɪk]
adj. 수수께끼 같은, 아리송한 3782

qualified [kwɑːlɪfaɪd]
adj. 자격(능력)이 있는, 적격의, 적임의, 자격이 주어진, 제한된 3783

buzzer [bʌzə(r)]
n. 버저 (윙윙거리는 소음을 일으키고 신호를 주기 위해 사용되는 전기 장치) 3784

temperament [temprəmənt]
n. 기질, 성질, 체질, 격렬한 성미 3785

temperance [tempərəns]
n. 자제, 극기, (음식의) 절제, 절주, 금주 3786

affection [əfekʃn]
n. 애정, 호의, 애착 3787

affectation [æfekteɪʃn]
n. 가장, 꾸밈 3788

unpromising [ʌnprɑːmɪsɪŋ]
adj. 가망 없는, 장래성 없는, 유망하지 못한 3789

totem [toʊtəm]
n. 토템 (특히 아메리카 원주민 사회에서 신성시 되는 상징물) 3790

intercourse [ɪntərkɔːrs]
n. (~간의) 교제, 교류, 친교, (국가 간의) 통상, 거래, 사상의 교환, 감정의 교환 3791

copulation [kɑpjuleɪʃən]
n. 결합, 연결, 성교, 교미, 교접 3792

unburden [ʌnbɜːrdn]
vt. ~의 짐을 풀다, (마음)의 짐을 풀다, (심중)을 털어놓다 3793

irrespective [ɪrɪspektɪv]
adj. ~을 돌아보지 않고, ~을 무시하고, ~에 개의치 않고 3794

opus [oʊpəs]
n. [문학] 작품, (종종 O-) 음악 작품 번호 3795

sally [sæli]
n. (포위군에 대한) 출격, 반격, 외출, 소풍 3796

flit [flɪt]
vi. 경쾌하게 움직이다, (새·곤충 따위가) 날개를 퍼덕거리며 날아다니다 3797

fret [fret]
vi. 조바심치다, 조마조마하다 3798

3799	**upbringing** [ʌpbrɪŋɪŋ]	n.	양육, 훈육, (가정) 교육
3800	**flirt** [flɜ:rt]	vi. vt.	바람 피우다, 장난삼아 연애하다, ~을 휙 움직이다
3801	**sachet** [sæʃeɪ]	n.	(주머니에 넣는) 향가루, 작은 플라스틱 용기
3802	**vermilion** [vərmɪlɪən]	adj.	주홍색의
3803	**heron** [herən]	n.	왜가리
3804	**hum** [hʌm]	vi. vt. n.	윙윙거리다, 흥얼거리다, ~을 콧노래로 부르다, 윙윙하는 소리
3805	**lullaby** [lʌləbaɪ]	n.	자장가
3806	**contented** [kəntentɪd]	adj.	(자기 삶에) 만족해 하는, 자족해 하는
3807	**reckless** [rekləs]	adj.	무모한, 신중하지 못한, 난폭한
3808	**marvel** [mɑ:rvl]	n. vt.	놀랄만한 일, 불가사의한 일, ~에 놀라다, 경탄하다
3809	**flank** [flæŋk]	vt. n. vi.	~의 측면에 배치하다, 옆구리, 측면, 측면을 접하다
3810	**lustrous** [lʌstrəs]	adj.	윤기가 흐르는
3811	**flicker** [flɪkə(r)]	vi. vt. n.	깜박이다, 명멸하다, ~을 명멸시키다, 떨게 하다, 흔들리는 불빛
3812	**flick** [flɪk]	vt. n.	(손가락 등으로) 튀기다, 털다, 휙 치다, 휙 움직임, 재빨리 움직임
3813	**inkling** [ɪŋklɪŋ]	n.	(일어나거나 일어날 일에 대해) 눈치챔, 느낌, 암시
3814	**magnetism** [mæɡnətɪzəm]	n.	자기, 자력, 지적 매력, 도덕적인 매력
3815	**promiscuity** [prɑməskju:əti]	n.	난잡, 혼란 (상태), 무차별, 뒤범벅, 난교
3816	**whore** [hɔ:(r)]	n.	매춘부, 단정치 못한 여자
3817	**shudder** [ʃʌdə(r)]	vi. n.	떨다, 전율하다, 몸서리치다, 오싹하다, 몸을 떪, 전율
3818	**washbowl** [wɔ:ʃboul]	n.	세면기, 세숫대야
3819	**steel** [sti:l]	n. adj. vt.	강철, 강철 제품, 철강의, 견실한, 단단하게 하다, 결심하다
3820	**drug peddler** [drʌɡ pedlə(r)]	n.	마약 밀매인
3821	**froth** [frɔ:θ]	n. vt. vi.	거품, 빈말, 거품으로 덮다, 뿜어내다, 거품을 내다
3822	**skirt** [skɜ:rt]	n. vt. vi.	치마, (코트 등의) 자락, ~을 에워싸다, 피하다, 가에 있다
3823	**snub** [snʌb]	vt. n. adj.	~을 무시하다, 냉대하다, 경멸, 냉대, 들창코의, 땅딸막한
3824	**castrate** [kæstreɪt]	vt.	거세하다

residue [rezɪduː]	n.	나머지, 잔여, [수학] 나머지

anaesthetic [ænəsθetɪk]	n. adj.	마취약, 마취제가 든

phlegm [flem]	n.	담, 가래, 무기력, 무관심, 침착, 냉정

snip [snɪp]	vi.vt. n.	~을 싹둑 자르다, 잘라내다, 싹둑 자르기, 자투리

modicum [mɑːdɪkəm]	n.	(좋거나 유쾌한 요소의) 약간, 조금, 쥐꼬리만 한 양

interlude [ɪntərluːd]	n.	사이, 틈, 중간에 생긴 일, 삽화, 에피소드, 막간

runnel [rʌnl]	n.	시내, 도랑, 작은 터널, 작은 수로

usher [ʌʃə(r)]	vt. vi. n.	~을 안내하다, 안내역을 맡다, 문지기, 접수원, 안내원

ravish [rævɪʃ]	vt.	몹시 기쁘게 하다, 황홀하게 하다, (여자)를 강간하다

coquettish [kouketɪʃ]	adj.	요염한, 교태를 부리는

quaint [kweɪnt]	adj.	(매력 있게) 진기한, 예스러운

cheapen [tʃiːpən]	vt. vi.	~을 싸게 하다, ~의 값을 내리다, 싸지다

acquaintance [əkweɪntəns]	n.	면식(이 있음), 아는 사이, 교제, 교우 관계

supper [sʌpə(r)]	n.	저녁 식사 (하루 끼니 중 마지막에 먹는 것)

stool [stuːl]	n. vi.	(등받이와 팔걸이가 없는) 의자, 스툴, 싹이 트다

evanescent [iːvənesnt]	adj.	쉬이 사라지는, 덧없는, 무상한

hem [hem]	vt. vi. n.	에워싸다, 포위하다, 옷단을 내다, 옷단, 가장자리

bounteous [baʊntiəs]	adj.	아주 너그러운

pentameter [pentæmɪtə(r)]	n.	약강 5보격 (시행)

serpent [sɜːrpənt]	n.	기만적인 사람, 신뢰할 수 없는 사람, (특히 큰) 뱀

enfold [ɪnfoʊld]	vt.	~을 싸다, 감싸다, ~을 안다, 껴안다

inconsequential [ɪnkɑːnsɪkwenʃl]	adj.	중요하지 않은, 하찮은

scour [skaʊə(r)]	vt.	샅샅이 뒤지다, 문질러 닦다, 박박 닦다

grimy [ɡraɪmi]	adj.	때 묻은, 더러운

derelict [derəlɪkt]	adj. n.	유기된, 버려진, 유기물, (사회에서 버림받은) 낙오자

nondescript [nɑːndɪskrɪpt]	adj.	별 특징 없는

MAZELTOV Vocabulary

오늘의 단어 --> 3851 - 3920

reprieve [rɪpriːv]	n. 집행연기, 유예, vt. 형(사형)집행을 연기하다, 일시적으로 편하게 해주다	3851
rebate [riːbeɪt]	n. 할인, (상품 대금·부과금의 일부) 환불, vt. ~을 환불하다, 할인하다	3852
burrow [bɜːroʊ]	n. 굴, 은신처, 피난처, vi. 구멍을 파다, 숨다, vt. ~에 구멍을 파다, 잠복하다	3853
milldam [mɪldæm]	n. 물방아용의 둑, 못	3854
weasel [wiːzl]	n. 족제비	3855
elm [elm]	n. 느릅나무, 느릅나무 재목	3856
mutability [mjuːtəbɪləti]	n. 변하기 쉬움, 변덕	3857
mutable [mjuːtəbl]	adj. 변할 수 있는, 잘 변하는	3858
uprooted [ʌpruːtɪd]	adj. 뿌리채 뽑힌	3859
enquire [ɪnkwaɪə(r)]	vi.vt. 문의하다, 묻다	3860
noxious [nɒkʃəs]	adj. 유독한, 유해한	3861
anxious [æŋkʃəs]	adj. 걱정하여, 근심하여, 염려하여, 걱정스러운	3862
incubation [ɪŋkjubeɪʃn]	n. 부화, 배양, 숙고, 계획, 고안	3863
bereavement [bɪriːvmənt]	n. (육친이) 먼저 세상을 떠남, 사별	3864
bereave [bɪriːv]	vt. (가족·친지와) 사별하다, 여의다	3865
onward [ɑːnwərd]	adj. 앞으로 나아가는, 계속 이어서 나아가는	3866
posthumous [pɑːstʃəməs]	adj. (어떤 사람) 사후의	3867
instrumental [ɪnstrəmentl]	adj. 수단이 되는, 도움이 되는, 악기로 연주되는, n. 기악, 기악곡	3868

pockmark [pɑ:kmɑ:rk]	n.	(병·염증으로 피부에 생긴) 우묵한 자국, 얽은 자국, 마맛자국
bleary [blıri]	adj.	(눈이 특히 피곤해서) 흐릿한, 게슴츠레한
titular [tıtʃələ(r)]	adj.	명목상의, 명의뿐인, 이름뿐인
porter [pɔ:rtə(r)]	n.	(기차역·공항 등의) 짐꾼, (호텔·대형 건물·대학 등의 입구에 있는) 수위
domineering [dɑ:mənırıŋ]	adj.	지배하려 드는, 군림하려 드는
brow [braʊ]	n.	이마, 눈썹, 눈두덩
postural [pɑ:stʃərəl]	adj.	(사람이 앉거나 서 있는) 자세의
plasticity [plæstısəti]	n.	가소성(외력이 없어져도 원래의 형태로 돌아오지 않는 물질의 성질)
pictorial [pıktɔ:riəl]	adj. n.	그림의, 생생한, 화보가 들어간 잡지(신문), 화보
torrent [tɔ:rənt]	n.	급류, 격류, (질문·말 따위의) 연발, (감정 따위의) 폭발, 분출
mop [mɑp]	vt. n.	~을 몹으로 닦다, 청소하다, 몹, 자루 걸레
somber [sɑmbər]	adj.	어두컴컴한, 흐린, 칙칙한, 우울한, 음산한
apocalypse [əpɑ:kəlıps]	n.	요한 계시록, 예언, 인류(우주) 종말의 날, 대파괴, 대재난
meretricious [merətrıʃəs]	adj.	겉치레뿐인, 겉만 번지르르한
grip [grıp]	vt. vi. n.	단단히 쥐다, 사로잡다, 단단히 붙잡다, 단단히 붙잡기
woo [wu:]	vt.	(여성)에게 구애하다, (재산·명예 따위)를 얻으려고 하다
flatmate [flætmeıt]	n.	룸메이트, (아파트 함께 쓰는) 동거인
onslaught [ɑ:nslɔ:t]	n.	맹공격, 맹습
expiry [ıkspaıəri]	n.	만료, 만기
wreath [ri:θ]	n.	화환, 화관, (연기·구름 등의) 소용돌이, 동그라미
revelatory [revələtɔ:ri]	adj.	(모르던 것을) 알게 하는, 드러내는
throng [θrɔ:ŋ]	n. vi.vt. adj.	군중, 인파, ~에 모여들다, 쇄도하다, 떼를 지은, 혼잡한
flamboyant [flæmbɔıənt]	adj.	(색채 따위가) 현란한, (사람·행위·문체 따위가) 화려한, 대담한
cascade [kæskeıd]	n. vt.	작은 폭포, (정원 따위의) 인공 폭포, ~을 폭포처럼 떨어뜨리다
ringlet [rıŋlət]	n.	(머리에서 흘러내리는) 곱슬머리, 작은 고리
broom [bru:m]	n. vt.	비, 자루가 긴 브러시, ~을 쓸다, 청소하다

totter [tɑ:tə(r)]	vt. vi. n.	~을 비틀거리게 하다, 흔들흔들하다, 흔들리다, 비틀거리기
scurry [skɜ:ri]	vi.	종종걸음을 치다, 허둥지둥 가다
fiddle [fɪdl]	n. vi.	바이올린, 그와 비슷한 현악기, 속임수, 바이올린을 켜다
unseemly [ʌnsi:mli]	adj.	(행동 등이) 꼴사나운, 부적절한
unbidden [ʌnbɪdn]	adj.	요청받지 않은, 초대받지 않은, 예상 밖의
drifter [drɪftə(r)]	n.	정착을 못하는 사람, (직장 등을) 전전하는 사람
squawk [skwɔ:k]	vt. vi.	~을 큰 소리로 떠들다, 폭로하다, 꽥꽥 울다, 밀고하다
gopher [goʊfə(r)]	n.	땅(밭)다람쥐
thud [θʌd]	n. vt.	털썩, 쾅, 쿵 (무거운 물건이 떨어지는 소리), ~을 쿵하고 치다
wiggle [wɪgl]	vi. vt.	(몸·꼬리 따위가) 흔들리다, 꿈틀거리다, (몸·꼬리 따위)를 흔들다
Aphrodite [æfrədaiti]	n.	[그리스신화] 아프로디테 (사랑·미의 여신)
chunky [tʃʌŋki]	adj.	땅딸막한, 다부지게 생긴, 덩어리진, 거친
strained [streɪnd]	adj.	팽팽한, 긴장한, 불안한, 신경질적인
chirrup [tʃiərəp]	vi. n.	(새·벌레가) 짹짹 울다, 찍찍 울다, 짹짹, 찍찍 (하는 울음소리)
tingle [tɪŋgl]	vi. vt.	따끔따끔 아프다, 쑤시다, 욱신거리다, ~을 따끔따끔하게 하다
buttock [bʌtək]	n.	궁둥이
enforceable [ɪnfɔ:rsəbl]	adj.	시행할 수 있는, 집행할 수 있는, 강제할 수 있는
mellow [meloʊ]	adj.	(과실 따위가) 익은, 익어서 보드라운, (사람·성격이) 원만한
onset [ɑ:nset]	n.	(특히 불쾌한 일의) 시작
allegory [æləgɔ:ri]	n.	우화, 풍자
waft [wɑ:ft]	vt.	(물체·소리·냄새 등)을 (공중·물 위에서) 가볍게 떠돌게 하다
unerring [ʌnɜ:rɪŋ]	adj.	틀림없는, 항상 정확한
haphazard [hæphæzərd]	adj.	무계획적인, 되는 대로의
serendipitous [serəndɪpətəs]	adj.	우연히 발견하는, 좋은, 유리한
hairbreadth [héərbredθ]	n. adj.	아주 좁은 간격(거리), 근소한 차이, 털끝만큼의, 위기일발의
amputate [æmpjuteɪt]	vt.	(수술로) 절단하다

DAY 56

57 DAY

MAZELTOV Vocabulary

오늘의 단어 → 3921 - 3992

3921 **contravene** [kɑːntrəviːn]	vt.	(법·규칙을) 위반하다, 위배하다
3922 **conciliate** [kənsɪlieɪt]	vt.	달래다, 회유하다
3923 **wrongdoing** [rɔːŋduːɪŋ]	n.	범법행위, 부정행위, 비행
3924 **deem** [diːm]	vt.	(~로) 여기다, 생각하다
3925 **rotatory** [roʊtətɔːri]	adj.	회전성의, 회전하는, 순환하는, 교대하는
3926 **smirk** [smɜːrk]	vi. n.	뽐내며 웃다, 점잔빼며 웃다, 억지로 웃다, 뽐내는 웃음, 선웃음
3927 **onlooking** [ɑnlukɪŋ]	adj.	방관하는, 방관적인, 구경하는
3928 **gadget** [ɡædʒɪt]	n.	(작고 유용한) 도구, 장치
3929 **literacy** [lɪtərəsi]	n.	글을 읽고 쓸 줄 아는 능력
3930 **literary** [lɪtəreri]	adj.	문학의, 문예의, 문학적인, 학문의, 학문상의
3931 **forbidding** [fərbɪdɪŋ]	adj.	험악한, 으스스한
3932 **chore** [tʃɔː(r)]	n. vi.	허드렛일, 잡일, (집안의) 자질구레한 일, 잡일(허드렛일)을 하다
3933 **studious** [stuːdiəs]	adj.	공부를 열심히 하는, 학구적인
3934 **imprimatur** [ɪmprɪmɑːtə(r)]	n.	(공식적인) 허가, 승인
3935 **consortium** [kənsɔːrtiəm]	n.	컨소시엄, (특정 사업 수행 목적의) 협력단
3936 **soothsayer** [suːθseɪə(r)]	n.	예언자, 점쟁이
3937 **simmer** [sɪmə(r)]	vi.	(~이) 부글부글 끓다, (노여움 등이) 금방이라도 폭발하려고 하다
3938 **mugger** [mʌɡə(r)]	n.	(특히 공공장소에서의) 강도, 노상강도, 범인
3939 **punchy** [pʌntʃi]	adj.	(간명하면서도) 아주 효과적인
3940 **novella** [nəvelə]	n.	중편 소설

contraption [kəntræpʃn]	n.	(기묘한) 기계, 장치
conundrum [kənʌndrəm]	n.	수수께끼, 난문
horde [hɔːrd]	n.	(사람들의 큰) 무리
awash [əwɑːʃ]	adj.	물에 덮여 있는, (~으로) 넘치는
aside [əsaɪd]	adv.	곁에, 곁으로, 옆쪽에, 옆쪽으로, 떨어져서, 떠나서, 벗어나
blazer [bleɪzə(r)]	n.	콤비 상의, 블레이저, 선전하는 사람, 퍼뜨리는 사람
blaze [bleɪz]	vi. n.	활활 타다, 눈부시게 빛나다, (대형) 화재, 불길, 광휘
trail [treɪl]	vt. n.	(질질) 끌다, 견인하다, 추적하다, 미행하다, 자국, 발자국, 흔적
impassable [ɪmpæsəbl]	adj.	통행할 수 없는, 폐쇄된
unappreciative [ʌnəpriːʃətɪv]	adj.	감상력이 없는
flock [flɑːk]	vi. n.	(많은 수가) 모이다, 떼 지어 가다(오다), 떼, 무리, 무리떼
spy [spaɪ]	n. vi. vt.	간첩, 스파이, 밀정, 염탐하다, 정찰하다, 몰래 조사하다
proclaim [prəkleɪm]	vt. vi.	공언하다, 선언하다, 명시하다, 선언하다, 공포하다
renunciation [rɪnʌnsieɪʃn]	n.	포기, 폐기, 부인, (욕망·쾌락 등의) 자제, 금욕
brutality [bruːtæləti]	n.	잔인성, 야만성, 무자비, 잔인한 행위, 만행
absent-minded [æbsənt maɪndɪd]	adj.	건망증이 심한, 딴 데 정신이 팔린
ill-considered [ɪl kənsɪdərd]	adj.	계획(구상)이 잘못된, 분별없는, 잘못된
solitude [sɑːlətuːd]	n.	(특히 즐거운) 고독
hedge [hedʒ]	n. vt.	산울타리, ~을 산울타리로 두르다, 에워싸다, ~을 보호하다
epithet [epɪθet]	n.	통칭, 별칭, 별명
disjointed [dɪsdʒɔɪntɪd]	adj.	연결이 안 되는, 일관성이 없는
tactless [tæktləs]	adj.	요령 없는, 눈치 없는
sanity [sænəti]	n.	제정신, 정신이 멀쩡함, (사상의) 온건, 공정
controvertible [kɑntrəvəːrtəbl]	adj.	논쟁의 여지가 있는, 논쟁할 만한
vertiginous [vɜːrtɪdʒɪnəs]	adj.	회전하는, 변하기 쉬운
droopy [druːpi]	adj.	축 늘어진, 수그린, 지친, 의기소침한

DAY 57

MAZELTOV _ Vocabulary

#	단어	뜻
3967	**skinflint** [skɪnflɪnt]	n. 구두쇠, 수전노
3968	**tribute** [trɪbjuːt]	n. (감사·존경 등의 표시로서) 선물, 진상품, 증정물, 공물
3969	**trove** [trouv]	n. 발견된 물건, 귀중한 발견물, 수집품, 컬렉션
3970	**pervade** [pərveɪd]	vt. 만연하다, (구석구석) 스며들다, 배어들다
3971	**inlaid** [ɪnleɪd]	adj. 무늬를 새긴, 상감 세공을 한
3972	**flotsam** [flɑːtsəm]	n. (조난선의) 표류물, (물위의) 부유물, 폐기물, 잡동사니
3973	**crisscross** [krɪskrɔːs]	vt. ~에 십자 표시를 하다, ~을 교차시키다, n. 십자, 십자형, (일의) 차질
3974	**freckle** [frekl]	n. 주근깨
3975	**abyss** [əbɪs]	n. 심연, 깊은 구렁
3976	**unimpaired** [ʌnɪmperd]	adj. 손상되지 않은, 약화되지 않은
3977	**venerable** [venərəbl]	adj. 존경할 만한, 공경할 만한, (토지·건물 등이) 유서 깊은
3978	**sham** [ʃæm]	n. 가짜, 모조물, 속임수, 사기꾼, 야바위꾼, vt. ~을 가장하다, 위조하다
3979	**phony** [founi]	adj. 가짜의, 위조의, n. 모조품, 사기꾼, vt. (문서 따위를) 날조하다
3980	**magnet** [mægnət]	n. 자석, 천연 자석, (사람을) 끄는 사람, (사람을) 매혹하는 물건
3981	**tonic** [tɑːnɪk]	n. 강장제(약), adj. 몸을 강하게 하는, 기력을 돋우어 주는
3982	**dupe** [duːp]	n. 속기 쉬운 사람, 봉, 얼간이, vt. 속이다, 속여서 ~시키다
3983	**potion** [poʊʃn]	n. (한 번 마실 만큼의) 물약, 독약, (마법의) 물약, 묘약
3984	**affability** [æfəbɪləti]	n. 상냥함, 붙임성 있음
3985	**humane** [hjuːmeɪn]	adj. 인도적인, 인정 있는, 잔혹하지 않은
3986	**afflict** [əflɪkt]	vt. 괴롭히다, 피해를 입히다
3987	**brawny** [brɔːni]	adj. 건장한
3988	**aglow** [əgloʊ]	adj. 환히 빛나는
3989	**pitiless** [pɪtɪləs]	adj. 무자비한, 박정한, 무정한, 가차없는, 잔혹한
3990	**echelon** [eʃəlɑːn]	n. (지휘 계통 따위의) 계층, 계급, (군함·군대·비행기 등의) 제형 편성
3991	**egotism** [iːgətɪzm]	n. 자기 중심벽 (자기 일만 생각하거나 이야기하기), 제멋대로 굶
3992	**ethereal** [ɪθɪriəl]	adj. 지극히 가볍고 여린, 천상의

MAZELTOV Vocabulary

오늘의 단어 --> 3993 - 4064

recall [rikɔ:l]
vt. ~을 생각해내다, ~을 취소하다, 철회하다,
n. 소환, 상기, 철회, 취소
3993

unsympathetic [ʌnsimpəθetik]
adj. 동정심이 없는, 인정 없는, 냉담한
3994

hook [hʊk]
n. 갈고리, 훅, 걸쇠,
vt. (갈고리로) ~을 걸다, 끌어당기다
3995

shank [ʃæŋk]
n. 정강이, 정강이 뼈,
vi. (잎·꽃이 썩어서) 떨어지다, 터벅터벅 걷다
3996

wispy [wispi]
adj. (촘촘하지 못하고) 몇 가닥으로 된, 성긴
3997

bashful [bæʃfl]
adj. 수줍음을 타는
3998

wiry [waiəri]
adj. 철사 같은, (사람의 몸이) 마르고도 강인한
3999

goatee [goʊti:]
n. 염소 수염
4000

unencumbered [ʌninkʌmbərd]
adj. 방해물이 없는, (부동산 따위가) 저당에 잡혀 있지 않은
4001

patter [pætə(r)]
vt. ~을 빠른 말로 외다,
vi. 빠른 말로 지껄이다,
n. (호객꾼의) 빠른 말
4002

sweep [swi:p]
vt. ~을 쓸다, 털다, 청소하다,
n. 청소하기, 쓸기, 일소
4003

vandalize [vændəlaiz]
vt. 공공 기물을 파손하다
4004

cocky [kɑ:ki]
adj. 자만심에 찬
4005

duenna [dju:enə]
n. 소녀 감독 부인 (소녀를 감독하는 중년 여성), 여자 가정 교사
4006

conflate [kənfleit]
vt. 융합하다, 합체하다
4007

erring [ə:riŋ]
adj. (의견·거동 따위가) 틀린, 정도에서 벗어난, 과오를 범한
4008

gloss [glɔ:s]
n. (매끄러운 표면의) 윤, 광, 광택제,
vt. 주석을 달다, 해설을 달다
4009

dogged [dɔ:gid]
adj. 완강한, 끈덕진
4010

bemuse [bimju:z]
vt. 멍하게 만들다, 어리벙벙하게 하다, 생각에 잠기게 하다
4011

sway [swei]
vt. ~을 흔들다, 동요시키다,
vi. 흔들리다, 동요하다
4012

pillion [ˈpɪliən]	n.	뒷안장, (자전거·오토바이의) 뒷좌석	**scrawl** [skrɔːl]	vi.vt.	~을 아무렇게나 쓰다, 휘갈겨 쓰다, 낙서하다
pelvis [ˈpelvɪs]	n.	골반	**inglorious** [ɪnˈɡlɔːriəs]	adj.	수치스러운, 부끄러운
bauble [ˈbɔːbl]	n.	겉만 번지르르한 싸구려 물건(보석), 시시한 것	**inamorata** [ɪnˌæməˈrɑːtə]	n.	(여자) 애인, 첩
viper [ˈvaɪpə(r)]	n.	독사, 악의가 있는 사람, 심술궂은 사람	**jilt** [dʒɪlt]	vt.	(애인을) 버리다, 차다
lodge [lɑːdʒ]	n. vi. vt.	오두막집, 여름 별장, 묵다, 숙박하다, ~을 숙박시키다	**privy** [ˈprɪvi]	adj.	은밀히 관여하고 있는, 한 개인의, 남의 눈을 피한
interject [ˌɪntərˈdʒekt]	vt.	말참견을 하다	**tight-lipped** [taɪt lɪpt]	adj.	입을 굳게 다문, 쉽게 입을 열지 않는, 말수가 적은
plaintiff [ˈpleɪntɪf]	n.	(민사 소송의) 원고, 고소인	**rehash** [riːˈhæʃ]	vt.	~을 재탕하다, 재논의하다, (고기 따위)를 다시 저미다
query [ˈkwɪri]	n. vt. vi.	질문, 의심, ~을 묻다, 의심하다, 질문하다, 의심하다	**aver** [əˈvɜː(r)]	vt.	(사실이라고) 단언하다, 주장하다
blemish [ˈblemɪʃ]	vt. n.	(명성·인격 따위)를 손상하다, ~에 흠을 내다, 결점, 오점	**wintry** [ˈwɪntri]	adj.	겨울의, 겨울 특유의, 찬, 한랭한
disciplinary [ˈdɪsəpləneri]	adj.	징계의	**recess** [ˈriːses]	vi. n. vt.	휴회(휴정)하다, 쉬다, 휴식, 휴게, (법정의) 휴정, ~을 뒤로 물리다
fury [ˈfjʊri]	n.	격노, 격분, 맹렬함, 맹위, 격렬함	**evasive** [ɪˈveɪsɪv]	adj.	얼버무리는
chummy [ˈtʃʌmi]	adj.	아주 다정한	**motion** [ˈmoʊʃn]	n. vt.	운동, 이동, (남)에게 (~하도록) 몸짓으로 지시하다, 신호하다
solidarity [ˌsɑːlɪˈdærəti]	n.	연대, 결속	**suffice** [səˈfaɪs]	vi.	충분하다

		4039
overtone [oʊvərtoʊn]	n.	함축

		4040
amber [æmbə(r)]	n.	호박, 호박색

		4041
titter [tɪtə(r)]	vi.	킥킥거리다, 해해거리다, 깔깔거리다

		4042
abase [əbeɪs]	vt.	~을 비하하다, 낮추다, 저자세가 되다

		4043
groping [groupɪŋ]	adj.	손으로 더듬는, 암중모색하는

		4044
gem [dʒem]	n.	보석, 보석처럼 아름답고 귀중한 것, 보물

		4045
repentance [rɪpentəns]	n.	뉘우침, 회개, 후회

		4046
stopover [stɑːpoʊvə(r)]	n.	(여정상의 두 지점 사이에 잠시) 머묾, 들름, 단기 체류

		4047
stoep [stuːp]	n.	(집 현관문 앞의) 베란다

		4048
monger [mʌŋgər]	vt. n.	행상하다, 팔다, 상인, ~장수, (소문을) 퍼뜨리는 사람

		4049
mealie [miːli]	n.	옥수수, 옥수수 이삭

		4050
rump [rʌmp]	n.	(동물의) 엉덩이, 둔부, 남은 것, 남은 찌꺼기

		4051
deterrence [dɪtəːrəns]	n.	저지, 전쟁 억제(력), 방지물

		4052
wardrobe [wɔːrdroʊb]	n. vt.	옷장, 분장실, (개인·극단 등의) 소유 의상, ~에게 옷장을 마련해 주다

		4053
premise [premɪs]	n.	(주장의) 전제

		4054
septic [septɪk]	adj.	(상처나 인체 부위가) 패혈성의, 패혈증이 생긴

		4055
hygienic [haɪdʒiːnɪk]	adj.	위생적인

		4056
pen [pen]	vt. n.	(글 등을) 쓰다, (동물·사람을 우리 등에) 가두다, 펜, (가축의) 우리

		4057
bunk [bʌŋk]	n. vt.	(배·기차의) 침상, (수업 따위)를 빼먹다, 게으름 피우다

		4058
sulk [sʌlk]	vi. n.	실쭉거리다, 골내다, 부루퉁해지다, 골냄, 부루퉁함

		4059
sullen [sʌlən]	adj.	시무룩한, 골난, 뚱한, 음산한, 음울한

		4060
fetch [fetʃ]	vt.	~을 가지고 오다, 데리고 오다, (피·눈물·웃음 따위)를 나오게 하다

		4061
duck [dʌk]	vi. vt.	몸을 피하다, (타격·일·책임 등을) 피하다, ~을 피하다

		4062
recant [rɪkænt]	vt.	(공식적으로 신념·견해를) 철회하다

		4063
tirade [taɪreɪd]	n.	장황한 비난, 장광설

		4064
loathe [loʊð]	vt.	혐오하다

59 DAY

MAZELTOV Vocabulary

오늘의 단어 --> 4065 - 4136

defecate [defəkeɪt]
vi. 배변하다, 대변을 보다

scrubland [skrʌblænd]
n. 잡목으로 덮인 땅, 관목지

middling [mɪdlɪŋ]
adj. (치수·품질·지위 등이) 보통의, 중간의

hanker [hæŋkə(r)]
vi. 갈망하다

tar [tɑː(r)]
n. 타르로 포장된 도로,
vt. ~에게 오명을 씌우다, (평판 따위)를 손상시키다

pad [pæd]
n. 덧대는 것, 방석, 깔개,
vt. ~에 메워 넣다, 채워 넣다, (옷)에 솜(심)을 넣다

twine [twaɪn]
n. 꼰 실, 삼실, 삼끈,
vt. ~을 꼬다, 꼬아 합치다, ~을 엮다, 짜다

mist [mɪst]
n. (fog보다도 엷은) 안개, 연무, 아지랑이, 자욱한 연막

drip [drɪp]
vt. (물방울)을 똑똑 떨어지게 하다,
n. 물방울,

trestle [tresl]
n. (탁자 등을 받치는) 가대, 버팀 다리

speckle [spekl]
n. 작은 반점

dumpy [dʌmpi]
adj. (특히 사람이) 땅딸막한, 뚱한, 우울한, 시무룩한

chase [tʃeɪs]
vt. ~을 뒤쫓다, 쫓아내다,
vi. 서둘러 가다,
n. 추적, 추격

yammer [jæmər]
vi. 응석부리다, 투덜대다, 떠들어대다,
vt. ~을 불평조로 말하다

cheep [tʃiːp]
vi. (어린 새가) 짹짹거리다

squat [skwɑːt]
vi. 웅크리다, 쪼그리다,
vt. (장소)를 불법 점거하다,
adj. 웅크린, 쪼그리고 앉은

floppy [flɑːpi]
adj. 헐렁한, 늘어진, 딱딱하지 않은

rampant [ræmpənt]
adj. (나쁜 것이) 걷잡을 수 없는, 만연하는, 횡행하는

pallet [pælət]
n. (목재·철제의 대형) 화물 운반대, 다다미 (천에 짚을 넣어 만든 매트)

gavel [gævl]
n. (의장·판사·경매 진행자가 쓰는 작은) 망치

tyre [taɪə(r)]	n.	타이어
scratch [skrætʃ]	vt. / n.	~을 긁다, 할퀴다, ~에 생채기를 내다, / 할퀴기, 찰과상, 긁는 소리
snooze [snuːz]	vi. / vt. / n.	졸다, / (시간)을 빈둥빈둥 보내다, / 선잠
subculture [sʌbkʌltʃə(r)]	n.	소문화, 하위문화
outburst [aʊtbɜːrst]	n.	(감정의) 격발, 분출, (화산·에너지 따위의) 폭발
retribution [retrɪbjuːʃn]	n.	(강력한) 응징, 징벌, (내세의) 응보
melee [meɪleɪ]	n.	아수라장 (같은 곳)
belabor [bɪleɪbər]	vt.	~을 세게 치다, 때리다, (집요하게) 공격하다, 매도하다
fondle [fɑːndl]	vt.	~을 귀여워하다, 애지중지하다, 애무하다
unflattering [ʌnflætərɪŋ]	adj.	어울리지 않는, 호의적이지 않은
sacrifice [sækrɪfaɪs]	n. / vt.	희생, 희생적 행위, / ~을 제물로 바치다, 희생시키다
piquancy [piːkənsi]	n.	톡 쏘는 듯한 맛, 짜릿한 느낌
calve [kæv]	vi.	(소가) 새끼를 낳다
troy [trɔɪ]	n.	트로이 (금·은·보석 무게 측정 단위의 하나)
dug [dʌg]	adj. / n.	dig의 과거분사형, 파내진, 파헤쳐진, / (짐승의) 젖퉁이, 젖꼭지
mortal [mɔːrtl]	adj. / n.	죽을 운명의, 죽어야 할, 죽음의, 임종의, / 죽게 마련인 것
cacophony [kəkɑːfəni]	n.	불협화음
hoove [huːv]	n.	고창증 (소화기능장애를 일으키는 일종의 대사질병)
tussle [tʌsl]	n. / vi.	심한 격투, 난투, 분투, 고전, / 맞붙어 싸우다, 격투하다
haunch [hɔːntʃ]	n.	엉덩이, 둔부
abscess [æbses]	n.	종기, 농양
abysmal [əbɪzməl]	adj.	최악의, 최저의
impacted [ɪmpæktɪd]	adj.	밀착시킨, 빈틈없이 들어찬
lance [læns]	vt. / n.	~을 절개하다, 찌르다, / 창, (물고기를 찌르는) 작살
lancet [lænsɪt]	n.	랜싯 (양날의 끝이 뾰족한 의료용 칼)
scrabble [skræbl]	vi.	뒤지며 찾다, 허우적거리며 찾다

gag [ɡæɡ]	n. (사람 입에 물리는) 재갈, (전문 개그맨이 하는) 개그, vt. 말문을 막다	**foreknowledge** [fɔːrnɑːlɪdʒ]	n. 예지, 선견지명
cower [kaʊə(r)]	vi. (겁을 먹고) 몸을 숙이다, 웅크리다	**treacly** [triːkli]	adj. 당밀의, 당밀 같은, (말 따위가) 달콤한, 아첨하는
filigree [fɪlɪɡriː]	n. 금(은) 줄 세공	**splint** [splɪnt]	vt. ~에 부목을 대다, n. (접골 치료용) 부목
chin [tʃɪn]	n. 턱	**scrawny** [skrɔːni]	adj. (사람·동물이) 뼈만 앙상한, 거죽만 남은
ensemble [ɑːnsɑːmbl]	n. 총체, (예술 작품 등의) 전체적 효과, 전체적 조화, adv. 함께, 일시에	**tribulation** [trɪbjuleɪʃn]	n. 고난, 시련
scrotum [skroʊtəm]	n. 음낭	**mongrel** [mʌŋɡrəl]	n. 잡종견
cake [keɪk]	n. 케이크, vt. 굳히다, 덩어리로 만들다, vi. 굳어지다, 응고하다	**neuter** [nuːtə(r)]	adj. 중성의, 중립의, 생식 불능의, vt. (개 등)을 거세하다
pellet [pelɪt]	n. 작은 알, 작은 알약, vt. ~을 작은 알로 만들다	**jolly** [dʒɑːli]	adj. 명랑한, 즐거운, vi. 남을 치켜세우다, vt. 기쁘게 하다, 조롱하다
teeter [tiːtə(r)]	vi. (넘어질 듯이) 불안정하게 서다, 움직이다	**cuddle** [kʌdl]	vt. (다정하게) ~을 껴안다, 껴안고 귀여워하다, n. 껴안기, 포옹
bleat [bliːt]	vi. (양·염소 따위가) 매애 하고 울다, n. 울음 소리, 푸념	**hound** [haʊnd]	vt. ~을 추적하다, 부추기다, 선동하다, n. 사냥개, 상종 못할 녀석
hoarse [hɔːrs]	adj. (사람 목소리가) 쉰	**suave** [swɑːv]	adj. (특히 남자가) 정중한, 상냥한, 세련된
nuzzle [nʌzl]	vt. (특히 애정 표시로 무엇에) 코(입)를 비비다	**adultery** [ədʌltəri]	n. 간통, 간음
hypnotize [hɪpnətaɪz]	vt. ~에게 최면을 걸다, 매료하다, 무력하게 하다, vi. 최면을 걸다	**dreary** [drɪri]	adj. 음울한, 따분한

MAZELTOV Vocabulary

오늘의 단어 --> 4137 - 4208

squatter [skwɑːtə(r)] — n. (남의 땅·건물에 사는) 불법 거주자, 무단 점유자 — 4137

subversive [səbvɜːrsɪv] — adj. 전복시키는, 파괴적인, n. 전복 기도자, 불온 분자 — 4138

deconstructive [diːkənstrʌktɪv] — adj. 해체적, 해체적인 — 4139

crepuscular [krɪpʌskjələ(r)] — adj. (해가 막 지고 난 뒤에) 어스름한 — 4140

shorthand [ʃɔːrthænd] — adj. 속기(술)의, 속기로 쓴, n. 속기(술) — 4141

pastor [pæstə(r)] — n. (특히 일부 비국교 교회의) 목사 — 4142

grind [ɡraɪnd] — vt. 갈다, 연마하다, 빻다, vi. 가루로 갈다, 빻아지다, n. 갈기, 연마 — 4143

inquiry [ɪnkwaɪəri] — n. 질문, 문의, 조사, 연구 — 4144

edict [iːdɪkt] — n. 포고령, 칙령 — 4145

ledger [ledʒə(r)] — n. (은행·사업체 등에서 거래 내역을 적은) 원장 — 4146

fangle [fæŋɡl] — n. 유행 — 4147

earthwork [ɜːrθwɜːrk] — n. 토루 (과거 방어용으로 쌓았던 둑) — 4148

artillery [ɑːrtɪləri] — n. 포, 대포, 포병, 포병대 — 4149

capillary [kæpəleri] — n. 모세 혈관 — 4150

cartilage [kɑːrtɪlɪdʒ] — n. 연골, 물렁뼈 — 4151

charge [tʃɑːrdʒ] — vt. ~에게 (대금 따위를) 청구하다, ~에 부담을 주다, vi. 돌진하다, 돌격하다 — 4152

proposition [prɑːpəzɪʃn] — n. 제의, 건의, 발의, 제안, vt. ~에 제안하다 — 4153

chute [ʃuːt] — n. 비탈진 수로, 급류, 여울, 폭포 — 4154

regimental [redʒɪmentl] — adj. 연대의 — 4155

gallop [ɡæləp] — n. 빠른 걸음, 질주, vi. (사람 등이) 빨리 가다, vt. ~을 갤럽으로 달리게 하다 — 4156

		4157
greet [griːt]	vt.	~에게 인사하다, 경의를 표하다, ~을 환영하다

		4158
lithographic [liθəgræfik]	adj.	석판술의

		4159
clothe [kloʊð]	vt.	~에게 옷을 입히다, ~을 뒤덮다, (권력·영광 따위를) ~에게 부여하다

		4160
squash [skwɑːʃ]	vt. vi.	짓누르다, 으깨다, (생각 등을) 억압하다, (좁은 곳에) 밀어 넣다

		4161
signpost [saɪnpoʊst]	n. vt.	푯대, 교통 표지의 기둥, ~에 안내 표지를 세우다

		4162
stillness [stɪlnəs]	n.	고요, 정적

		4163
fleck [flek]	n. vt.	(피부의) 반점, 주근깨, (액체의) 방울, 소량, ~을 얼룩덜룩하게 하다

		4164
canonization [kænənizeiʃən]	n.	시성(식), 성전 승인, 정전 승인

		4165
parish [pærɪʃ]	n.	(교회·성당의) 교구, 소교구

		4166
gentry [dʒentri]	n.	상류층, 신사들, 양반들

		4167
suffuse [səfjuːz]	vt.	(특히 색깔·빛·감정이) (온통) 퍼지다, 번지다

		4168
hypocrisy [hɪpɑːkrəsi]	n.	위선

		4169
repulsive [rɪpʌlsɪv]	adj.	혐오감을 일으키게 하는, 불쾌한, 쌀쌀한, 냉담한

		4170
nuisance [nuːsns]	n.	폐단, 불쾌, 폐가 되는 행위(사람), 귀찮은 사람(존재)

		4171
antipathy [æntɪpəθi]	n.	(강한) 반감, 악감정

		4172
lodging [lɑːdʒɪŋ]	n.	숙박, 하숙, (일시적인) 거주지, 숙소

		4173
flunk [flʌŋk]	vi. vt.	(시험 따위에) 실패하다, ~에 실패하다, ~을 불합격시키다

		4174
nostril [nɑːstrəl]	n.	콧구멍

		4175
heiress [eres]	n.	(특히 상당한 재산의) 여자 상속인, 상속녀

		4176
widow [wɪdoʊ]	n. vt.	과부, ~의 남편을 잃게 하다

		4177
disenchant [disentʃænt]	vt.	~을 마법에서 풀다, ~의 미몽(환상)을 깨우다, ~에게 환멸을 느끼게 하다

		4178
earl [ɜːrl]	n.	백작

		4179
obscure [əbskjʊr]	adj.	(의미·문체·발음 따위가) 분명하지 않은, 애매한, 뚜렷하지 않은

		4180
scandal mongering [skændl mʌŋgəriŋ]	n.	남의 소문을 떠벌리는 것

		4181
asexual [eisekʃuəl]	adj.	무성의, 성별이 없는, 무성 생식의

		4182
trot [trɑːt]	vi. vt.	(말) 속보로 달리다, (사람) 빠른 걸음으로 걷다, ~을 빠른 걸음으로 가다

4183	**effrontery** [ɪfrʌntəri]	n.	뻔뻔스러움
4184	**wretched** [retʃɪd]	adj.	가엾은, 불쌍한, 불행한, 비참한, 지독한
4185	**portly** [pɔːrtli]	adj.	(특히 나이든 남자가) 약간 뚱뚱한
4186	**scapegoat** [skeɪpgoʊt]	n.	희생양, 속죄양, 제물
4187	**purgation** [pəːrgeɪʃən]	n.	정화, 숙청, [역사] 무죄의 증명
4188	**purge** [pɜːrdʒ]	vt. / vi. / n.	깨끗이 하다, 제거하다, / 깨끗해지다, 정화되다, / 정화, 숙청
4189	**sterilization** [sterəlizeɪʃən]	n.	불모화, 불임화, 불임법, 멸균, 소독
4190	**farewell** [ferwel]	n. / adj.	작별 인사, 고별사, 송별회, / 고별의, 작별의, 마지막의
4191	**leash** [liːʃ]	n. / vt.	(개 따위를 매어 두는) 가죽끈, 밧줄, 속박, 억제, / ~을 속박하다, 억제하다
4192	**remove** [rɪmuːv]	vt. / vi. / n.	~을 제거하다, 옮기다, / 이전하다, 지워지다, / 이사, 간격, 거리
4193	**piggish** [pigiʃ]	adj.	돼지 같은, 욕심이 많은, 불결한, 고집센
4194	**flaring** [fléəriŋ]	adj.	너울거리며 타는, 번쩍이는, 번지르르한, 호화 찬란한
4195	**forestry** [fɔːrɪstri]	n.	임학, 삼림 관리
4196	**concession** [kənseʃn]	n.	양보, 허용, 허가, 허여, (당국의) 면허, 특허, 이권, 특권
4197	**bay** [beɪ]	vi. / n.	(강하게) 항의하다, (개·늑대가) 으르렁거리다, / 만
4198	**flare** [fler]	vi. / vt.	(불꽃이) 너울거리다, 훨훨 타오르다, / ~을 확 타오르게 하다
4199	**pant** [pænt]	vi. / vt. / n.	숨차다, 헐떡거리다, / ~을 헐떡거리며 말하다, / 헐떡거림
4200	**leaf** [liːf]	n. / vi.	(식물의) 잎사귀, (책의) 한 장, / 책장을 급히 넘기다
4201	**crown** [kraʊn]	n. / vt.	왕관, 왕위, (승리) 화관, / ~을 왕위에 앉히다, ~에(게) 영예를 주다
4202	**grinding** [graɪndɪŋ]	adj.	(힘든 상황이) 끝도 없이 계속되는
4203	**dumb** [dʌm]	adj.	언어 장애의, 말 못하는, 멍청한, 어리석은
4204	**trio** [triːoʊ]	n.	3중주, 3중창, 3인조, 트리오
4205	**cassock** [kæsək]	n.	카속 (성직자들이 입는, 검은색이나 주홍색의 옷)
4206	**topi** [toʊpi]	n.	토피 (열대 지방에서 햇볕을 차단하기 위해 쓰는 가벼운 헬멧 같은 모자)
4207	**upcast** [ʌpkæst]	n. / adj. / vt.	위로 던지기, / 위로 던진, / ~을 위로 던지다
4208	**jaw** [dʒɔː]	n. / vi. / vt.	턱, 좁은 입구, 수다, / 수다떨다, / ~을 꾸짖다

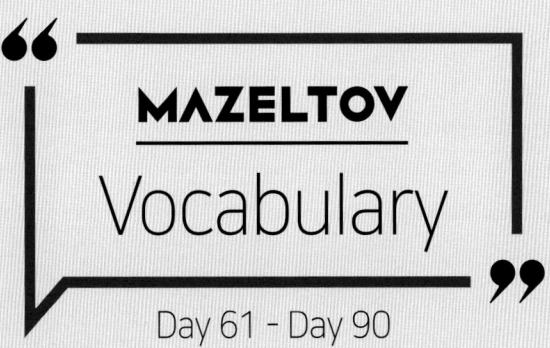

61 DAY

MAZELTOV Vocabulary
오늘의 단어 --> 4209 - 4280

lingo [lɪŋgoʊ]
n. (외국어·전문어 따위) 뜻이 통하지 않는 말, 귀에 익지 않은 말 ⁴²⁰⁹

preparatory [prɪpærətɔːri]
adj. 준비를 위한, 대비를 위한 ⁴²¹⁰

cauldron [kɔːldrən]
n. 가마솥 ⁴²¹¹

cartridge [kɑːrtrɪdʒ]
n. 탄약통, 약포, 작은 용기 ⁴²¹²

footfall [fʊtfɔːl]
n. 발걸음, 걸음걸이, 발소리 ⁴²¹³

splash [splæʃ]
vt. 튀기다, 튀겨 끼얹다,
vi. 튀다, 철벅철벅 소리를 내면서 나아가다 ⁴²¹⁴

douse [daʊs]
n. 일격, 흠뻑 젖음,
vt. ~을 (물에) 처넣다,
vi. 잠기다, 젖다 ⁴²¹⁵

stinging [stɪŋɪŋ]
adj. 찌르는, 쏘는, 날카로운, 신랄한 ⁴²¹⁶

eyelid [aɪlɪd]
n. (한쪽) 눈꺼풀 ⁴²¹⁷

soot [sʊt]
n. 그을음, 검댕 ⁴²¹⁸

scalp [skælp]
n. (사람) 머리 가죽, 전리품,
vt. ~의 머리 가죽을 벗기다, 지위(세력)를 빼앗다 ⁴²¹⁹

carnage [kɑːrnɪdʒ]
n. 대학살 ⁴²²⁰

frown [fraʊn]
vi. (~에) 눈살을 찌푸리다, 얼굴을 찡그리다,
vt. 눈살을 찌푸려 표시하다 ⁴²²¹

ooze [uːz]
vi. 배어나오다, 줄줄 흘러나오다,
n. (강바닥의) 부드러운 진흙 ⁴²²²

eyebrow [aɪbraʊ]
n. 눈썹 ⁴²²³

eyelash [aɪlæʃ]
n. 속눈썹 ⁴²²⁴

trickle [trɪkl]
vt. ~을 똑똑 떨어뜨리다, 졸졸 흘리다,
vi. 똑똑 떨어지다, 졸졸 흐르다 ⁴²²⁵

donga [dɑːŋgə]
n. 협곡 ⁴²²⁶

surly [sɜːrli]
adj. 성질 못된, 무례한 ⁴²²⁷

holster [hoʊlstə(r)]
n. (벨트에 차는, 가죽으로 된) 권총집 ⁴²²⁸

hefty [hefti]	adj. / adv.	(물건이) 크고 무거운, 크고 억센, 힘이 있는, 매우, 몹시, 대단히
petrol [petrəl]	n.	휘발유
wrist [rɪst]	n.	손목, 팔목
ankle [æŋkl]	n.	발목
sprain [spreɪn]	vt. / n.	(발목·손목 따위)를 삐다, 염좌하다, 삐기, 염좌
skepticism [skeptəsizm]	n.	의심, 회의론
snore [snɔː(r)]	vi. / vt. / n.	코를 골다, (시간)을 코를 골며 보내다, 코골기, 코고는 소리
menstruate [menstrueɪt]	vi.	월경을 하다, 생리을 하다
seclusion [sɪkluːʒn]	n.	은둔, 호젓함
flange [flændʒ]	n.	(자동차·기차 바퀴 등의) 테두리, 플랜지
tweezer [twiːzər]	n.	[약학] 핀셋
tweeze [twiːz]	vt.	(털을) 족집게로 뽑다
anoint [ənɔɪnt]	vt.	(종교 의식에서 머리에) 성유(성수)를 바르다, ~을 바르다
venereal [vənɪriəl]	adj.	성병의
gynarchy [dʒinərki]	n.	여권 정치, 여인 천하
onus [oʊnəs]	n.	책임, 의무
skulk [skʌlk]	vi.	(특히 나쁜 짓을 꾸미며) 몰래 숨다, 살금살금 숨다
tuck [tʌk]	n. / vt.	단, 장식 주름, 걷어 올려진 부분, 쑤셔넣다, 처넣다, 숨겨넣다
edgy [edʒi]	adj.	날이 날카로운, 끝이 뾰족한, 유례 없는, 전례 없는, 혁신적인
plough [plaʊ]	n. / vt.	쟁기, 쟁기 모양의 연장, ~을 갈다, 일구다, ~에 이랑(두렁)을 세우다
trundle [trʌndl]	vt. / vi.	(바퀴 따위)를 굴리다, (수레 따위로)~을 운반하다, (바퀴 따위가) 구르다
offal [ɔːfl]	n.	(음식 재료로 쓰는 동물의) 내장
sanctum [sæŋktəm]	n.	성스러운 장소, (방해받지 않는) 사실, 서재
vengeance [vendʒəns]	n.	복수, 앙갚음
expiate [ekspieɪt]	vt.	속죄하다
opiate [oʊpiət]	n.	아편이 든 약, 아편제

		4255
timorous [tɪmərəs]	adj. 겁이 많은	

		4256
lorry [lɔːri]	n. 대형 트럭, 화물차	

		4257
carton [kɑːrtn]	n. (큰) 판지 상자, 판지, vt. ~을 카턴에 넣다, 수납하다	

		4258
slop [slɑːp]	vi. 엎질러지다, 넘치다, vt. 흘리다, 흘러서 더럽히다, n. 엎지른 물	

		4259
fishy [fɪʃi]	adj. 물고기의, 비린내나는, 의심스러운, (물고기 눈알 처럼) 흐리멍덩한	

		4260
sluice [sluːs]	n. 봇둑, 수문, (여분의 물을 흘려 보내는) 수로, 방수로, 배수구	

		4261
skullcap [skʌlkæp]	n. 스컬캡, 테두리 없는 베레모 (특히 유대인 남성· 가톨릭 주교가 쓰는 모자)	

		4262
arthritic [ɑːrθrɪtɪk]	adj. 관절염의, 관절염에 걸린	

		4263
toil [tɔɪl]	n. 수고, 고생, 힘든 일, (장시간의) 고된 노동, vi. 애쓰다, 꾸준히 일하다	

		4264
offing [ɔːfɪŋ]	n. 앞바다(의 위치)	

		4265
nag [næg]	vt. ~을 잔소리로 괴롭히다, (~에게 ~하도록) 들볶다	

		4266
cram [kræm]	vt. ~을 (좁은 곳)에 억지로 밀어 넣다, 채워 넣다, n. 채워 넣기, 충만	

		4267
tamp [tæmp]	vt. (막힌 공간에) 다져 넣다, 눌러 담다, ~을 쟁이다	

		4268
mollusk [mɑləsk]	n. 연체동물	

		4269
gawk [gɔːk]	vi. 멍하니 바라보다, 얼빠진 듯이 바라보다	

		4270
roving [roʊvɪŋ]	adj. 이동해 다니는, 방랑하는	

		4271
snatch [snætʃ]	vt. 움켜잡다, 움켜쥐다, vi. 잡아(낚아)채려 하다, 덤벼들다, 달려들다	

		4272
poultry [poʊltri]	n. 가금, 식용 사육 조류 (닭·칠면조·오리 따위)	

		4273
penny-pincher [peni pɪntʃər]	n. 깍쟁이, 구두쇠	

		4274
abattoir [æbətwɑːr]	n. 도살장	

		4275
skittish [skɪtɪʃ]	adj. 잘 놀라는, 겁많은, 활발하고 수선스러운 (여자), 말괄량이의	

		4276
hard-hearted [hɑːrd hɑːrtɪd]	adj. 무정한, 냉담한	

		4277
testis [testɪs]	n. [해부] 고환	

		4278
communion [kəmjuːniən]	n. 친교, 교류, 영적 교감, (기독교의) 종교 단체, 종파, 교파	

		4279
finery [faɪnəri]	n. (특별한 경우에 입는) 화려한 옷과 보석	

		4280
reverend [revərənd]	adj. (명사 앞에만 씀) 목사	

DAY 62

MAZELTOV Vocabulary

오늘의 단어 --> 4281 - 4352

sprig [sprɪɡ]
n. (요리용·장식용으로 쓰는) 잔가지 — 4281

laurel [ˈlɔːrəl]
n. [식물] 월계수, 월계수 비슷한 관목, 영예, 승리,
vt. ~에게 영예를 안기다 — 4282

bedspread [ˈbedspred]
n. (장식용) 침대보 — 4283

forefinger [ˈfɔːrfɪŋɡə(r)]
n. 집게손가락, 검지 — 4284

snippet [ˈsnɪpɪt]
n. 작은 조각, 토막, 자투리, 토막 지식, (문예 작품에서의) 짧은 발췌 — 4285

solipsistic [ˌsɑlɪpˈsɪstɪk]
adj. 유아론적인, 자기 중심적인 — 4286

natty [ˈnæti]
adj. (복장·외관 따위가) 산뜻한, 말쑥한, 멋진, 정교한 — 4287

thump [θʌmp]
vt. ~을 때리다, 치다, 탁 하고 때리다, ~을 완패시키다 — 4288

ladle [ˈleɪdl]
n. 국자,
vt. 국자로 푸다, 뜨다, 퍼내다 — 4289

rheumy [ˈruːmi]
adj. (눈이) 눈곱이 많이 끼는 — 4290

thug [θʌɡ]
n. 폭력배 — 4291

sack [sæk]
vt. 해고하다, 파면하다, 약탈을 하다,
n. 봉지, 한 부대(의 양) — 4292

bicker [ˈbɪkə(r)]
vi. (사소한 일로) 다투다, 언쟁하다 — 4293

rue [ruː]
vt. 후회하다 — 4294

chieftain [ˈtʃiːftən]
n. (스코틀랜드에서 부족의) 족장 — 4295

orate [ɔːˈreɪt]
vi. 연설하다, 연설조로 말하다, 뽐내며 말하다 — 4296

reign [reɪn]
n. 치세, 통치 기간, 지배,
vi. 주권을 잡다, 지배하다 — 4297

rap [ræp]
vi. 톡톡 두드리다, 잡담하다,
vt. 혹평하다, 비난하다,
n. 톡톡 두드림, 수다 — 4298

frosty [ˈfrɔːsti]
adj. 서리가 내리는, 냉담한, 반백의, 노령의,
n. (찬) 맥주 — 4299

tack [tæk]
n. 압정, 납작한 못, (종래와 다른) 방침, 정책,
vt. ~을 압정으로 고정시키다 — 4300

clinch [klɪntʃ]	vt.	꼬부리다, 결말짓다, 4301
	n.	못 끝의 꼬부린 부분, 고정시키기, 죄기
brainchild [breɪntʃaɪld]	n.	아이디어, 발명품 4302
vicinity [vəsɪnəti]	n.	(~의) 부근, 인근 4303
sheathe [ʃiːð]	vt.	~을 칼집에 넣다, ~을 덮다, 싸다 4304
lore [lɔː(r)]	n.	(특정 주제의) 구전 지식, 구비 설화, (민간) 전통 4305
pharmacopoeia [fɑːrməkəpiːə]	n.	약전 (의약에 관한 사무를 담당하는 관청) 4306
distemper [dɪstempə(r)]	n.	디스템퍼 (특히 개와 고양이가 잘 걸리는 전염병) 4307
mange [meɪndʒ]	n.	흡윤개선 (기생충으로 인해 생기는 포유동물의 피부병) 4308
intestinal [ɪntestənl]	adj.	창자의, 장의, 장에 기생하는 4309
fertility [fərtɪləti]	n.	비옥함, 생식력 4310
dispatch [dɪspætʃ]	vt.	발송하다, 급송하다, 신속히 처리하다, 4311
	n.	급송, 급파, 긴급 보도
jittery [dʒɪtəri]	adj.	초조한, 조마조마한 4312
carapace [kærəpeɪs]	n.	(새우·게 등의) 껍질, 갑각 4313
droop [druːp]	vi.	늘어지다, 수그러지다, 약해지다, 4314
	vt.	~을 숙이다, 내리깔다
leathery [leðəri]	adj.	가죽 같은 (딱딱하고 질긴) 4315
inflict [ɪnflɪkt]	vt.	(괴로움 등을) 가하다, 안기다 4316
incinerator [ɪnsɪnəreɪtə(r)]	n.	소각로 4317
incinerate [ɪnsɪnəreɪt]	vt.	~을 소각하다 4318
carrion [kæriən]	n.	(죽은 짐승의) 썩어 가는 고기 4319
sloop [sluːp]	n.	(돛대가 하나인 작은) 범선, 슬루프 4320
stoop [stuːp]	vi.	(자세가) 구부정하다, 구부정하게 서다(걷다), 몸을 굽히다 4321
tannery [tænəri]	n.	무두질 공장 (동물의 원피로부터 가죽을 만드는 공정) 4322
haul [hɔːl]	vt.	~을 끌어당기다, 잡아끌다, 운반하다, 4323
	n.	잡아당기기, 어획, 어획량
anthracite [ænθrəsaɪt]	n.	무연탄 4324
flue [fluː]	n.	(굴뚝의) 연통, 연관 4325
calcify [kælsɪfaɪ]	vt.	석회화하다 4326

syringe [sɪrɪndʒ]	n. / vt.	[의학] 주사기, 주입기, 관장기, / 세척하다, ~에 주사하다
sodality [soudǽləti]	n.	동료임, 교제, 조합, 협회, [가톨릭] 신도회
savior [séivjər]	n.	구조자, 구제자, 그리스도, 구세주
psychopomp [sáikoupɑmp]	n.	저승 사자, 저승 안내자
reaper [ríːpə(r)]	n.	(농작물을) 수확하는 사람 (기계), 저승사자, 사신
leper [lépə(r)]	n.	나병환자, 한센병 환자, 문둥이, (사회·가정에서) 버림받은 사람
daft [dæft]	adj.	(흔히 재미있게) 바보 같은, 어리석은
wrongheaded [rɔːŋhédɪd]	adj.	생각이 틀린, 틀려도 고치려하지 않는, 완고한, 외고집의
inextricable [ɪnɪkstrɪkəbl]	adj.	불가분한, 떼려고 해도 뗄 수 없는
extricable [ékstrɪkəbl]	adj.	구출할 수 있는, 해방할 수 있는
schizophrenic [skɪtsəfrénɪk]	adj.	조현병의, 모순된 태도(감정)를 가진
profess [prəfés]	vt.	~을 공언하다, 선언하다, ~인 체하다, ~을 꾸미다
disinherit [dɪsɪnhérɪt]	vt.	(특히 아들이나 딸의) 상속권을 박탈하다
determination [dɪtɜːrmɪnéɪʃn]	n.	결심, 결단, 결단력, 결의, [법률] (쟁의 따위의) 해결, 종결
discontent [dìskəntént]	n.	불만, 불만스러운 것
rumbling [rʌ́mblɪŋ]	n.	우르르 하는 소리, 불평(불만)의 기색(소리)
paternalism [pətɜ́ːrnəlìzəm]	n.	(국가·기업에서의) 가부장주의
patriarchy [péɪtriɑːrki]	n.	가부장제 (사회·국가)
interposition [ìntərpəzíʃən]	n.	삽입, 개입, 중재, 간섭
extralegal [èkstrəlíːgəl]	adj.	법의 영역(권한) 밖의
inconclusive [ìnkənklúːsɪv]	adj.	결론에 이르지 못하는, (확고한 결정에 이를 정도로) 결정적이 아닌
shilling [ʃílɪŋ]	n.	실링 (1971년 이전의 영국의 화폐 단위)
repent [rɪpént]	vi.	뉘우치다, 회개하다, 후회하다
far-flung [fɑːr flʌ́ŋ]	adj.	널리 퍼진, 광범위한, 멀리 떨어진, 먼
unprovoked [ʌ̀nprəvóʊkt]	adj.	(상대방의 도발·공격 같은) 정당한 이유 없는
homestead [hóʊmsted]	n. / vt.	집과 대지, 선조 대대로의 집, / ~에 이주하다, 정착하다

MAZELTOV Vocabulary

오늘의 단어 --> 4353 - 4424

slay [sleɪ] — vi.vt. ~을 죽이다, 살해하다 — 4353

verse [vɜːrs] — vi. 시를 짓다, vt. ~을 시로 나타내다, n. (한편의) 시, 운문 — 4354

bemoan [bɪmoʊn] — vt. 한탄하다 — 4355

dicty [dɪkti] — adj. 고급의, 훌륭한, 거만한, 상류인 체하는, n. 신사인 체하는 속물, 귀족 — 4356

spate [speɪt] — n. (보통 불쾌한 일의) 빈발 — 4357

canter [kæntə(r)] — n. (말의) 느린 구보, 가벼운 예비 운동, vi. 천천히 구보하다 — 4358

earnest [ɜːrnɪst] — adj. 성실한, 진심 어린, n. (약속·보증의) 증표, 증거물, 계약금 — 4359

sterling [stɜːrlɪŋ] — adj. 순수한, 진짜의, 훌륭한, n. 영국 금(은)화의 결정 순도 — 4360

supple [sʌpl] — adj. (운동 따위가) 나긋나긋한, 유연한, (마음이) 온순한 — 4361

ingenious [ɪndʒiːniəs] — adj. (장치·착상 따위가) 정교한, 교묘한, 독창적인, 영리한 — 4362

sacrosanct [sækroʊsæŋkt] — adj. 신성불가침의 — 4363

epigram [epɪɡræm] — n. 경구, 짧은 풍자시 — 4364

prevaricate [prɪværɪkeɪt] — vi. 얼버무리다, 어물쩍거리다 — 4365

primordial [praɪmɔːrdiəl] — adj. 최초의, 본원의, 근본적인, 원시의, n. 기본 원리 — 4366

howl [haʊl] — vi. 울부짖다, 고함치다, vt. ~을 소리쳐 말하다, n. 외침 소리 — 4367

overriding [oʊvərraɪdɪŋ] — adj. 다른 무엇보다 더 중요한, 최우선시 되는 — 4368

convene [kənviːn] — vi. (회원 등이) 모이다, (회의가) 개최되다, vt. ~을 모으다, 소집하다 — 4369

villainous [vɪlənəs] — adj. 악랄한, 몹시 불쾌한, 지독한 — 4370

assail [əseɪl] — vt. ~을 습격하다, 공격하다, 비난하다 — 4371

depart [dɪpɑːrt] — vi. 작별 인사를 하다, (규칙·습관에서) 벗어나다, vt. ~을 떠나다, 죽다 — 4372

overturn [oʊvərtɜːrn]	vt. / vi.	~을 전복시키다, 넘어뜨리다, 좌절시키다, 뒤집히다
fallacious [fəleɪʃəs]	adj.	잘못된, 틀린
unselfish [ʌnselfɪʃ]	adj.	이기적이 아닌, 사심이 없는
signatory [sɪgnətɔːri]	n.	(공식 합의서의) 서명인, 조인국
twofold [tuːfoʊld]	adj. / adv.	2요소(부분)가 있는, 2배의, 2중의, 2배로, 2중으로
pact [pækt]	n.	(사람·단체·국가 간의, 특히 서로 돕기로 하는) 약속, 협정, 조약
aneurysm [ænjərɪzəm]	n.	동맥류
aphasia [əfeɪziə]	n.	[의학] 실어, 실어증
drinking bout [drɪŋkɪŋ baʊt]	n.	주연, 술 마시기 내기
willpower [wɪlpaʊə(r)]	n.	의지력
simplistic [sɪmplɪstɪk]	adj.	지나치게 단순화한
nun [nʌn]	n.	수녀, 여승
pert [pɜːrt]	adj.	버릇없는, 건방진, 주제넘게 나서는, (의복·언동 등이) 멋있는, 깔끔한
rustle [rʌsl]	vi. / vt.	(잎·종이 따위가) 바스락거리다, 와삭거리다, 바스락 소리가 나게 하다
contraceptive [kɑːntrəseptɪv]	n. / adj.	피임약, 피임 기구, 피임의, 피임용의
congress [kɑːŋgrəs]	n. / vi.	국회, 의회, (국회의) 회기, 회합하다, 대회를 열다
hubbub [hʌbʌb]	n.	시끌끌한 소음, 소동, 소란
peg [peg]	n. / vt.	(나무·금속 따위의) 못, 쐐기(못), 말뚝을 박다, 고정시키다
reclaim [rɪkleɪm]	vt. / n.	~을 개간하다, 개척하다, 매립하다, 개간, 개척, 매립
docket [dɑːkɪt]	n.	(법원의) 소송 사건 일람표, 재판 경과 기록
forbid [fərbɪd]	vt. / vi.	~을 금하다, 금지하다, 금하다, 허락하지 않다, 방해하다
bugger [bʌgə(r)]	n. / vi. / vt.	놈, 녀석, 비역(남색, 수간)하다, ~와 비역하다
tip-off [tɪp ɔːf]	n.	(불법 행위가 있을 것임을 알려 주는) 제보, 귀띔
bail [beɪl]	n. / vt. / vi.	보석, 보석금, 보석으로 풀어 주다, (급히) 떠나다
brood [bruːd]	n. / vt. / vi.	한배 새끼, 종족, 궁리, ~을 마음에 품다, 곰곰이 생각하다
forethought [fɔːrθɔːt]	n.	(일의 성공을 보장하기 위한) 사전 숙고

DAY 63

subjection [səbdʒekʃən]	n. 정복, 복종, 종속	4399	**dainty** [deɪnti]	adj. 고상한, 우아한, 섬세한, n. 맛있는 것, 진미	4412
dispensation [dɪspenseɪʃn]	n. 분배, 분배물, 나누어 줌, 체제, 제도	4400	**asbestos** [æsbestəs]	n. 석면 (과거 건물 속에 불연재·단열재로 쓰이던 잿빛 물질)	4413
pore [pɔː(r)]	n. (피부의 땀구멍 같은) 구멍, (피부의 구멍처럼 식물암석에 나 있는) 구멍	4401	**quadrangle** [kwɑːdræŋgl]	n. 사각형 안뜰 (학교에서 건물이 사방으로 둘러싸고 있는), 사각형	4414
gauze [gɔːz]	n. 얇은 천, 거즈, vt. 가제로 덮다, vi. 안개가 끼다, 아련해지다	4402	**beaked** [biːkt]	adj. [보통 합성어에서] 부리가 ~한	4415
legion [liːdʒən]	n. 군대, 대군, 외인 부대, adj. 많은, 무수한	4403	**premeditation** [priːmedəteɪʃən]	n. 미리 생각하기, 계획, [법률] 예모, 고의	4416
countess [kaʊntəs]	n. 백작 부인, 여자 백작	4404	**deacon** [diːkən]	n. (교회) 집사, 송아지, vt. ~을 속이다	4417
kitchenmaid [kitʃənmeid]	n. 부엌 하녀, 식모	4405	**bat** [bæt]	n. 배트, 라켓, [동물] 박쥐, vt. (배트로) ~을 치다	4418
slit [slɪt]	vt. ~을 베어 가르다, vi. (좁고 길게) 째지다, adj. 가늘고 긴	4406	**teetotal** [tiːtoʊtl]	adj. 술을 입에도 대지 않는	4419
kindle [kɪndl]	vt. 태우다, (감정·흥미 등)을 부채질하다, 북돋우다	4407	**helpmeet** [hɛlpmiːt]	n. 배우자 (특히 아내), 내조자, 협력자	4420
revenant [revənənt]	n. (긴 여행 등에서) 돌아온 사람, 망령, 유령, adj. 돌아오는, 망령 같은	4408	**horticultural** [hɔːrtɪkʌltʃərəl]	adj. 원예의, 원예학의, 원예술의	4421
breed [briːd]	vt. (동물이) (새끼)를 낳다, ~을 야기하다, vi. 번식하다, n. 종, 품종	4409	**scalpel** [skælpəl]	n. (수술용) 메스	4422
creeper [kriːpə(r)]	n. 덩굴 식물	4410	**groin** [grɔɪn]	n. 사타구니, 서혜부, 성기	4423
tunic [tuːnɪk]	n. 튜닉 (군인·경찰관 등이 입는 몸에 붙는 짧은 상의)	4411	**bearded** [bɪərdɪd]	adj. 수염(까락)이 있는, (화살·낚싯바늘 따위에) 미늘이 있는	4424

64 DAY

MAZELTOV Vocabulary

오늘의 단어 --> 4425 - 4496

skein [skeɪn] — n. (실·털실의) 타래 — 4425

reinstate [riːɪnsteɪt] — vt. ~을 복귀시키다, 복위시키다, 복직시키다, ~을 본래대로 하다 — 4426

creaky [kriːki] — adj. 삐걱거리는, 낡은, 황폐한 — 4427

shanty [ʃænti] — n. 오두막집, 판잣집, (선원들이 일하며 부르는) 뱃노래 — 4428

stooped [stuːpt] — adj. 구부정한, 새우등의 — 4429

peter [piːtər] — vi. (광맥·물줄기 등이) 점차 가늘어지다 — 4430

superannuate [suːpərænjueɪt] — vt. (고령·병약 때문에) ~을 퇴직시키다, vi. 정년 퇴직하다 — 4431

windowpane [wɪndoʊpeɪn] — n. 창유리 — 4432

ransack [rænsæk] — vt. (무엇을 찾아서 어떤 곳을 엉망으로 만들며) 뒤지다, 뒤집어엎다 — 4433

rubbish [rʌbɪʃ] — n. 쓰레기, 잡동사니, 폐기물, 하찮은 생각, 시시한 생각 — 4434

basin [beɪsn] — n. 대야, 세면대, 한 대야 가득(한 양) — 4435

verbena [vɜːrbiːnə] — n. 버베나 (마편초과의 화초) — 4436

jonquil [dʒɑŋkwɪl] — n. [식물] 노랑수선화, 연한 황색 — 4437

berate [bɪreɪt] — vt. ~을 질책하다 — 4438

blowup [bloʊʌp] — n. 폭발, 불끈 화냄, 격분, 파산, 파멸 — 4439

panel [pænl] — n. 패널 (천장·벽 등의 한 칸), 장식 판자, [법률] 배심원단, 배심원 명부 — 4440

pea [piː] — n. 완두콩 — 4441

treat [triːt] — vt. (사람 등)을 다루다, 처우하다, (문제 따위)를 논하다, 다루다 — 4442

smoulder [smoʊldə(r)] — vi. 연기나다, 그을다, (불만 따위가) 마음속에 쌓이다, n. 연기 — 4443

becalm [bɪkɑːm] — vt. 바람이 자서 (범선을) 멈추게 하다, ~을 진정시키다 — 4444

4445	**apotheosis** [əpɑːθioʊsɪs]	n.	신으로 모시기, 신격화, (사람·물건 등의) 신성시, 미화, 찬양, 숭배
4446	**aria** [ɑːriə]	n.	아리아
4447	**chandelier** [ʃændəlɪr]	n.	샹들리에
4448	**peacock** [piːkɑːk]	n.	(수컷) 공작
4449	**ornate** [ɔːrneɪt]	adj.	(아주 작거나 복잡한 디자인으로) 화려하게 장식된
4450	**timeless** [taɪmləs]	adj.	영원한, 영구적인, 무한의, 특정의 시간(시대)에 한정되지 않는
4451	**autumnal** [ɔːtʌmnəl]	adj.	가을의
4452	**newlywed** [njuːliwed]	n. / adj.	신혼자, 신혼부부 (pl. newlyweds), 신혼의
4453	**chestful** [tʃestful]	n.	큰 상자 하나의 양
4454	**stocky** [stɑːki]	adj.	(체격이) 다부진
4455	**bust** [bʌst]	n. / vt.	흉상, 반신상, 부수다, 고장 내다, (경찰이) 불시 단속을 벌이다
4456	**asthma** [æzmə]	n.	천식
4457	**libel** [laɪbl]	n. / vt.	중상, 비방, ~에 대한 비방 문서를 공개하다, ~을 중상(모욕)하다
4458	**sultry** [sʌltri]	adj.	무더운, 몹시 뜨거운, 격렬한, 선정적인, 야한
4459	**imperious** [ɪmpɪriəs]	adj.	고압적인, 오만한, 건방진
4460	**disembody** [disembɑdi]	vt.	(영혼·정신 따위)를 육체로부터 분리시키다, 구체성에서 벗어나게 하다
4461	**purloin** [pɜːrlɔɪn]	vt.	~을 훔치다
4462	**drib** [drɪb]	n.	한 방울, 소량
4463	**crate** [kreɪt]	n. / vt.	(포장 운송용의) 나무틀, 나무 상자, ~을 나무 상자에 넣다
4464	**mandolin** [mændəlɪn]	n.	만돌린 (금속 현이 보통 8개 달린 현악기)
4465	**elegiac** [elɪdʒaɪək]	adj.	애가의, 비가의
4466	**minister** [mɪnɪstə(r)]	n. / vi.	장관, 대신, 목사, 성직자, 목사로서 임무를 다하다, 봉사하다
4467	**thrash** [θræʃ]	vt. / vi.	(벌로서) 세게 때리다, 철저하게 패배시키다, 뒹굴다, 몸부림치다
4468	**dabble** [dæbl]	vt. / vi.	(물 등을) ~에게 튀기다, 튀겨서 적시다, (취미삼아) 조금 해보다
4469	**peccadillo** [pekədɪloʊ]	n.	사소한 잘못, 사소한 실수
4470	**tortoise** [tɔːrtəs]	n.	거북

shoelace	[ʃuːleɪs]	n.	구두끈, 신발끈
persecutor	[pɜːrsɪkjuːtə(r)]	n.	박해자
hog	[hɔːg]	n.	(다 자란) 돼지, (거세한) 수퇘지, 육용 돼지, 탐욕스러운 사람
prosecution	[prɑːsɪkjuːʃn]	n.	[법률] 기소, 고소, 소추
carcase	[kɑːrkəs]	n.	(큰 동물의) 시체, (식용으로 쓸) 죽은 동물
slur	[slɜː(r)]	vt. n.	~을 분명히 발음하지 않다, 헐뜯다, 중상하다, 비방, 중상, 오점, 치욕
hypnagogic	[hipnəgɑdʒik]	adj.	선잠의, 겉잠의, 최면의, 꾸벅꾸벅 조는
spitball	[spitbɔːl]	n.	종이 덩이 (종이를 씹어서 동그랗게 뭉친 것)
ultimatum	[ʌltɪmeɪtəm]	n.	최후통첩
drowsy	[draʊzi]	adj.	졸리는, 꾸벅꾸벅 조는, 나른한, 맥빠진
heifer	[hefə(r)]	n.	(특히 아직 새끼를 낳은 적이 없는) 어린 암소
smock	[smɑːk]	n. vt.	(헐거운) 겉옷, 작업복, ~을 주름으로 장식하다
pastry	[peɪstri]	n.	가루 반죽, 가루 반죽 과자, (가루 반죽으로 만든) 파이 껍질
abortion	[əbɔːrʃn]	n.	낙태, 임신 중절, 유산, 조산, [생물] 발육 부전, 발육 정지
cum	[kʌm]	prep.	(두 개의 명사를 연결하여) 겸
mortify	[mɔːrtɪfaɪ]	vt.	굴욕감을 주다, 몹시 당황하게 만들다
palaver	[pəlɑːvə(r)]	n.	(원주민과 외국인 간의) 긴 상담, 교섭, 회의, 긴 토론, 잡담
jackal	[dʒækl]	n.	[동물] 자칼
foursquare	[fɔːrskwéər]	adj. adv.	네모진, 견고한, 부동의, 애매하지 않게, 분명하게, 솔직히
dowry	[daʊri]	n.	신부 지참금
concubine	[kɑːŋkjubaɪn]	n.	(특히 과거 일부 사회에서 존재하던) 첩
ditto	[dɪtoʊ]	n.	위와 같음, 앞과 같음, 동종의 것, 복제물, 복사물, 판박이
snuffle	[snʌfl]	vi. vt.	킁킁거리며 냄새를 맡다, 코를 킁킁거리다, ~을 콧소리로 말하다
urinate	[jʊrəneɪt]	vi.	소변을 보다
snot	[snɑːt]	n.	콧물
sash	[sæʃ]	n.	(특히 제복의 일부로 몸에 두르는) 띠, 내리닫이창 (창문 한 짝)

MAZELTOV Vocabulary

오늘의 단어 --> 4497 - 4568

demure [dɪmjʊr] — adj. 품위 있는, 침착한, 점잔빼는, 얌전한 체하는 — 4497

shifty [ʃɪfti] — adj. 구린 데가 있는 것 같은 — 4498

outpatient [aʊtpeɪʃnt] — n. 외래 환자 — 4499

whoop [wu:p] — n. (흥분 따위를 나타내는 환성) 와!, (병사 등의) 함성, vi. 와 하고 떠들다 — 4500

dormice [dɔ:rmaɪs] — n. 동면쥐류 (dormouse의 복수형) — 4501

swoop [swu:p] — vi. (맹금류가 하늘로부터) 덤벼들다, 확 덮치다, vt. ~을 낚아채다, 잡아채다 — 4502

wink [wɪŋk] — vi. (눈을) 깜박이다, (신호로서) 윙크하다, vt. ~을 깜박거리다 — 4503

cantilena [kæntəli:nə] — n. 성악(기악)의 서정적 선율 — 4504

punctuate [pʌŋktʃueɪt] — vt. ~에 구두점을 찍다, ~을 중단시키다, 강조하다, vi. 구두점을 찍다 — 4505

triumphant [traɪʌmfənt] — adj. 승리를 얻은, 성공한, 승리를 기뻐하는 — 4506

temperate [tempərət] — adj. 절도 있는, 절제하는, 절주의, 금주의 — 4507

frisk [frɪsk] — vi. (경쾌하게) 뛰놀다, 장난치다, vt. ~을 휘두르다, 몸수색하다 — 4508

frolicsome [frɑ:lɪksəm] — adj. 즐겁게 뛰노는 — 4509

strum [strʌm] — vi.vt. (기타 같은 것을) 치다 — 4510

cock [kɑ:k] — vt. (모자 챙을) 위로 젖히다, (모자를) 비뚜름하게 쓰다, n. 수탉 — 4511

strophe [stroʊfi] — n. (시의 한) 연 — 4512

lovelorn [lʌvlɔ:rn] — adj. 사랑에 우는, 사랑에 속 태우는 — 4513

lag [læg] — vi. 뒤떨어지다, 꾸물거리다, 뒤지다, 낙후되다, vt. 늦어지게 하다 — 4514

veld [velt] — n. (남아프리카공화국의) 초원 — 4515

veined [veɪnd] — adj. 정맥이 드러나는, 가는 줄무늬가 있는 — 4516

dowager [daʊədʒə(r)]	n.	(죽은 남편으로부터 작위나 재산을 승계받은) 귀족 미망인, 과부
pruning [pruːnɪŋ]	n.	(나무 등의) 가지치기, 전지, 전정
tadpole [tædpoʊl]	n.	올챙이
maimed [meɪmd]	adj.	신체 장애의, 불구의
lollop [lɑːləp]	vi.	느릿느릿 걷다(뛰다)
tank [tæŋk]	n. vt.	탱크, 저수지, 탱크에 넣다, (테니스에서) 일부러 져주다
inane [ɪneɪn]	adj.	어리석은, 무의미한
anachronistic [ənækrənɪstɪk]	adj.	시대착오의, 시대에 뒤진
lackadaisical [lækədeɪzɪkl]	adj.	부주의한, 태만한
slipshod [slɪpʃɑːd]	adj.	대충하는, 대충한, 엉성한
multifarious [mʌltɪferiəs]	adj.	다양한, 다채로운
sophistry [sɑːfɪstri]	n.	궤변법, 궤변
intemperance [ɪntempərəns]	n.	폭음, 폭식, 방종, 무절제, 과도
abstruse [əbstruːs]	adj.	난해한
openhanded [oʊpənhændɪd]	adj.	손이 큰, 인심이 좋은, 아끼지 않는
solicit [səlɪsɪt]	vt. vi.	~을 간절히 원하다, 간청하다, 졸라대다, 간청하다
magnanimity [mægnənɪməti]	n.	도량, 관대, 큰 배짱, 큰 배포, 아량
egotistic [iːgətɪstɪk]	adj.	자기 중심의, 자기 본위의, 독선적인, 이기적인
indiscriminate [ɪndɪskrɪmɪnət]	adj.	(선택 따위가) 분별없는, 마구잡이의, 기분 내키는 대로의
apolitical [eɪpəlɪtɪkl]	adj.	정치에 무관심한, 정치적으로 중요하지 않은
insurrection [ɪnsərekʃn]	n.	반란 사태, 내란 사태
resurrection [rezərekʃn]	n.	부활, 소생, 재생, 재유행
seditious [sɪdɪʃəs]	adj.	치안 방해의, 선동적인
morbid [mɔːrbɪd]	adj.	(정신·사상이) 병적인, 불건전한, 병에 걸린, 병에 의한
cathartic [kəθɑːrtɪk]	adj.	배변의, 변을 잘 통하게 하는, 정신 정화 작용이 있는
pedantic [pɪdæntɪk]	adj.	지나치게 규칙을 찾는, 세세한 것에 얽매이는, 현학적인, 학자연한

lofty [lɔ:fti]	adj.	(산 따위가) 우뚝 솟은, 매우 높은, (생각 등이) 고상한, 고결한
profundity [prəfʌndəti]	n.	깊음, 깊이, 심원, 심오함, 심원한 일
alacrity [əlækrəti]	n.	민활, 민첩, 활발
decorum [dikɔ:rəm]	n.	점잖음, 예의
bedazzle [bidæzl]	vt.	(지성·미모 등으로) 아주 놀라게 하다, 큰 감동을 주다
implicate [implikeit]	vt.	(일·사건 따위에) 말려들게 하다, (의미)를 내포하다, 함축하다
stew [stu:]	vt. vi.	~에 조바심하게 하다, 안달나게 하다, 익다, 더위에 쪄지다
steward [stu:ərd]	n.	집사, 재산 관리인, (비행기 따위의) 스튜어드
pupil [pju:pl]	n.	문하생, 제자, (특히 어린) 학생
turban [tɜ:rbən]	vt. n.	(스카프 따위)를 터번 모양으로 감다, 터번 (회교도 남성의 두건)
brim [brim]	n. vi.	(접시·컵 등의) 가장자리, (돌출한) 테, (모자의) 챙, 넘치도록 차다
allusion [əlu:ʒn]	n.	암시
abject [æbdʒekt]	adj.	비열한, 야비한, 천한, 노예 근성의
venture [ventʃə(r)]	vt. n.	~을 위험에 빠뜨리다, 위험을 무릅쓰고 ~하다, 모험, (투기적) 기업, 사업
discreet [dɪskri:t]	adj.	신중한, 조심스러운
intricate [intrikət]	adj.	(여러 부분·내용으로 되어 있어) 복잡한
waiver [weɪvə(r)]	n.	[법률] (권리 등의) 포기, 포기 서류
libertine [lɪbərti:n]	n.	난봉꾼
regalia [rɪgeɪliə]	n.	(공식 행사 때 입거나 몸에 지니는) 예복, 휘장, 왕권의 상징물들
braid [breɪd]	n. vt.	끈 끈, 납작한 끈, ~을 꼬다, 짜다, (꼬아서) ~을 만들다
scathe [skeɪð]	vt. n.	~을 혹평하다, 상처를 입히다, 손해를 주다, 손해, 손상
unconvinced [ʌnkənvɪnst]	adj.	(남의 말을 듣고도) 납득하지 못하는, 확신하지 못하는
tycoon [taɪku:n]	n.	(재계의) 거물
sinecure [sɪnɪkjʊr]	n.	한직 (일이 한가한 직위나 직무)
undaunted [ʌndɔ:ntɪd]	adj.	(곤경·실망 등에도) 의연한, 흔들림 없는
insincere [ɪnsɪnsɪr]	adj.	진실되지 못한

MAZELTOV Vocabulary

오늘의 단어 --> 4569 - 4640

prey [preɪ]	n. (육식 동물의) 먹이, 밥, 희생자, vi. 희생물로 하다, 약탈하다
lackluster [lǽklʌ̀stər]	adj. 광채(윤기)가 없는, 흐릿한, 활기 없는, n. 광채(윤기)가 없음
stature [stǽtʃə(r)]	n. 키, 신장, (신체·도덕적) 발달, 성장, 성장도
obfuscate [ɑːbfʌskeɪt]	vt. (보통 일부러) 애매하게 만들다, 혼란스럽게 만들다
mural [mjʊrəl]	adj. 벽의, 벽면의, 벽에 그린, n. 벽화
plucked [plʌkt]	adj. (보통 복합어를 이루어) 담력 있는, 용기 있는
engulf [ɪŋgʌlf]	vt. (늪·깊은 곳 따위로) 빨아들이다, 집어삼키다, 빠져들게 하다
zodiac [zoʊdiæk]	n. [점성] 12궁도 (황도대에 12별자리를 배치한 그림)
constellation [kɑːnstəleɪʃn]	n. [천문] 별자리, 성좌
uncovered [ʌnkʌvərd]	adj. 아무것도 덮여 있지 않은, 노출된
awful [ɔːfl]	adj. 무서운, 끔찍한, 지독한, 심한, 터무니없는
dimidiate [dimidiət]	vt. 둘로 나누다, 반분하다, adj. 둘로 나뉜, 절반의
seclude [sɪkluːd]	vt. (다른 사람들로부터) 은둔하다, 고립시키다
overdo [oʊvərduː]	vt. ~을 지나치게 하다, 과장하다, 지나치게 사용하다
duly [duːli]	adv. 정당하게, 정식으로, 적절히, 어울리게, 충분히
chasten [tʃeɪsn]	vt. 잘못을 깨닫게 하다, 훈계하다
undistorted [ʌndɪstɔːrtɪd]	adj. 일그러짐이 없는, 왜곡되지 않은, 정상적인
revolt [rɪvoʊlt]	vt. 반감을 일으키게 하다, vi. 반역하다, 반항하다, n. 반란, 봉기
gardenia [gɑːrdiːniə]	n. 치자나무
leeway [liːweɪ]	n. (무엇을 자신이 원하는 대로 하거나 변경할 수 있는) 자유, 재량

frolic [frɑːlɪk]	n. 장난, (신명 나서) 까불기, vi. 까불다, 장난치다	**nihilism** [naɪɪlɪzəm]	n. 허무주의, 니힐리즘
crowning [kraʊnɪŋ]	adj. 더없는, 최고의	**redolent** [redələnt]	adj. 향기로운, ~의 냄새가 나는, ~을 생각나게 하는
malady [mælədi]	n. (만성적인) 병, 질병, (사회적) 혼란, 병폐	**seep** [siːp]	vi. (특히 물기 등이) 스미다, 배다
aliment [æləmənt]	n. 영양물, 음식, (마음의) 양식, 필수품	**relate** [rɪleɪt]	vt. ~을 말하다, 진술하다, ~을 관계짓다, 관련짓다, 결부시키다
punctured [pʌŋktʃərd]	adj. 구멍이 있는, 표면에 작은 반점이 있는	**mutineer** [mjuːtənɪr]	n. 반란자, 폭도
whoosh [wʊʃ]	vi. 휙(쉿) 소리를 내다, vt. ~을 휙(쉿) 날리다, n. 휙(쉿) 하는 소리	**conceive** [kənsiːv]	vt. (계획 등)을 착상하다, 생각해내다, (생각·의견·감정 등)을 마음에 품다
fond [fɑnd]	adj. 좋아하여, 마음에 들어, 애정이 담긴, 다정한	**withstand** [wɪðstænd]	vt. ~을 견뎌내다, 이겨내다
liable [laɪəbl]	adj. 책임을 져야 할, 의무가 있는, 받아야 할, (~에) 처해져야 할	**calamity** [kəlæməti]	n. 재앙, 재난
mendacity [mendæsəti]	n. 거짓된 행동, 허위	**occasional** [əkeɪʒənl]	adj. 가끔의, 예비의, 보조의
brash [bræʃ]	adj. 자신만만한, 너무 야단스러운	**utmost** [ʌtmoʊst]	adj. 최대의, 극도의, 최고의, n. 최대한, 극한
flair [fler]	n. 천부적인 재능, 직감력, 예리한 육감, 기호, 성향	**correctness** [kərektnɪs]	n. 정확함, (행동의) 단정, 방정
insinuation [ɪnsɪnjueɪʃn]	n. 빗대어 말하기, 암시, (사상 등을 남의 마음에) 교묘히 불어넣기	**unpleasant** [ʌnpleznt]	adj. 불쾌한, 싫은, 마음에 들지 않는, 무례한, 불친절한
verdant [vɜːrdnt]	adj. (풀·식물·들판 등이) 신록의, 파릇파릇한	**gross** [groʊs]	adj. 총계의, 전체의, 전부의, (사람·언동 등이) 거친, 천한, 상스러운

4615	**contradiction** [kɑ:ntrədɪkʃn]	n.	부정, 부인, 반박, 모순, 자가 당착
4616	**emporium** [empɔ:rɪəm]	n.	상업 중심지, 무역 중심지, 시장, 대규모 슈퍼마켓
4617	**ethnography** [eθnɑ:grəfi]	n.	민족지학
4618	**formulaic** [fɔ:rmjuleɪɪk]	adj.	정형화된
4619	**superfluous** [su:pɜ:rflʊəs]	adj.	(더 이상) 필요치 않은, 불필요한
4620	**subsidize** [sʌbsɪdaɪz]	vt.	~에 보조금을 주다
4621	**legitimate** [lɪdʒɪtɪmət]	adj.	합법의, 적법한, 정당한, 합리적인
4622	**avuncular** [əvʌŋkjələ(r)]	adj.	삼촌 같은, 친척 아저씨 같은
4623	**tractable** [træktəbl]	adj.	다루기 쉬운, 온순한, 세공하기 쉬운
4624	**improvident** [ɪmprɑ:vɪdənt]	adj.	앞날을 생각하지 않는, 돈을 되는 대로 쓰는
4625	**perturb** [pərtɜ:rb]	vt.	(심리적으로) 동요하게 하다
4626	**servile** [sɜ:rvl]	adj.	굽실거리는
4627	**vitriolic** [vɪtrɪɑ:lɪk]	adj.	(언어·논평이) 독설에 찬
4628	**red-flag** [red flæg]	vt. / adj.	~에 주의를 기울이다, 경고하다, 강조(경고)를 나타내는
4629	**mermaid** [mɜ:rmeɪd]	n.	(이야기 속에 나오는 여자 모습의) 인어
4630	**foss** [fɑs]	n.	(성·요새의) 외호, 해자, 도랑, 수로, 운하
4631	**unwilling** [ʌnwɪlɪŋ]	adj.	마음 내키지 않는, 본의 아닌, 마지못해 하는
4632	**compatriot** [kəmpeɪtrɪət]	n.	동포, 같은 나라 사람
4633	**silt** [sɪlt]	n.	유사, 토사, 세사 (물에 쓸려와서 강어귀 항구에 쌓이는 가는 모래진흙 등)
4634	**appetite** [æpɪtaɪt]	n.	식욕, 시장기, 생리적 요구, 본능적 요구, 육체적 욕망, 성욕
4635	**topmast** [tɑ:pmæst]	n.	[항해] 중간 돛대 (아래 돛대 위에 잇댄 돛대)
4636	**craft** [kræft]	n. / vt.	솜씨, 기술, 교묘함, 공예, ~을 교묘하게 만들다, 정성들여 만들다
4637	**prance** [præns]	vi.	(말이) 껑충거리다, 날뛰다, 껑충거리며 뛰어다니다
4638	**dinghy** [dɪŋi]	n.	(대형의 배·요트 따위에 딸려 잡용으로 쓰이는) 작은 배, 작은 보트
4639	**slaty** [sleɪti]	adj.	슬레이트의(와 같은), 석판 질의, 석판 모양의
4640	**wan** [wɑ:n]	adj.	창백한, 파리한, 힘없는

67 DAY

MAZELTOV Vocabulary

오늘의 단어 --> 4641 - 4712

astern [əstɜːrn]	adv. (배의) 고물(선미)에, 고물(선미) 쪽으로, (배가) 후진하여	4641	**histrionic** [hɪstriɑːnɪk]	adj. (행동이) 연극하는 조의, 과장된	4651
subjugate [sʌbdʒugeɪt]	vt. ~을 예속시키다, 지배(통제)하에 두다	4642	**overlap** [oʊvərlæp]	vt. ~을 겹치다, ~와 중복하다, vi. 겹치다, 공통되다	4652
chitchat [tʃɪttʃæt]	n. 간단한 대화, 잡담, 소문, vi. 잡담하다, 수다 떨다	4643	**aggravate** [ægrəveɪt]	vt. (괴로움·병 따위)를 악화시키다, (부담·죄 등)을 한층 무겁게 하다	4653
asphyxiate [əsfɪksieɪt]	vt. 질식(사)시키다	4644	**cubicle** [kjuːbɪkl]	n. (큰 방 한쪽을 칸막이해 만든) 좁은 방	4654
eventuality [ɪventʃuæləti]	n. 만일의 사태	4645	**disillusioned** [dɪsɪluːʒnd]	adj. 환멸을 느낀	4655
encumbrance [ɪnkʌmbrəns]	n. 지장, 짐, 폐	4646	**bent** [bent]	adj. 구부러진, 휜, 등이 굽은, 허리가 굽은	4656
avocation [ævoʊkeɪʃn]	n. 취미, 여가 활동	4647	**skelp** [skelp]	vt. ~을 찰싹 때리다, n. 손바닥으로 치기, 찰싹 치는 소리	4657
shopworn [ʃɑːpwɔːrn]	adj. 진부한, 오래된, (상품이) 팔리지 않고 오래된(찌든)	4648	**gruesome** [gruːsəm]	adj. 섬뜩한, 소름끼치는	4658
parapsychology [pærəsaɪkɑːlədʒi]	n. 초심리학 (일반 심리학으로 설명할 수 없는 정신 영역을 다룸)	4649	**gruel** [gruːəl]	n. (과거 가난한 사람들이 먹던) 귀리죽	4659
watershed [wɔːtərʃed]	n. (국면·양상 따위의) 결정적인 갈림길, adj. 분기점을 이루는	4650	**gumption** [gʌmpʃn]	n. 진취적 기상, 임기응변의 재치, 처세술, 수완	4660

discipline [dɪsəplɪn]	n.	(규칙에 따라 행동하게 하는) 훈련, 단련, 수양, (훈육을 위한) 징벌
absorbed [əbsɔːrbd]	adj.	~에 몰두한, 빠져 있는
incline [ɪnklaɪn]	vi. vt.	마음이 기울다(내키다), ~하고 싶은 생각이 들다, (마음)을 돌리다
sitter [sɪtə(r)]	n.	앉아 있는 사람, 착석자, 금방 할 수 있는 일, 수월한 일
virtuosity [vɜːrtʃuɑːsəti]	n.	(고도의 연기·연주) 기교
virtuoso [vɜːrtʃuoʊsoʊ]	n.	(예술의) 대가, 거장, 명인, 명연주가
downplay [daʊnpleɪ]	vt.	경시하다, 대단치 않게 생각하다
humility [hjuːmɪləti]	n.	겸손
pristine [prɪstiːn]	adj.	초기의, 원시 시대의, 원래의, 때묻지 않은, 순박한
telegraphic [telɪɡræfɪk]	adj.	전신의
maturate [mætʃureɪt]	vi. vt.	[병리] 곪다(곪게 하다), 성숙하다(시키다), 무르익다(익게 하다)
lockstep [lɑːkstep]	n.	(대열의 간격을 좁혀서 하는) 밀집 행진, 촘촘한(물샐 틈 없는) 배열
ramshackle [ræmʃækl]	adj.	덜커덩거리는, 곧 쓰러질 듯한, 흔들흔들하는, 약한
hedonist [hiːdənɪst]	n.	쾌락주의자, 향락주의자
comport [kəmpɔːrt]	vt.	(특정한 방식으로) 행동하다, 처신하다
unwieldy [ʌnwiːldi]	adj.	다루기 어려운, 움직이기 어려운, 보기 흉한
wieldy [wiːldi]	adj.	휘두르기 쉬운, 다루기 쉬운, 사용하기 알맞은
impoverish [ɪmpɑːvərɪʃ]	vt.	~을 가난하게 하다, 피폐시키다, 빈약하게 하다, 저하시키다
incriminate [ɪnkrɪmɪneɪt]	vt.	~이 잘못한(유죄인) 것처럼 보이게 하다
corroborate [kərɑːbəreɪt]	vt. vi. adj.	확증하다, 입증하다, 확증하다, 확증된
imbue [ɪmbjuː]	vt.	(강한 감정·의견·가치를) 가득 채우다
repeal [rɪpiːl]	vt.	(법률을) 폐지하다, 취소하다, 무효로 하다
quash [kwɑːʃ]	vt.	(폭동 등)을 진압하다, 누르다, [법률] (고발·판결 따위)를 기각하다
masquerade [mæskəreɪd]	vi. vt. n.	~체하다, 속이다, (가면으로) ~을 숨기다, 가면, 기만, 은폐
embroider [ɪmbrɔɪdə(r)]	vt. vi.	~에 수놓다, (이야기 등)을 과장하다, 수놓다, 과장하다
condemnatory [kəndemnətɔːri]	adj.	비난의, 처벌의, 유죄 선고의

contingency [kəntɪndʒənsi]	n.	만일의 사태 (4687)
folly [fɑːli]	n.	어리석음, 우매, 우둔, 어리석은 짓(생각, 말) (4688)
artistry [ɑːrtɪstri]	n.	예술가적 기교 (4689)
ostentatious [ɑːstenteɪʃəs]	adj.	허세부리는, (행위·태도 등이) 과시하는, 화려한, 야한 (4690)
impulsive [ɪmpʌlsɪv]	adj.	(사람·행동이) 충동적인 (4691)
bombastic [bɑːmbæstɪk]	adj.	과장한, 허풍 떠는 (4692)
dispassionate [dɪspæʃənət]	adj.	감정에 좌우되지 않는, 냉정한 (4693)
visceral [vɪsərəl]	adj.	내장의, (지성이 아닌) 본능적인, 직관적인, 감정적인 (4694)
ossify [ɑːsɪfaɪ]	vt. vi.	~을 골화하다, (생각 따위를) 경화시키다, (의견·태도가) 완고해지다 (4695)
derail [dɪreɪl]	vt. vi.	~을 탈선시키다, 탈선하다 (4696)
dictum [dɪktəm]	n.	격언, 금언 (4697)
jubilant [dʒuːbɪlənt]	adj.	승리감에 넘치는, 득의만면한, 의기양양한 (4698)
pugnacious [pʌgneɪʃəs]	adj.	싸우기 좋아하는, 호전적인, 공격적인 (4699)
deafen [defn]	vt.	(큰 소리로) (남)의 귀를 먹먹하게 하다, 청각 장애인으로 만들다 (4700)
disrepute [dɪsrɪpjuːt]	n.	오명, 악평 (4701)
purveyor [pərveɪə(r)]	n.	조달업자, 공급업자 (4702)
liquefy [lɪkwɪfaɪ]	vt. vi.	~을 액화시키다, 액화되다 (4703)
retrenchment [rɪtrentʃmənt]	n.	삭감, 축소, 생략, 단축, 절약 (4704)
impugn [ɪmpjuːn]	vt.	의문을 제기하다, 의심하다 (4705)
raiment [reɪmənt]	n.	의복, 의류 (4706)
sprawling [sprɔːlɪŋ]	adj.	제멋대로 뻗어 나가는, 제멋대로 퍼져 나가는 (4707)
implacable [ɪmplækəbl]	adj.	화해하기 어려운, 달랠(누그러뜨릴) 수 없는, 앙심 깊은, 용서 없는 (4708)
uneven [ʌniːvn]	adj.	평평하지 않은, 울퉁불퉁한, 불규칙한, 변하기 쉬운 (4709)
reputed [rɪpjuːtɪd]	adj.	(사실 여부는 확실하지 않지만) ~라고 알려져 있는, ~라고 평판이 나 있는 (4710)
tenuous [tenjuəs]	adj.	가느다란, 가냘픈, 빈약한, 시시한, 보잘것없는 (4711)
corrigible [kɔːrɪdʒəbl]	adj.	교정할 수 있는, 교정하기 쉬운, (사람이) 솔직히 잘못을 인정하는 (4712)

DAY 68

MAZELTOV Vocabulary

오늘의 단어 --> 4713 - 4784

precursor [priːkɜːrsə(r)] — n. 선도자(격인 사람·사물) — 4713

lugubrious [ləguːbriəs] — adj. 침울한 — 4714

divisive [dɪvaɪsɪv] — adj. 분열을 초래하는 — 4715

unrest [ʌnrest] — n. (사회·정치적인) 불안, 불만 — 4716

chide [tʃaɪd] — vt. 꾸짖다, 책망하다 — 4717

placid [plæsɪd] — adj. (쉽게 동요하거나 짜증내지 않고) 차분한, 얌전한 — 4718

frisky [frɪski] — adj. 활발한, 뛰어 돌아다니는, 까부는, 장난치는 — 4719

revision [rɪvɪʒn] — n. 개정, 교정, 수정 — 4720

antipode [æntipoʊd] — n. 정반대, 정반대의 사물, 대립물 — 4721

syncopated [sɪŋkəpeɪtɪd] — adj. [음악] 당김음으로 된, 싱커페이션으로 된 — 4722

syncopation [sɪŋkəpeɪʃən] — n. [음악] 싱커페이션, 당김음, [문법] (말의) 중략 — 4723

regressive [rɪgresɪv] — adj. 후퇴하는, 퇴보하는, 퇴화하는 — 4724

devoid [dɪvɔɪd] — adj. ~이 전혀 없는 — 4725

procrastinate [proʊkræstɪneɪt] — vi. (해야 할 일을 보통 하기가 싫어서) 미루다, 질질 끌다 — 4726

dalliance [dæliəns] — n. 시간의 낭비, 빈들거림, (남녀의) 희롱, 농탕 — 4727

vacuity [vəkjuːəti] — n. 멍함, 멍청함 — 4728

infelicity [ɪnfəlɪsəti] — n. 불행, 불운, (행위·표현 등의) 부적당, 부적절한 것, 부적절한 표현 — 4729

conflagration [kɑːnfləgreɪʃn] — n. 큰불, 대화재 — 4730

interrogate [ɪnterəgeɪt] — vt. ~에게 질문하다, ~에서 정보를 얻다, ~을 심문하다 — 4731

sermonize [sɜːrmənaɪz] — vi. 설교(잔소리)를 늘어놓다 — 4732

4733	imaginative [ɪmædʒɪnətɪv]	adj. 창의적인, 상상력이 풍부한
4734	impersonal [ɪmpɜːrsənl]	adj. 개인적이 아닌, 일반적인, 비인간적인
4735	entangle [ɪntæŋgl]	vt. ~을 얽히게 하다, 걸리게 하다, 말려들게 하다
4736	opportune [ɑːpərtuːn]	adj. 적당한, 시기가 좋은, 때를 얻은, 시의 적절한
4737	folkway [foʊkweɪ]	n. [사회] 민속, 습속, 사회적 관행
4738	wane [weɪn]	vi. 작아지다, (권력·명성 등이) 약화되다, 시들다, (힘·강도 등이) 감소되다
4739	compassionate [kəmpæʃənət]	adj. 연민 어린, 동정하는
4740	flabbergast [flæbərgæst]	vt. 깜짝 놀라게 하다, 어리둥절하게 하다
4741	miff [mɪf]	n. 발끈하기, 분개, 언쟁, 승강이, vt. ~을 화나게 하다
4742	embitter [ɪmbɪtə(r)]	vt. (오랜 시간 동안) 원통하게 만들다, 쓰라리게 만들다
4743	inevitable [ɪnevɪtəbl]	adj. 피할 수 없는, 면할 수 없는, 당연한, 필연적인
4744	foil [fɔɪl]	vt. (특히 불법적인 것을) 좌절시키다, 저지하다, n. (알루미늄) 포장지, 포일
4745	deliberation [dɪlɪbəreɪʃn]	n. 숙고, 숙려, 검토, 토의, 심의
4746	recriminate [rɪkrɪməneɪt]	vi.vt. 되받아 비난하다, 반소하다
4747	indulgent [ɪndʌldʒənt]	adj. 멋대로 하게 하는, 관대한, 순한, 너그럽게 봐주는
4748	rambling [ræmblɪŋ]	adj. 방랑하는, (사상 따위가) 산만한, 두서 없는
4749	allegation [æləgeɪʃn]	n. (증거 없이 누가 부정한 일을 했다는) 혐의, 주장
4750	fallacy [fæləsi]	n. 그릇된 생각(믿음), 잘못, 오류, 그릇된 추론
4751	hearsay [hɪrseɪ]	n. (다른 사람에게서) 전해 들은 말
4752	filibuster [fɪlɪbʌstə(r)]	n. (의회에서의) 의사 진행 방해 (연설)
4753	disingenuous [dɪsɪndʒenjuəs]	adj. 솔직하지 못한 (특히 아는 것을 모른다고 하는)
4754	cosset [kɑːsɪt]	vt. (때로 지나칠 정도로) 애지중지하다, 애정을 퍼붓다
4755	delude [dɪluːd]	vt. 속이다, 착각하게 하다
4756	inescapable [ɪnɪskeɪpəbl]	adj. 피할 수 없는, 무시할 수 없는
4757	maudlin [mɔːdlɪn]	adj. (주로 술에 취해) 눈물이 헤픈, 감상적인, 걸핏하면 우는
4758	detritus [dɪtraɪtəs]	n. (붕괴된) 잔해, 파편 (더미), (해양 등의) 유기 퇴적물

4759	trajectory	[trədʒektəri]	n.	탄도, 궤적, 궤도
4760	anecdote	[ænɪkdoʊt]	n.	일화, 기담, 비사, 비화
4761	cautionary	[kɔːʃəneri]	adj.	충고성의, 경고성의
4762	tale	[teɪl]	n.	이야기, 설화, 소문, 풍설
4763	perseverance	[pɜːrsəvɪrəns]	n.	인내, 인내심
4764	distraction	[dɪstrækʃn]	n.	마음이 흐트러짐, 정신 산란, 주의 산만, 기분 전환하기
4765	commentator	[kɑːmənteɪtə(r)]	n.	(라디오·TV의) 시사 문제 해설자, 실황 방송자
4766	fanatic	[fənætɪk]	n.	열광적인 애호가(지지자), 광신자, 매니아
4767	frenetic	[frənetɪk]	adj.	정신없이 바쁘게 돌아가는, 부산한
4768	vindictive	[vɪndɪktɪv]	adj.	앙심을 품은, 보복을 하려는
4769	stationary	[steɪʃəneri]	adj.	움직이지 않는, 정지한, 이동시킬 수 없는, 머물러 있는
4770	lateralization	[lætərəlaɪzeɪʃən]	n.	(대뇌의) 좌우의 기능 분화
4771	tandem	[tændəm]	n.	(두 명이 앞뒤로 탈 수 있는) 2인용 자전거
4772	cleft	[kleft]	n. / adj.	(지면·바위 등이) 갈라진 틈, 갈라진, 쪼개진
4773	acute	[əkjuːt]	adj.	(생김새가) 날카로운, (병 따위가) 급성의, (지능 따위가) 날카로운
4774	anarchy	[ænərki]	n.	무정부 상태, 난장판
4775	derogatory	[dɪrɑːgətɔːri]	adj.	경멸하는, 비판적인
4776	despotism	[despətɪzəm]	n.	폭정
4777	bombast	[bɑːmbæst]	n.	겉만 번드르르한 말
4778	stoic	[stoʊɪk]	n.	금욕주의자, 극기심이 강한 사람
4779	lunchpail	[lʌntʃpeɪl]	n.	도시락 (그릇)
4780	posy	[poʊzi]	n.	작은 꽃다발
4781	hopscotch	[hɑːpskɑːtʃ]	n.	사방치기 놀이, 돌차기 놀이
4782	masticate	[mæstɪkeɪt]	vt.	(음식을) 씹다, 짓씹다
4783	pigeonhole	[pɪdʒɪnhoʊl]	n.	(책상 등의) 서랍, 정리함, [인쇄] (어간·행간의) 여백
4784	mucilage	[mjuːsəlɪdʒ]	n.	고무풀, 아교, (식물이 분비하는) 점액

DAY 69

MAZELTOV Vocabulary

오늘의 단어 --> 4785 - 4856

flake [fleɪk]	n.	(벗겨진) 얇은 조각, 박편, (구름·눈 등의) 작은 조각, 불똥	4785
vandal [vændl]	n.	반달, 공공 기물 파손자	4786
absinth [æbsinθ]	n.	압생트 (쓴쑥 따위로 빚은 독주), 쓴쑥	4787
correspondence [kɔːrəspɑːndəns]	n.	일치, 조화, (구조·기능의) 유사, 편지 왕래, 통신	4788
lily [lɪli]	n.	백합	4789
pastime [pæstaɪm]	n.	취미	4790
appendix [əpendɪks]	n.	부록, 추가, 부가물, 추가물, [해부] 돌기	4791
herbivore [ɜːrbɪvɔː(r)]	n.	초식 동물	4792
carnivore [kɑːrnɪvɔː(r)]	n.	육식 동물	4793
antibody [æntibɑːdi]	n.	항체	4794
localize [loʊkəlaɪz]	vt. vi.	한 지방에 국한시키다, 지역화하다, 한 지방에 모이다	4795
infection [ɪnfekʃn]	n.	(병 따위의) 전염, 감염, 전염병	4796
indemnity [ɪndemnəti]	n.	(발생한 손해에 대한) 변상, 보상, 배상, 보상금, 변상금	4797
claustrophobic [klɔːstrəfoʊbɪk]	adj.	밀실 공포증을 앓는 (느끼게 하는)	4798
hard-boiled [hɑːrd bɔɪld]	adj.	무정한, 비정한, (달걀 따위를) 완숙으로 삶은	4799
rent [rent]	n. vt.	집세, 지대, 임차료, (집세 사용료 등을 내고) 세내다, 임차하다	4800
shady [ʃeɪdi]	adj.	그늘진, 그늘이 많은, 칙칙한, 거무스름한	4801
conspire [kənspaɪə(r)]	vt. vi.	~을 획책하다, 모의하다, 꾸미다, 음모를 꾸미다	4802
entrap [ɪntræp]	vt.	~을 함정에 빠뜨리다, 덫으로 잡다, ~을 속이다	4803
entail [ɪnteɪl]	vt.	~을 수반하다	4804

번호	단어	발음	품사	뜻
4805	decor	[deɪkɔːr]	n.	(건물의 실내) 장식
4806	snob	[snɑːb]	n.	속물, 사이비 신사, (지위·재산) 숭배자
4807	props	[prɑps]	n.	(연극·영화에 쓰이는) 소품
4808	smatter	[smætər]	vi.vt. / n.	아는 체하고 이야기하다, 수박 겉핥기(식 지식)
4809	smattering	[smætərɪŋ]	n.	조금 (특히 언어적 지식에 대해 씀)
4810	dissect	[dɪsekt]	vt. / vi.	(동·식물 등)을 해부하다, (주장·학설 등)을 분석하다, 상세히 분석하다
4811	stagehand	[steɪdʒhænd]	n.	무대 담당자
4812	ember	[embə(r)]	n.	(장작·숯이 타다 남은) 잉걸불, 불잉걸
4813	intact	[ɪntækt]	adj.	(하나도 손상되지 않고) 온전한, 전혀 다치지 않은
4814	waterfront	[wɔːtərfrʌnt]	n.	(도시의) 해안가, 물가, 부둣가
4815	pilferage	[pɪlfərɪdʒ]	n.	좀도둑질, 장물
4816	wake	[weɪk]	vi. / vt.	(잠에서) 깨다, 일어나다, (기억·감정을) 일깨우다, 떠올리게 하다
4817	longshoreman	[lɔːŋʃɔːrmən]	n.	부두 노동자, 항만 하역부
4818	ensure	[ɪnʃʊr]	vt.	반드시 ~하게 하다, 보장하다
4819	epilogue	[epɪlɔːg]	n.	(연극·영화·책의) 끝맺는 말, 종결 부분
4820	trenchant	[trentʃənt]	adj.	(비판·발언 등이) 정곡을 찌르는
4821	cogent	[koʊdʒənt]	adj.	설득력 있는, 납득할 만한, 타당한, 이치에 맞는
4822	spaniel	[spænjəl]	n.	스패니얼 (기다란 귀가 뒤로 처져 있는 작은 개)
4823	boisterous	[bɔɪstərəs]	adj.	(사람·동물·행동이) 활기가 넘치는, 잠시도 가만히 있지 못하는
4824	exhibitionist	[eksɪbɪʃənɪst]	n.	과시욕이 강한 사람, [의학] 노출증 환자
4825	infatuation	[ɪnfætʃueɪʃn]	n.	(사랑의) 열병
4826	infatuate	[ɪnfætʃueɪt]	vt.	~의 판단력을 잃게 하다, ~을 홀리다, 열중시키다, 도취시키다
4827	indigence	[ɪndɪdʒəns]	n.	극심한 곤궁, 극빈
4828	pedantry	[pedntri]	n.	지나치게 규칙을 찾음, 세세한 것에 얽매임
4829	bravado	[brəvɑːdoʊ]	n.	허세, 만용
4830	unappreciated	[ʌnəpriːʃieɪtɪd]	adj.	(노력·진가 등을) 인정받지 못하는

DAY 69

spontaneous [spɑ:nteɪniəs]	adj.	4831 (행동 따위가) 자연스러운, 자연 발생적인, 의식적이 아닌
carefree [keɪfri:]	adj.	4832 근심 걱정 없는, 속 편한
proceeding [prəsi:dɪŋ]	n.	4833 하는 방식, 행동, 처치, 처분, 진행, 속행
consonance [kɑ:nsənəns]	n.	4834 조화, 일치, [음악] 협화, 협화음
derogate [derəgeɪt]	vi.vt.	4835 폄하하다, 손상하다, (책무를) 무시하다
appointed [əpɔɪntɪd]	adj.	4836 임명된, 지명된, 지정된, 정해진, 약속된
conscript [kənskrɪpt]	vt. n.	4837 ~을 (군대에) 징집하다, ~을 징용하다, 징발하다, 징집병, 신병
remuneration [rɪmju:nəreɪʃn]	n.	4838 보수, 사례금
tawdry [tɔ:dri]	adj. n.	4839 야한, 번쩍거리는, 야한 장식, 값싸고 번지르르한 장식
sate [seɪt]	vt.	4840 (욕구를) 채우다, 충족시키다
perspicacious [pɜ:rspɪkeɪʃəs]	adj.	4841 명민한, 총기 있는
scintillate [sɪntəleɪt]	vi. vt.	4842 불꽃을 튀기다, 번쩍거리다, ~을 번쩍이게 하다
cloying [klɔɪɪŋ]	adj.	4843 싫증나게 하는, 넌더리나는, 물리게 하는
sophomoric [sɑfəmɔ:rɪk]	adj.	4844 2학년생의, 아는 체하는, 자만하지만 미숙한
beacon [bi:kən]	n. vt.	4845 횃불, 봉화, 등대, ~을 밝게 하다, (사람이나 배)를 인도하다
celebrate [selɪbreɪt]	vt.	4846 축하하다, 기념하다, (의식·제전 등)을 거행하다, ~을 공포하다
gratify [grætɪfaɪ]	vt.	4847 만족시키다, 기쁘게 하다, (욕망·충동 등)을 채워주다
imperialism [ɪmpɪriəlɪzəm]	n.	4848 제국주의, 영토 확장주의, 영토 침략주의
vandalism [vændəlɪzəm]	n.	4849 반달리즘, 공공 기물 파손죄
unbeknownst [ʌnbɪnoʊnst]	adj.	4850 ~가 모르는, 미지의
scale [skeɪl]	n.	4851 (측정기의) 눈금, (다른 것과 비교해서 본) 규모, 범위, (지도의) 축척
noteworthy [noʊtwɜ:rði]	adj.	4852 주목할 만한, 괄목할 만한
condescension [kɑndəsenʃən]	n.	4853 겸손, 공손, 저자세, (자기를 낮추면서 나타내는) 오만
blush [blʌʃ]	vi. vt.	4854 (얼굴이) 붉어지다, 부끄러워하다, ~을 붉게 하다
preface [prefəs]	n.	4855 (책 따위의) 서문, 서론, (~의) 발단, 서막
intrusive [ɪntru:sɪv]	adj.	4856 침입하는, 밀고 들어오는, 주제넘게 나서는

DAY 70

MAZELTOV Vocabulary

오늘의 단어 --> 4857 - 4928

concede [kənsi:d] — vt. (마지 못해) 인정하다, 시인하다, (권리·특권으로서) 용인하다 — 4857

supercede [su:pərsi:d] — vt. ~을 대신하다, 대체하다 — 4858

hammock [hæmək] — n. 해먹 (나무 등에 달아매는 그물·천 등으로 된 침대) — 4859

shush [ʃʌʃ] — vt. ~을 잠잠하게 하다, 조용하게 하다, vi. 잠잠해지다, 조용해지다 — 4860

helpless [helpləs] — adj. 도움이 없는, 의지할 곳 없는, 무력한, (노력 따위가) 쓸모없는 — 4861

preferential [prefərenʃl] — adj. 우선권을 주는, 특혜를 주는 — 4862

palatable [pælətəbl] — adj. 입에 맞는, 맛이 좋은, 기분에 맞는 — 4863

err [er] — vi. 실수를 범하다 — 4864

quagmire [kwægmaiə(r)] — n. 습지, 수렁, (벗어나고 싶은) 곤경, 궁지 — 4865

edifice [edifis] — n. (크고 인상적인) 건물, 조직, 체계 — 4866

frail [freɪl] — adj. (체질이) 허약한, 연약한, (도자기 따위가) 깨지기 쉬운, 무른 — 4867

gastric [gæstrɪk] — adj. [의학] 위의, 복통을 수반하는 — 4868

broth [brɔ:θ] — n. (걸쭉한) 수프, 죽 — 4869

putrid [pju:trɪd] — adj. 썩은, 냄새가 나는, (도덕적으로) 타락한, 부패한 — 4870

slurp [slɜ:rp] — vt. (음식물을) 후루룩 소리내며 먹다(마시다), vi. 후룩 큰 소리를 내며 먹다 — 4871

putrefaction [pju:trɪfækʃn] — n. (특히 시체의) 부패 — 4872

sterilize [sterəlaɪz] — vt. ~을 불모화하다, 메마르게 하다, 불임화하다, 소독하다 — 4873

cellar [selə(r)] — n. (식량·포도주 따위의) 지하 저장실, 지하실 — 4874

embroidery [ɪmbrɔɪdəri] — n. 수놓기, 자수(법), 자수품, 윤색, 각색 — 4875

deformity [dɪfɔ:rməti] — n. 기형, 기형인 상태 — 4876

#	Word	Pron.	POS	Meaning
4877	**bulky**	[bʌlki]	adj.	부피가 큰, 엄청나게 큰, (커서) 다루기 어려운
4878	**duplicitous**	[djuːplisətəs]	adj.	식언의, 불성실한, 사기의
4879	**progenitor**	[proʊdʒenɪtə(r)]	n.	선각자, 선배, (생물학적인) 선조, 조상, (동·식물의) 원종
4880	**doughty**	[daʊti]	adj.	용맹한
4881	**fastidious**	[fæstɪdiəs]	adj.	까다로운, 말이 많은, 지나치게 결벽한, 꼼꼼한
4882	**subsidy**	[sʌbsədi]	n.	(국가·기관이 제공하는) 보조금, 장려금
4883	**offend**	[əfend]	vt.	~의 감정을 (~으로) 해치다, ~을 화나게 하다, 위반하다, 범하다
4884	**troupe**	[truːp]	n.	공연단, 극단
4885	**futility**	[fjuːtɪləti]	n.	무익, 쓸모없음, 무의미함, 하찮음, 헛수고
4886	**taxing**	[tæksɪŋ]	adj.	(육체적·정신적으로) 아주 힘든, 부담이 큰
4887	**mortality**	[mɔːrtæləti]	n.	죽음을 면할 수 없음, 죽을 운명, (전쟁·질병 등에 의한) 대량의 죽음
4888	**jingle**	[dʒɪŋgl]	vi. / vt.	딸랑딸랑 소리나다, 짤랑짤랑 울리다, ~을 딸랑딸랑 울리다
4889	**inchoate**	[ɪnkoʊət]	adj.	이제 시작 단계인
4890	**ballad**	[bæləd]	n.	발라드 (낭만적이고 감상적인 노래), 민속, 속요
4891	**bungler**	[bʌŋglər]	n.	실수하는 사람, 솜씨 없는 사람
4892	**stickler**	[stɪklə(r)]	n.	(~에) 까다로운 사람, 엄격한 사람
4893	**ruffian**	[rʌfiən]	n.	깡패, 악당
4894	**supplant**	[səplænt]	vt.	(낡거나 구식이 된 것을) 대신하다, 대체하다
4895	**rejuvenate**	[rɪdʒuːvəneɪt]	vt.	다시 젊어 보이게 (젊은 기분이 들게) 하다, 활기를 되찾게 하다
4896	**reconstitute**	[riːkɑːnstətuːt]	vt.	재구성하다, 재건하다, 복원하다, 개조하다, 개축하다
4897	**multiplicity**	[mʌltɪplɪsəti]	n.	다수, 다양성
4898	**circumscribe**	[sɜːrkəmskraɪb]	vt.	~을 선으로 둘러싸다, 가두다, 속박하다, 한정하다, 제한하다
4899	**panoramic**	[pænəræmik]	adj.	파노라마(식)의, 개관적인
4900	**retrograde**	[retrəgreɪd]	adj.	(행동이 사태·시대 등에) 역행하는, 퇴보적인
4901	**gaffe**	[gæf]	n.	(공식적인 자리·사교 모임에서 범하는) 실수
4902	**tryst**	[trɪst]	n.	(애인 사이의) 밀회, 회합의 약속

번호	단어	발음	품사	뜻
4903	retroactive	[retrouæktiv]	adj.	반동하는, (법률·승급 등의 효력이) 소급하는
4904	pervasive	[pərveɪsɪv]	adj.	만연하는, (구석구석) 스며드는, 배어드는
4905	obstreperous	[əbstrepərəs]	adj.	정신없이 날뛰는, 시끄러운
4906	sanctimonious	[sæŋktɪmoʊniəs]	adj.	독실한 체하는, 신성한 체하는
4907	calculating	[kælkjuleɪtɪŋ]	adj.	타산적인, 계산적인
4908	solemnize	[sɑːləmnaɪz]	vt.	(특히 결혼식을) 엄숙히 거행하다
4909	instigate	[ɪnstɪgeɪt]	vt.	~을 부추기다, 교사하다, 선동하다, 유발시키다
4910	attribution	[ætrəbjuːʃən]	n.	돌리기, 귀속, 특성, 속성
4911	unjust	[ʌndʒʌst]	adj.	부당한, 불공평한
4912	ungainly	[ʌngeɪnli]	adj.	볼품없는, (움직임이) 어색한
4913	germinate	[dʒɜːrmɪneɪt]	vi. vt.	싹트다, 시작되다, 싹트게 하다
4914	salve	[sælv]	n.	고약, 연고, (마음의 괴로움 따위를) 풀어주는 것, 위로, 위안
4915	encore	[ɑːŋkɔː(r)]	n.	앙코르, 재청, (앙코르에 답하는) 노래, 연주, 출연
4916	demurral	[dɪməːrəl]	n.	이의, 이의 신청, 항변
4917	palliative	[pæliətɪv]	adj.	(죄 등을) 경감하는, (고통 등을) 완화하는, 변명하는
4918	derivative	[dɪrɪvətɪv]	adj. n.	유도적인, 끌어낸, 파생된, 2차적인, 파생물, 금융 파생 상품
4919	garnish	[gɑːrnɪʃ]	vt.	~으로 장식하다, 꾸미다, ~을 미사여구로 꾸미다
4920	tarnish	[tɑːrnɪʃ]	vt.	~을 녹슬게 하다, 변색시키다, (명예 등)을 더럽히다, 손상시키다
4921	improvisational	[ɪmprɑvəzeɪʃnəl]	adj.	즉석의, 즉흥적인
4922	tout	[taʊt]	vi. vt.	(거래·투표 따위를) 성가시게 권유하다, ~을 성가시게 권유하다
4923	abstemious	[əbstiːmiəs]	adj.	(음식·술을) 자제하는, 금욕적인
4924	cannibalize	[kænɪbəlaɪz]	vt.	동족끼리 잡아먹다, (폐품을 이용하여 기계를) 수리하다
4925	platitude	[plætɪtuːd]	n.	진부한 이야기, 진부한 의견
4926	chicanery	[ʃɪkeɪnəri]	n.	교묘한 속임수
4927	opinionated	[əpɪnjəneɪtɪd]	adj.	자기 의견을 고집하는, 독선적인
4928	pejorative	[pɪdʒɔːrətɪv]	adj.	(낱말·발언이) 경멸적인, 비난투의

MAZELTOV Vocabulary

오늘의 단어 --> 4929 - 5000

disavow [dɪsəvaʊ] 4929
vt. (무엇에 대한 지식·책임을 공개적으로) 부인하다

ostensible [ɑːstensəbl] 4930
adj. (실제로는 그렇지 않겠지만) 표면적으로는

succulent [sʌkjələnt] 4931
adj. 즙이 많은, 수분이 많은, 마음의 양식이 되는, [식물] 다즙 조직의

puerile [pjʊrəl] 4932
adj. (못마땅함) 유치한, 바보 같은

indelible [ɪndeləbl] 4933
adj. (잉크·얼룩 따위가) 지울(제거할) 수 없는, 잊을 수 없는

recommence [riːkəmens] 4934
vi.vt. 다시 시작되다(하다), 재개되다(하다)

missive [mɪsɪv] 4935
n. (길거나 공식적인) 편지

unfathomable [ʌnfæðəməbl] 4936
adj. (깊어서) 측량할 수 없는, 헤아릴 수 없는, 이해할 수 없는

heap [hiːp] 4937
vt. ~을 쌓아올리다, 축적하다,
vi. 쌓이다, 퇴적하다

veneer [vənɪr] 4938
n. 덧붙이는 판자, 단판,
vt. ~에 덧붙이는 판자를 붙이다, ~의 겉을 꾸미다

sympathize [sɪmpəθaɪz] 4939
vi. 동정하다, 조의를 표하다, 동감하다, 공감하다

winnow [wɪnoʊ] 4940
vt. (곡식에서 쭉정이 등을 가려내려고) 까부르다, 키질하다

verity [verəti] 4941
n. 진실(성), 올바름, 정확함, 진실한 진술

jest [dʒest] 4942
n. 농담, 우스갯소리, 조롱,
vt. ~을 야유하다,
vi. 농담을 하다, 놀리다

parsimony [pɑːrsəmoʊni] 4943
n. (돈에 지독히) 인색함

august [ɔːgʌst] 4944
adj. 위엄 있는

cripple [krɪpl] 4945
vt. ~을 절름발이(불구)로 만들다, 무력하게 만들다,
n. 신체 장애인

blast [blæst] 4946
n. 한바탕의 바람, 돌풍, 폭발, 폭파

daunt [dɔːnt] 4947
vt. 겁먹게 하다, 기죽게 하다

transact [trænzækt] 4948
vt. 거래하다, 취급하다

unrelieved [ʌnrɪliːvd]	adj.	4949 (불쾌한 상황이) 변함없이 계속되는, 누그러지지 않는
scoop [skuːp]	n.	4950 (밀가루·설탕 따위를 퍼내는) 작은 삽, 국자, 한 번 떠내기
gargantuan [ɡɑːrɡæntʃuən]	adj.	4951 엄청난
envoy [envɔɪ]	n.	4952 사절, 특사
itch [ɪtʃ]	n. vi.	4953 가려움, 근질거림, 가렵다, 근질근질하다, (하고 싶어서) 좀이 쑤시다
senility [sinilətɪ]	n.	4954 노쇠, 노령, 노망
tapping [tæpɪŋ]	n.	4955 가볍게 두드리기
shod [ʃɑːd]	adj.	4956 (~한 신발을) 신은
hoof [huːf]	n. vi. vt.	4957 (말 따위의) 발굽, 걷다, 춤추다, 발굽으로 치다, 짓밟다
bum [bʌm]	n. vi.	4958 게으름뱅이, 방탕한 자, 부랑자, 남에게 기식하다, 빌어먹다
ecological [iːkəlɑːdʒɪkl]	adj.	4959 생태학의, 생태계의, 생태상의, 환경 친화적인, 환경의
brassbound [bræsbaʊnd]	adj.	4960 놋쇠로 테를 장식(보강)한, 인습적인, 완고한
sewage [suːɪdʒ]	n.	4961 하수, 오물
wisecrack [waɪzkræk]	n.	4962 경구, 명언
lithe [laɪð]	adj.	4963 (사람이나 그의 몸이) 유연한, 나긋나긋한
shotgun [ʃɑːtɡʌn]	n.	4964 산탄총, 엽총
en route [ɑːn ruːt]	adv.	4965 (어디로 가는) 도중에
hunger [hʌŋɡə(r)]	n.	4966 굶주림, 기아, 공복, 기근, (~에 대한) 열망, 갈망
hellbent [helbent]	adj.	4967 (앞뒤 분별없이) (~할) 작정인, (~하려고) 막무가내인, 정신이 없는
self-delusion [self dɪluːʒən]	n.	4968 자기기만
tromp [trɑmp]	vt. vi.	4969 치다, 완전히 패배시키다, 짓밟다
rip [rɪp]	vt. vi.	4970 ~을 찢다, 째다, 떼내다, 벗기다, 찢어지다, 갈라지다
toboggan [təbɑːɡən]	n. vi.	4971 터보건 썰매, (물가·운세 따위의) 급락, 급락하다
leeward [liːwərd]	adj.	4972 바람 불어가는 쪽의, 바람 불어가는 쪽에 있는, 바람 부는 쪽으로 향하는
vane [veɪn]	n.	4973 (풍차 등의) 날개, 풍향계, 바람개비
foul [faʊl]	adj.	4974 (공기·물 등이) 오염된, 탁한, 더러운, 불결한

DAY 71

MAZELTOV _ Vocabulary

4975	**bash** [bæʃ]	vt. vi.	~을 세게 때리다, 혹독하게 비난(비판)하다, 충돌하다
4976	**scrape** [skreɪp]	vt.	~을 문지르다, 긁어 벗기다, 닦아내다
4977	**yardage** [jɑːrdɪdʒ]	n.	야드로 재기(잰 길이)
4978	**husk** [hʌsk]	n.	껍질, 깍지, 외피, (쓸데없는) 바깥쪽 부분, 무가치한 것
4979	**corn silk** [kɔːrn sɪlk]	n.	옥수수염
4980	**smother** [smʌðə(r)]	vt.	~을 숨막히게 하다, 질식시키다, (사실·추문 따위)를 덮어 숨기다
4981	**stowaway** [stoʊəweɪ]	n.	(배·비행기 등을) 몰래 탄 사람, 밀항자, 밀입국자
4982	**russet** [rʌsɪt]	n. adj.	황갈색, 적갈색, 황갈색의, 적갈색의, 손으로 짠
4983	**crisp** [krɪsp]	adj.	단단하나 부서지기 쉬운, (태도 등이) 활기찬, 분명한
4984	**jug** [dʒʌg]	vt. n.	~을 물주전자에 넣다, 단지에 넣다, (주둥이 넓은) 주전자, 단지
4985	**ream** [riːm]	n. vt.	(글의 양이) 많음, 속이다, 괴롭히다
4986	**taciturnity** [tæsətɜːrnəti]	n.	말 없음, 과묵
4987	**dollop** [dɑːləp]	n.	소량, 약간의 가미, (점토·버터 등 말랑말랑한 것의) 덩어리
4988	**peppery** [pepəri]	adj.	후추의, 매운, 화 잘 내는, (말 등이) 신랄한, 격렬한
4989	**reposeful** [rɪpoʊzfəl]	adj.	평온한, 조용한, 침착한
4990	**rooster** [ruːstər]	n.	수탉
4991	**wayfaring** [weɪfɛərɪŋ]	adj. n.	(도보) 여행의, 여행을 하는, (도보) 여행
4992	**promenade** [prɑːməneɪd]	n. vi.	산책, 산보, 드라이브, 행진, 산책하다, 산보하다
4993	**porthole** [pɔːrthoʊl]	n.	(선박·항공기 측면의) 둥근 창
4994	**stork** [stɔːrk]	n. vt.	황새, ~을 임신시키다
4995	**gnome** [noʊm]	n.	땅의 요정, 작은 도깨비
4996	**toadstool** [toʊdstuːl]	n.	독버섯의 일종
4997	**fairy tale** [feri teɪl]	n.	동화, 가공의 이야기, 꾸민 이야기, 거짓말
4998	**bluestocking** [bluːstɑːkɪŋ]	n.	(전통적으로 여자가 하는 일보다) 사상과 학문에 더 관심이 많은 여자
4999	**walnut** [wɔːlnʌt]	n.	호두, 호두나무, 호두나무 재목, 호두색, 적갈색
5000	**torpedo** [tɔːrpiːdoʊ]	n. vi.	어뢰, 부설 기뢰, 어뢰(수뢰)로 격파하다, 공격하다, 격침하다

72 DAY

MAZELTOV Vocabulary

오늘의 단어 --> 5001 - 5072

conduce [kəndjuːs] — vi. (좋은 결과로) 이끌다, 공헌하다, 이바지하다 — 5001

digress [daɪgres] — vi. 주제에서 벗어나다, 다른 말을 하기 시작하다 — 5002

generality [dʒenəræləti] — n. 일반성, 보편성, 일반 원리, 통칙 — 5003

unblushing [ʌnblʌʃɪŋ] — adj. 부끄러워하지 않는, 염치없는, 뻔뻔스러운 — 5004

corduroy [kɔːrdərɔɪ] — n. 코르덴(천), 코르덴 바지 — 5005

cuff [kʌf] — n. (상의나 셔츠의) 소맷동, vt. (~을 손바닥으로 살짝) 치다, 때리다 — 5006

visor [vaɪzə(r)] — n. (모자의) 챙, 차양, (자동차의) 차양판, 복면, 가면 — 5007

ratty [ræti] — adj. 쥐가 많은, 불쌍한, 처량한, 신경질내는, 비열한 — 5008

skipper [skɪpə(r)] — n. (소형 상선·어선의) 선장, (팀의) 주장, 지도자, 감독 — 5009

inveigh [ɪnveɪ] — vi. 통렬히 비난하다, 독설을 퍼붓다, 욕설하다 — 5010

bedizen [bɪdaɪzn] — vt. 야하게 치장하다 — 5011

Pomeranian [pɑməreɪniən] — adj. 포메라니아의, n. 포메라니아 사람 — 5012

welkin [welkɪn] — n. 하늘, 천국 — 5013

neurotic [nʊrɑːtɪk] — adj. 노이로제의, 신경증의, (약제가) 신경을 자극하는, n. 신경증 환자 — 5014

milady [mɪleɪdi] — n. 마님 (영국 귀부인에 대한 호칭) — 5015

indelicate [ɪndelɪkət] — adj. 무례할 수도 있는, 난처하게 만들 수도 있는 — 5016

gorge [gɔːrdʒ] — n. (물이 흐르는) 협곡, vt. (음식을) 채워넣다, 게걸스럽게 먹다 — 5017

obsolescence [ɑːbsəlesns] — n. 노후화, 진부화 — 5018

scalding [skɔːldɪŋ] — n. 열탕 소독, 열탕, adj. 데일 듯한, 뜨거운, (비평 따위가) 통렬한 — 5019

damask [dæməsk] — n. 다마스크직 (실크나 리넨으로 양면에 무늬가 드러나게 짠 두꺼운 직물) — 5020

booze [buːz]	n. 술, 알코올 음료, 폭음, vi. 술을 많이 마시다, 과음하다	5021	**chandler** [tʃændlə(r)]	n. (선박용 장비를 파는) 잡화점, 잡화상, 선구상	5034
dame [deɪm]	n. 귀부인, 주부, 부인	5022	**spangle** [spæŋgl]	n. 반짝거리는 작은 물건, vt. ~을 반짝이는 것으로 장식하다, 촘촘히 박다	5035
raddle [rædl]	n. 대자석, 자토, vt. ~에 대자를 바르다, ~을 붉게 칠하다	5023	**horrid** [hɔːrɪd]	adj. 진저리나는, 지독한	5036
styptic [stɪptɪk]	adj. [의학] 지혈이 되는	5024	**redcoat** [redkoʊt]	n. 미국 독립 전쟁 당시의 영국 병사 (붉은 제복을 입었다)	5037
diuretic [daɪjuretɪk]	adj. 배뇨 촉진의, 이뇨성의, n. 이뇨제	5025	**mud hen** [mʌd hen]	n. 늪지대에 사는 물새	5038
pulse [pʌls]	n. 맥박, 심박, (규칙적인) 진동, 박자, vi. 맥이 뛰다, 고동치다	5026	**venison** [venɪsn]	n. 사슴고기	5039
equestrian [ɪkwestriən]	adj. 승마의	5027	**prime** [praɪm]	adj. 제1의, 가장 중요한, (가치·품질이) 최상(급)의, n. 전성기, 한창때	5040
misanthropy [mɪsænθrəpi]	n. 사람을 싫어함, 염세	5028	**nimrod** [nɪmrɑd]	n. 수렵 애호가, 수렵광	5041
bonfire [bɑːnfaɪə(r)]	n. 모닥불	5029	**frontiersman** [frʌntɪrzmən]	n. (특히 19세기 미국 서부의) 개척자	5042
nestle [nesl]	vi. 자리잡다, 정착하다, vt. ~을 정착시키다, (얼굴·머리 등)을 비벼대다	5030	**antler** [æntlə(r)]	n. (사슴의) 가지진 뿔	5043
suckling [sʌklɪŋ]	n. 젖먹이, 아직 젖이 떨어지지 않은 새끼	5031	**self-indulgent** [self ɪndʌldʒənt]	adj. 방종한, 제멋대로 하는	5044
aught [ɔːt]	n. 어떤 것	5032	**nail** [neɪl]	n. 못, 손톱, 발톱, vt. ~을 못으로 박다, 못을 박아 붙이다	5045
inlet [ɪnlet]	n. 후미, (섬과 섬 사이의) 소해협, 내해, vt. ~을 박아 넣다, 삽입하다	5033	**conducive** [kəndjuːsɪv]	adj. ~에 좋은 (어떤 일이 일어나기 쉽게 한다는 의미로), 도움이 되는	5046

outgo	[autgou]	n. / vt.	출발, 외출, 퇴거, / 상회하다, 훨씬 앞지르다, 능가하다
tarn	[tɑːrn]	n.	(산속의 작은) 호수
tavern	[tævərn]	n.	퍼브, 여관
charm	[tʃɑːrm]	n.	매력, (여자) 아름다운 용모, 미색, 마법, 부적
talisman	[tælɪzmən]	n.	(행운을 가져다준다고 여겨지는) 부적
dredge	[dredʒ]	vt. / n.	~을 긁어내다, 준설하다, 저인망으로 모으다, / 준설기, 준설선, 저인망
weep	[wiːp]	vi. / vt.	울다, 눈물을 흘리다, 한탄하다, / 울며 슬퍼하다, 한탄하다
opal	[oʊpl]	n.	오팔, 단백석
crumbly	[krʌmbli]	adj.	잘 바스러지는
friable	[fraɪəbl]	adj.	잘 부서지는
nursling	[nəːrslɪŋ]	n.	(유모가 기르는) 애기, 귀하게 자란 사람, 귀염둥이
windlass	[wɪndləs]	n.	(무거운 물건을 들어 올리는 데 쓰는 일종의) 윈치
davit	[dævit]	n.	대빗 (보트·닻 따위를 올리고 내리는 쇠기둥)
imprecate	[imprikeit]	vt.	(~에게) (재앙 등이 있기)를 빌다, ~을 저주하다
pitch	[pɪtʃ]	vt.	(텐트 따위)를 치다, (기둥 따위)를 세우다, ~을 던지다, 내팽개치다
jounce	[dʒauns]	vi.vt.	위아래로 심하게(덜커덕) 흔들리다(흔들다)
downwind	[daʊnwɪnd]	adv.	바람 부는 방향으로, 바람을 타고
apish	[eipiʃ]	adj.	원숭이 같은, 어리석은, 남의 흉내를 내는
subhuman	[sʌbhjuːmən]	adj.	인간 이하의
cur	[kɜː(r)]	n.	(성질 사나운) 똥개
buxom	[bʌksəm]	adj.	(여자가 가슴이) 풍만한
artesian well	[ɑːrtiːʒən wel]	n.	자분정, 피압정 (지하수가 수압에 의해 저절로 솟아 나오는 샘)
bouquet	[bukeɪ]	n.	부케, (손에 드는) 꽃다발
wetback	[wetbæk]	n.	(특히 미국으로 밀입국한) 멕시코인
pidgin	[pɪdʒɪn]	n.	(문법·회화 따위를 간소화한) 혼성어, 파격 언어
sacrament	[sækrəmənt]	n.	(개신교의) 성례전, 성찬, 성찬식, 성체

DAY 73

MAZELTOV Vocabulary

오늘의 단어 --> 5073 - 5144

purported [pərpɔːrtɪd]
adj. (사실이 아닐지도 모르지만) ~라고 알려진, 진술된 5073

tomcat [tɑːmkæt]
n. 수고양이 5074

adieu [ədúː]
n. 작별 (인사),
ex. 안녕 5075

squiggle [skwɪgl]
n. (글자·그림 등에서) 구불구불한 선 5076

routing [rúːtɪŋ]
n. 여정의 설정, (배달 순서에 의한) 우편물의 선별 5077

informed [ɪnfɔːrmd]
adj. (특정 주제·상황에 대해) 잘(많이) 아는, 정보통인 5078

yeomanry [jóʊmənri]
n. 자작농, 자유 농민 5079

pendulum [péndʒələm]
n. (시계의) 추 5080

dehisce [dɪhɪs]
vi. 입을 벌리다, (씨껍질·과실이) 터져 벌어지다, 열개하다 5081

underwrite [ʌndərraɪt]
vt. (써놓은 글)의 밑에 쓰다, ~에 서명하다, ~을 승낙하다 5082

lever [lévər]
n. 지레, 지렛대, (목적 달성 등의) 수단, 힘, 차입 자본에 의한 투자 5083

heaviness [hévinɪs]
n. 무거움, 무게, 무기력, 나른함, (정신적인) 괴로움, 부담 5084

bulwark [bʊ́lwɜːrk]
n. [축성] 토루, 보루, 방벽, (해안 따위의) 방파제,
vt. ~을 방어하다 5085

hurling [hɜ́ːrlɪŋ]
n. 헐링 (하키 비슷한 아일랜드 구기 종목, 한 팀은 15명으로 이뤄짐) 5086

soapy [sóʊpi]
adj. 비누 같은, 매끄러운, 비누(거품)투성이인, 말주변이 좋은 5087

faucet [fɔ́ːsɪt]
n. 꼭지, 수도꼭지 5088

doze [dóʊz]
vi. 졸다, 선잠 자다, 풋잠 자다,
n. 졸기, 선잠, 풋잠 5089

sentinel [séntɪnl]
n. 보초병, 감시병 5090

fretful [frétfl]
adj. 조바심치는, 조마조마해 하는 5091

sepulcher [sépəlkər]
n. 무덤, 분묘, 지하 매장소,
vt. ~을 묘에 묻다, 매장하다 5092

psychiatric [saɪkiætrɪk]	adj.	정신 의학의, 정신 질환의
bloom [bluːm]	n. vi.	꽃, 개화(기), 꽃의 만발, 한창, 전성기, 개화하다, 번영하다
congregation [kɑːŋgrɪgeɪʃn]	n.	모임, 집합, (종교적) 집회, 신도단, 신도 조합
denomination [dɪnɑːmɪneɪʃn]	n.	명명, 명칭, 호칭, 계급, 종파, 교파
impious [ɪmpiəs]	adj.	(하느님·종교에 대해) 불경한
turgid [tɜːrdʒɪd]	adj.	허풍떠는, 과장된, (물건·공상 따위가) 부푼, (수족 따위가) 부어오른
sloppiness [slɑːpinəs]	n.	질척질척함, 액체로 더러워진 상태
whale [weɪl]	n. vt.	고래, ~을 심하게 치다, 때리다, 강타하다
downpour [daʊnpɔː(r)]	n.	폭우
rabies [reɪbiːz]	n.	광견병
smallpox [smɔːlpɑːks]	n.	천연두
deface [dɪfeɪs]	vt.	외관을 훼손하다, ~의 표면을 더럽히다
apace [əpeɪs]	adv.	빠른 속도로, 빨리
sough [saʊ]	vi. n. vt.	(바람이) 솨솨 불다, 배수로, 고랑, 하수구, ~을 배수하다
deodorant [dioʊdərənt]	n.	냄새(체취) 제거제, 데오도런트
scallop [skæləp]	n. vt.	가리비, 가리비의 조개 관자, 조개 냄비로 요리하다
lavatory [lævətɔːri]	n.	세면소, 변소, 화장실, 수세식 변기, 욕조
leech [liːtʃ]	n. vt.	거머리 (특히 의료용), 고리 대금업자, ~에 달라붙어서 착취하다
umbrage [ʌmbrɪdʒ]	n.	불쾌, 노여움, 분개, (그늘을 이루는 나무의) 무성한 잎
awning [ɔːnɪŋ]	n.	(창이나 문 위의) 차양, 비(해) 가리개
ingenuity [ɪndʒənuːəti]	n.	기발한 재주, 재간, 독창성
mahogany [məhɑːgəni]	n.	마호가니 (단향과에 속하는 상록 교목), 마호가니색, 적갈색
highball [haɪbɔːl]	n.	하이볼 (위스키에 소다수 등을 섞은 음료), (열차에 대한) 진행 신호
raft [ræft]	n. vt.	뗏목, 구명 뗏목, (구명) 고무 보트, ~을 뗏목으로 나르다
servitude [sɜːrvətuːd]	n.	노예 상태
manure [mənʊr]	n. vt.	(유기질) 비료, 퇴비, 거름, ~에 거름을 주다, (땅)을 갈다

comber [koumər]	n.	(양털·솜 따위를) 빗기는 사람, 빗기는 기구, 밀려오는 물결
anachronism [ənækrənizəm]	n.	시대 착오, 시대에 맞지 않는 것(사람)
corpulence [kɔːrpjuləns(i)]	n.	비만, 비대
improbable [imprɑːbəbl]	adj.	있을 성싶지 않은, 일어날 성싶지 않은, 사실 같지 않은
teeming [tiːmɪŋ]	adj.	(사람들·동물들 등이) 바글거리는, 와글거리는
distressed [dɪstrest]	adj.	괴로워하는, 곤궁한, 불경기의, 투매하는, 출혈 판매하는
constipation [kɑːnstɪpeɪʃn]	n.	변비
mackinaw [mækənɔː]	n.	두꺼운 모직 반코트, 체크 무늬 담요, 평저선
evict [ɪvɪkt]	vt.	(주택이나 땅에서) 쫓아내다, 퇴거시키다
bribe [braɪb]	n. vt.	뇌물, 미끼, 유혹물, ~에게 뇌물을 주다, ~을 매수하다
cross-legged [krɔːs leɡd]	adj.	다리를 포갠
tort [tɔːrt]	n.	[법률] (민사 소송으로 이어질 수 있는) 불법 행위
popper [pɑpər]	n.	펑 소리나게 하는 사람(것), 불꽃, 총, 사격수, 포수
spurt [spɜːrt]	vt. vi.	~을 뿜어내다, 분출시키다, 분출하다, 뿜어나오다
mutter [mʌtə(r)]	vi. vt.	중얼거리다, 투덜투덜 (불평을) 말하다, 중얼거리다, 투덜거리다
piscine [pɪsaɪn]	adj.	물고기의
telegram [telɪɡræm]	n.	전보, 전문
cord [kɔːrd]	n. vt.	끈, 가는 노끈, ~에 장식끈을 달다, ~을 끈으로 동이다
swish [swɪʃ]	vi. vt.	휙 지나가다, (채찍 등이) 휙 하고 소리내다, ~을 휘두르다
unbroken [ʌnbroʊkən]	adj.	깨어지지 않은, (법률 등이) 위반되지 않은, (약속 등이) 지켜진
hypnotic [hɪpnɑːtɪk]	adj. n.	최면술의, 최면 상태의, 수면약, 최면약, 진정제
bellhop [belhɑp]	n.	벨보이 (호텔에서 손님들의 짐을 운반하는 사람)
telepathy [təlepəθi]	n.	텔레파시
mischance [mɪstʃæns]	n.	불운
unmade [ʌnmeɪd]	adj.	아직 만들어지지 않은, (침대가) 정돈되지 않은
launder [lɔːndə(r)]	vt.	~을 세탁하다, 정화하다, 검열하다, ~의 때를 빼다

74 DAY

MAZELTOV Vocabulary

오늘의 단어 --> 5145 - 5216

slant [slænt]
- vt. ~을 기울이다, ~의 사고 방식을 왜곡시키다,
- n. 경사, (마음의) 편향

brunette [bruːnet]
- n. 흑갈색 머리의 백인 여성

slug [slʌg]
- n. 민달팽이,
- vt. (특히 주먹으로) 세게 치다, 강타하다

resumption [rɪzʌmpʃn]
- n. 재개, 회복

disunity [dɪsjuːnəti]
- n. (사람 사이의) 분열

pompon [pɑmpɑn]
- n. 방울술 (모자 등의 장식), (군모의) 깃장식, 앞장식

baton [bətɑːn]
- n. (관직·권능을 상징하는) 지팡이, 지휘봉, [음악] 지휘봉

matted [mætɪd]
- adj. (특히 물에 젖었거나 더러워서) 엉겨 붙은, 윤을 없앤, 흐린

inadequacy [ɪnædɪkwəsi]
- n. 부적당, 불완전, 부적당한 점, 불완전한 점

raucity [rɔːsəti]
- n. 쉰 목소리, 귀에 거슬리는 소리

waterway [wɔːtərweɪ]
- n. 배가 다닐 수 있는 수로, 강·운하 등의 수로

incrustation [ɪnkrʌsteɪʃn]
- n. 외피 형성, 외피

dispel [dɪspel]
- vt. (느낌·믿음을) 떨쳐 버리다, 없애다, 불식시키다

craven [kreɪvn]
- adj. 용기 없는, 비겁한

wattle [wɑːtl]
- n. 잔가지, 지팡이, 나뭇가지로 엮은 울타리, (칠면조·닭의) 육수

manic-depressive [mænɪk dɪpresɪv]
- adj. [정신의학] 조울병의,
- n. 조울병 환자

howitzer [haʊɪtsə(r)]
- n. 곡사포

on the go [ən ðə goʊ]
- adj. 끊임없이 일하는, 계속 일하는

bullheaded [bʊlhedɪd]
- adj. 황소고집인

beat around the bush [biːt əraʊnd ðə bʊʃ]
- idiom 돌려서 말하다, 변죽을 울리다, 요점을 피하다

5165	**bladder** [blædər]	n.	[해부·동물] 주머니 모양의 조직, 방광, [병리] 물집, 허풍선이
5166	**blow one's top** [bloʊ (one's) tɑːp]	idiom	화내다, 불끈하다
5167	**imputation** [ɪmpjuteɪʃən]	n.	(과실·죄 등을 남에게) 돌리기, 씌우기, 문책, 비난
5168	**den** [den]	n.	(짐승이 사는) 굴, 동굴, (은둔자·도적 등의) 소굴, 서재, 작업실
5169	**saturnine** [sætərnaɪn]	adj.	(사람의 얼굴이) 음침한
5170	**molest** [məlest]	vt.	괴롭히다, 방해하다, (여자)에게 짓궂게 굴다, 성희롱을 하다
5171	**orthopedist** [ɔːrθəpiːdɪst]	n.	[의학] 정형외과 의사
5172	**setback** [setbæk]	n.	차질
5173	**cologne** [kəloʊn]	n.	오드콜로뉴 (연한 향수의 일종)
5174	**reticence** [retəsəns]	n.	과묵, 말수가 적음, (입을) 조심함
5175	**nub** [nʌb]	n.	요지, 핵심
5176	**battered** [bætərd]	adj.	얻어 맞은, 학대 받은, 만취한
5177	**gregarious** [ɡrɪɡeriəs]	adj.	떼지어 사는, 군거성의, 떼의, 군집의, (사람이) 사교적인
5178	**surf** [sɜːrf]	n. / vi.	(해안에) 밀려드는 파도, 서핑하다, 인터넷 상의 정보를 찾아 다니다
5179	**blare** [bler]	vi. / vt. / n.	울려 퍼지다, ~을 크게 울리다, 울려퍼짐, 포효
5180	**enthrall** [ɪnθrɔːl]	vt.	마음을 사로잡다
5181	**flutter** [flʌtə(r)]	vi.	(깃발 따위가) 펄럭이다, 휘날리다, (나뭇잎·불빛 따위가) 흔들거리다
5182	**dulcet** [dʌlsɪt]	adj.	(소리가) 감미로운
5183	**carousel** [kærəsel]	n.	수하물 컨베이어 벨트
5184	**widower** [wɪdoʊə(r)]	n.	홀아비
5185	**arthritis** [ɑːrθraɪtɪs]	n.	관절염
5186	**vial** [vaɪəl]	n.	호리병, 작은 유리병, 약병
5187	**trappy** [træpi]	adj.	함정이 있는, 방심할 수 없는, 곤란한, 성가신
5188	**ache** [eɪk]	vi. / n.	아프다, 쑤시다, 마음이 아프다, 아픔, 쑤심
5189	**pirouette** [pɪruet]	n. / vi.	(발레·스케이팅 따위의) 발끝으로 돌기, 급회전, 급선회하다
5190	**mischievous** [mɪstʃɪvəs]	adj.	해로운, 악영향을 미치는, 장난꾸러기의, 짓궂은

#	Word	Pron.	POS	Meaning
5191	**kaleidoscope**	[kəlaɪdəskoʊp]	n.	만화경, 끊임없이 변화하는 것 (상황, 장면, 사건)
5192	**impeccant**	[impekənt]	adj.	죄 없는, 결백한, 죄를 범하지 않은
5193	**hard currency**	[hɑːrd kɜːrənsi]	n.	경화 (달러같이 국제적으로 널리 통용되는 통화)
5194	**diplomat**	[dɪpləmæt]	n.	외교관, 외교가, 외교에 능한 사람, 요령이 좋은 사람
5195	**crave**	[kreɪv]	vt.	(몹시) 원하다, 갈망하다, 필요로 하다, 요구하다
5196	**telephony**	[təlefəni]	n.	전화 통화(통신) 방법
5197	**mouthpiece**	[maʊθpiːs]	n.	(관·용기 등의) 주둥이, (수도관의) 수도 꼭지, (재갈의) 입에 무는 부분
5198	**modernity**	[mədɜːrnəti]	n.	현대성, 현대적임, 근대성
5199	**limbo**	[lɪmboʊ]	n.	림보, (특히 다른 사람의 결정을 기다리는) 불확실한 상태, 어중간한 상태
5200	**hock**	[hɑːk]	n. / vt.	(네발 짐승의) 뒷다리 무릎, 전당 잡히다
5201	**scamper**	[skæmpə(r)]	vi.	(아동이나 작은 동물이) 날쌔게 움직이다
5202	**lucidity**	[luːsɪdəti]	n.	밝음, 맑음, 투명, 명백, 선명
5203	**wheeze**	[wiːz]	vi. / n.	(천식 따위로) 숨을 씨근덕거리다, 색색거리다, 색색거리는 소리
5204	**hang loose**	[hæŋ luːs]	idiom	(팽팽하던 것이) 축 처지다, 늘어지다, 느긋하게 지내다
5205	**ponytail**	[poʊniteɪl]	n.	포니테일 (긴 머리를 위로 묶어 망아지 꼬리처럼 늘어뜨린 형태)
5206	**spontaneity**	[spɑːntəneɪəti]	n.	자발적임, 즉흥적임, 자연스러움
5207	**lovemaking**	[lʌvmeɪkɪŋ]	n.	(애인 사이의) 성관계
5208	**familiarity**	[fəmɪliærəti]	n.	친밀, 친근, 친교, 정통, 훤히 알고 있음
5209	**fizzle**	[fɪzl]	vi.	(특히 불에 타고 있는 것이) 쉬익쉬익 하는 소리를 내다
5210	**overzealous**	[oʊvərzeləs]	adj.	지나치게 열성적인
5211	**zealous**	[zeləs]	adj.	열성적인
5212	**akin**	[əkɪn]	adj.	~와 유사한
5213	**rapprochement**	[ræproʊʃmɑːn]	n.	(두 국가·단체 사이의) 화해, 관계 회복
5214	**ire**	[aɪə(r)]	n.	분노, 노여움
5215	**brackish**	[brækɪʃ]	adj.	염분이 섞인
5216	**dilapidate**	[dɪlæpədeit]	vi.vt.	(건물 등을) 헐다, 황폐케 하다, (가산을) 탕진하다, 낭비하다

DAY 75

MAZELTOV Vocabulary

오늘의 단어 --> 5217 - 5288

fraternal [frətɜːrnl]	adj. 형제의, 형제다운, 우애의, 친목회의, (대학) 동아리의	5217
fountain [faʊntn]	n. 샘, 수원, 근원, 원천, 분수, 분수탑	5218
untended [ʌntendid]	adj. 돌봄(간호)을 받지 않는, 거들떠 보지도 않는	5219
elude [ilu:d]	vt. ~을 교묘히 피하다, 면하다, 벗어나다	5220
lilt [lɪlt]	n. 쾌활하고 가락이 좋은 리듬 (곡, 노래, 동작), vt. ~을 경쾌하게 노래부르다	5221
radiant [reɪdiənt]	adj. 빛나는, 빛을 내고 있는, 밝은, n. 광점, 광체	5222
atheist [eɪθiɪst]	n. 무신론자	5223
gala [geɪlə]	adj. 축제의, 유쾌한, 화려한, n. 경축, 축제	5224
gladiola [glædioʊlə]	n. [식물] 글라디올러스	5225
sundress [sʌndres]	n. (팔과 어깨를 드러낸) 여름용 원피스	5226
groom [gru:m]	n. 신랑, 마부, vt. ~을 단정히 가다듬다, 돌보다, 손질하다	5227
raffle [ræfl]	n. 추첨식 판매법, 복권 판매, vt. ~을 복권식 판매로 팔다	5228
frazzle [fræzl]	vt. ~을 닳아 떨어지게 하다, 해어지게(풀리게) 하다, 지쳐빠지게 하다	5229
anew [ənu:]	adv. (처음부터) 다시, 새로	5230
birthmark [bɜːrθmɑːrk]	n. 모반, 점	5231
delusional [dɪluːʒənəl]	adj. [의학] 망상의, 망상성의	5232
putter [pʌtər]	vi. 꾸물거리다, 어슬렁거리다, vt. ~을 허비하다	5233
jitterbug [dʒɪtərbʌg]	n. 지르박 (1940년대에 유행하던 빠른 춤)	5234
chronological [krɑːnəlɑːdʒɪkl]	adj. 연대순의, 연대학적인	5235
upholster [ʌphoʊlstə(r)]	vt. ~을 장식하다, (소파 등에 충전재를 대고) 천(덮개)을 씌우다	5236

enthuse [ɪnθuːz]	vt.	~을 열중시키다, 열광시키다, (의견 따위)를 열중해서 말하다
heavenward [hevnwərd]	adv.	천국을 향해, 하늘을 향해
alignment [əlaɪnmənt]	n.	일직선으로 하기, 정렬, 제휴, 동맹, 연합
feathery [feðəri]	adj.	솜털 같은, 가볍고 부드러운
veal [viːl]	n.	송아지 고기
sizzle [sɪzl]	vi.	(기름에 굽거나 튀기는 음식이) 지글지글 하는 소리를 내다
crunchy [krʌntʃi]	adj.	(특히 음식이) 아삭아삭한, 바삭바삭한
gravy [greɪvi]	n.	쉽게 (뜻밖에) 얻은 돈, (고기를 구울 때 나오는) 육즙, 육즙 소스
choke [tʃoʊk]	vt. n.	~의 숨통을 끊다, 질식시키다, 숨막히게 하다, 질식
pod people [pɑd piːpl]	n.	무감정하고 인간미 없는 녀석들, (외계인처럼) 기분 나쁜 놈들
skitter [skɪtə(r)]	vi.	잽싸게 달리다, 경쾌하게 달리다, 나아가다
sloppy [slɑːpi]	adj.	진흙투성이의, 질척질척한, 조잡한, 단정치 못한
halo [heɪloʊ]	n. vt.	(이상화된 인물·사물을 둘러싸고 있는) 후광, ~을 후광으로 둘러싸다
gigot [dʒɪɡət]	n.	(양의) 다리 살
modus vivendi [moʊdəs vivendiː]	n.	생활 양식, (서로 다투지 않고 살아가기 위해 맺는) 협정, 타협
stumper [stʌmpər]	n.	어려운 문제(일), 난제, 선거 연설자
perceptible [pərseptəbl]	adj.	지각(감지)할 수 있는, 알아챌 수 있을 정도의, 눈에 띄는
banter [bæntə(r)]	n. vt.	(가벼운) 희롱, 놀림, ~을 희롱하다, 놀리다
stilted [stɪltɪd]	adj.	(말·글이) 부자연스러운, 지나치게 격식적인
offhanded [ɔːfhændɪd]	adj.	즉답의, 즉석의, 형식에 구애되지 않는, (~에 대해) 대수롭지 않은
colander [kɑːləndə(r)]	n.	(음식 재료의 물을 빼는 데 쓰는) 체, 소쿠리
Tupperware [tʌpərwer]	n.	터퍼웨어 (식품 저장용 플라스틱 용기)
utensil [juːtensl]	n.	(가정에서 사용하는) 기구, 도구
commute [kəmjuːt]	vt. vi. n.	~을 교환하다, 바꾸다, 정기적으로 왕복하다, 통근, 통근 거리
sprout [spraʊt]	vi.	자라기 시작하다, 발아하다, (도시 따위가) 급성장하다
downtrodden [daʊntrɑːdn]	adj.	탄압받은, 짓밟힌

5263	**bridal** [braɪdl]	adj.	신부의, 결혼식의
5264	**recliner** [rɪklaɪnə(r)]	n.	등받이가 뒤로 넘어가는 안락의자
5265	**understated** [ˌʌndərsteɪtɪd]	adj.	(스타일·색상 등이) 절제된, 억제된
5266	**swing by** [swɪŋ baɪ]	idiom	(~에) 잠깐 들르다
5267	**loop** [luːp]	n. vt.	(끈 등의) 고리, 올가미, (금속 등의) 고리, 둥근 테, ~을 고리로 만들다
5268	**riotous** [raɪətəs]	adj.	(행동이) 폭동적인, 평화를 어지럽히는, 방종한, 환락에 빠지는
5269	**orchestrated** [ɔːrkɪstreɪtɪd]	adj.	조직된, 조직화된
5270	**gainful** [geɪnfl]	adj.	돈벌이가 되는
5271	**petal** [petl]	n.	꽃잎
5272	**analogy** [ənæləʤi]	n.	유사, 비슷함, [논리] 유추, 유추법, 추론
5273	**landscaper** [lændskeɪpər]	n.	정원사, 조경사
5274	**bead** [biːd]	n. vt.	구슬, 염주알, 유리알, ~을 구슬로 장식하다, 염주처럼 잇다
5275	**perspiration** [pɜːrspəreɪʃn]	n.	발한(작용), 땀, 노력, 분투
5276	**corsage** [kɔːrsɑːʒ]	n.	코르사주 (결혼식 같은 행사 때 여성이 옷에 다는 작은 꽃장식)
5277	**finality** [faɪnæləti]	n.	변경 불가능한 최후, 최종적임
5278	**sauté** [soʊteɪ]	adj. vt.	살짝 튀긴, 살짝 부친, 소테로 한, ~을 살짝 튀기다, 부치다
5279	**frizzle** [frɪzl]	vt.	곱슬곱슬하게 만들다, 꼬불꼬불하게 굽다
5280	**send-off** [send ɔːf]	n.	배웅, 전송
5281	**raw** [rɔː]	adj.	날것의, 가공하지 않은, 세련되지 않은, 경험 없는
5282	**probing** [proʊbɪŋ]	adj.	속을 캐보는, 철저한,
5283	**strapless** [stræpləs]	adj.	(특히 드레스·브래지어가) 끈이 없는
5284	**splurge** [splɜːrʤ]	vt. vi.	~을 물쓰듯하다, 돈을 마구 쓰다, 과시하다, 허세를 부리다
5285	**oblige** [əblaɪʤ]	vt.	~에게 강요하다, 억지로 시키다, (도덕적·법률적인) 의무를 지우다
5286	**hop** [hɑːp]	vi. vt.	깡총 뛰다, ~을 껑충 뛰어넘다, (탈것 등)에 뛰어오르다
5287	**careen** [kəriːn]	vi.	기울다, (사람이나 차량이 위태롭게) 달리다
5288	**conch** [kɑːntʃ]	n.	소라고둥 (껍질)

MAZELTOV Vocabulary

오늘의 단어 --> 5289 - 5360

rote [roʊt]	n. (기계적인 반복에 의한) 암기	5289	**altar** [ɔːltə(r)]	n. 제단	5299
seamstress [siːmstrəs]	n. (여자) 재봉사, 침모	5290	**brought** [brɔːt]	adj. bring의 과거분사형, 가져와진, 데려와진	5300
lagging [lægɪŋ]	adj. 느린, 꾸물거리는, 뒤떨어지는, n. 꾸물거리기, 뒤떨어짐	5291	**woozy** [wuːzi]	adj. (술 따위로) 머리가 띵한, 기분이 좋지 않은, 기운이 없는	5301
pullulate [pʌljʊleɪt]	vi. (어린 가지가) 싹트다, 발아하다, (급속히) 번식하다, 널리 퍼지다	5292	**weakling** [wiːklɪŋ]	n. 허약자, 약골	5302
marinade [mærɪneɪd]	n. (고기·생선 등을 재는) 양념장, 마리네이드	5293	**fuss** [fʌs]	n. 공연한 소동, 쓸데없는 걱정, 하찮은 일에 법석을 떠는 사람	5303
patron [peɪtrən]	n. (상점·호텔 따위의) 단골 손님, 고객, (예술·사업 따위의) 후원자, 지원자	5294	**monotony** [mənɑːtəni]	n. 단조로움	5304
coyly [kɔɪli]	adv. 부끄러운 듯이	5295	**shoo** [ʃuː]	vt. 쉬이 하고 쫓다, ex. 쉬, 쉬이 (새 등을 쫓는 소리)	5305
stranded [strændɪd]	adj. 몇 가닥(종류)의 밧줄을 하나로 꼰	5296	**fluff** [flʌf]	n. 보풀, 솜(털) 부스러기, 한 뭉치의 털, (연주·시합 등에서의) 실수, 실책	5306
daydream [deɪdriːm]	n. 백일몽, 공상, 몽상, 현실과는 동떨어진 생각이나 계획	5297	**perfidious** [pərfɪdiəs]	adj. 믿을 수 없는, 신뢰할 수 없는	5307
antiseptic [æntɪseptɪk]	adj. 살균의, 멸균의, 소독하는, n. 소독제, 방부제	5298	**raccoon** [rækuːn]	n. 미국 너구리	5308

rabid [ræbɪd]	adj.	격렬한, 맹렬한, (신념·의견이) 과격한, 광신적인
faint [feɪnt]	adj.	흐릿한, (체력 따위가) 가냘픈, 미약한, (굶주림 따위로) 정신이 아찔한
shell-shocked [ʃel ʃɑkt]	adj.	(지나친 스트레스로) 머리가 혼란된
bracelet [breɪslət]	n.	팔찌
cluck [klʌk]	vi. n.	(암탉이) 꼬꼬 하고 울다, 쳇하고 혀를 차다, (암탉의) 꼬꼬 소리
perfunctory [pərfʌŋktəri]	adj.	(행동이) 형식적인, 의무적인, 습관적인
gloom [gluːm]	n.	어스름, 어둠, 암흑, 우울, 의기 소침
mudslinging [mʌdslɪŋɪŋ]	n.	(정치 운동에서) 중상(비방)하기, 인신 공격, 이전투구식 싸움
embroiled [ɪmbrɔɪld]	adj.	휩쓸린, 뒤얽힌
sped [sped]	adj.	speed의 과거분사형, 서둘러진, 진척된
dashing [dæʃɪŋ]	adj.	용감한, 위세 당당한, 맵시 있는, 화려한, 세련된, 부딪치는, 돌진하는
go-getter [goʊ getər]	n.	(사업에서) 성공하려고 단단히 작정한 사람
dreck [drek]	n.	쓰레기 (같은 것)
grouchy [graʊtʃi]	adj.	불평이 많은, 잘 투덜거리는
sleeveless [sliːvlɪs]	adj.	소매 없는
scorcher [skɔːrtʃə(r)]	n.	찌는 듯이 더운 날씨, 신랄한 것, 혹평
impervious [ɪmpɜːrviəs]	adj.	(물·공기 따위가) 통하지 않는, 불침투성의, (~에) 영향을 받지 않는
fountain pen [faʊntn pen]	n.	만년필
vouch [vaʊtʃ]	vt. vi.	(어떤 일)을 보증하다, 옳다고 단언하다, 보증하다, 떠맡다, 단언하다
pedant [pednt]	n.	(배우거나 가르칠 때) 지나치게 규칙을 찾는 사람, 세세한 것에 얽매이는 사람
orchard [ɔːrtʃərd]	n.	과수원
gritty [grɪti]	adj.	모래투성이의, 껄끄러운, 근성 있는, 용기 있는, 대담한
windowsill [wɪndoʊsɪl]	n.	창턱
apricot [æprɪkɑːt]	n. adj.	살구, 살구나무, 살구빛, 살구의, 살구빛의
effigy [efɪdʒi]	n.	초상, 상, (저주하는 사람의 모습과 비슷하게 만든) 형상, 인형, 우상
gutted [gʌtɪd]	adj.	(기분이) 처참한

wont [wɔːnt]	adj. n.	~에 익숙한, ~하는 것이 예사인, 습관, 관례, 풍습
cloven [klouvən]	adj.	갈라진, 째진, (둘로) 나뉘어진, 분열된
ligament [lɪgəmənt]	n.	(관절의) 인대
paling [peɪlɪŋ]	n.	말뚝
discalced [dɪskælst]	adj.	(수도사·수녀가) 맨발의
gritch [grɪtʃ]	n. vi.	잔소리, 불평, 투정, 불평하다, 투정하다
lathe [leɪð]	n.	선반 (나무·쇠붙이 절단용 기계)
eaves [iːvz]	n.	(지붕의) 처마
aviator [eɪvieɪtə(r)]	n.	비행사
shoddy [ʃɑdi]	n. adj.	가짜, 위조품, 값싼 물건, 조잡한, 가짜의
slog [slɑːg]	vt. vi.	(권투 따위에서) ~을 강타하다, 난타하다, 강타하다, 터벅터벅 걷다
firedrake [faɪərdreɪk]	n.	(게르만 신화의) 불을 뿜는 용
overcast [oʊvərkæst]	adj.	구름이 뒤덮인, 흐린
immolate [ɪməleɪt]	vt.	~을 불에 태워 죽이다, 희생시키다
impale [ɪmpeɪl]	vt.	~을 푹 찌르다, 꿰뚫다, 꼼짝 못하게 하다, 무력하게 하다
basalt [bəsɔːlt]	n.	현무암
creek [kriːk]	n.	시내, 샛강, (바다·강·호수 따위의) 작은 만, 후미
stink [stɪŋk]	vi. n.	악취를 풍기다, 평판이 몹시 나쁘다, 악취, 고약한 냄새
bluff [blʌf]	vt. vi. n.	허세 부리다, 속이다, 허세를 부려서 남을 속이다, 허세, 엄포
chop [tʃɑːp]	vt.	~을 (쳐서) 자르다, 찍어서 자르다, 잘게 썰다, 난도질하다
morel [mərel]	n.	(식용) 곰보버섯
eddy [edi]	n. vi.	(물·기류·먼지 따위의) 소용돌이, 회오리바람, 선풍, 소용돌이치다
rapid [ræpɪd]	adj.	(속도가) 빠른, (동작이) 민첩한, (진행·경과 따위가) 서두르는, 조급한
cannonade [kænəneɪd]	n.	연속 포격
self-effacing [self ɪfeɪsɪŋ]	adj.	자기를 내세우지 않는
macadam [məkædəm]	n.	쇄석 도로 (잘게 부순 돌을 타르에 섞어 바른 도로)

77 DAY

MAZELTOV Vocabulary

오늘의 단어 --> 5361 - 5432

mastic [mæstɪk]	n. (향료·약품용) 유향, 유향 수지, 유향수 5361	**strop** [strɑːp]	n. 심한 짜증, (면도칼용) 가죽 숫돌, 혁지, vt. ~을 가죽 숫돌로 갈다 5371
nitty [niti]	adj. 서캐투성이의, 이투성이의 5362	**unscrew** [ʌnskruː]	vt. ~의 나사를 빼다(늦추다), vi. 나사가 빠지다, 늦추어지다 5372
billfold [bɪlfould]	n. 지갑 5363	**billet** [bɪlɪt]	n. (병영·야영지 이외의 군인의 임시) 숙소, 숙사, (선원용) 침대, 침실 5373
coagulate [koʊægjuleɪt]	vi. (액체가) 응고하다, vt. (액체를) 응고시키다 5364	**plunder** [plʌndə(r)]	vt. ~을 약탈하다, 강탈하다, 훔치다, 불법 점유하다 vi. 약탈하다, 강탈하다 5374
Godspeed [gɑdspiːd]	n. 성공, 성공의 축복, 행운의 기원 5365	**embankment** [ɪmbæŋkmənt]	n. 제방, 둑, 제방(둑)을 쌓기 5375
provenance [prɑːvənəns]	n. 기원, 출처, 유래 5366	**armful** [ɑːrmfʊl]	n. 한 아름 5376
whorish [hɔːrɪʃ]	adj. 매춘부의, 매춘부 같은, 음탕한, 배신적인, 우상 숭배의 5367	**wicker** [wɪkə(r)]	n. 고리버들, adj. 잔가지로 엮은 5377
bracken [brækən]	n. 고사리 5368	**shelving** [ʃelvɪŋ]	n. 선반, 선반 재료 5378
canister [kænɪstə(r)]	n. (뚜껑이 붙은) 깡통, 금속제 작은 상자, (가스 마스크의) 여과 장치통 5369	**shelve** [ʃelv]	vt. ~을 선반에 얹다, (의안·문제·계획 따위)를 보류하다, ~을 해고하다 5379
ropy [roʊpi]	adj. 로프 같은, 밧줄 모양의, 끈적끈적한, 점착성의 5370	**palisade** [pælɪseɪd]	n. 말뚝, 대나무 울타리, vt. ~에 울타리를 두르다(치다) 5380

pier [pɪr]	n.	부두, 방파제, 교각

chalice [tʃælɪs]	n.	(미사 때 포도주를 담는) 성배

cowl [kaʊl]	n. vt.	(수도사의) 두건 달린 겉옷, 두건 ~을 수도사가 되게 하다

changeling [tʃeɪndʒlɪŋ]	n.	(동화에서 다른 아이와) 바꿔친 아이

sapper [sæpə(r)]	n.	공병 (군대 병과 중의 하나)

rifle [raɪfl]	vt. n.	샅샅이 뒤지다(찾다), 강탈하다, 약탈하다, 라이플총, 소총

viaduct [vaɪədʌkt]	n.	구름다리, 고가교

raisin [reɪzn]	n.	건포도

referent [refərənt]	n. adj.	낱말의 지시물(대상), (논리) 지시 대상, 관계가 있는, 언급하고 있는

shorn [ʃɔːrn]	adj.	깎아낸, 잘린, 빼앗긴, 잃은

bereft [bɪreft]	adj.	빼앗긴, 잃은

runic [ruːnɪk]	adj.	룬 문자로 기록한, 신비스러운 뜻을 지닌

tableau [tæbloʊ]	n.	그림, 그림 같은 묘사, 극적인 장면, 인상적인 장면

lanyard [lænjərd]	n.	[해사] 잡아매는 밧줄, (나이프 따위의) 맬끈

clank [klæŋk]	vi.	철커덕하는 소리가 나다 (소리를 내다)

phalanx [fælæŋks]	n.	(사람·사물이) 밀집해 있는 집단

tassel [tæsl]	n.	(쿠션·옷 등에 장식으로 다는) 술

conflation [kənfleɪʃən]	n.	융합(물)

yoke [joʊk]	n. vt.	(소 등에 메우는) 멍에, (멍에에 메운) 한 쌍의 소, ~에 멍에를 메우다

yonder [jɑːndə(r)]	adj. adv.	더 먼, 더 저쪽의, 저쪽에, 저곳에, 저기에

staple [steɪpl]	n.	주요 산물, 명산물, 주요 상품, 원료, 재료

duff [dʌf]	adj. n.	쓸모없는, 제대로 작동이 안 되는, 궁둥이

armpit [ɑːrmpɪt]	n.	겨드랑이

kiln [kɪln]	n.	(벽돌 등을 굽는) 가마

sleave [sliːv]	vt. n.	(얽힌 실 따위)를 풀다, 풀어서 가는 실로 만들다, 얽힌 것, 얽힌 실

chattel [tʃætl]	n.	소지품, (재산 중) 동산

staircase [sterkeɪs]	n.	(건물 내부에 난간으로 죽 이어져 있는) 계단

swag [swæg]	n.	장식용 천, 훔친 물건, 꽃장식

windrow [wɪndroʊ]	n.	(말리기 위해) 한 줄로 늘어놓은 건초(곡물), (바람에 불려 모인) 낙엽, 쓰레기

excrement [ekskrɪmənt]	n.	대변, 배설물

padlock [pædlɑːk]	n. vt.	맹꽁이자물쇠, 맹꽁이자물쇠로 잠그다, 단속하다

ungodly [ʌngɑːdli]	adj.	신을 섬기지 않는, 사악한

canebrake [keɪnbreɪk]	n.	대나무 숲, 등숲

gnarly [nɑːrli]	adj.	불쾌한, 싫은, 천한, 상스러운

slat [slæt]	vt. vi.	~을 세차게 던지다, (돛 따위가) 소리내어 펄럭이다, 세게 때리다

retract [rɪtrækt]	vt.	(진술·의견·약속 등)을 (정식으로) 취소하다, 철회하다

tray [treɪ]	n.	쟁반, 요리 접시, 받침 접시

compost [kɑːmpoʊst]	n. vt.	혼합물, 혼합 비료, 퇴비, ~에 퇴비를 주다, ~로 퇴비를 만들다

scoot [skuːt]	vi. n.	서둘러 가다(떠나다), 자동차, 스쿠터

friar [fraɪə(r)]	n.	(과거 로마 가톨릭교에서 탁발을 다니던) 수사

palimpsest [pælɪmpsest]	n.	쓰여진 글자를 지우고 그 위에 다시 쓴 고대 문서

chert [tʃəːrt]	n.	[광물] 처트, 규질암

casket [kæskɪt]	n. vt.	관, (보석·귀중품 등을 넣는) 작은 상자, ~을 작은 상자에 넣다

intestate [ɪntesteɪt]	adj.	[법률] 유언장을 남기지 않은

patio [pætioʊ]	n.	파티오 (보통 집 뒤쪽에 만드는 테라스)

weld [weld]	vt. n.	단접하다, 용접하다, 접합하다, 단접, 용접, 접착

gild [gɪld]	vt.	~에 금도금하다, 금(금박)을 입히다, 아름답게 꾸미다

quart [kwɔːrt]	n.	쿼트 (액량의 단위)

dizzy [dɪzi]	adj.	현기증이 나는, (머리가) 어찔어찔한

enkindle [ɪnkɪndl]	vt.	~에 불을 붙이다, ~을 태우다, (감정·정열)을 부채질하다, 타오르게 하다

crescent [kresnt]	adj. n.	초승달 모양의, 점점 커지는, 초승달, 상현달

hatchway [hætʃweɪ]	n.	[항해] 승강구, 창구

78 DAY

MAZELTOV Vocabulary

오늘의 단어 --> 5433 - 5504

grommet [gra:mɪt]
n. (구두·서류 따위의) 끈을 꿰기 위한 동그란 구멍의 쇠고리 — 5433

bungee [bʌndʒi]
n. 번지 (고무줄 다발을 면으로 덮어씌운 밧줄) — 5434

noon [nu:n]
n. 정오, 낮 12시, 한낮 — 5435

cupped [kʌpt]
adj. 찻종 모양의 — 5436

rucksack [rʌksæk]
n. 륙색, 배낭 — 5437

wilt [wɪlt]
vt. (화초 등을) 시들게 하다,
vi. (사람이) 지치다, 처지다 — 5438

bivouac [bɪvuæk]
n. (군대나 등산에서의) 야영, 비부아크, 노숙,
vi. 야영하다 — 5439

shill [ʃil]
n. (사기꾼의) 끄나풀, 한통속 — 5440

road agent [roʊd eɪdʒənt]
n. 노상강도 (옛날 역마차 길에 출몰했던) — 5441

gully [gʌli]
n. (평상시는 물이 마른) 구곡, (물이 흐르는) 작은 협곡 — 5442

midden [mɪdn]
n. (과거, 집 가까이 있던) 두엄 더미 — 5443

kudzu [kudzu:]
n. 칡 — 5444

scaling [skeɪlɪŋ]
n. [컴퓨터] 크기 조정, [물리] 스케일링, 비례 축소, [치과] 치석 제거 — 5445

cairn [kern]
n. (돌을 쌓아 만든) 이정표, 돌무덤 — 5446

commissary [ka:mɪseri]
n. (군대·광산·벌목장 등의) 판매소, 매점, 식당, 간이 식당 — 5447

talc [tælk]
n. [광물] 활석, 탤크,
vt. 활석으로 ~을 문지르다 (처리하다) — 5448

piedmont [pi:dmɑnt]
n. 산록 지대,
adj. 산기슭에 있는 — 5449

unmolested [ʌnməlestɪd]
adj. 방해받지 않는, 공격받지 않는 — 5450

dissipation [dɪsɪpeɪʃn]
n. 흩어져 사라짐, 소실, 기분 전환, 오락, 방탕, 유흥 — 5451

culvert [kʌlvərt]
n. (도로 아래의 터널식) 지하 배수로 — 5452

fey [feɪ]	adj. 약간 특이한, 비현실적인 데가 있는	5453	**transom** [trænsəm]	n. 문과 그 위의 창문을 가르는 칸막이 나무, [해사] 선미판	5466
quadrant [kwɑːdrənt]	n. [기하] 4분원, 사분원호, 4분면	5454	**vaulted** [vɔːltɪd]	adj. 아치형의, 천장(지붕)이 아치형의	5467
bolus [boʊləs]	n. (동물용의) 큰 알약, (음식 따위의) 부드러운 덩어리	5455	**companionway** [kəmpæniənweɪ]	n. (배 안의) 계단	5468
mattock [mætək]	n. (일종의) 곡괭이	5456	**bilge** [bɪldʒ]	n. 배 밑의 굽은 부분, (통 따위의) 볼록한 중배, vi. 배 밑에 구멍이 나다	5469
grotto [grɑːtoʊ]	n. (특히 정원 같은 곳에 인공적으로 만든) 작은 동굴	5457	**clerestory** [klɪrstɔːri]	n. [건축] 고측창 (고딕식 교회의 높은 창이 일렬로 달린 부분)	5470
diarrhea [daɪəriːə]	n. [의학] 설사	5458	**seepage** [siːpɪdʒ]	n. 침투, 누수, 누출, 침윤	5471
jackstraw [dʒækstrɔː]	n. 지푸라기 인형, 하찮은 사람	5459	**sou'wester** [saʊwestə(r)]	n. (선원이 쓰는) 폭풍우용 방수 모자, 방수복	5472
corrugate [kɔːrəgeɪt]	vt. ~을 주름지게 하다, 물결 모양으로 만들다, vi. 주름지다	5460	**suspender** [səspendə(r)]	n. 멜빵, 매다는 사람(것)	5473
slough [sluː]	n. 늪, 습지, (도로 따위의) 진창, 진구렁, (타락·절망 등의) 수렁, 구렁텅이	5461	**valise** [vəliːs]	n. (옷을 넣어 다니는) 작은 여행 가방	5474
verdigris [vɜːrdɪgriː]	n. (구리에 생기는) 푸른 녹	5462	**excelsior** [ɪkselsɪər]	n. (상자 속에 포장용으로 넣는) 대팻밥	5475
cinder block [sɪndər blɑːk]	n. (건축용) 콘크리트 블록	5463	**dovetail** [dʌvteɪl]	vt. (사실·계획)을 긴밀히 맞추다, 꼭 들어맞추다, n. 열장이음	5476
blown [bloʊn]	adj. 부푼, 팽창한, 숨가쁜, 지친, 폭발로 산산조각이 난	5464	**sextant** [sekstənt]	n. 육분의(각도와 거리를 정확하게 재는 데 쓰이는 광학 기계)	5477
stanchion [stæntʃən]	n. 지지대, 받침대	5465	**baize** [beɪz]	n. 베이즈 (보통 당구대 등에 깔 때 쓰는 녹색 모직 천)	5478

5479	**salvable** [sælvəbl]	adj.	(난파선·화재 등에서) 구출(구조)할 수 있는
5480	**bindle** [bɪndl]	n.	(부랑자용) 침낭, 침구
5481	**headland** [hedlənd]	n.	갑, 곶
5482	**lee** [li:]	n.	(무엇이 막아 주어) 바람이 없는 곳, 바람을 받지 않는 곳
5483	**shuck** [ʃʌk]	vt. n.	~의 껍질을 벗기다, 껍데기를 까다, (밤 등의) 껍질, 조가비
5484	**pedestal** [pedɪstl]	n.	(기둥·동상 등의) 받침대
5485	**spatula** [spætʃələ]	n.	주걱 (석고·에나멜·그림 물감 등을 펴는 데 사용)
5486	**upturned** [ʌptɜ:rnd]	adj.	파헤쳐진, 뒤집힌, 위로 향한, 끝이 위로 구부러진
5487	**shelf life** [ʃelf laɪf]	n.	(식품 등의) 유통 기한
5488	**travois** [trəvɔɪ]	n.	두 개의 장대를 틀에 붙들어 매어 개·말이 끌게 하는 운반 용구
5489	**chug** [tʃʌg]	vi. n.	칙칙폭폭 소리를 내다, (기관차 따위의) 칙칙폭폭 소리
5490	**swale** [sweɪl]	n.	풀이 무성한 습지대, 저지
5491	**scrub** [skrʌb]	vt. n.	~을 북북 문지르다, 문질러 닦아내다, 북북 문지르기, 물청소
5492	**sheave** [ʃi:v]	vt.	(곡물 등을) 다발로 묶다, 모으다
5493	**cognate** [kɑ:gneɪt]	adj.	유사한, 같은 종류의, 조상이 같은, 같은 혈족의, [언어] 같은 어족(어원)의
5494	**molder** [moʊldər]	vt. vi.	썩게 하다, 허물어지게 하다, (서서히) 썩다, 붕괴하다
5495	**dolmen** [doʊlmen]	n.	돌멘, 고인돌
5496	**lampblack** [læmpblæk]	n.	램프 그을음, 흑색 물감
5497	**rickets** [rɪkɪts]	n.	구루병
5498	**bollard** [bɑ:lərd]	n.	(잔교·부두의) 배 매는 기둥, (자동차의 진입을 막기 위한) 보호 기둥
5499	**gantry** [gæntri]	n.	(도로 표지판 등의) 지지대, (기둥 모양) 갠트리 기중기
5500	**bowstring** [boʊstrɪŋ]	n.	(활)시위
5501	**armature** [ɑ:rmətʃər]	n.	갑옷, 장갑판, (동·식물의) 보호 기관
5502	**suture** [su:tʃə(r)]	n.	[외과] (상처의) 꿰맨 자리, 봉합, (두 부분의) 이음매
5503	**stiffen** [stɪfn]	vt.	~을 굳어지게 하다, 경직시키다, (태도·결심 따위를) 완고하게 하다
5504	**bloomer** [blu:mə(r)]	n.	실수, 꽃이 피는 식물, 기량을 키워 나가는 사람

MAZELTOV Vocabulary

오늘의 단어 --> 5505 - 5576

vacate [vəkeɪt]	vt. (집·자리)를 비우다, ~에서 떠나다, 사임하다, vi. 사임하다, 사직하다	5505
arty [ɑːrti]	adj. 예술가인 체하는, 예술 애호가인 체하는	5506
tabernacle [tæbərnækl]	n. 임시의 거처, 천막집, (영혼이 머물다 가는) 육체, 신체	5507
swath [swɑθ]	n. (큰 낫·풀 베는 기계의) 한 번 베는 폭, 한 번 벤 목초(의 분량)	5508
tote [tout]	vt. (차·배 따위로) ~을 수송하다, 나르다, n. 운반, 화물, 짐	5509
abutment [əbʌtmənt]	n. 돌출 부분의 접합점, (교량·충전물의) 받침	5510
loess [loues]	n. [지질] 뢰스, 황토 (바람에 날려온 양토질의 퇴적토)	5511
skirmish [skɜːrmɪʃ]	n. 소충돌, 소규모 접전, 사소한 충돌, 작은 논쟁	5512
wimple [wɪmpl]	n. (중세 시대의 여성·현대의 일부 수녀들이 쓰는) 머리 가리개	5513
wimpish [wɪmpɪʃ]	adj. 나약한, 연약한, 겁쟁이의, 우둔한	5514
vermiculate [vəːrmɪkjuleɪt]	vt. ~에 벌레 먹은 자국 모양의 세공(장식)을 하다, adj. 벌레 먹은, 에두르는	5515
glen [glen]	n. (특히 스코틀랜드나 아일랜드의) 협곡	5516
liner [laɪnər]	n. 정기선, 정기 항공기, 안감을 대는 사람, 안감	5517
frieze [friːz]	n. (벽 따위의) 띠 모양으로 장식한 부분, 띠 모양 장식	5518
pasty [peɪsti]	adj. 창백한	5519
hoop [huːp]	n. (나무통 등의) 테두리, (곡예용) 굴렁쇠, 훌라후프, vt. ~을 둘러싸다	5520
ticking [tɪkɪŋ]	n. (베개·매트리스) 커버용 천, 이불잇 천, 베갯잇 천	5521
lump [lʌmp]	n. (일정한 형태가 없는) 덩어리, 한 덩어리, 집합체, adj. 덩어리의, 총괄의	5522
nubble [nʌbl]	n. (석탄의) 작은 덩어리, 혹, 매듭	5523
halter [hɔːltə(r)]	n. (소·말 따위의) 고삐, 교수용 밧줄, 교수, 교수형, vt. ~에 고삐를 매다, 방해하다	5524

colt [koʊlt]	n.	망아지 (4살 이하), 경험 없는 젊은 사람, 풋내기
dissemble [dɪsembl]	vt.	(진짜 감정·의도를) 숨기다, 가식적으로 꾸미다
mainmast [meɪnmæst]	n.	[항해] 메인마스트, 큰 돛대
providential [prɑːvɪdenʃl]	adj.	천우신조의
reed [riːd]	n. / vt.	갈대, 갈대 이엉 / (집·지붕을) 갈대로 이다
harangue [həræŋ]	vt. / n.	~을 향해 열렬한 연설을 하다, 열변을 토하다 / (열렬한) 연설, 열변
chump [tʃʌmp]	n.	얼간이, 멍청이
mackerel [mækrəl]	n.	고등어
humpy [hʌmpi]	adj.	혹이 많은, 혹과 같은, 등이 둥근
kink [kɪŋk]	n.	(실 등의) 꼬임, 얽힘, 곱슬함, 근육 경련, 쥐, (마음의) 비꼬임
vale [veɪl]	n.	계곡
superintendent [suːpərɪntendənt]	n. / adj.	감독자, 관리자, 지휘자, 지배인 / 감독하는, 지휘하는
dale [deɪl]	n.	(북부 잉글랜드의) 계곡
midget [mɪdʒɪt]	n. / adj.	꼬마, 소인, 초소형의 물건 / 대단히 작은, 초소형의
roundly [raʊndli]	adv.	강력하게, 대대적으로
blunt [blʌnt]	adj.	무딘, 뭉툭한, 퉁명스러운, 버릇없는, 있는 그대로의
perpetrate [pɜːrpətreɪt]	vt.	(범행·과실·악행을) 저지르다, 자행하다
topography [təpɑːgrəfi]	n.	지형, 지형학
canon [kænən]	n.	교회법, 계율, (행동·사상 등의) 표준, 규범
Taoism [taʊɪzəm]	n.	도교
Buddhism [bʊdɪzəm]	n.	불교
Confucianism [kənfjuːʃənɪzm]	n.	유교
prophecy [prɑːfəsi]	n.	(일반적으로) 예언, 하느님의 계시, 예언 능력
geomancy [dʒiːoʊmænsi]	n.	흙점 (종이 위에 아무렇게나 던진 한 줌 흙의 모양이나 선을 보고 치는 점)
commingle [kəmɪŋgl]	vt. / vi.	~을 뒤섞다, 혼합하다 / 뒤섞이다
flaunt [flɔːnt]	vi. / vt.	허세를 부리다, (깃발 따위가) 나부끼다 / 자랑삼아 보이다, 과시하다

DAY 79

birthright [bɜːθraɪt]	n. 생득권 ^5551^	**Caucasian** [kɔːkeɪʒən]	n. 백인 ^5564^
anemia [əniːmiə]	n. 빈혈증 ^5552^	**hardheaded** [hɑːrdhedɪd]	adj. 실리적인, 빈틈없는, 냉정한, 완고한, 고집스러운 ^5565^
usurious [juːʒʊriəs]	adj. 고리대금업의 ^5553^	**catchment** [kætʃmənt]	n. 집수, 저수지, 저수량 ^5566^
uneventful [ʌnɪventfl]	adj. 특별한 일(사건)이 없는 ^5554^	**nascent** [næsnt]	adj. 발생기의, 초기의 ^5567^
amateurish [æmətərɪʃ]	adj. 비전문적인, 서투른 ^5555^	**infighting** [ɪnfaɪtɪŋ]	n. 내분 ^5568^
antiquity [æntɪkwəti]	n. 낡음, 고색, 먼 옛날, 태고, 고대 ^5556^	**pine** [paɪn]	n. 소나무, 소나무류 침엽수의 총칭 ^5569^
farce [fɑːrs]	n. 광대극, (광대극 등에서 나타나는) 우스개, 익살, 어리석은 짓 ^5557^	**affront** [əfrʌnt]	vt. (공공연히) ~을 모욕하다, 창피 주다, ~에게 무례한 짓을 하다 ^5570^
poseur [pouzəːr]	n. 허식가, 젠체하는 사람 ^5558^	**monosyllabic** [mɑːnəsɪlæbɪk]	adj. 단음절의, 단음절어를 쓰는, 매우 간결한 ^5571^
unconcerned [ʌnkənsɜːrnd]	adj. 무관심한, 흥미없는, 걱정하지 않는, 관련 없는 ^5559^	**bookish** [bʊkɪʃ]	adj. (활동적이거나 실용적인 것보다) 책을 좋아하는, 학문을 좋아하는 ^5572^
passing [pæsɪŋ]	adj. 통과하는, 지나가는, 일시적인, 덧없는, 우연한, 우발적인 ^5560^	**even-handed** [iːvən hændɪd]	adj. (여러 집단의 사람들을 대함에 있어) 공명정대한 ^5573^
muniment [mjuːnəmənt]	n. (부동산) 권리 증서, 증서, 공식 기록, 공문서 ^5561^	**ulterior** [ʌltɪriə(r)]	adj. (어떤 일을 하는 이유가) 이면의, 숨은 ^5574^
probity [proʊbəti]	n. (완전한) 정직성 ^5562^	**matrilineal** [mætrɪlɪniəl]	adj. 모계의, 어머니쪽의 ^5575^
porridge [pɔːrɪdʒ]	n. 포리지 (오트밀 등의 죽), (야채·고기 등의) 잡탕죽 ^5563^	**lacuna** [ləkjuːnə]	n. (글·생각·이론 등에서) 빈틈 ^5576^

MAZELTOV Vocabulary

오늘의 단어 --> 5577 - 5648

plastic [plǽstik]
- adj. 플라스틱(제)의, 가소성의, 유연한,
- n. 플라스틱 제품

goodwill [gúdwìl]
- n. 호의, 친절, 온정, 선의, [회계] 영업권, 권리금

conduit [kɑ́ndu̇it]
- n. (물·가스 따위의) 도관, 수도관, 수로, 도랑

proleptic [prouléptik]
- adj. 예기의, 예상에 의한

redact [ridǽkt]
- vt. (문서에서 민감한 정보를) 삭제하다

conjunctive [kəndʒʌ́ŋktiv]
- adj. 결합하는, 연결하는, 결합한, 공동의, 합동의
- n. [문법] 접속어

amaranth [ǽmərænθ]
- n. 영원히 시들지 않는다는 전설상의 꽃

arroyo [əróiou]
- n. (사막 지역의) 소협곡

suds [sʌdz]
- n. (거품이 인) 비눗물,
- vt. ~을 비눗물로 씻다,
- vi. 거품이 일다

fallow [fǽlou]
- adj. (밭·토지가) 묵히고 있는, 휴한중인,
- n. 휴한(휴경)지, 휴작, 휴경

solstice [sɑ́lstis]
- n. 지점, 하지, 동지

adder [ǽdə(r)]
- n. (유럽산) 살무사, 계산하는 사람, [컴퓨터] 가산기

bozo [bóuzou]
- n. 멍청이

replace [ripléis]
- vt. ~을 대신하다, ~의 뒤를 잇다, ~을 대체하다, 교환하다

seizure [síːʒə(r)]
- n. 붙잡기, 압수(물), 압류(물), 강탈, (감정·공포의) 폭발, 엄습

predicant [prédikənt]
- adj. 설교하는, 설교를 임무로 하는

courier [kúriə(r)]
- n. [외교] 특사, 밀사, 급송 택배, (신문의 명칭으로서) ~신문, ~통신

idolatry [aidɑ́lətri]
- n. 우상 숭배, 맹목적 신앙(숭배), 맹신

officeholder [ɔ́ːfishòuldə(r)]
- n. 공무원

objection [əbdʒékʃn]
- n. 이의, 반대 이유

5597	**S be no accident**	[(S) (be) noʊ æksɪdənt]	idiom	~은 우연이 아니었다
5598	**pocketbook**	[pɑːkɪtbʊk]	n.	지갑, 돈지갑, 자력, 재원
5599	**adulatory**	[ædʒulətɔːri]	adj.	아첨하는, 알랑거리는
5600	**incontrovertible**	[ɪnkɑːntrəvɜːrtəbl]	adj.	이론(반박)의 여지가 없는
5601	**tenor**	[tenə(r)]	n.	진로, 행로, 흐름, (문서의) 취지, 대의
5602	**modus operandi**	[moʊdəs ɑːpərændiː]	n.	(작업) 방식, 절차
5603	**get the better of**	[get ðə betər ʌv]	idiom	~을 이기다, 능가하다
5604	**spotless**	[spɑːtləs]	adj.	티끌 하나 없는
5605	**stumbling block**	[stʌmblɪŋ blɑːk]	n.	장애물, 방해물, 고민거리
5606	**accommodating**	[əkɑːmədeɪtɪŋ]	adj.	선뜻 부응하는, 잘 협조하는
5607	**naivete**	[nɑːiːvteɪ]	n.	순진, 천진난만, 순박함, 솔직성, 순진한 언동
5608	**unsubstantiated**	[ʌnsəbstænʃieɪtɪd]	adj.	근거 없는, 입증되지 않은
5609	**phantasmagoria**	[fæntæzməgɔːriə]	n.	환등, 주마등처럼 스쳐 지나가는 장면
5610	**unscrupulous**	[ʌnskruːpjələs]	adj.	부도덕한, 무원칙한
5611	**benefactor**	[benɪfæktə(r)]	n.	(학교·자선단체 등의) 후원자
5612	**wield**	[wiːld]	vt.	(권력·무기 따위)를 휘두르다, 행사하다, (영향 따위)를 미치다
5613	**inordinate**	[ɪnɔːrdɪnət]	adj.	과도한, 지나친, 망측한, 엄청난
5614	**cadge**	[kædʒ]	vt.	조르다, (졸라서) 얻어내다
5615	**requisition**	[rekwɪzɪʃn]	n.	필요 조건, 자격, (정식) 요청, 청구서, 소환장, [군사] 징발, 조달
5616	**defensible**	[dɪfensəbl]	adj.	방어(변호)할 수 있는, 정당하다고 인정되는
5617	**indefensible**	[ɪndɪfensəbl]	adj.	변호의 여지가 없는, (공격 등을) 막을 수 없는, 방어할 수 없는
5618	**stolid**	[stɑːlɪd]	adj.	둔감한, 무신경한
5619	**codify**	[kɑːdɪfaɪ]	vt.	(법률 등을) 성문화하다
5620	**grandstand**	[grænstænd]	n.	그랜드스탠드 (야외 경기장의 지붕이 씌워져 있는 관람석)
5621	**man-of-war**	[mæn ʌv wɔːr]	n.	(과거의 돛이 달린) 군함
5622	**serviceman**	[sɜːrvɪsmən]	n.	(현역) 군인

truculent [trʌkjələnt]	adj.	반항적인, 약간 공격적인
intimation [ɪntɪmeɪʃn]	n.	넌지시 알림, 시사
stasis [steɪsɪs]	n.	정체, 정지
public eye [pʌblɪk aɪ]	n.	세인의 이목
ethology [i(ː)θɑlədʒi]	n.	인성학, 품성론, 행동 생물학, [동물] 행동학
rarefy [réərəfai]	vt. / vi.	~을 희박하게 하다, 순화시키다, 정화시키다 / 희박하게 되다
sybarite [sɪbəraɪt]	n.	방탕꾼, 쾌락에 빠진 사람
salubrious [səluːbriəs]	adj.	(장소가) 살기 좋은, 건강에 좋은
factious [fækʃəs]	adj.	당파적인, 당파 본위의, 당파심이 강한, 당쟁을 일삼는
spartan [spɑːrtn]	adj.	(주위 상황이) 검소하고 엄격한, 스파르타식의
exiguous [egzɪgjuəs]	adj.	근소한, 부족한
agnostic [ægnɑːstɪk]	n.	불가지론자 (불가지론을 따르거나 주장하는 사람)
venality [viːnæləti]	n.	돈에 좌우되기, 지위의 부정 이용, (금전상) 지조가 없음
repertory [repərtɔːri]	n.	(지식 등의) 축적, 저장, 창고, 보고
arctic [ɑːrktɪk]	adj.	북극의, 북극권의, (날씨가) 아주 추운, (태도 등이) 쌀쌀한, 냉담한
frigid [frɪdʒɪd]	adj.	매우 추운, 혹한의, 냉담한, 무관심한, 무표정한
gelid [dʒelɪd]	adj.	얼음처럼 찬, 매우 추운, (기질·태도 따위가) 쌀쌀한, 냉담한
chromatic [krəmætɪk]	adj.	[음악] 반음계의, [광학] 유채색의
raconteur [rækɑːntɜː(r)]	n.	이야기를 재미있게 잘 하는 사람
lubricious [luːbrɪʃəs]	adj.	음란한
tempestuous [tempestʃuəs]	adj.	비바람치는, 폭풍우의, 사나운, 격렬한, 난폭한
copacetic [koupəsetɪk]	adj.	훌륭한, 만족스러운
obviate [ɑːbvieɪt]	vt.	(문제·필요성을) 제거하다, 배제하다
archetype [ɑːkitaɪp]	n.	전형
Gordian knot [gɔːrdiən nɑːt]	n.	아주 힘든 일(문제)
harness [hɑːrnɪs]	n.	(마차 말의) 마구, 끄는 장비, 장치, 작업 설비

MAZELTOV Vocabulary

오 늘 의 단 어 --> 5649 - 5720

diseconomy [dɪsɪkɑnəmi] — n. 비경제, 비용 증대(의 요인) — 5649

multilateral [mʌltɪlætərəl] — adj. 다변의, 다각적인, 다국간의, 다자간의 — 5650

maneuver [mənu:vər] — n. (군대·군함 등의) 전략적 행동, 교묘한 수, 책략 — 5651

bracing [breɪsɪŋ] — adj. (날씨가 차가우면서) 상쾌한 — 5652

brace [breɪs] — n. 걸쇠, 잠금쇠, 버팀대, 지주 — 5653

knickerbocker [nɪkərbɑkər] — n. (현 New York 시의) 네덜란드계 이민, (네덜란드계의) 뉴욕 사람 — 5654

rejoinder [rɪdʒɔɪndə(r)] — n. 응수, 답변 — 5655

rejoin [ri:dʒɔɪn] — vt. 재가입하다, 다시 합류하다 — 5656

rejoice [rɪdʒɔɪs] — vi. 크게(대단히) 기뻐하다 — 5657

disrepair [dɪsrɪpeər] — n. (건물·도로 등의) 황폐 — 5658

urchin [ɜ:rtʃɪn] — n. 장난꾸러기, 개구쟁이, 성게 — 5659

hand-to-mouth [hænd tu maʊθ] — adj. 근근이 먹고 사는 — 5660

gratuity [grətu:əti] — n. 팁, 축의(금), 선물, 은전 — 5661

gratitude [grætɪtu:d] — n. 고마움, 감사, 사의 — 5662

patrician [pətrɪʃn] — n. 고위 인사, 귀족, 명문 출신 인사, adj. 귀족의, 귀족적인 — 5663

parapet [pærəpɪt] — n. (다리·옥상 등 가장자리의) 난간 — 5664

abrupt [əbrʌpt] — adj. 갑작스러운, 돌연한, 뜻밖의, (문체 따위가) 비약적인 — 5665

schism [skɪzəm] — n. (특히 종파의) 분립 — 5666

revamp [ri:væmp] — vt. (보통 더 보기 좋도록) ~을 개조하다, 수리하다 — 5667

adjudicate [ədʒu:dɪkeɪt] — vt. (분쟁 따위를) 판결하다, 재결하다, (계획 따위를) 매듭짓다 — 5668

5669	**jurisprudence** [dʒʊrɪspruːdns]	n.	법학
5670	**imperturbable** [ɪmpərtɜːrbəbl]	adj.	쉽게 동요하지 않는, 차분한
5671	**splenetic** [splənetɪk]	adj.	화를 잘 내는, 성질을 잘 부리는
5672	**dolorous** [doʊlərəs]	adj.	비통한, 비통해 하는
5673	**pusillanimous** [pjuːsɪlænɪməs]	adj.	겁 많은, 겁쟁이인
5674	**sophistic** [səfɪstɪk]	adj.	궤변의, 궤변을 늘어놓는, 궤변가의
5675	**calumny** [kæləmni]	n. / vt.	중상, 명예 훼손, 악담, / 중상하다, 비방하다
5676	**calumniate** [kəlʌmnieɪt]	vt.	비방하다, 중상하다
5677	**malediction** [mælədɪkʃən]	n.	저주, 악담, 비방, 욕
5678	**denigrate** [denɪgreɪt]	vt.	폄하하다, 더럽히다
5679	**lionize** [laɪənaɪz]	vt.	(사람을) 명사 대우하다, 떠받들다
5680	**redoubtable** [rɪdaʊtəbl]	adj.	경외할 만한, 가공할
5681	**impotent** [ɪmpətənt]	adj.	무력한, 무능력한, 할 수 없는, 허약한, 노쇠한
5682	**decay** [dɪkeɪ]	vt. / vi.	~을 쇠하게 하다, 부패하게 하다, / 쇠약해지다, 썩다, 부식하다
5683	**rationalize** [ræʃnəlaɪz]	vt.	합리적으로 설명하다, 취급하다, (자기의 행위)를 정당화하다
5684	**vaunted** [vɔːntɪd]	adj.	(특히 부당할 정도로) 과시된, 칭찬받은
5685	**anthology** [ænθɑːlədʒi]	n.	(시)선집, 문집
5686	**heinous** [heɪnəs]	adj.	악랄한, 극악무도한
5687	**abate** [əbeɪt]	vi. / vt.	(강도가) 약해지다, / (강도를) 약화시키다, 줄이다
5688	**castigate** [kæstɪgeɪt]	vt.	크게 책망하다, 혹평하다
5689	**appalling** [əpɔːlɪŋ]	adj.	소름끼치는, 무서운, 형편없는
5690	**astringent** [əstrɪndʒənt]	adj.	[의학] 수렴시키는, (성격·태도가) 엄격한, (표현이) 신랄한, 통렬한
5691	**ambulatory** [æmbjələtɔːri]	adj.	보행의, 보행에 알맞은, 걸어다니는, 돌아다니는
5692	**perambulate** [pəræmbjuleɪt]	vt. / vi.	~을 순회하다, 순시하다, ~을 답사하다, / 돌아다니다
5693	**amity** [æməti]	n.	우호, 친선
5694	**affable** [æfəbl]	adj.	상냥한, 사근사근한

geniality [dʒiːniæləti]	n.	친절, 온정, 상냥함, 싹싹함, 쾌적, 온난
grandiose [grændioʊs]	adj.	(너무) 거창한, (실속 없이) 거창하기만 한
swagger [swægə(r)]	vi. vt.	뽐내며 걷다, 으스대며 걷다, 허풍떨다, ~을 협박하여 ~하게 하다
pretentious [prɪtenʃəs]	adj.	허세 부리는, 가식적인
baroque [bəroʊk]	n. adj.	[미술·건축] 바로크 양식, 바로크 양식의, 괴상한, 기이한
pertinacious [pɜːrtneɪʃəs]	adj.	끈질긴, 완강한
litigious [lɪtɪdʒəs]	adj.	소송을 일삼는
aptitude [æptɪtuːd]	n.	소질, 적성
jocund [dʒɑːkənd]	adj.	명랑한, 쾌활한
scrubby [skrʌbi]	adj.	(나무가) 잘 자라지 못한, 잡목이 우거진, 초라한
perfidy [pɜːrfədi]	n.	배신
curmudgeon [kɜːrmʌdʒən]	n.	괴팍한 사람 (보통 노인), 구두쇠
hirsute [hɜːrsuːt]	adj.	(특히 남자가) 털이 많은
comportment [kəmpɔːrtmənt]	n.	행동거지, 처신
pallor [pælə(r)]	n.	(얼굴 색깔이 병·두려움으로) 창백함, 파리함
tumescent [tuːmesnt]	adj.	(몸의 일부가 성적으로 흥분하여) 부풀어 오른
omnivorous [ɑːmnɪvərəs]	adj.	무엇이나 먹는, 잡식의, 닥치는 대로의
picky [pɪki]	adj.	(사람이) 까다로운, 별스러운
chagrin [ʃəgrɪn]	n.	원통함, 분함
rhapsodic [ræpsɑdɪk]	adj.	서사시(풍)의, 열광적인
ratify [rætɪfaɪ]	vt.	~을 비준하다, 재가하다
inclemency [inklemənsi]	n.	(날씨·기후 등의) 험악, 혹독함, 궂음, 무정함, 냉혹함
acquiescence [ækwiesns]	n.	묵인, 잠자코 따름
dispersion [dɪspɜːrʒn]	n.	확산, 분산
vaunty [vɔːnti]	adj.	자랑하는, 자만하는
enshrine [inʃraɪn]	vt.	(권리 등을 문서상으로) 소중히 간직하다, ~을 모시다

MAZELTOV Vocabulary

오늘의 단어 --> 5721 - 5792

kitsch [kɪtʃ]	n.	(인기는 있지만) 질 낮은 예술품, 가치 없는 물건
grump [grʌmp]	n.	성격이 나쁜 사람
deliberate [dɪlíbərət]	adj.	심사숙고한, 계획적인, 의도적인, 고의적인, 꼼꼼한
recapture [riːkǽptʃə(r)]	vt.	~을 되찾다, 도로 빼앗다, ~을 생각해내다, 상기하다, 재현하다
singe [sɪndʒ]	vt.	(보통 실수로 겉을) 태우다, 그슬리다
mirth [mɜːrθ]	n.	(유쾌한·즐거운) 웃음소리, 즐거움
embezzle [ɪmbézl]	vt.	횡령하다
bilk [bɪlk]	vt.	(돈을) 사취하다, (사람을) 속이다
filch [fɪltʃ]	vt.	좀도둑질을 하다
assuage [əswéɪdʒ]	vt.	(안 좋은 감정을) 누그러뜨리다, 달래다
emollient [ɪmάliənt]	adj. n.	(피부를) 부드럽게 하는, (고통 등을) 완화하는, (피부) 연화제
exhort [ɪgzɔːrt]	vt.	~에게 열심히 권하다, 촉구하다
tactile [tǽktl]	adj.	촉각의, 촉감의, 촉각을 이용한
gustatory [gʌ́stətɔːri]	adj.	[해부·생리] 맛의, 미각의
aural [ɔːrəl]	adj.	청각의
bode [boʊd]	vt.	~의 전조가 되다, 징후를 보이다, ~을 예언하다, 예고하다
ramble [rǽmbl]	vi.	(목적 없이) 거닐다, (거리 따위가) 무질서하게 지어져 있다
malapropism [mǽləprɑːpɪzəm]	n.	말의 익살스런 오용
bard [bɑːrd]	n.	시인
reprove [rɪprúːv]	vt.	~을 나무라다, 꾸짖다, 책망하다

5741	**apostasy** [əpɑstəsi]	n.	배교, 배신, 변절, 탈당
5742	**crass** [kræs]	adj.	무신경한
5743	**impertinent** [ɪmpɜːrtnənt]	adj.	(연장자나 더 중요한 사람에게) 무례한, 버릇없는
5744	**outgrowth** [aʊtgroʊθ]	n.	자연적인 흐름, (당연한) 결과, 부산물, 성장, 생육
5745	**plodding** [plɑːdɪŋ]	adj.	(특히 남이 볼 때 지겨울 정도로) 꾸준히 하는, 느릿느릿 하는
5746	**astral** [æstrəl]	adj.	별의, 별 모양의, 속세를 벗어난, 비현실적인
5747	**surfeit** [sɜːrfɪt]	n.	과다
5748	**capacious** [kəpeɪʃəs]	adj.	널찍한, 큼직한
5749	**doldrums** [doʊldrəmz]	n.	(사업·예술 따위의) 침체(기), 정체(기), 침울, [기상] 적도 무풍대
5750	**advert** [ædvɜːrt]	vi.	(간단히) 언급하다, 논급하다, 주의를 돌리다
5751	**semantic** [sɪmæntɪk]	adj.	[언어] 의미의, 의미론적인
5752	**entomology** [entəmɑːlədʒi]	n.	곤충학
5753	**genealogy** [dʒiːniælədʒi]	n.	(사람의) 가계, 혈통, 가계도, 족보, (동식물·언어의) 계보
5754	**oncology** [ɑnkɑːlədʒi]	n.	종양학
5755	**sunbathe** [sʌnbeɪð]	vi.	(특히 몸을 태우기 위해) 일광욕을 하다
5756	**abdominal** [æbdɑːmɪnl]	adj.	[해부] 복부의, 배의
5757	**annex** [əneks]	vt.	(국가·지역 등을 무력으로) 합병하다
5758	**addendum** [ədendəm]	n.	(책의) 부록
5759	**append** [əpend]	vt.	(글에) 덧붙이다, 첨부하다
5760	**cession** [seʃn]	n.	(전후 국가간 영토) 이양, 양도
5761	**valediction** [vælɪdɪkʃn]	n.	고별, 고별사
5762	**benediction** [benɪdɪkʃn]	n.	축복(의 기도)
5763	**commissioned** [kəmɪʃənd]	adj.	임명된, 임관된, 권한이 있는
5764	**castanet** [kæstənet]	n.	캐스터네츠
5765	**gossip** [gɑːsɪp]	n.	뜬소문, 험담, 뒷공론, 잡담, 가십 기사
5766	**riff** [rɪf]	n.	냉동 화물차, (재즈나 대중음악에서) 리프, 반복 악절

natter [nætə(r)]	vi. n.	(~에 대해) 투덜거리다, 재잘재잘 지껄이다, 잡담
garrulity [gəru:ləti]	n.	수다, 말많음
unconquerable [ʌnkɑːŋkərəbl]	adj.	정복할 수 없는, 무적의
taint [teɪnt]	n. vt.	더럼, 얼룩, 불명예, ~을 더럽히다, (음식 등)을 썩이다
inattention [ɪnətenʃn]	n.	부주의
stationery [steɪʃəneri]	n.	문방구, 편지지, 필기 용지
cramp [kræmp]	n. vt.	심한 복통, (손발의) 경련, 쥐, 경련을 일으키게 하다
beret [bəreɪ]	n.	베레모 (납작한 모자)
sport [spɔːrt]	n. vi. vt.	스포츠, 즐기다, 운동하다, (시간·돈 등)을 낭비하다
endemic [endemɪk]	adj.	(특정 지역·집단) 고유의, 고질적인, 풍토적인
bloated [bloʊtɪd]	adj.	부푼, 팽창한, (과식으로 인하여) 비대한
riot [raɪət]	n. vi.	폭동, 소동, 소란, 폭동을 일으키다, (감정 등에) 빠지다, 탐닉하다
stalactite [stəlæktaɪt]	n.	종유석
profusive [prəfju:sɪv]	adj.	아낌없이 주는(쓰는), 아까워하지 않는, 낭비하는
mothball [mɔːθbɔːl]	n. adj.	알좀약, 방충제 (나프탈렌 따위), 간수해둔, 치워둔
cupboard [kʌbərd]	n.	찬장, 식기장, 붙박이장, 벽장
lass [læs]	n.	아가씨, 처녀
tyke [taɪk]	n.	아이, 어린애, 장난꾸러기, 들개, 잡종 개
gimmick [gɪmɪk]	n.	(관심을 끌기 위한) 술책, 장치
gent [dʒent]	n.	남성, 신사, 신사인 체하는 사람
unfortunate [ʌnfɔːrtʃənət]	adj.	불행한, 불운한, 성공을 못한, 실패한, 유감스러운
ministry [mɪnɪstri]	n.	(영국·유럽 제국의) 내각, (집합적) 각료, (행정부의) 부
cloggy [klɑgi]	adj.	방해가 되는, 장애물 투성이의, 끈끈하게 달라붙는
artery [ɑːrtəri]	n.	[해부] 동맥, (도로·철도 등의) 간선
coronary [kɔːrəneri]	adj.	[의학] 관상 동맥의
fashion [fæʃn]	n.	유행, 패션, 일시적 풍습, 방법, 방식

MAZELTOV Vocabulary

오늘의 단어 --> 5793 - 5864

implant [ɪmplænt] — vt. 꽃아넣다, 끼워넣다, (마음에) ~을 심다, 깊이 새기다, 불어넣다 — 5793

well-intentioned [wel ɪntenʃənd] — adj. 선의의, 선의로 한 — 5794

intraocular [ɪntrəɑkjulər] — adj. 눈 안의, 안구 내의 — 5795

ripe [raɪp] — adj. 여문, 익은, 성숙한, 원숙한, 노련한 — 5796

orthopedic [ɔːrθəpiːdɪk] — adj. 정형 외과(학)의, 기형의, 지체 이상의 — 5797

transplant [trænzplænt] — vt. (식물)을 옮겨 심다, 이식하다, (기관·조직 등)을 이식하다 — 5798

macabre [məkɑːbrə] — adj. (죽음이나 다른 무서운 것과 관련되어) 섬뜩한, 으스스한 — 5799

bowler [boʊlə(r)] — n. (크리켓에서) 투수, 중산모 — 5800

laze [leɪz] — vi. (편안하게 게으름을 피우며) 느긋하게 지내다, 별 하는 일 없이 지내다 — 5801

cybernetic [saɪbərnetɪk] — adj. 인공 두뇌학의 — 5802

unreserved [ʌnrɪzɜːrvd] — adj. 무제한의, 전면적인, 거리낌없는, 솔직한, 예약하지 않은 — 5803

undue [ʌnduː] — adj. 지나친, 과도한 — 5804

noir [nwɑːr] — n. 암흑가(누아르) 영화, 암흑가 소설, adj. 비정한, 암울한, 염세적인 — 5805

tome [toʊm] — n. (진지한 주제를 다룬) 두꺼운 책 — 5806

overdue [oʊvərduː] — adj. 과도한, (기차 등이) 늦은, 연착한, 지급 기한이 지난 — 5807

legislate [ledʒɪsleɪt] — vi. 법률을 제정하다, 입법하다, vt. ~을 법률로 제정하다 — 5808

treatise [triːtɪs] — n. 논문 — 5809

intersperse [ɪntərspɜːrs] — vt. (~속에, ~사이에) 배치하다 — 5810

gullible [gʌləbl] — adj. 남을 잘 믿는, 잘 속아 넘어가는 — 5811

extravagance [ɪkstrævəgəns] — n. 사치, 낭비(성), 방종, 무절제, (행동·의견 등의) 터무니없음 — 5812

258　IELTS Vocabulary

seize [siːz]	vt.	~을 (갑자기 꽉) 잡다, 쥐다, 파악하다, 이해하다	5813	
trifle [traɪfl]	n.	시시한 일, 하찮은 것, 사소한 일, 소량, 조금	5814	
penury [ˈpenjəri]	n.	극빈, 가난, 궁핍	5815	
conjugation [kɑːndʒəˈgeɪʃn]	n.	(동사의) 활용, 변화, 결합, 연결	5816	
swain [sweɪn]	n.	사랑에 빠진 청년	5817	
manumission [ˌmænjuˈmɪʃn]	n.	(노예·농노의) 해방	5818	
forthcoming [ˌfɔːrθˈkʌmɪŋ]	adj.	곧 나타나려고 하는, 가까이 다가오는, 닥쳐오는	5819	
tempered [ˈtempərd]	adj.	알맞게 만든, 완화된, 조절된, 조정된	5820	
avidity [əˈvɪdəti]	n.	(열렬한) 욕망, 갈망, 탐욕	5821	
harlot [ˈhɑːrlət]	n.	매춘부, 매춘부 같은 여자	5822	
harlotry [ˈhɑːrlətri]	n.	매춘, 창녀, 속악	5823	
schoolmarm [ˈskuːlmɑːrm]	n.	여교사, 여선생 (특히 고루하고 엄격한 사람)	5824	
homesteader [ˈhoʊmstedər]	n.	Homestead Act에 의한 정착민	5825	
shaggy-dog story [ˈʃægi dɔːg stɔːri]	n.	끝이 터무니없는 긴 농담, 끝이 실망스러운 긴 농담	5826	
glandular [ˈglændʒulər]	adj.	[해부] (기관·세포가) 선이 있는, 선으로 된, 선의 분비물에 의한	5827	
one might as well be V-ing [(one) maɪt əz wel (be) (V-ing)]	idiom	V-ing 할 것이다	5828	
hokum [ˈhoʊkəm]	n.	엉터리, 허튼 소리, (극·영화 등의) 인기를 노린 대목	5829	
dreamer [ˈdriːmə(r)]	n.	꿈꾸는 사람, 공상가, 몽상가	5830	
outstrip [aʊtˈstrɪp]	vt.	~을 능가하다, 추월하다, (경쟁에서) ~을 훨씬 뒤로 제치다	5831	
observe [əbˈzɜːrv]	vt.	~을 관찰하다, 관측하다, 준수하다, (규칙·습관)에 따르다	5832	
untamable [ʌnˈteɪməbl]	adj.	길들일 수 없는	5833	
dud [dʌd]	n. adj.	실패작, 쓸모없는 사람(것), 쓸모없는, 불발의, 가짜의	5834	
lachrymose [ˈlækrɪmoʊs]	adj.	잘 우는, 걸핏하면 우는	5835	
labyrinth [ˈlæbərɪnθ]	n.	미로	5836	
abscond [əbˈskɑːnd]	vi.	(나쁜 짓을 하고) 자취를 감추다, 도망하다, 실종하다	5837	
paean [ˈpiːən]	n.	찬가, 승리의 노래	5838	

potable [poʊtəbl]	adj.	(물이) 음료로 적합한, 마셔도 되는 ⁵⁸³⁹	**aerie** [ɛ́əri]	n.	(독수리·매 따위의) 둥지, (큰 조류의) 높은 곳에 있는 둥지 ⁵⁸⁵²
beatific [biːətífik]	adj.	기쁨이 넘치는, 더없이 행복해 하는 ⁵⁸⁴⁰	**interregnum** [ìntəregnəm]	n.	(국가·조직 등에서 신임 지도자가 취임하기 전의) 최고 지도자 부재 기간 ⁵⁸⁵³
hegemony [hɪdʒeməʊni]	n.	헤게모니, 패권 ⁵⁸⁴¹	**exponent** [ɪkspoʊnənt]	n.	설명자, 해설자, 연주자, 대변자, 옹호자, 대표적 인물 ⁵⁸⁵⁴
cause [kɔːz]	n.	원인, 원인이 되는 사람(것), (사회적인) 운동, 대의, 이상 ⁵⁸⁴²	**winsome** [wínsəm]	adj.	(사람·태도가) 마음을 끄는, 매력적인 ⁵⁸⁵⁵
unrivaled [ʌnraivəld]	adj.	경쟁자가 없는, 무적의, 무쌍의, 비할 데 없는 ⁵⁸⁴³	**pleach** [pliːtʃ]	vt.	(나뭇가지 등을) 엮다, (머리를) 땋다 ⁵⁸⁵⁶
antsy [æntsi]	adj.	안달하는, 안절부절못하는 ⁵⁸⁴⁴	**canvass** [kænvəs]	vt. vi.	(투표·의견 따위를) ~에게 의뢰하다, 간청하다, 선거 운동을 하다 ⁵⁸⁵⁷
cache [kæʃ]	n.	(식료품·귀중품 따위의) 은닉 장소, 지하 저장소, 저장물, 은닉 물자 ⁵⁸⁴⁵	**breathy** [breθi]	adj.	(말하거나 노래 부를 때) 숨소리가 섞인 ⁵⁸⁵⁸
kismet [kízmet]	n.	숙명, 운명 ⁵⁸⁴⁶	**cavity** [kǽvəti]	n.	움푹 팬 곳, 구멍, [치과] 충치 (구멍) ⁵⁸⁵⁹
yen [jen]	n. vi.	열망, 소망, 동경, 바라다, 갈망하다, 열망하다, 동경하다 ⁵⁸⁴⁷	**brouhaha** [bruːhɑːhɑː]	n.	난리 법석 ⁵⁸⁶⁰
importunate [ɪmpɔːrtʃənət]	adj.	성가시게 조르는 ⁵⁸⁴⁸	**connote** [kənoʊt]	vt.	(단어가 어떤 의미를) 함축하다, 내포하다 ⁵⁸⁶¹
epochal [épəkəl]	adj.	신기원의, 획기적인 ⁵⁸⁴⁹	**waif** [weif]	n.	방랑자, 무숙자, 소유주 불명의 습득물 ⁵⁸⁶²
febrile [fiːbraɪl]	adj.	열이 나는, 열병의 ⁵⁸⁵⁰	**intrude** [ɪntruːd]	vt.	~을 억지로 밀어넣다, 들이밀다, (의견 따위를) 강요하다 ⁵⁸⁶³
caucus [kɔːkəs]	n.	당원 집회 (대통령 후보 지명 전당 대회에 참석할 대의원 선출) ⁵⁸⁵¹	**cabin boy** [kǽbɪn bɔɪ]	n.	(배에서 일하는) 사환 ⁵⁸⁶⁴

MAZELTOV Vocabulary

오늘의 단어 --> 5865 - 5936

tablecloth [teɪblklɔːθ]
n. 식탁보, 테이블보

deckhand [dekhænd]
n. 갑판원

miscarriage [mɪskærɪdʒ]
n. 유산

comfort [kʌmfərt]
vt. ~을 위로하다, 기력을 북돋우다, 격려하다,
n. 위로, 위안, 안심

heavenly [hevnli]
adj. 천국과 같은, 매우 즐거운, 기쁨이 가득한

rusty [rʌsti]
adj. 녹슨, 무디어진, 쓸모없게 된, 서툴러진

lustful [lʌstfl]
adj. 욕정에 가득찬

technicality [teknɪkæləti]
n. 학술적임, 전문적임, 전문적인 성질, 학술어, 전문어

providence [prɑːvɪdəns]
n. (신의) 섭리

incarnadine [ɪnkɑːrnədaɪn]
adj. 살색의, 분홍색의, 핏빛의
vt. ~을 살색으로 하다, 붉게 물들이다

appropriate [əproʊprieɪt]
vt. (공공물)을 전유하다, 제것으로 만들다,
adj. 적당한, 타당한

cavil [kævl]
vi. 트집을 잡다

valiant [væliənt]
adj. 용맹한, 단호한

confiscate [kɑːnfɪskeɪt]
vt. ~을 몰수하다, 압수하다

feral [ferəl]
adj. (동물이 특히 농장이나 가정에서 달아난 뒤) 돌아다니며 사는

eleemosynary [elɪmɑsəneri]
adj. 자선의, 의연금의, 자선에 의지하는

geriatric [dʒeriætrɪk]
adj. 노인병학의, 노령의, 노령기의, 노인의,
n. 노인, 늙다리

loutish [lautɪʃ]
adj. 촌스러운, 투박한, 너저분한

complaisant [kəmpleɪzənt]
adj. 선뜻 남의 말을 듣는, 남의 뜻에 잘 따르는

hypocrize [hɪpɔkrɪz]
vi. 가면을 쓰다, 위선적 태도를 취하다

lebensraum [leibənsraum]	n.	(국민) 생활권 (정치적·경제적 발전에 필요한 영토;나치스 독일의 이념)
Operation Barbarossa [ɑ̀pəreiʃən bɑ̀ːrbərɑ́səə]	n.	바르바로사 작전 (1941년 독일의 소련 침공 작전의 암호명)
power struggle [paʊər strʌɡl]	n.	권력 투쟁
unilateral [juːnɪlætrəl]	adj.	일방적인, 단독의
chastity [tʃæstəti]	n.	(육체적) 순결
collateral [kəlætərəl]	adj.	나란히 있는, 옆으로 늘어선, 부수적인, 부차적인
reconvene [riːkənviːn]	vi. vt.	(회의·의회 등이) 다시 모이다(소집되다), 다시 모으다(소집하다)
practitioner [præktɪʃənə(r)]	n.	개업자, 전문가, 개업의, 변호사
incisor [ɪnsaɪzə(r)]	n.	앞니 (한 개)
molar [moʊlə(r)]	n.	어금니
mnemonic [nɪmɑːnɪk]	adj. n.	기억을 돕는, 기억의, 기억을 돕는 방법, 기억 부호
shin [ʃɪn]	n.	정강이
snobby [snɑbi]	adj.	속물적인, 고상한 체하는, 우월감에 젖어 있는
coterie [koʊtəri]	n.	(흥미 등을 공유하면서 다른 사람들에게는 배타적인 소규모) 집단, 그룹
philistine [fɪlɪstiːn]	n.	(미술·문학·음악 등을 모르는) 교양 없는 사람, 속물
posit [pɑːzɪt]	vt.	(주장·논의의 근거로 삼기 위해 무엇을) 사실로 상정하다, 받아들이다
impassion [ɪmpæʃən]	vt.	크게 감동시키다, 자극하다, 흥분시키다
proselytizer [prɒsələtaɪzər]	n.	사상적으로 전향시키는 사람
self-imposed [self ɪmpoʊzd]	adj.	자진해서 하는, 스스로 맡아서 하는
guru [ɡʊruː]	n.	권위자, 전문가, 베테랑, [힌두교] 종교상의 스승, 도사
unflappable [ʌnflæpəbl]	adj.	(곤경에서도) 흔들림 없는, 동요하지 않는
locution [ləkjuːʃn]	n.	관용어법, 화법, 말씨, 말투
proverbial [prəvɜːrbiəl]	adj.	속담의, 속담으로 표현된, 소문난, 유명한
schooner [skuːnə(r)]	n.	스쿠너 (돛대가 2-4개 있는 세로돛식의 경쾌한 범선)
cod [kɑːd]	n. adj.	[어류] 대구, 가짜의
pocky [pɑki]	adj.	마맛자국이 있는

5911	**impinge** [ɪmpɪndʒ]	vi.	(특히 나쁜) 영향을 주다, ~을 침해하다
5912	**bunt** [bʌnt]	vi.vt.	(염소·송아지가 뿔·머리로) ~을 받다, 밀다
5913	**dyspepsia** [dɪspepʃə]	n.	[의학] 소화 불량
5914	**tubby** [tʌbi]	adj.	(사람이) 땅딸막한
5915	**spile** [spaɪl]	vt. n.	(구멍 등)을 마개로 막다, ~에 말뚝을 박다, (통 따위의) 나무 마개
5916	**huffy** [hʌfi]	adj.	(다른 사람의 말·행동 때문에) 발끈 성을 내며, 홱 토라져서
5917	**thrall** [θrɔːl]	n.	노예, (도덕적·정신적으로) 예속된 사람, 노예의 신분, 속박
5918	**chuffy** [tʃʌfi]	adj.	촌스러운, 교양 없는, 무뚝뚝한, 인색한, 통통하게 살찐
5919	**quintal** [kwɪntəl]	n.	퀸틀 ([미] 100 lb, [영] 112 lb)
5920	**expostulate** [ɪkspɑːstʃuleɪt]	vi.	훈계하다, 반대하다, 타이르다, 이의를 제기하다
5921	**dank** [dæŋk]	adj.	(어떤 장소가 기분 나쁘게) 춥고 눅눅한, 축축한
5922	**rectilinear** [rektɪlɪnɪə(r)]	adj.	직선의, 직선을 이루는, 직선으로 둘러싸인, 수직의
5923	**aplomb** [əplɑːm]	n.	(흔히 어려운 상황에서의) 침착함
5924	**animus** [ænɪməs]	n.	반감, 적대감
5925	**stated** [steɪtɪd]	adj.	정해진, 일정한, 정기의, 인정된, 정식의
5926	**graceless** [greɪsləs]	adj.	우아함(품위)이 없는, 무례한, 세련되지 못한
5927	**feat** [fiːt]	n.	위업, 개가, (뛰어난) 솜씨, 재주
5928	**redouble** [riːdʌbl]	vt.	(노력 등을) 배가하다, 강화하다, 증대하다
5929	**pomp** [pɑːmp]	n.	(공식 행사·의식의) 장관, 장려함
5930	**arbitrage** [ɑːrbətrɑːʒ]	n.	[상업] 재정거래 (주식·외환 등을 사서 더 비싼 지역에서 파는 것)
5931	**verbalize** [vɜːrbəlaɪz]	vt.	말로 표현하다, 말로 나타내다
5932	**rectitude** [rektɪtuːd]	n.	정직, 청렴, 강직
5933	**fitful** [fɪtfl]	adj.	잠깐씩 하다가 마는, 변덕스러운, 급작스런
5934	**intemperate** [ɪntempərət]	adj.	술타령만 하는, 폭음의, 무절제한, (날씨가) 온화하지 않은, 혹독한
5935	**paste** [peɪst]	vt. n.	(종이를) 풀칠하다, 풀로 붙이다, (붙이는) 풀, 밀가루 반죽,
5936	**membranous** [membrənəs]	adj.	막의, 막 모양의, 막을 형성하는

85 DAY

MAZELTOV Vocabulary

오늘의 단어 --> 5937 - 6008

viscous [vɪskəs]	adj.	(액체가) 끈적거리는, 점성이 있는

5937

unctuous [ʌŋktʃuəs]	adj.	(말·행동이) 번지르르한

5938

compendious [kəmpendiəs]	adj.	모든 필요한 내용(사실들)을 담은

5939

episcopal [ɪpɪskəpl]	adj.	[교회] 감독의, 주교의

5940

outwit [aʊtwɪt]	vt.	~보다 한 수 앞서다, 먼저 선수치다

5941

otologist [oʊtɑlədʒɪst]	n.	귀전문의, 이과의사, 귀전문가

5942

centenary [sentenəri]	n.	100주년

5943

century [sentʃəri]	n.	(임의의) 100년(간), (the century, 종종 C-) 세기

5944

purport [pərpɔːrt]	vt.	~을 의도하다, 의미하다, (문서·작품 등이) (~이라고) 알려져 있다

5945

boggle [bɔːgl]	vi.	주춤하다, 멈칫하다

5946

diorama [daɪərɑːmə]	n.	디오라마 (특히 박물관의 입체 모형)

5947

hands-on [hændz ɑːn]	adj.	(말만 하지 않고) 직접 해 보는, 실천하는

5948

connive [kənaɪv]	vi.	~을 못본체하다, 묵인하다, ~와 공모하다, 음모를 꾸미다

5949

pulpit [pʊlpɪt]	n.	(교회의) 설교단, 연단

5950

figurine [fɪgjəriːn]	n.	(장식용) 작은 조각상

5951

saga [sɑːgə]	n.	사가 (중세의 국왕, 영웅 따위를 주제로 한 산문), 무용담, 모험담

5952

otherworldly [ʌðərwɜːrldli]	adj.	내세의, 저승의, 상상적 세계의, 공상적인

5953

humble [hʌmbl]	adj.	겸손한, (자신을 비하하여) 하찮은, (지위·능력 등이) 천한, 낮은

5954

silo [saɪloʊ]	n. vt.	(저장용) 지하실, 사일로, (곡물·목초 따위)를 사일로에 넣다, 저장하다

5955

asylum [əsaɪləm]	n.	은신처, 도피처, (정신 병자·고아·노인 등의) 보호소, 수용소

5956

mettle [metl]	n.	패기, 기개
mettlesome [metlsəm]	adj.	기운찬, 위세 있는, 성깔 있는, 분발한, 혈기 왕성한
indemnify [ɪndemnɪfaɪ]	vt.	(손해에 대하여) ~에게 보장하다, ~에게 (손해·비용 따위를) 변상하다
corpulent [kɔːrpjələnt]	adj.	(사람이) 뚱뚱한, 둥실둥실한
palliate [pælieɪt]	vt.	(병을 치료하지는 않고) 증상만 완화시키다, ~을 변명하다
decimate [desɪmeɪt]	vt.	(전쟁·질병 따위가) ~의 많은 사람을 죽이다
discriminate [dɪskrɪmɪneɪt]	vt. vi.	~을 구별하다, 식별하다, 분간하다, 차별하다, 분간하다
tringle [trɪŋgl]	n.	[건축] 모난 쇠시리
eviscerate [ɪvɪsəreɪt]	vt.	~을 제거하다, 빼다
ingénue [ændʒənuː]	n.	(특히 영화나 연극에서) 순진한 처녀
prognosticator [prɑgnǽstikeɪtər]	n.	예언자, 점쟁이
abjure [əbdʒʊr]	vt.	(신념 등을 공식적으로) 포기하다, 버리다, ~을 끊는다
importune [ɪmpɔːrtuːn]	vt.	성가시게 조르다
intrant [ɪntrənt]	n.	신입자, 신입생, 신입 회원, (경기 따위의) 참가자
alit [əlɪt]	vi.	alight의 과거형
iconic [aɪkɑːnɪk]	adj.	~의 상징(아이콘)이 되는, 우상의
exculpate [ekskʌlpeɪt]	vt.	무죄를 입증하다, 무죄를 선언하다
ode [oʊd]	n.	(특정한 사람·사물·사건에 부치는) 시
lilliputian [lɪlɪpjuːʃn]	n.	아주 작은 사람(것)
pernickety [pərnɪkəti]	adj.	옹졸한, 좀스러운
gratifying [grætəfaɪɪŋ]	adj.	흐뭇한, 기쁜
felicitate [fɪlɪsəteɪt]	vt.	축하하다, 행운으로 생각하다
foppish [fɑpɪʃ]	adj.	멋 부리는, 맵시 내는
becoming [bɪkʌmɪŋ]	adj.	잘 어울리는, 알맞은, 적합한
proselytize [prɑːsələtaɪz]	vi.vt.	개종시키려 하다, 전향시키려 하다
innominate [ɪnɑmənət]	adj.	무명의, 익명의

seasoned [siːznd]	adj. 조미한, 맛을 들인, (재목 따위가) 잘 마른, 익숙한, 경험을 쌓은	5983
ostensive [ɑstensiv]	adj. 분명히 나타내는, 명시하는, 표면상의	5984
deliverance [dɪlɪvərəns]	n. 구조(됨), 구제(됨)	5985
slinky [slɪŋki]	adj. 살금살금 몰래하는, 남의 눈을 피하는, (여자 옷이) 몸매를 드러내는	5986
encounter [ɪnkaʊntə(r)]	vt. ~와 우연히 만나다, 조우하다, (곤란·반대 등)에 부닥치다, 직면하다	5987
meet up with [miːt ʌp wɪð]	idiom ~와 만나다, ~와 우연히 만나다	5988
velocipede [vəlɑsəpiːd]	n. (전륜 페달식) 초기 자전거, (어린이용) 세발 자전거	5989
sentient [sentiənt]	adj. 지각이 있는	5990
beagle [biːgl]	n. 비글 (다리도 짧고 몸집도 작은 사냥개)	5991
iguana [ɪgwɑːnə]	n. 이구아나 (열대 아메리카산 대형 도마뱀)	5992
sparrow [spæroʊ]	n. 참새	5993
gradation [grədeɪʃn]	n. 점진적 이행 (진전, 변화), 서서히 변하기, (점진적 이행중의) 단계, 등급	5994
lagoon [ləguːn]	n. 개펄, 석호, (하수 처리용) 저수지, 유수지	5995
rimmed [rimd]	adj. 테를 두른, ~의 테가 있는	5996
inland [ɪnlænd]	adj. 내륙의, 바다(국경)에서 먼, 오지의, 국내의, 본토의	5997
warbler [wɔːrblə(r)]	n. 휘파람새, 울새	5998
cactus [kæktəs]	n. 선인장	5999
insectivorous [ɪnsektivərəs]	adj. 곤충을 먹는, 식충성의	6000
nab [næb]	vt. (물건)을 거머잡다, 잡아채다, 낚아채다, (사람)을 붙들다, 체포하다	6001
woodpecker [wʊdpekə(r)]	n. 딱따구리	6002
witless [wɪtləs]	adj. 어리석은, 무분별한	6003
hawk [hɔːk]	n. 매, 강경론자, vt. (사냥감)을 덮치다, vi. (매처럼) 덮치다	6004
perish [perɪʃ]	vt. (추위가 농작물 따위)를 해치다, 얼어죽게 하다, 다치게 하다	6005
confraternity [kɑːnfrətɜːrnɪti]	n. (특히 종교적 목적이나 봉사를 위한) 단체	6006
brat [bræt]	n. 버릇없는 녀석, 버릇없는 애새끼	6007
choral [kɔːrəl]	adj. 합창의, 합창단의, 합창곡의	6008

MAZELTOV Vocabulary

오늘의 단어 --> 6009-6080

prying [praiiŋ]	adj. 엿보는, 흘끗흘끗 보는, 호기심이 강한, 캐기 좋아하는 6009	**temerity** [təmerəti]	n. 무모함, 만용	6019
refute [rɪfjuːt]	vt. ~을 논박하다, 반박하다, ~의 잘못(허위)을 밝히다 6010	**spectroscope** [spektrəskoʊp]	n. 분광기	6020
excited [ɪksaɪtɪd]	adj. 흥분한, 들뜬, [물리] (원자·분자가) 들뜬 6011	**constituent** [kənstɪtʃuənt]	adj. 구성하는, 선거(지명)권이 있는, n. (구성) 요소, 성분, 선거구민	6021
commotion [kəmoʊʃn]	n. 소란, 소동 6012	**dampen** [dæmpən]	vt. ~을 축축하게 하다, 무디게 하다, vi. 축축해지다, 무디어지다	6022
progress [prɑːɡrəs]	n. 전진, 진척, 증진, 증가, (사건·시간 따위의) 경과, 추이 6013	**woodshed** [wʊdʃed]	n. 장작 쌓아 두는 곳, 장작 헛간	6023
spur [spɜːr]	n. 박차, 격려, 고무, 유인, 동기 6014	**could have P.P** [kʊd hæv (P.P)]	idiom 할 수 있었는데 ~ 하지 않았다	6024
historiography [hɪstɔːriɑːɡrəfi]	n. 역사 기록학 6015	**as for** [əz fər]	idiom ~에 관해 말하면, ~에 대해서 말하자면	6025
monograph [mɑːnəɡræf]	n. (단일 주제에 관해 보통 단행본 형태로 쓴) 논문 6016	**disreputable** [dɪsrepjətəbl]	adj. 평판이 안 좋은, 평판이 나쁜	6026
sojourn [soʊdʒɜːrn]	n. 체류 6017	**thickset** [θɪkset]	adj. (특히 남자가) 몸집이 떡 벌어진, 튼튼한	6027
no more than N [noʊ mɔːr ðən (N)]	idiom N에 지나지 않다, N일 뿐 6018	**rage** [reɪdʒ]	n. 격노, 분노, 노발대발, (바람·화재·병 따위의) 맹위, 맹렬	6028

uncompromising [ʌnkɑ:mprəmaɪzɪŋ]	adj. 타협하지 않는, 단호한	**discombobulate** [dɪskəmbɑbjuleɪt]	vt. ~을 혼란시키다, 당황하게 하다, 방해하다
compartmentalize [kəmpɑ:rtmentəlaɪz]	vt. (서로 영향을 주지 않도록) 구분하다	**biodegradable** [baɪoʊdɪgreɪdəbl]	adj. 자연분해성의 (박테리아에 의해 분해되어 환경에 해가 되지 않는)
disproportionate [dɪsprəpɔ:rʃənət]	adj. 균형이 안 맞는, 불균형의	**dismayed** [dɪsmeɪd]	adj. (~에) 낭패한, (~하여) 깜짝 놀란
off-putting [ɑ:f pʊtɪŋ]	adj. 정이 안 가는, 좋아하기 힘든	**astounding** [əstaʊndɪŋ]	adj. 경악스러운, 믿기 어려운
undocumented [ʌndɑkjumentɪd]	adj. 정식 서류를 갖추지 않은, 비자가 없는	**crossing** [krɔ:sɪŋ]	n. 가로지르기, 횡단, (도로의) 교차점, 네거리
troublesome [trʌblsəm]	adj. (오랫동안) 골칫거리인, 고질적인	**compliant** [kəmplaɪənt]	adj. 고분고분한, 순종하는, 맹종하는, 비굴한
misfit [mɪsfɪt]	n. 부적응자	**befuddle** [bɪfʌdl]	vt. 정신을 잃게 하다, 어리둥절하게 하다
on-again off-again [ɑ:n əgen ɔ:f əgen]	adj. 나타났다 사라졌다 하는, 종잡을 수 없는	**insouciance** [ɪnsu:siəns]	n. 태평함
anthropomorphize [ænθrəpəmɔ:rfaɪz]	vi.vt. (신·동물을) 인격화하다, 의인화하다	**moniker** [mɑ:nɪkə(r)]	n. (유머) 이름
hawkish [hɔ:kɪʃ]	adj. 매파의, 강경파의	**diplomate** [dɪpləmeɪt]	n. (위원회로부터 인증을 받은) 자격 취득자, 유자격자
misapprehension [mɪsæprɪhenʃn]	n. 오해	**gullish** [gʌlɪʃ]	adj. 바보 같은, 멍청한
out of the question [aʊt ʌv ðə kwestʃən]	idiom 불가능한, 의논해 봐야 소용없는	**gunpowder** [gʌnpaʊdə(r)]	n. 화약
sentence structure [sentəns strʌktʃər]	n. 문장의 구성, 문장 구조	**sportive** [spɔ:rtɪv]	adj. 스포츠의, 장난치는, 명랑한, 재미있는, 장난삼아 하는

ornery [ɔ:rnəri]	adj.	성질 더러운, 성미 고약한
equitable [ekwɪtəbl]	adj.	공정한, 공평한
hypocrite [hɪpəkrɪt]	n.	위선자
beleaguer [bili:gər]	vt.	~을 포위하다, 둘러싸다, (붙어다녀) ~을 괴롭히다
coincidental [koʊɪnsɪdentl]	adj.	우연의 일치인, 우연의
philander [fɪlændər]	vi.	(남자가) 여자를 건드리다, (일시적으로) 연애하다
adversary [ædvərseri]	n.	(언쟁·전투에서) 상대방, 적수
globe-trot [gloub trɑt]	vi.	세계 (관광) 여행을 하다
overdraw [oʊvərdrɔ:]	vt.	(예금보다) 초과 인출하다
enrobe [inroub]	vt.	의복을 입히다
nominally [nɑmənəli]	adv.	이름에 관해, 지명해서, 표면상, 겉보기에는
disapprobation [dɪsæprəbeɪʃn]	n.	(도덕적으로 틀렸다고 생각하는 것에 대한) 반감
foray [fɔ:reɪ]	n. vi.	전격적 침략, 급습, (낯선 분야에의) 진출, 급습하다, 약탈하다
obtund [ɑbtʌnd]	vt.	[의학] (기능을) 둔화시키다, (통증 등을) 완화시키다
elliptical [ɪlɪptɪkl]	adj.	타원의, 타원형의, 생략법의, 생략적인
bifurcation [baifərkeiʃən]	n.	분기, 분기점, 가지
antithesis [æntɪθəsɪs]	n.	대조, 대립, 정반대(의 것)
repressive [rɪpresɪv]	adj.	억압하는, 억제하는, 관리 체제가 강한, 통제색이 짙은
agoraphobic [ægərəfoʊbɪk]	n.	광장 공포증 환자
risqué [rɪskeɪ]	adj.	(공연·발언·농담 등이 보통 성과 관련되어) 위태로운, 약간 충격적인
hypochondriac [haɪpəkɑ:ndriæk]	n. adj.	심기(건강염려)증 환자, 건강염려증의, 갈비아래부위의
claustrophobia [klɔ:strəfoʊbiə]	n.	밀실 공포증, 갇혀 있는 듯한 느낌, 폐소공포증
wasteland [weɪstlænd]	n.	황무지, 불모지
arboretum [ɑ:rbəri:təm]	n.	수목원
granary [grænəri]	n.	곡물 저장고, 곡창
excise [ɪksaɪz]	vt.	삭제하다, 잘라 내다

MAZELTOV Vocabulary

오늘의 단어 —> 6081 - 6152

demote [diːmoʊt]	vt.	(흔히 처벌로) 강등시키다, 좌천시키다
rancorous [ræŋkərəs]	adj.	원한이 있는, 악의에 불타는
extradition [ekstrədiʃən]	n.	[법] (어떤 나라로) 외국 범인의 인도, 본국 송환
interlocutor [ɪntərlɑːkjətə(r)]	n.	대화자, 대담자, 질문자
surrogate [sɜːrəgət]	adj.	대리의, 대용의
pressing [presɪŋ]	adj. n.	긴급한, 절박한, 임박한, 졸라대는, 간청하는 / 누르기, 압박
declaim [dɪkleɪm]	vt.	(마치 연극배우처럼 힘 있게) 말하다, 읊다, 열변을 토하다
gamely [geɪmli]	adv.	투지 있게
neologism [niɑːlədʒɪzəm]	n.	신조어, 새로운 표현(의미)
telling [telɪŋ]	adj. n.	유효한, 현저한, 명시하는, 보여주는 / 말하기, 말
approbate [æprəbeit]	vt.	승인하다, 찬성하다, 허가하다
magniloquence [mægnɪləkwəns]	n.	과장된 말(표현, 문체), 호언장담, 허풍
fractious [frækʃəs]	adj.	(노인·아이 등이) 성 잘내는, 까다로운, 제어하기 어려운
subscribe [səbskraɪb]	vt. vi.	(어떤 금액을) 기부하다, 출자하다, 예약 구독하다
hew [hjuː]	vt.	(도끼나 칼 따위로) ~을 베다, 자르다, 잘라서 ~을 만들다
unscalable [ʌnskeɪləbl]	adj.	(담 등을) 기어 오를 수 없는
bamboozle [bæmbuːzl]	vt.	(남을 속여) 정신없게 (헷갈리게) 만들다, ~을 속이다
epicurean [epɪkjʊriːən]	adj.	쾌락주의의, 향락주의의
stentorian [stentɔːriən]	adj.	(목소리가) 우렁찬
geyser [gaɪzər]	n. vi.	간헐천, 간헐온천, 순간 온수 장치, (간헐천처럼) 분출하다

ostentation [ɑ:stenteɪʃn]	n.	(재산·지식 등의) 과시
squeamish [skwi:mɪʃ]	adj.	잘 토하는, 까다로운, 결벽증이 있는, 대단히 신중한
thresh [θreʃ]	vt. vi.	(곡물 따위)를 탈곡하다, (문제 따위)를 검토하다, 탈곡하다
fluffy [flʌfi]	adj.	솜털의, 솜털로 뒤덮인, (인품 따위가) 경박한, (지능 따위가) 하찮은
obsolescent [ɑbsəlesnt]	adj.	쇠퇴하고 있는, (기계 등이) 시대에 뒤진, 구식인
exhume [ɪgzu:m]	vt.	(특히 검시를 위해 시체를) 파내다, 발굴하다
iridescent [ɪrɪdesnt]	adj.	보는 각도에 따라 색깔이 변하는, 무지갯빛의
rally [ræli]	vt. vi.	다시 모으다, 규합하다, (공통의 목적을 위하여) 모이다
overwrought [oʊvərrɔːt]	adj.	잔뜩 긴장한, 몹시 걱정하는, 지나치게 공들인
pernicious [pərnɪʃəs]	adj.	치명적인 (그 영향이 서서히 알아차리기 힘들게 진행되는 경우)
suasive [sweɪsɪv]	adj.	설득의 의미를 갖는
pontificate [pɑntɪfɪkeɪt]	vi. n.	주교의 직무(미사)를 집행하다, 교황의 직(임기, 지위)
elide [ɪlaɪd]	vt.	(한 단어에서 일부 음의) 발음을 생략하다
vocation [voʊkeɪʃn]	n.	직업, 장사, 업무, 천직, 사명, 신의 부르심, 소명
amenable [əmi:nəbl]	adj.	유순한, 다루기 쉬운, 기꺼이 따르는, (비난 등을) 면치 못할
savant [sævɑ:nt]	n.	(저명한) 학자, 석학, (대)과학자
ramification [ræmɪfɪkeɪʃn]	n.	파문, (어떤 행동·결정에 따라 생기는) 영향
pulchritude [pʌlkrɪtu:d]	n.	아름다움
supernal [supə:rnl]	adj.	천상의, 천계의, 고귀한, 숭고한, 더할 수 없이 우수한
appellation [æpəleɪʃn]	n.	명칭, 호칭, 직함
revivify [ri:vɪvɪfaɪ]	vt.	새 생명(새로운 활기)을 불어넣다, ~을 환원시키다
repast [rɪpæst]	n.	식사
impair [ɪmper]	vt.	~을 손상시키다, 악화시키다, 해치다
neophyte [ni:əfaɪt]	n.	초심자, 신참자, (이교도 등의) 신개종자
truism [tru:ɪzəm]	n.	뻔한 말, 뻔한 소리, 진리
jubilance [dʒu:bələns]	n.	환희

bootleg [buːtleg]	n.	불법으로 제작하는 것, 밀조품, 불법 복사품,
	vi.	밀조(밀매, 밀수)하다
revelry [revlri]	n.	흥청대며 먹고 마시는 파티, 흥청대며 놀기
snippy [snɪpi]	adj.	버릇없는, 건방진
satchel [sætʃəl]	n.	(아이들이 어깨에 메는) 책가방
requiem [rekwiəm]	n.	레퀴엠, 죽은 이를 위한 미사, 진혼곡, 애가, 만가
advance [ədvæns]	vt.	~을 전진시키다, 나아가게 하다, (의견·요구 등)을 제시하다, 제출하다
assuming [əsuːmɪŋ]	adj.	주제넘은, 거만한, 건방진,
	conj.	가령 ~라면, ~라 가정하고
embarrassed [ɪmbærəst]	adj.	난처한 (생각을 하는), 거북한
cubism [kjuːbɪzəm]	n.	입체파, 큐비즘
environ [ɪnvaɪərən]	vt.	둘러싸다, 포위하다, 두르다
tattle [tætl]	vi.	고자질하다
wide-eyed [waɪd aɪd]	adj.	눈을 크게 뜬, 눈이 휘둥그래진, 놀란, 순진한, 천진난만한
nostalgic [nɑːstældʒɪk]	adj.	향수의, 향수를 불러 일으키는

coaxing [koʊksɪŋ]	n.	구슬리기, 달램
Venus [viːnəs]	n.	금성
Mars [mɑːrz]	n.	화성
Jupiter [dʒuːpɪtə(r)]	n.	목성
Saturn [sætɜːrn]	n.	토성
Uranus [jʊrənəs]	n.	천왕성
Mercury [mɜːrkjəri]	n.	수성
Pluto [pluːtoʊ]	n.	명왕성
Neptune [neptuːn]	n.	해왕성
charge [tʃɑːrdʒ]	vt.	~에게 (지불·대금 따위)를 청구하다, 요구하다, (세금 등)을 부과하다
decouple [diːkʌpl]	vt.	(연관 관계에 있는 둘을) 분리시키다,
	vi.	분리하다
asteroid [æstərɔɪd]	n.	소행성
entreaty [ɪntriːti]	n.	간청, 애원

MAZELTOV Vocabulary

오늘의 단어 --> 6153 - 6224

advertent [ædvə:rtnt]	adj. 주의 깊은 (6153)
dapple [dæpl]	n. 얼룩, 반점, 얼룩무늬가 있는 동물, vt. ~을 얼룩지게 하다 (6154)
puppeteer [pʌpɪtɪə(r)]	n. 인형을 부리는(조종하는) 사람 (6155)
implode [imploud]	vi. (진공관 등이) 안쪽으로 파열하다, 내파하다, 내부 붕괴하다 (6156)
sprint [sprɪnt]	vi. (단거리를) 전속력으로 달리다, n. 단거리 경주, 전력 분투 (6157)
crabbed [kræbid]	adj. 심술궂은, 성미가 까다로운, 심보가 사나운, (문체 따위가) 난해한 (6158)
seraphic [səræfik]	adj. 천사의, 천사와 같은, 신성한, 청순한 (6159)
hominid [hɑ:mɪnɪd]	n. 인류, 인류의 조상 (진화 인류의 모체가 된 사람이나 동물) (6160)
cult [kʌlt]	n. (종교적) 예배, 제례, 의식, (일시적인) 열기, 유행 (6161)
canonical [kənɑnikəl]	adj. 교회법에 따른, 교회의, 계율의, 성전의, 권위있는, 공인된 (6162)
gloss over [ɡlɑ:s oʊvə(r)]	idiom 용케 숨기다, 둘러대다, 속이다 (6163)
biographical [baɪəɡræfɪkəl]	adj. 전기의, 전기체의 (6164)
charcoal [tʃɑ:rkoʊl]	n. 숯, 목탄, 목탄 연필, vt. ~을 목탄으로 그리다, ~에 숯을 칠하다 (6165)
florin [flɔ:rin]	n. 플로린 (2실링짜리 옛날 영국 동전, 지금의 10펜스에 해당) (6166)
taskmaster [tæskmæstər]	n. (흔히 하기 힘든) 일을 시키는 사람(주인, 감독) (6167)
wrathful [ræθfəl]	adj. 몹시 노한, 노기등등한 (6168)
corresponding [kɔ:rəspɑ:ndɪŋ]	adj. (~에) 해당하는, 상응하는 (6169)
calligraphy [kəlɪɡrəfi]	n. 서도, 서예 (6170)
life-size [laɪf saɪz]	adj. 실물 크기의 (6171)
choir [kwaɪə(r)]	n. 합창단, (교회의) 성가대, (가수·악단 등의) 대, 일단 (6172)

prehensile [prihensl]	adj.	(동물의 몸 부위가) 물건을 잡을 수 있는
lyrical [lɪrɪkl]	adj.	서정적인, (표현이) 아름답고 열정적인
decoy [diːkɔɪ]	n. vt.	미끼, 미끼로 쓰는 새(짐승), ~을 꾀어내다, 유인하다
propinquity [prəpɪŋkwəti]	n.	(장소·시간상으로) 가까움, 근접
nominal [nɑːmɪnl]	adj.	이름뿐인, 명목상의, 명의상의, 유명무실한, 아주 적은, 보잘것없는
coquette [koʊket]	n.	요부
niche [nɪtʃ]	n.	(사람·물건에) 적소, 적합한 장소, 적합한 지위, 시장의 틈새
respire [rɪspaɪə(r)]	vi.	호흡하다
pantheon [pænθiɑːn]	n.	(한 국가·민족의 모든) 신들, (특정 분야의) 유명인들, 위인들
platonic [pləˈtɑːnɪk]	adj.	(관계가) 플라토닉한, (육체관계를 하지 않는) 정신적인 사랑의
dermal [dəːrməl]	adj.	피부의, 피부에 관한, 진피의
denticle [dentɪkl]	n.	작은 이, 작은 이 모양의 돌기
mutism [mjuːtɪzəm]	n.	[의학] 무언증, 함구증
anthropological [ænθrəpəlɑdʒɪkəl]	adj.	인류학의
priggish [prɪgɪʃ]	adj.	(도덕·예절 등에) 융통성 없는, 까다로운, 건방진, 아는 체하는
quintessential [kwɪntəsenʃəl]	adj.	본질의, 정수의, 전형적인
contingent [kəntɪndʒənt]	adj.	의존하는, 조건부의, ~여하에 달린, 우연한, 우발적인
jurisprudent [dʒuərɪspruːdnt]	adj. n.	법률(법리)에 정통한, 법률 전공의, 법률(법리)학자
insure [ɪnʃʊr]	vt.	(남)을 (위험에서) 지키다, 안전하게 하다, 보증하다, 책임지다
concurrent [kənkɜːrənt]	adj.	공존하는, 동시에 발생하는
synchronous [sɪŋkrənəs]	adj.	동시 발생하는, 동시 존재하는
sedition [sɪdɪʃn]	n.	폭동 선동, 난동 교사
disruptive [dɪsrʌptɪv]	adj.	지장을 주는
epigraphy [ɪpɪgrəfi]	n.	묘비명학, 금석학, 제명, 비명, 비문
spike [spaɪk]	n. vt.	대못, 스파이크, ~에 대못을 박다, 대못으로 고정시키다
dog and pony show [dɔːg ən poʊni ʃoʊ]	n.	시시한 구경거리, 시시한 서커스, 겉만 번지르한 광고

dog [dɔːg]	n. vt.	개, 갯과의 동물, 비열한 녀석, 시시한 녀석, ~의 뒤를 밟다, 미행하다
allay [əleɪ]	vt.	(특히 감정을) 가라앉히다, 누그러뜨리다, ~을 완화하다
opine [oʊpaɪn]	vt.	의견을 밝히다
gaucherie [ɡoʊʃəriː]	n.	버릇없음, 신경이 둔함, 투박함, 서투름, 무뚝뚝한 언동
emote [ɪmoʊt]	vi.	감정을 과장되게 드러내다
formative [fɔːrmətɪv]	adj.	(사람 성격 등의) 형성에 중요한, 발달에 중요한
double dutch [dʌbl dʌtʃ]	n.	도저히 이해할 수 없는 말(글)
semblance [sembləns]	n.	외관, 겉모습
summative [sʌmətɪv]	adj.	부가적인, 누적적인
protuberant [proʊtuːbərənt]	adj.	융기된, 불룩하게 도드라진
pellucid [pəluːsɪd]	adj.	티 하나 없이 깨끗한(맑은), 투명한
armchair [ɑːrmtʃer]	n. adj.	팔걸이 의자, 안락 의자, 탁상 공론의, 관념적인
lackaday [lækədeɪ]	ex.	(슬픔·후회 등을 나타내어) 아, 저런
delinquency [dɪlɪŋkwənsi]	n.	(특히 청소년의) 비행, 범죄
dicky [dɪki]	adj. n.	(건강작동이) 위태위태한, (승용차의) 트렁크
fallible [fæləbl]	adj.	실수를 할 수 있는, 틀릴 수 있는
commodious [kəmoʊdiəs]	adj.	널찍한
pally [pæli]	adj.	친한, 사이가 좋은
effectuate [ɪfektʃueɪt]	vt.	유발하다, 발효시키다
espy [espaɪ]	vt.	(갑자기 ~을) 보게 되다
duress [dures]	n.	협박, 압력
parallel [pærəlel]	adj.	같은 방향(경향, 목적)의, 일치하는, 대응하는, 평행의, 병행의
incarnation [ɪnkɑːrneɪʃn]	n.	(성질·관념 따위의) 구체화, 실현, 육체화한 것
predicate [predɪkeɪt]	vt. vi.	~을 (~라고) 단정하다, 단언하다, 확언하다, 단언하다, 단정하다
unyielding [ʌnjiːldɪŋ]	adj.	굽히지 않는, 단호한, (물건이) 휘지 않는, 단단한, 뻣뻣한
all-out [ɔːl aʊt]	adj.	총력을 기울인, 전면적인

MAZELTOV Vocabulary

오늘의 단어 --> 6225 - 6296

phonics [fɑːnɪks] — 6225
n. 발음 중심 어학 교수법

mushroom [mʌʃrʊm] — 6226
n. 버섯,
adj. 버섯 모양의, 성장이 빠른, 우후죽순의, 벼락 출세의

good-for-nothing [gʊd fər nʌθɪŋ] — 6227
adj. 도움이 되지 않는, 쓸모없는, 무가치한,
n. 쓸모없는 사람(것)

trammel [træml] — 6228
vt. (움직임·활동을) 구속하다, 제한하다

fritter [frɪtə(r)] — 6229
n. (과일·고기·야채) 튀김, 프리터

newt [nuːt] — 6230
n. 영원 (도롱뇽목 영원과의 동물)

unqualified [ʌnkwɑːlɪfaɪd] — 6231
adj. 자격이 없는, 부적격의, 제한 없는, 무조건의

impunity [ɪmpjuːnəti] — 6232
n. 처벌을 받지 않음

marshal [mɑːrʃl] — 6233
n. [연방 법원] 연방 보안관,
vt. (생각·논의 등)을 정돈하다, 정리하다

fail-safe [feɪl seɪf] — 6234
adj. (기계·장비가 고장에 대비한) 안전장치가 되어 있는

domicile [dɑːmɪsaɪl] — 6235
n. 거주지, 주소 (공식적·법률적 목적으로 주소를 가리킬 때 쓰는 말)

ersatz [ersɑːts] — 6236
adj. 대용품의, 모조품의

extended metaphor [ɪkstendɪd metəfə(r)] — 6237
n. 여러 문장에 걸쳐 계속되는 은유

exportation [ekspɔːrteɪʃn] — 6238
n. 수출 (절차)

iconography [aɪkənɑːgrəfi] — 6239
n. 도해, 도해법, 도상 연구, 성상 연구

accouterment [əkuːtərmənt] — 6240
n. (군복과 무기 이외의) 장비, 장구, 마구, (개인의) 의복, 장신구

turf [tɜːrf] — 6241
n. 잔디, 잔디밭,
vt. ~에 잔디를 심다, ~을 잔디로 덮다, 매장하다

skit [skɪt] — 6242
n. (무엇을 모방하며 조롱하는) 촌극, 희문

carcass [kɑːrkəs] — 6243
n. (큰 동물의) 시체, (식용으로 쓸) 죽은 동물

bona fide [boʊnə faɪdi] — 6244
adj. [라틴어] 진실된, 진짜의

6245	**decruit** [diːkruːt]	vt. (고령자 등을) 다른 회사·낮은 부서로 배치 전환하다
6246	**bubble** [bʌbl]	n. 거품, 기포, 비누 방울, 거품 사업, 거품 투기 vi. 거품이 일다, 끓다
6247	**parable** [pærəbl]	n. 우화
6248	**limerick** [lɪmərɪk]	n. 5행 희시
6249	**penitence** [penɪtəns]	n. 뉘우침, 참회
6250	**life-giving** [laɪf ɡɪvɪŋ]	adj. 생명을 주는, 생기를 주는, 살아 있게 하는
6251	**elfin** [elfɪn]	adj. (사람·사람의 생김새가) 요정 같은, 작고 여린
6252	**ill-fated** [il feitid]	adj. (특히 죽음·실패로) 불행하게 끝나는, 불운한
6253	**whirlwind** [wɜːrlwɪnd]	n. 회오리바람, 격한 행동, (감정의) 폭풍, 급격한 선회 상승
6254	**withal** [wɪðɔːl]	adv. 이에 더하여, 그 위에, 게다가 또, 그럼에도 불구하고
6255	**harpoon** [hɑːrpuːn]	n. (고래 잡는) 작살, vt. ~에 작살을 박아 넣다, ~을 작살로 죽이다(잡다)
6256	**gam** [ɡæm]	n. 고래 떼, (일반적으로) 사교, 교제, vi. (고래가) 모이다, 떼를 짓다
6257	**prosthesis** [prɑːsθiːsɪs]	n. [의학] (의족·의안·의치 같은) 인공 기관, 인공 삽입물, 보철, 의치
6258	**valet** [væleɪ]	n. (왕 등의) 시종, (호텔 등의) 보이, (호텔·레스토랑의) 주차 담당원
6259	**baronet** [bærənət]	n. (영국에서) 준남작
6260	**indulgence** [ɪndʌldʒəns]	n. 빠짐, 탐닉, 방종, [가톨릭] 면죄, 속죄, 면죄부
6261	**vice** [vaɪs]	n. 부도덕, 악덕, (조직·성격·문체 등의) 결함, 결점, 미비
6262	**carter** [kɑːrtər]	n. 짐마차꾼
6263	**mien** [miːn]	n. (감정을 나타내는) 표정, 태도
6264	**gesticulation** [dʒestɪkjuleɪʃən]	n. 몸짓하기, 손짓하기, 요란스런 몸짓
6265	**repel** [rɪpel]	vt. (침략자)를 쫓아버리다, (생각·감정 따위)를 억누르다, 억제하다
6266	**whelp** [welp]	n. 강아지, 새끼개, vi. (개·사자 등이) 새끼를 낳다
6267	**stabile** [steibil]	adj. 안정된, 정착한, 고정된
6268	**hatchet** [hætʃɪt]	n. (한 손으로 잡을 수 있는 작은) 손도끼
6269	**omniscient** [ɑːmnɪsɪənt]	adj. 모든 것을 다 아는, 전지의
6270	**temporize** [tempəraɪz]	vi. (결정·확답을 하지 않고) 미루다, 시간을 끌다

shrive [ʃraiv]	vt. vi.	~의 참회(고해)를 듣고 면죄를 선언하다, 고해를 듣다, 참회하다
occlusion [əkluːʒən]	n.	폐색, 폐쇄, [치과] (이의) 맞물림, 교합, [병리] 혈관 폐색
despoil [dɪspɔɪl]	vt.	(어떤 장소에서 귀중한 것을) 빼앗다, 훼손하다, 파괴하다
anything but N [eniθɪŋ bət (N)]	idiom	N이 결코 아닌
prevail [prɪveɪl]	vi.	널리 퍼지다, 유행하다, 활개치다, 지배하다
defendant [dɪfendənt]	n.	(재판에서) 피고
unintelligible [ʌnɪntelɪdʒəbl]	adj.	이해할 수 없는
revulsion [rɪvʌlʃn]	n.	혐오감, 역겨움, (혐오감을 동반한) 공포감, 충격
cumbersome [kʌmbərsəm]	adj.	방해가 되는, 번거로운, 성가신, 다루기 어려운, 어색한
predispose [priːdɪspoʊz]	vt.	(~에) 기울게 하다, ~에게 미리 (~의) 경향을 주다
faze [feɪz]	vt.	당황시키다
infest [ɪnfest]	vi.vt.	(곤충·쥐 같은 동물이) 들끓다, 우글거리다
stratosphere [strætəsfɪr]	n.	성층권 (지상 약 10~50km 사이의 지구 대기층)
wilder [wildər]	vt. vi.	~을 길을 잃게 하다, 당황하게 하다, 길을 잃다, 당황하다
defile [dɪfaɪl]	vt.	(신성하거나 중요한 것을) 더럽히다
malinger [məlɪŋɡə(r)]	vi.	꾀병을 부리다
pretest [priːtest]	n.	(실력을 알아보기 위한) 예비 테스트
lay [leɪ]	vi.vt. adj.	(조심히) 놓다, 두다, 전문 지식이 없는, 문외한의
sleeper [sliːpə(r)]	n.	잠든(자는) 사람(동물), 동면 동물, (철도의) 침목
carriage [kærɪdʒ]	n.	마차, 4륜 마차, 차, (철도의) 객차, 차량, 운반, 운송
planter [plæntə(r)]	n.	씨 뿌리는 사람, 재배(양식)하는 사람, (대)농장주
hemp [hemp]	n.	삼, 대마
well-to-do [wel tu du]	adj.	부유한, 잘사는
secessionist [sɪseʃənɪst]	n. adj.	분리론자, 탈퇴론자, 분리의, 분리론자의, 탈퇴의, 탈퇴론자의
underhanded [ʌndərhændid]	adj.	공정치 못한, 음흉한, 비밀의
not too adj to V [nɑːt tuː (adj) tu (V)]	idiom	너무 adj 해서 V 할 수 없는 것은 아니다

MAZELTOV Vocabulary

오늘의 단어 --> 6297 - 6368

eligible [elɪdʒəbl]	adj. 적임의, 적당한, (법적으로) 적격의, n. 적격자, 적격물, 적임자	6297
tugboat [tʌgbout]	n. 예인선	6298
inoculate [ɪnɑːkjuleɪt]	vt. 접종하다, 예방 주사를 놓다	6299
stem [stem]	n. 줄기, 대, vi. 일어나다, 생기다, vt. ~의 줄기(대)를 없애다	6300
come about [kʌm əbaʊt]	idiom 발생하다, 일어나다	6301
impersonator [ɪmpɜːrsəneɪtə(r)]	n. (사람들을 즐겁게 해 주기 위해 남의) 흉내를 내는 연예인	6302
on behalf of [ɑːn bɪhæf ʌv]	idiom ~때문에, ~을 대신하여, 대표하여, ~을 도우려고, ~을 위해	6303
undulate [ʌndʒəleɪt]	vi. 파도 모양(기복)을 이루다	6304
dew [duː]	n. 이슬	6305
dub [dʌb]	vt. 별명을 붙이다, (영화·필름 따위)를 (다른 언어로) 번역 녹음하다	6306
placatory [pleɪkətɔːri]	adj. (화를) 달래는, 화해를 위한	6307
negligence [neglɪdʒəns]	n. 부주의, 태만, 과실	6308
drafty [dræfti]	adj. 통풍이 되는, 외풍이 있는	6309
self-evident [self evədənt]	adj. 자명한, 따로 증명(설명)할 필요가 없는	6310
saliferous [səlifərəs]	adj. [지질] 소금을 함유한, 소금이 나는	6311
nursery [nɜːrsəri]	n. 육아실, 아이방, 탁아소, 양성소, (악 등의) 온상	6312
butler [bʌtlə(r)]	n. 집사 (대저택의 남자 하인 중 책임자)	6313
puffery [pʌfəri]	n. 과장된 칭찬, 과대 선전, 과대 광고	6314
goldsmith [goʊldsmɪθ]	n. 금세공인	6315
tantrum [tæntrəm]	n. (특히 아이가 발끈) 성질을 부림, 짜증을 냄	6316

hereafter [hɪræftə(r)]	adv.	지금부터는, 장차, (서적·서류 따위에서) 차후에, 앞으로
prefatory [prefətɔːri]	adj.	서문(서두) 역할을 하는
rebuttal [rɪbʌtl]	n.	[법] 원고의 반박, 반증(의 제출)
blue-ribbon [bluː rɪbən]	adj.	정선된, 품질이 우수한, 최고급의, 가장 뛰어난
derange [dɪreɪndʒ]	vt.	흐트러뜨리다, 어지럽히다, 미치게 하다
hilarious [hɪleriəs]	adj.	아주 우스운, 재미있는
retiring [rɪtaɪərɪŋ]	adj.	남과 잘 어울리지 않는, 내성적인
underachieve [ʌndərətʃiːv]	vi.	자기 능력 이하의 성적을 내다
nonsensical [nɑːnsensɪkl]	adj.	터무니없는, 무의미한
Arthropoda [ɑːrθrɑpədə]	n.	절지동물문
panspermia [pænspɜːrmiə]	n.	범종설(충돌하는 천체가 유기 분자나 생명체를 지구 표면에 옮겨줬다는 견해)
innuendo [ɪnjuendoʊ]	n.	빗대어 하는 말, 빈정거림
stow [stoʊ]	vt.	(안전한 곳에) 집어넣다
communal [kɑːmjuːnl]	adj.	사회의, 공동체의, 공동의, 공유의
overheat [oʊvərhiːt]	vt.	~을 과열시키다, 완전히 열중시키다, 몹시 흥분시키다
coast [koʊst]	n. vi.	해안, 해변, 연안, 연안을 운항하다
captor [kæptə(r)]	n.	포획자, 억류자
leviathan [ləvaɪəθən]	n. adj.	[성서] 리바이어던 (거대한 바다 동물), 거대한 것, 거대한
dumpster [dʌmstər]	n.	덤프스터 (금속제의 대형 쓰레기 수집 용기)
hideout [haɪdaʊt]	n.	비밀 은신처, 아지트
alcove [ælkoʊv]	n.	벽감 (벽면을 우묵하게 들어가게 해서 만든 공간)
secretarial [sekrəteriəl]	adj.	비서직의, 비서 일의
zit [zɪt]	n.	(특히 얼굴의) 여드름
knoll [noʊl]	n. vi.	둔덕, 종소리, (종이) 울리다
incur [ɪnkɜː(r)]	vt.	(안 좋은 결과)에 빠지다, (위험 따위)를 자초하다, (빚)을 지다
interleave [ɪntərliːv]	vt.	(얇은 막 같은 것을) 끼우다

amalgamate [əmǽlgəmeɪt]	vt. vi.	(회사 따위)를 통합하다, 합병하다, 연합하다, 결합하다, 연합하다
impetuous [ɪmpétʃuəs]	adj.	성급한, 충동적인
tolerant [tɑ́lərənt]	adj.	관대한, 용인하는, (약품·독물에 대한) 내성·저항력이 있는
dismissive [dɪsmísɪv]	adj.	무시하는, 멸시하는
override [òʊvərráɪd]	vt.	(남)보다 우위에 서다, (결정 따위)를 무시하다, 무효화하다
taunt [tɔːnt]	vt. n.	욕하다, 조소하다, 비웃다, 조소, 냉소, 통렬한 비꼼
somnolent [sɑ́mnələnt]	adj.	졸리는, 졸리게 하는
stir [stɜː(r)]	vt.	~을 휘젓다, 뒤섞다, ~을 각성시키다, ~을 흥분시키다, 자극하다
sewn [soʊn]	adj.	꿰매어 진
intuitive [ɪntúːɪtɪv]	adj.	직관의, 직관에 의해 인식하는, 직관에 의해 얻어진
unveil [ʌnvéɪl]	vt.	~의 베일을 벗기다, (비밀)을 털어놓다, 밝히다
gangling [gǽŋglɪŋ]	adj.	(사람이) 키가 크고 여윈, 흐느적거리는
stampede [stæmpíːd]	n.	몰려들기, (가축떼가) 한꺼번에 도망치기, (군대 등이) 우르르 도망침
munch [mʌntʃ]	vi.	아삭아삭 먹다, 우적우적 먹다
frost [frɔːst]	n.	서리, 서리가 내리기, 결빙, (서리가 내릴 정도의) 추위, 혹한
backbone [bǽkboʊn]	n.	중추, (사물의) 중요 요소, [해부] 등뼈, 척추
jammer [dʒǽmər]	n.	방해물, 방해자, 방해 전파
trite [traɪt]	adj.	(발언·의견 등이) 진부한, 독창적이지 못한, 틀에 박힌
coal [koʊl]	n. vt.	석탄, ~을 구워서 숯을 만들다
engorge [ɪngɔ́ːrdʒ]	vt.	~을 게걸스럽게 먹다, 충혈시키다
refurbish [riːfɜ́ːrbɪʃ]	vt.	새로 꾸미다, 재단장하다, 개조하다
matriculation [mətrìkjuléɪʃən]	n.	(대학) 입학, 입학 허가
colic [kɑ́lɪk]	n.	(특히 유아의) 배앓이, 산통
uxorious [ʌksɔ́ːriəs]	adj.	아내를 너무 위하는, 아내 앞에서 사족을 못 쓰는
emasculate [ɪmǽskjuleɪt]	vt. adj.	거세하다, 약하게 하다, ~의 기력을 없애다, 거세된, 무기력한
circuitry [sɜ́ːrkɪtri]	n.	전기 회로망

DAY 90

Memo

Memo

Memo